高等院校经济管理实践与应用型规划教材

THE THIRD
PARTY LOGISTICS
MANAGEMENT

第三方物流管理

王秀娥　主　编
纪国涛　　副主编
陈　航

清华大学出版社
北京

内 容 简 介

本书以第三方物流企业物流管理为主线，主要介绍了第三方物流的基本概念基本理论、第三方物流企业战略管理、第三方物流企业客户服务管理、第三方物流项目管理、第三方物流系统规划与设计、第三方物流运作管理、第三方物流增值服务管理、第三方物流信息系统的应用与管理、第三方物流成本管理与控制以及第三方物流与供应链管理等内容，并将第三方物流管理理论与企业实践相结合，每章有引导案例以及正文后附有案例分析和复习思考，便于读者学习和掌握。

本书适合物流管理、市场营销、电子商务等专业本科学生学习使用，以及企业经济管理人员参考使用。

本书封面贴有清华大学出版社防伪标签，无标签者不得销售。
版权所有，侵权必究。举报：010-62782989，beiqinquan@tup.tsinghua.edu.cn。

图书在版编目(CIP)数据

第三方物流管理/王秀娥主编. —北京：清华大学出版社，2017(2023.1重印)
(高等院校经济管理实践与应用型规划教材)
ISBN 978-7-302-47844-7

Ⅰ. ①第⋯ Ⅱ. ①王⋯ Ⅲ. ①物流管理—高等学校—教材 Ⅳ. ①F252

中国版本图书馆 CIP 数据核字(2017)第 175231 号

责任编辑：贺　岩
封面设计：汉风唐韵
责任校对：宋玉莲
责任印制：朱雨萌

出版发行：清华大学出版社
网　　址：http://www.tup.com.cn，http://www.wqbook.com
地　　址：北京清华大学学研大厦A座　　　　　　邮　编：100084
社 总 机：010-83470000　　　　　　　　　　　　邮　购：010-62786544
投稿与读者服务：010-62776969，c-service@tup.tsinghua.edu.cn
质量反馈：010-62772015，zhiliang@tup.tsinghua.edu.cn

印 装 者：北京国马印刷厂
经　　销：全国新华书店
开　　本：185mm×230mm　　　印　张：19.5　　　字　数：401千字
版　　次：2017年9月第1版　　　　　　　　　　　印　次：2023年1月第4次印刷
定　　价：49.00元

产品编号：054744-02

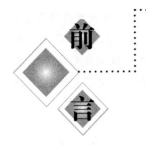

前言

　　第三方物流能够整合物流资源、节约物流成本并提高物流效率,目前已经成为一种先进的物流业务模式而被广泛地运用。近几年第三方物流企业发展迅速,物流市场竞争也越来越激烈。第三方物流企业作为物流服务的提供者往往接受客户的委托,服务于客户以及客户的客户。优质的客户服务是第三方物流企业在现代物流竞争中取胜的重要因素,也是第三方物流企业核心竞争力的体现。作为现代物流的主要体现者和承担者——第三方物流企业的物流管理与有效运作也日益受到重视,提升第三方物流的服务能力和企业的经营管理能力已经成为第三方物流企业和我国物流理论研究者的共识。

　　本书在第三方物流管理理论研究的基础上,注意突出第三方物流企业管理的实践,借鉴国内外先进物流管理理论,将理论与我国企业的实践相结合,深入浅出地对第三方物流管理中的各项工作进行较为全面的介绍。本书首先介绍了第三方物流的基本理论,第三方物流的基本概念及其利益来源和价值创造;其次,从第三方物流企业角度出发,讲述如何加强第三方物流的管理,包括物流企业战略管理、物流项目管理、物流客户服务管理;再次,从第三方物流业务角度出发,介绍物流系统的规划和设计,以及物流基本业务运作和增值服务管理等内容,并强调了第三方物流企业应该如何对物流成本进行管理与控制;最后介绍了第三方物流信息系统的应用及其与供应链管理的关系。其中第1章、第2章、第3章、第4章由沈阳理工大学王秀娥老师编写;第5章、第7章、第10章由沈阳理工大学陈航老师编写;第6章、第8章、第9章由沈阳理工大学纪国涛老师编写;王秀娥对全书进行审阅和整理。

　　本书充分展现了第三方物流管理领域的新知识、新技术、新思维和新方法,并坚持理论与实际相结合的原则,利用案例教学加深对理论的理解。每章都有引导案例和课后案例分析,以及支持重要理论观点的小知识等实践资料,贴近我国第三方物流管理的现状,能达到学以致用的教学目的。

　　本书既可作为高等院校物流管理、市场营销、企业管理、交通运输、物流工程等专业的教材,也可作为企业管理人员、物流人员及教育工作者的参考书。

在本书的编写过程中，参考了大量的物流管理方面的书籍和国内外物流管理杂志、网站等资料，在此对所引用书籍、论文以及网上有关资料的作者表示衷心的感谢。第三方物流管理实践性比较强，虽然编者根据多年教学经验并结合企业实践全面地介绍了第三方物流管理相关理论，但因知识水平有限，疏漏之处在所难免，恳请业内专家和广大读者批评指正。

编　者
2017 年 5 月

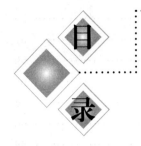

目录

第1章 第三方物流概述	1
1.1 第三方物流的概念和特征	2
1.1.1 对第三方物流概念的理解	2
1.1.2 第三方物流概念的延伸	6
1.1.3 第三方物流的特征	9
1.2 第三方物流的利益来源与价值实现的途径	11
1.2.1 第三方物流的利益来源	11
1.2.2 第三方物流价值实现的途径	12
1.3 第三方物流产生的理论基础和现实条件	14
1.3.1 第三方物流产生的理论基础	14
1.3.2 第三方物流产生的现实条件	21
1.4 第三方物流企业及其分类	24
第2章 第三方物流企业战略管理	31
2.1 第三方物流企业战略概述	32
2.1.1 企业战略与物流战略	32
2.1.2 第三方物流企业战略类型的选择	37
2.2 第三方物流企业战略规划	44
2.2.1 第三方物流企业战略规划的原则	44
2.2.2 第三方物流企业战略规划的步骤	46
2.2.3 影响第三方物流企业战略制定的因素	48
2.3 第三方物流企业战略环境分析	49
2.3.1 宏观环境的 PEST 分析	50
2.3.2 物流产业环境波特五力分析	51
2.3.3 第三方物流企业战略 SWOT 分析	52
2.4 第三方物流企业 STP 战略	54

  2.4.1 物流市场细分 ·· 55
  2.4.2 目标市场的选择 ·· 57
  2.4.3 物流企业市场定位 ·· 59

第3章 第三方物流企业客户服务管理 ·· 65
 3.1 第三方物流企业客户服务概述 ··· 66
  3.1.1 物流客户服务的概念及特征 ·· 66
  3.1.2 第三方物流客户服务要素 ·· 69
  3.1.3 影响第三方物流客户服务成功的因素 ·· 71
 3.2 第三方物流企业客户满意度管理 ··· 74
  3.2.1 第三方物流客户服务与客户满意度分析 ···································· 74
  3.2.2 第三方物流客户满意度管理方法 ·· 77
 3.3 第三方物流企业客户投诉管理 ·· 80
  3.3.1 客户投诉及原因分析 ·· 81
  3.3.2 物流客户投诉处理的技巧与步骤 ·· 82
 3.4 第三方物流企业客户服务质量管理 ··· 86
  3.4.1 物流质量管理的主要内容 ·· 86
  3.4.2 物流质量管理的主要评价指标 ·· 87
  3.4.3 第三方物流企业客户服务质量评价指标体系的构建 ·················· 88

第4章 第三方物流项目管理 ··· 95
 4.1 第三方物流项目与项目管理概述 ··· 96
  4.1.1 项目与项目管理的概念 ·· 97
  4.1.2 物流项目及管理要点 ·· 99
  4.1.3 第三方物流项目管理的特征 ·· 100
  4.1.4 第三方物流项目管理的过程 ·· 101
 4.2 第三方物流项目的洽谈和招投标 ··· 104
  4.2.1 第三方物流项目的洽谈 ·· 104
  4.2.2 第三方物流项目的招投标 ·· 105
 4.3 第三方物流项目的合同管理 ··· 110
  4.3.1 第三方物流合同的概念和特点 ·· 110
  4.3.2 第三方物流合同管理的内容 ·· 112
  4.3.3 第三方物流合同管理的原则和过程 ·· 117
 4.4 第三方物流项目监控与绩效管理 ··· 119
  4.4.1 第三方物流项目监控的内容 ·· 119
  4.4.2 第三方物流项目绩效管理的原则 ·· 120

4.4.3 第三方物流项目绩效管理的方法……………………………………………… 121

第5章 第三方物流系统规划与设计……………………………………………… 131
5.1 第三方物流系统规划设计概述………………………………………………… 132
5.1.1 第三方物流系统概述……………………………………………………… 132
5.1.2 第三方物流系统规划设计的目标………………………………………… 134
5.1.3 第三方物流系统规划设计考虑的因素…………………………………… 135
5.1.4 第三方物流系统规划设计的主要内容…………………………………… 136
5.2 第三方物流系统规划与设计的一般程序……………………………………… 139
5.2.1 问题的定义与计划阶段(准备阶段)……………………………………… 139
5.2.2 数据的收集与分析阶段…………………………………………………… 140
5.2.3 确定阶段…………………………………………………………………… 141
5.3 第三方物流系统解决方案的设计……………………………………………… 141
5.3.1 第三方物流系统解决方案的分类………………………………………… 141
5.3.2 第三方物流系统解决方案的编制准备…………………………………… 142
5.3.3 第三方物流系统解决方案的主要内容…………………………………… 142
5.4 第三方产品配送物流网络系统的计划与设计………………………………… 143
5.4.1 产品配送物流网络计划的类型…………………………………………… 143
5.4.2 基于产品配送物流网络系统的设计……………………………………… 148

第6章 第三方物流运作管理……………………………………………………… 155
6.1 第三方物流运作管理概述……………………………………………………… 156
6.1.1 第三方物流运作管理的内容……………………………………………… 156
6.1.2 第三方物流的运作模式…………………………………………………… 157
6.2 第三方物流企业的运输管理…………………………………………………… 161
6.2.1 第三方物流企业运输管理的内容………………………………………… 162
6.2.2 第三方物流企业运输管理的特点和基本原理…………………………… 162
6.2.3 第三方物流企业运输合理化的途径……………………………………… 164
6.2.4 第三方物流企业运输管理系统…………………………………………… 166
6.3 第三方物流企业的仓储管理…………………………………………………… 168
6.3.1 基本仓储决策……………………………………………………………… 168
6.3.2 第三方物流的储位管理…………………………………………………… 172
6.4 第三方物流企业的配送管理…………………………………………………… 175
6.4.1 物流配送管理的内容……………………………………………………… 175
6.4.2 第三方物流企业配送业务流程…………………………………………… 175
6.4.3 第三方物流配送实施计划………………………………………………… 177

6.5 我国几种常见的第三方物流业务模式 ……………………………………… 179

第7章 第三方物流增值服务管理 ……………………………………………… 185
7.1 第三方物流增值服务概述 …………………………………………………… 186
  7.1.1 第三方物流增值服务的概念 ……………………………………………… 186
  7.1.2 第三方物流增值服务的特点 ……………………………………………… 186
  7.1.3 提供第三方物流增值服务企业的主要特征 ……………………………… 188
  7.1.4 第三方物流增值服务的主要内容 ………………………………………… 190
7.2 第三方物流增值服务的类型及实施途径 …………………………………… 191
  7.2.1 第三方物流增值服务的类型 ……………………………………………… 191
  7.2.2 几种典型的第三方物流增值服务及其实现途径 ………………………… 192
7.3 第三方物流金融增值服务管理 ……………………………………………… 195
  7.3.1 第三方物流金融服务概述 ………………………………………………… 195
  7.3.2 第三方物流金融增值服务运作模式 ……………………………………… 198
  7.3.3 第三方物流企业在物流金融业务中的角色和风险分析 ………………… 213

第8章 第三方物流信息系统的应用与管理 …………………………………… 220
8.1 第三方物流信息系统概述 …………………………………………………… 221
  8.1.1 物流信息及其特征 ………………………………………………………… 221
  8.1.2 物流信息系统及其作用 …………………………………………………… 225
  8.1.3 第三方物流信息系统及其特征 …………………………………………… 228
8.2 第三方物流企业信息系统的功能与模块设计 ……………………………… 231
  8.2.1 第三方物流企业信息系统的功能 ………………………………………… 231
  8.2.2 第三方物流企业信息系统的功能层次结构 ……………………………… 232
  8.2.3 第三方物流企业信息系统的模块设计 …………………………………… 234
8.3 第三方物流信息技术的应用 ………………………………………………… 238
  8.3.1 地理信息系统 ……………………………………………………………… 238
  8.3.2 全球定位系统 ……………………………………………………………… 241
  8.3.3 EDI技术 …………………………………………………………………… 243
  8.3.4 射频识别技术 ……………………………………………………………… 245
  8.3.5 条码技术 …………………………………………………………………… 248

第9章 第三方物流企业成本管理与控制 ……………………………………… 250
9.1 第三方物流企业成本管理概述 ……………………………………………… 252
  9.1.1 第三方物流企业成本的概念 ……………………………………………… 253
  9.1.2 第三方物流企业物流成本的特点 ………………………………………… 253
  9.1.3 第三方物流成本管理的意义 ……………………………………………… 255

9.2 第三方物流企业成本的构成及生成机理 ·············· 256
   9.2.1 第三方物流企业物流成本构成 ················· 256
   9.2.2 第三方物流成本项目的生成机理 ··············· 259
9.3 第三方物流企业的成本核算方法 ······················ 261
   9.3.1 任务成本法 ··· 262
   9.3.2 作业成本法 ··· 262
   9.3.3 M－A 模型法 ··· 265
   9.3.4 时间驱动作业成本法 ··· 266
   9.3.5 基于作业与时间相结合的物流成本核算法 ····· 267
9.4 第三方物流企业成本的控制 ································ 267
   9.4.1 第三方物流企业成本控制的超循环理论与实践 ····· 267
   9.4.2 第三方物流企业成本控制的途径 ··············· 269

第10章 第三方物流与供应链管理　276

10.1 第三方物流与供应链管理概述 ························ 277
   10.1.1 供应链和供应链管理的概念 ·················· 277
   10.1.2 基于供应链的第三方物流管理概述 ······· 279
10.2 供应链物流管理特点与系统设计 ···················· 282
   10.2.1 供应链物流管理的特点 ·························· 282
   10.2.2 供应链物流管理系统设计 ······················ 283
10.3 第三方物流企业实施供应链管理的途径 ········ 287
   10.3.1 快速反应 ··· 288
   10.3.2 有效客户反应 ··· 290
   10.3.3 企业资源计划 ··· 292
   10.3.4 共同配送 ··· 293

参考文献　297

第三方物流概述

 学习要点

1. 掌握第三方物流广义和狭义的概念；
2. 掌握第三方物流的基本特征；
3. 了解第三方物流的利益来源和价值创造的途径；
4. 了解第三方物流产生的理论依据和现实条件；
5. 掌握第三方物流企业的分类情况。

 引导案例

自营物流社会化进程加速

2012年，有消息称苏宁云商将自营物流转型为第三方物流，除苏宁之外，海尔、双汇、众品、雨润、国药、凡客等多家企业近年来都纷纷开放自营的物流系统，构建独立的第三方物流企业，而这一由自营物流向社会化物流转变的趋势成为国内第三方物流企业发展的又一轨迹。12月17日，苏宁云商公布已获得150个国家及地区的物流牌照，这意味着苏宁云商在其所规划的"更开放的物流平台"上又大大前行了一步。在冷链物流方面，鲜易供应链近期也有新的举措。鲜易冷链物流原是由众品集团旗下的众品物流有限公司控股的，在2007年左右就开始第三方物流运作，第三方货物占比达到60%左右。"国内的物流市场是近几年才开始逐渐完善起来的，之前很多企业特别是有特殊需求的食品、医药企业在原有的物流市场上找不到合适规模的第三方物流企业，所以只能自建物流系统，待自身物流系统趋于完善后，再独立运作，成为第三方物流企业。"中国快递协会副会长兼秘书长达瓦曾表示，自建物流往往会造成资源浪费并使成本抬高。社会化、市场化的物流服务能充分利用资源，降低成本，这是一个大的方向。"当产品的利润率能够得到充分保障时，企业对于物流成本并不会有过多的考量，自营的物流体系只要能保证产品的供应就算完成任务。而当行业的利润率趋于稳定时，企业就会开始考虑物流成本的控制，自营物流系

统管理的粗放和成本控制不力的缺点就会暴露出来，一部分企业就会考虑将自营的物流开放，逐渐独立成第三方物流企业，以此来提高效率，降低物流成本。"上海广德物流副总经理徐政新说。凡客自建物流如风达公司近年来的轨迹也证明了徐政新的观点。2011年，凡客自建的物流企业如风达就开始开放物流系统，为转型成独立的第三方物流企业做准备。到2013年，如风达日均订单量达到20万单，高峰期的日单量突破40万单，而开放后的配送成本比以往下降了20%左右。如风达执行总经理邓彬曾表示：自营物流转向社会化是大势所趋。而物流基建的巨大成本投入，也让一些企业在自建物流满足自身货运需求的前提下，乐于将过剩的物流资源社会化，以缓解物流成本的投入压力。

(资料来源：中国企业家网，http://mag.iceo.com.cn，2013-12-25)

1.1 第三方物流的概念和特征

物流(logistics)起源于"二战"中的军事后勤保障服务，至今发展成生产、流通和消费领域中应用范围很广的一个概念。在我国国家标准《物流术语》的定义中指出：物流是"物品从供应地到接收地的实体流动过程，根据实际需要，将运输、储存、装卸、搬运、包装、流通加工、配送、回收、信息处理等基本功能实施有机结合"。随着生产社会化、专业化程度不断提高，现代物流逐渐被广泛认为是继降低物资消耗、提高劳动生产率之后的又一个重要的利润源泉。随着信息技术特别是计算机技术的高速发展与社会分工的进一步细化，管理技术和观念迅速更新，由此产生了供应链、虚拟企业等一系列强调外部协调和合作的新型管理理念，既增加了物流活动的复杂性，又对物流活动提出了零库存、准时制、快速反应、有效的客户反应等更高的要求，而一般企业很难承担此类业务，由此产生了专业化物流服务的需求。第三方物流的思想正是为满足这种需求而产生的，它的出现一方面迎合了个性需求时代企业间专业合作不断变化的要求；另一方面实现了物流资源的整合，提高了物流服务质量，加强了对供应链的全面控制和协调，从而促进供应链达到整体最佳。

1.1.1 对第三方物流概念的理解

第三方物流于20世纪80年代中期在美国出现，90年代中期传到我国。第三方物流的概念源于工商企业物流业务外包：工商企业将一些物流业务外包给第三方企业去完成，利用外部的资源为企业的生产经营服务。第三方物流概念与许多流行的术语一样，常因人、因地不同而使其含义有所区别。在物流实践中，人们根据第三方物流(the third party logistics, TPL或3PL)的不同特点，对其有不同的称谓，如"物流联盟""物流伙伴""合同物流""契约物流"或"物流社会化"等。

1. 第三方物流的概念

1）关于第三方

将第三方物流中的第三方分为广义的第三方和狭义的第三方。广义的第三方是以商品交易为参照，第一方是指商品的卖方、供应方或发货人，一般为供应商或制造商等；第二方是指商品的买方、需求方或收货人，一般为批发商或零售商等；第三方是指第一方和第二方之外的、为双方提供物流服务的提供者。传统的物流运作方式是由货主企业构筑物流系统，物流企业在货主构筑的物流系统中提供仓库和运输手段，这种方式现在也大量存在。与此不同的一种方式是，不持有商品所有权的第三方向货主企业提供物流系统，为货主企业全方位代理物流业务，即物流的外部化。这里的第三方不局限于物流企业，无论是商社、信息企业还是顾问企业，只要能够提供物流系统并运营物流系统都可以成为第三方物流企业。第三方也代表着物流产业日趋独立和专业化的社会角色，与客户构成一种不可分割的供应链关系，因为它能够提供专业化的、比客户自己做要好得多的物流解决方案，从而使客户非常愿意把这部分工作从内部事务中分离出去。

狭义的第三方是以物流服务或物流交易为参照，将物流的实际需求方假定为第一方，既包括货主，又包括制造商、批发商、零售商等；将仓储、运输等基础物流服务的供给方假定为第二方；而不持有运输、仓储手段的商社、信息、咨询企业为第三方。所以第三方是综合利用第二方物流资源向第一方提供部分或全部物流功能的外部服务提供者。

根据"第三方"的广义与狭义之分，通常也将第三方物流分为广义的第三方物流和狭义的第三方物流。

2）广义的第三方物流

广义的第三方物流是借用了广义的"第三方"思想，以商品交易为参照来定义第三方物流。因此，凡是由社会化的专业物流企业为他人提供物流服务的物流活动，都包含在第三方物流范围之内，既包括传统的运输企业、仓储企业等单一环节的服务提供商，也包括国际快运、快递企业等。2001年4月17日由国家质量技术监督局发布，2001年8月1日实施的国家标准《物流术语》(GB/T 18354—2001)对第三方物流给出的定义是：第三方物流是由供方与需方以外的物流企业提供物流服务的业务模式。这一表述是广义的或基本的第三方物流含义。工商企业为集中精力搞好主业，把原来属于自己处理的物流活动，以合同方式委托给专业物流服务企业，同时通过信息系统与物流企业保持密切联系，以达到对物流全程的管理与控制。

2006年12月4日我国发布修订后的《物流术语》(GB/T 18354—2006)，2007年5月1日起实施。2006年修订版中的第三方物流定义是：第三方物流是独立于供需双方，为客户提供专项或全面的物流系统设计或系统运营的物流服务模式。这次修订的第三方物流概念突出两点内容：第一，强调第三方物流服务主体的独立性，即提供物流服务的第三方物流企业是独立的经济组织，第三方物流企业本身不拥有货物，而是为其外部客户的物流作业提供管理、控制和专业化服务的企业；第二，强调第三方物流服务内容的特殊性，即第三方物流企业从事的是现代物流活动，提供的物流活动内容既包括专项或全面的物流系统设计，又包含系统运营的物流服务。按照这种理解，无论是买方承担的物流还是卖方承担的物流都不是第三方物流，除此之外都是第三方物流。所以，广义的第三方物流是相对于自营物流而言的，自营物流包括第一方物流与第二方物流，第三方物流企业是通过与第一方或第二方的合作来提供专业化的物流服务，它不拥有商品，不参与商品的买卖，而是为客户提供以合同为约束，以结盟为基础，系列化、个性化、信息化的物流代理服务。所以，广义的第三方物流是商品买卖双方之外的第三方物流企业提供的物流服务。

3）狭义的第三方物流

狭义的第三方物流是借用了狭义的"第三方"思想，以物流服务或物流交易为参照，是指物流的实际需求方（假定为第一方）和仓储、运输等基础物流服务的供给方（假定为第二方）之外的向第一方提供部分或全部物流服务的物流运作模式。

无论是广义的第三方物流还是狭义的第三方物流，尽管发包者不同，但有一个共同的特点就是外包。对于工商企业（物流的需求者）而言，如果物流服务外包，就是选择第三方物流服务；对于物流企业（物流服务的供给者）而言，如果物流服务外包，就是从事第三方物流，从事第三方物流服务的企业可以称为严格意义上的第三方物流企业。

关于第三方物流概念的争论很多，有人认为应该从企业利用资源情况来分析第三方物流，第三方物流企业不利用或者只部分利用自己的资源为用户提供服务，它可以拥有自己的物质资源，也可以不拥有自己的物质资源；也有人认为，第三方物流是全部利用外部资源，这样，才是真正意义上的第三方物流；还有人认为，多功能的、集成化的物流才是第三方物流。

2. 国外对第三方物流的理解

在美国的有关专业著作中，将第三方物流提供者定义为"通过合同的方式确定回报，承担货主企业全部或一部分物流活动的企业。所提供的服务形态可以分为与运营相关的服务、与管理相关的服务以及两者兼而有之的服务三种类型。无论哪种形态都必须高于过去的公共运输业者（common carrier）和契约运输业者（contract carrier）所提供的服务"。

在日本的物流书籍中，与第三方的两种理解相对应，第三方物流也有两种解释。一种解释是，第三方物流是指为第一方生产企业和第二方消费企业提供物流服务的中间服务商组织的物流运作。另一种解释是，第一方物流是指生产企业和流通企业自己运作的物流业务；第二方物流是指提供诸如运输、仓储等单一物流功能服务的物流企业运作的物流业务；第三方物流则是指为客户提供包括物流系统设计规划、解决方案以及具体物流业务运作等全部物流服务的专业物流企业运作的物流业务。

从经营角度看，第三方物流企业能够提供各种物流活动。因此，欧美研究者一般也这样定义第三方物流：指传统的组织内履行的物流职能现在由外部企业履行。第三方物流企业所履行的物流职能，包含了整个物流过程或整个物流过程中部分活动。

从战略重要性角度看，第三方物流的活动范围和相互之间的责任范围较之一般的物流活动都有所扩大，国外也有定义强调第三方物流的战略意义：工商企业与物流服务提供者双方建立长期关系，合作解决托运人的具体问题。通常建立关系的目的是为了发展战略联盟以使双方都获利。

3. 第三方物流概念的争议

综合国内外第三方物流概念，争议的焦点主要集中在两个方面：其一，第三方物流中第三方的认定问题；其二，第三方物流提供物流服务的范围和深度问题。

关于第三方物流中第三方的认定，我们认为应以商品交易为参照。因为，以物流服务或物流交易为参照来认定第三方物流中的第三方，存在论述上的矛盾。在这第三方物流的狭义定义中，要么第二方本身就涵盖在第三方之内，如仓储、运输等基础物流服务的供给方事实上也是提供部分物流功能的外部服务提供者；要么第三方本身就属于第二方，如提供物流交易双方的全部或部分物流服务的外部服务提供者，事实上也是物流服务的供方。所以，采用以商品交易为参照的第一方、第二方、第三方的划分更具有普遍应用性。

关于第三方物流提供物流服务的范围和深度，即第三方物流与一般物流都是物流范畴，这个不应该是定义第三方物流的关键所在。第三方物流是与自营物流相对应的概念，它们之间的区别在于物流运作主体的不同，而运作的业务是相同的即物流服务。按此理解，凡是由商品交易双方之外的第三方为商品交易双方提供物流服务的模式，都可以包含在第三方物流范围之内。至于第三方物流企业提供的是哪一个阶段的物流服务和物流服务的范围、深度，这与货主的要求和第三方物流企业自身条件有密切关系。认为提供从物流系统设计到系统运营的一体化物流服务或多功能、系列化物流服务的物流运作才是第三方物流的观点有点偏颇。第三方物流提供的物流服务既可以是某一环节的物流活动，也可以是几个环节或综合性的物流服务；既可以是物流系统设计、信息管理等高层次物流服务，也可以是运输、仓储等基础性物流服务。第三方物流服务形态与目前我国普遍存在的物流服务形态是有区别的，这种区别的关键不在于由谁去承担物流服务，而在于以什么样的方式去提供物流服务，提供什么样的物流服务。

总之，就概念而言，我们认为第三方物流是指商品交易双方之外的第三方为商品交易双方提供部分或全部物流服务的物流运作模式。按照这个概念，运输、仓储、报关等单一环节物流服务和一体化综合性物流服务或多功能系列化物流服务，都属于第三方物流的范畴。它们之间是传统第三方物流服务与现代第三方物流服务的区别，是功能性第三方物流服务与综合性第三方物流服务的区别，是第三方物流企业规模和经营范围上的区别。随着社会的发展和市场环境的变化，传统第三方物流开始向现代第三方物流过渡。一方面，第三方物流内部出现了提供一体化综合性物流服务的企业，出现了物流管理企业、物流技术企业、物流咨询企业；另一方面，提供运输、仓储、报关等单一环节物流服务的企业，为了求得生存与发展，也在努力通过拓宽物流服务领域、采用先进物流技术、积极与客户建立紧密关系等向现代第三方物流企业转型，而且许多企业已经开始了转型的实践并取得了初步效果。

1.1.2 第三方物流概念的延伸

为了更好地理解第三方物流概念，我们以商品交易为参照，首先要明确：物流服务从第一方、第二方、第三方发展到第四方的过程，事实上是第三方物流概念延伸的过程；其次必须明确：第一方物流到第四方物流，都是各方企业在提供物流服务，只是物流服务的主体及服务内容不同而已。

1. 第一方物流（1PL）：卖方物流

第一方物流是指卖方即生产者或者货物的供应方组织的物流活动，由物资提供者自己向物资需求者提供的物流服务，以实现物资的空间转移。这些组织的主要业务是生产和供应商品，卖方为了自身生产和销售的需要而进行物流网络及设备的投资、经营与管理。例如，生产企业自备仓库储存原料及产成品，利用自有车队对外发货，即属此种类型。但由生产企业自己从事物流确实存在一系列问题（由于产品的市场需求在时间上的不平衡，造成物流能力的浪费或不足；生产企业的核心竞争力在于它所制造的产品本身的质量，而物流不是其核心业务），因此，从事物流业务的成本一般比专业物流企业高；随着市场环境的变化，消费需求的特点表现为品种多、批量小、批次多以及周期短等，非物流企业的物流服务几乎难以达到及时性、快捷性等要求。所以，随着第三方物流的兴起，第三方物流企业能提供日趋完善的物流服务，第一方物流根本没有竞争优势，这便使得物流逐渐从生产企业中被剥离出来，生产企业集中精力于生产和管理，而且避免了物流投资的风险和存货的风险。随着第三方物流、第四方物流的不断涌现与完善，第一方物流所占市场比例将越来越小。

2. 第二方物流（2PL）：买方物流

第二方物流是指买方即物资需求者自己解决所需物资的物流问题，以实现物资的空间转移。这些组织的核心业务是采购并销售商品，为了销售业务需要而投资建设物流网络，配备物流设施和设备，并进行具体的物流业务运作的组织和管理。例如，产品经销商或代理商，利用自备车队从上游厂家提货，在自身仓库储存，并根据需要对下游客户配送，即属于第二方物流。随着第三方物流的兴起，并能提供日趋完善的物流服务，第二方物流的不足将逐渐显现出来，具体表现在：商业企业自备运输工具和仓库使物资需求者的经营成本提高，如果没有大量的资金，商业企业根本不可能完成自身物流体系的建设，如淘宝投放千亿元建设的大物流战略，当当不惜赤字建造自营仓库，京东更是要以近两年来的亏损去换取全国物流网络的建设等,在微利的商业经营时代,这种成本的支出是多数商业企业难以承受的,特别是中小企业;由于商品的市场需求在时间上的不平衡,商业企业自身难以合理配置物流设施设备,无论怎样配置都可能造成物流资源的浪费或紧张;商业企业的核心竞争力在于商品的销售能力,而从事物流业务却非其核心业务,因此,从事物流业务的成本一般比专业物流企业高;商业企业自己从事物流很难构造一个有效的物流网络,难以达到及时供货的要求,物流是一个庞大的体系,商业地域扩展到哪里,物流服务就必须跟到哪里,相应的物流基础设施、设备和经营运作团队也必须配备齐全,自建物流体系的商业企业在管理上面临巨大压力,管理成百上千的员工要比管理有限几家第三方物流企业复杂和困难得多。所以,商业企业在进行物流决策时,应根据自己的需要、管理能力和资源条件,综合考虑、慎重选择物流服务模式。

3. 第三方物流(3PL):契约物流

采用第三方物流,工商企业可以集中精力搞好主业,把原来属于自己处理的物流活动,以合同方式委托给专业的物流服务企业,并通过信息系统与物流企业保持密切联系,以达到对物流全程管理与控制。第三方物流越来越受到工商企业的青睐,原因就在于它使工商企业能够获得比原来更大的竞争优势,这种优势表现如下:

(1)集中主业。工商企业的关键业务不是物流业务,并且物流业务也不是他们的专长,工商企业如果将物流业务交给第三方物流企业来做,将得到更加专业的物流服务,同时也可以集中精力开展核心业务。

(2)节省费用,减少资产积压,取回从前在物流活动中的固定资产的投入。专业的第三方物流企业利用规模生产的专业优势和成本优势,通过提高各环节资源的利用率实现费用节省;同时,现代物流领域的设施、设备与信息系统的投入是相当大的,工商企业通过物流外包可以减少对此类项目的建设和投资,由于第三方物流企业处理的物流量大,有能力投资大型的物流设施,且能保持较低的物流费用。

(3)减少库存。第三方物流提供者借助精心策划的物流计划和适时运送手段,最大限度地减少库存,而工商企业可以灵活地运用新技术,实现以信息换库存,降低成本,改善企业的现金流量。

(4)提升企业形象。物流的服务质量因专业化分工而得到大大提高,第三方物流提供者与客户不是竞争对手,而是战略伙伴,通过服务缩短交货期,帮助客户改进服务,树立自己的品牌形象。

(5)分散企业风险。工商企业如果自己运作物流,要面临两大风险,一是投资风险,二是存货的风险。采用第三方物流可以将物流需求的不确定性和复杂性所带来的财务风险转嫁给第三方物流企业,尤其是季节性比较强的产品。

(6)增强市场应变能力。当需求变化和技术进步时,第三方物流企业能不断更新其设施、信息和管理技术,根据环境变化调整物流市场供给,增强其业务运作的灵活性。

(7) 增加社会效益。第三方物流成本的降低与整个社会物流费用的降低有直接的关系,第三方物流可将社会上众多的闲散的物流资源有效地整合、利用起来;发展第三方物流,有利于转变经济增长方式,促进经济增长由粗放型向集约型转变;发展第三方物流将推动第三产业的发展,提高第三产业在国民经济中的比例,促进产业结构的优化;第三方物流有助于缓解城市交通压力,有利于环境的保护与改善,促进经济的可持续发展。

4. 第四方物流(4PL):供应链物流

第四方物流(the fourth party logistics,4PL)是美国埃森哲咨询公司(Accenture Consulting)在1998年首先提出的。第四方物流通过调配与管理组织本身和其他互补性服务的所有资源、能力和技术来提供综合的供应链解决方案。第四方物流服务供应商本身并不能单独地完成这个方案,而需要借助基础物流(如提供货物储运服务)企业、电子信息技术企业等多类企业的协作才能使方案得以实施,所以第四方物流是供应链的整合者以及协调者。第四方物流服务商可以通过对供应链流程再造,使整个物流系统更合理、效率更高,并将产生的利益在供应链的各个环节之间进行分配。第四方物流和第三方物流不同,不是简单地为企业客户的物流活动提供服务,而是通过对企业客户所处供应链的整个系统或行业物流的整个系统进行详细分析后提出优化解决方案,从这一意义上来看,第四方物流更类似于物流管理咨询企业。第四方物流与第三方物流之间不是竞争关系,第四方物流通过整合第三方物流,使第三方物流得到发展,与第三方物流相比具有更大的优越性。第四方物流的主要特点是提供了一个综合性的供应链解决方案,并且能够为整条供应链的客户带来利益。第四方物流的特点表现如下:

(1) 供应链再造。通过供应链参与者将供应链物流业务的规划与实施同步进行,或通过独立的供应链参与者之间的合作,提高物流规模和总量。供应链再造改变了供应链管理的传统模式,将企业战略与供应链战略结合起来,创造性地重新设计参与者之间的供应链关系,使之成为符合一体化标准的供应链。

(2) 业务流程再造。将客户与供应商的信息和技术一体化,把人的因素与业务规范有机结合起来,使整个供应链规划与业务流程能够有效的贯彻实施。开展多功能、多流程的供应链业务,其范围远远超出了传统外包运输管理和仓储运作的物流服务,工商企业可以把整条供应链全权交给第四方物流运作,第四方物流可为工商企业提供完整的供应链服务。

(3) 综合效益提高。第四方物流的利润增长取决于物流服务质量的提高以及物流成本的降低。由于第四方物流关注的是整条供应链,而非仓储或运输单方面的效益,因此它为客户及自身带来的综合效益是丰厚的。

(4) 运营成本降低。运营成本的降低可通过运作效率的提高以及采购成本的降低来实现,即通过整条供应链外包来达到节约成本的目的。物流流程一体化、供应链整体规划方案的实施将促进运营成本与产品销售成本的降低。同时,采用现代信息技术、科学的管理流程和标准化管理,使存货数量减少,物流成本降低。

随着社会经济的不断发展,第四方物流将会得到广泛的运用。除了第一方、第二方、第三方、第四方物流,目前还有第五方物流、第六方物流甚至第七方物流之说,但提法不多,还没能形成完整而系统的理论认识。

1.1.3 第三方物流的特征

第三方物流的出现和发展对物流资源的合理配置、物流成本的降低、物流效率的提高都具有极为重要的意义。第三方物流之所以日益受到青睐,因为它不论是在微观领域还是在宏观领域都有着巨大的价值。一方面,第三方物流所提供的是专业的物流服务,在物流设计、物流操作过程、物流技术工具、物流设施以及物流管理等方面都体现专门化和专业化水平,它可以帮助工商企业降低成本、提高服务质量、规避风险,进而提升企业的竞争力;另一方面,它能从全社会的角度优化、配置物流资源,提高全社会物流资源的利用率,为国民经济的可持续发展做出重要贡献。与自营物流相比,除具有社会化、专业化的特点之外,第三方物流的其他特征也越来越明显。具体表现在以下几个方面。

1. 关系契约化

第三方物流是以合同为导向的物流服务,通过契约形式来规范物流企业和货主企业之间的关系。第三方物流提供多功能、全方位的一体化服务是根据合同条款规定的要求而不是临时需要,以契约来管理所有提供的物流服务活动及其过程,并保证合同双方的权、责、利以及它们之间的相互关系。第三方物流不是偶然的、一次性的物流活动,而是通过契约的形式使物流供需双方结成稳定、长期的合作关系和利益共同体,从而减少不确定性所带来的风险,降低交易成本。

2. 信息网络化

信息技术是第三方物流发展的基础。物流服务过程中,信息技术的使用能实现信息实时共享,促进物流管理的科学化、网络化,提高物流效率和物流效益;信息技术的迅猛发展是第三方物流出现的必要条件,信息技术能实现数据在物流网络中快速、准确传递,提高仓库管理、装卸运输、采购、订货、配送、发运、订单处理的自动化水平,使订货、包装、保管、运输、流通加工实现一体化;借助信息平台,企业可以更方便地与物流企业进行交流、沟通与协作,并使企业之间的协调合作能在短时间内迅速完成。

3. 服务个性化

第三方物流能为工商企业提供特殊的、个性化的专属服务。一方面不同的物流消费者存在不同的物流服务要求,根据不同企业在企业形象、业务流程、产品特征、客户需求、竞争需求等方面的不同要求,提供针对性强的个性化物流服务和增值服务。另一方面,第三方物流企业不断强化所提供物流服务的个性化,以增强其在物流市场的竞争能力。从服务的内容上看,个性化的物流服务是指物流企业从客户的具体需求出发,选择和整合仓储、运输、包装、配送、信息处理、流通加工等物流基本活动和增值活动；从技术层面上看，物流服务的个性化体现在根据物品在价值、密度、形状、易腐性、危险性等方面的特点，合理选择运输工具、运输路线、堆放方式、包装方法等物流运作服务。个性化物流服务的实质是物流企业在合理的利润水平条件下，实现客户满意度和忠诚度的最大化。

4. 管理系统化

第三方物流应具有系统的物流管理功能，这是第三方物流产生和发展的基本要求。第三方物流是由全部功能要素组成的一个完整的物流系统，它可以有效地整合运输、储存等资源要素，利用物流网络要素，提供运输、储存、包装、装卸搬运、流通加工、配送、物流信息处理、增值服务等部分或全部的物流功能。第三方物流企业则能够将各个物流要素有机整合起来，提供系统化、系列化的物流服务。

小资料 1.1

上海通用汽车物流外包

上海通用汽车是中国目前最大的一个合资企业，是上海汽车集团与美国通用汽车公司合资的企业，它的生产线基本做到了零库存。它的物流是如何外包的？

外包要做到生产零部件 JIT(just in time)直送工位，准点供应。因为汽车制造行业比较特殊，它的零部件比较多，品种规格比较复杂。如果自己去做采购物流，要费很多的时间。这种外包就是把原材料直接送到生产线上去。中远物流公司按照通用汽车要求的时间做到了准点供应，中远物流公司是怎样做的呢？

首先，通过门到门运输配送使零部件库存放于途中。运输的门到门有很大的优势：第一，包装的成本可以大幅度地下降，因为从供应商的仓库门到用户的仓库门，装一次卸一次就可以了，这比铁路运输要先进得多。第二，除了包装成本以外，库存可以放在运输途中，就是算好时间，货物准时送到，对货物在流通的过程中进行一些调控。

其次，生产线的旁边设立"再配送中心"。货物到位后两个小时以内就用掉了，那么它在这两个小时里就起了一个缓冲的作用，就是传统所说的安全库存。如果没有再配送中心，货物在生产线上流动的时候就没有根据地，就会比较混乱，它能起到集中管理的作用。

最后，每隔两小时"自动"补货到位，"蓄水池"有活水。"自动"补货到位在时间上控制得非常严格，因为这是跟库存量有关系的，库存在流动的过程中加以掌控，动态的管理能够达到降低成本、提高效益的目的。所以再配送中心其实起到一个蓄水池的作用，而且这个蓄水池里面的水一定是活水，就是这一头流进来那一头就流出去，一直在流。

中远物流是很专业的第三方物流企业，通过与通用合作强强联合，建立起战略合作伙伴关系。这种模式在国内的制造型企业中，尤其是在做零库存的生产企业中，是比较实用的。

（资料来源：锦程物流，http://wuliu.dg.bendibao.com, 2009-4-24）

1.2　第三方物流的利益来源与价值实现的途径

1.2.1　第三方物流的利益来源

物流业发展到一定阶段必然会出现第三方物流,第三方物流企业通过一系列的物流服务,来实现客户价值;通过降低物流费用、提高物流效率,来帮助客户和赢得客户,并保持客户满意;通过更新技术与设备,增加投资,提高供应链灵活性,满足客户个性化需求,给客户带来利益。第三方物流的利益来源主要表现在以下几个方面。

1. 作业利益

第三方物流服务首先能为客户提供物流作业改进的利益。第三方物流企业可以通过物流服务,提供给客户自己不能提供的物流服务或物流服务所需要的生产要素,这是物流外包产生的重要原因。第三方物流企业由于经营的规模性,能够在多个方面降低客户物流费用,提高客户的市场竞争能力。

2. 经济利益

第三方物流服务为客户提供经济或与财务相关的利益是第三方物流服务存在的基础。一般低成本是由于低成本要素和规模经济而创造的,通过降低客户物流费用,直接增加客户总收益,帮助客户实现价值多元化,减轻企业在运输、搬运、仓储等服务商间协调的压力,并从高效率的物流服务中,在同等成本基础上提高服务水平,获得更多价值,争取客户利润最大化。第三方物流具有的经济性给各参与者带来更多的利益。

3. 管理利益

第三方物流企业的利润来源于现代物流管理科学的推广所产生的新价值,也就是我们经常提到的第三利润的源泉。第三方物流服务给客户带来的不仅仅是作业的改进及成本的降低,还能给客户带来与管理相关的利益,如:订单的信息化管理、避免物流作业中断、物流运作协调一致、减少库存等。就减少库存而言,企业不能承担多种原料和产品库存的无限增长,尤其是高价值的部件要被及时送往装配点,实施科学的库存管理,以保证库存的最小量。

4. 战略利益

工商企业物流业务外包,与第三方物流企业组成的战略联盟中,第三方物流企业必不可少并且在整个供应链中的作用越来越明显,整个战略联盟通过有效降低交易成本,高效地利用各企业不同的资源,实现资源优化配置,将有限的人力、财力集中于核心业务。当然要想保持战略联盟的稳定性,必须明确联盟各方的责任、分配好各方的利益,确保联盟的健康发展。

第三方物流发展的推动力就是要为客户及自己创造利润,第三方物流企业的利润不仅仅来自运费、仓储费等直接费用收入,更多来源于科学的物流管理实现物流合理化而产生的价值,这是第三方物流发展的根本原因。

小资料 1.2

走进道依茨一汽(大连)——大连百家物流企业考察调研活动

道依茨一汽(大连)柴油机有限公司由世界发动机产业奠基者——德国道依茨股份公司与中国汽车产业的领军者——中国第一汽车集团公司各按50%比例共投资14亿元人民币,于2007年8月成立。现有员工2000人,年生产能力20万台。企业拥有世界级的动力平台,轻、中、重三大系列,功率覆盖80~340马力,各种产品300余种,产品具备先进、高效、可靠、节能、环保等显著优势,是各类中重型载货车、轻型车、客车、工程机械等的理想动力。产品除满足中国市场需求外,已出口到欧洲。那么,作为一个现代化的柴油机生产企业,它的物流业务如何做的?该企业负责人介绍说,道依茨一汽要专注自己的核心业务,需要一个向外部协同战略演化的物流运营管理模式。他说,目前道依茨一汽的物流业务包括产前、产中、产后,全部外包给与之配套的一个专业化企业来做,因为专业化企业可以提供响应时间短、准确率高的即时物流服务,而且道依茨一汽这里没有仓库,实现了零库存。他还谈道,把物流业务外包给服务商,可以转移风险,零配件在运输、储存诸多环节中损坏、缺失都由物流企业承担,所以,这是一个双赢的结局。

大连市物流协会秘书长赵立成谈道:对制造企业而言,大量的存货积压也造成了巨额的资源浪费,这也就意味着,对库存状况的改善将有助于提升物流的绩效。所以说道依茨一汽颠覆的是制造业传统的管理模式,带来的是一个全新的物流运营模式,应该说,企业物流业务外包模式,是企业未来竞争中不可或缺的重要因素。

(资料来源:东北物流大连市物流协会,http://www.db56.com.cn,2010-04-19)

1.2.2 第三方物流价值实现的途径

物流企业运作的目的在于帮助工商企业按最低的总成本创造价值。第三方物流企业在物流运作中从快速反应、最小变异、最低库存、整合运输、物流服务专业化等方面为客户创造价值。

1. 快速反应

它关系到能否及时满足客户服务需求的能力。快速反应能力,即灵活、敏捷的物流服务能力,就是物流企业把物流作业的重点放在对客户需求做出迅速回应上来,并提高物流运作效率。信息技术的发展提高了物流企业在最短时间内完成物流作业、交付所需存货的能力。第三方物流企业为客户定制化服务,更需要服务的灵活性与敏捷性。

2. 最小变异

最小变异就是尽可能控制任何破坏物流系统的意想不到的事件。这些事件包括客户收到订货的时间被延迟、物流运作中发生意想不到的损坏、货物交付到不正确的地点等。传统解决变异的方法是建立安全储备或使用高成本的溢价运输。现代第三方物流企业利用物流管理技术使积极的物流变异控制成为可能。

3. 最低库存

其目标是减少资产负担和提高资金的周转速度。存货的高周转率意味着分布在存货上的资产得到了有效的利用。因此保存最低库存就是要把存货减少到与客户的要求一致,使库存水平达到最低。

4. 物流整合

其目标是降低物流成本。首先是客户资源整合,第三方物流服务带来增值的一个方法是引入多客户运作,形成规模效应;其次是物流企业资源的横向或者纵向整合。如整合多用户运输降低运输成本,一般运输规模越大及需要运输的距离越长,每个单位的运输成本就越低,这就需要第三方物流企业有创新地进行物流规划设计,把小批量的装运聚集成集中的、具有较大批量的整合运输,如采取共同配送等科学的管理手段。

5. 物流服务专业化

这是第三方物流所具有的独特的价值优势。第三方物流可以理解为物流专业化的一种表现形式,在现代科学技术与电子信息技术发展的基础上,第三方物流企业在一定的范围内,按一定的价格向客户企业提供个性化、系列化的服务,其本质是为了从专业化的角度协调好物流活动,降低物流成本、提高客户价值和客户服务水平。物流运作的专门化使第三方物流企业在为客户创造价值时具备了在专业技术和系统领域内较为有利的基础和条件,它可以为生产、消费提供专业化的物流服务,并能在物流方面拥有高水平的运作技能。

第三方物流企业以市场需求为导向,以物流系统优化为基础,以信息技术和管理技术为手段,推动资源的合理配置和社会优势资源的整合,构筑完整的综合价值链,为客户提供一体化、专业化、全过程的物流服务,有利于客户专注于主业的发展,提升企业的市场竞争。第三方物流企业面临的挑战是要能提供比客户自身物流运作更高的价值。他们不仅考虑同类服务提供者的竞争,还要考虑到潜在客户的内部运作。

小资料 1.3

合理整合客户资源,实现季节性互补效益

一家上海的民营物流企业在市区配送方面很有优势,一开始其客户都是大型的食品

企业,这些企业都有一个特点,即天气热的季节,食品销售进入淡季,而随着天气转凉,销售量逐渐回升,因此,物流活动也有明显的季节性。考虑到在天热时物流服务能力的闲置,该物流企业意识到应该选择一些在夏天进入销售旺季的产品,经过市场调研后确定了啤酒和饮料企业作为营销的主攻方向。由于这些啤酒和饮料企业正在为这种季节性波动造成的成本和管理问题发愁,双方一拍即合,很快签订了合同。经过客户的合理搭配,该物流企业实现了全年物流业务量的相对稳定,取得了明显的经济效益。

(资料来源:郝聚民.第三方物流.成都:四川人民出版社,2002,第16页)

1.3 第三方物流产生的理论基础和现实条件

第三方物流是在现代物流演变过程中适应了新的经济环境及需求而出现的一种新的物流形态,是物流专业化、产业化的结果,有深刻的理论基础和现实条件。

1.3.1 第三方物流产生的理论基础

1. 核心竞争力理论

核心竞争力理论是普拉哈拉德(C. K. Prahalad)、哈默尔(G. Hamel)在1990年《企业核心能力》中提出的,按照他们给出的定义,核心竞争力是能使企业为客户带来特殊利益的一种独有技能或技术,是企业内部经过整合了的知识和技能,具有价值性、异质性、延展性、难以模仿性、难以替代性等特征。企业核心竞争力是企业长期运作中形成的,蕴含于企业内质中的,企业独具的,支撑企业过去、现在和未来竞争优势,并使企业在竞争环境中能够长时间取得主动权的核心能力。区分核心能力和非核心能力主要在五个方面。

(1)价值性。核心竞争能力必须对用户看重的价值起重要作用,极大地增加客户的使用价值。

(2)异质性。该项能力与竞争对手有极大差异,一项能力要成为核心能力,必须是某企业所独有的、稀缺的、没有被当前和潜在的竞争对手所拥有。

(3)难以模仿性。其他企业无法通过学习获得,不易为竞争对手所模仿。

(4)难以替代性。没有战略性等价物。

(5)延展性。竞争力能延伸至相关市场,从企业总体来看,核心竞争能力必须是整个企业业务的基础,能够产生一系列其他产品和服务,能够在创新和多元化战略中实现范围经济。

只有当企业资源、知识和技能同时符合上述五项标准时,它们才成为企业的核心能力,并形成企业持续的竞争优势。研究核心能力的意义如下:

(1)企业核心竞争力是企业长期拥有竞争优势的源泉。

(2)企业之间的竞争归根结底是核心竞争力的竞争。

(3) 企业的多元化战略应该围绕核心竞争力制定。

对那些不能形成核心竞争力的业务就应该外包。由图 1-1 可以看出，远离企业核心的业务就应该外包给专业的服务商，如果物流不是企业的核心能力，且企业的物流资源与能力难以满足企业自身的需求与客户需求，企业就应该实施物流外包，将物流交给专业的第三方物流企业运作。所以只有当物流资源可用于多种用途，是企业所具有的稀缺的、难以模仿的、难以替代的、有价值的、可延展的核心能力，而且物流资源在企业范围能够得到保持，才不应该外包，而应该自己运作。对非物流企业而言，物流能力往往是辅助能力；对物流企业而言，其核心能力必定与物流运作有关。这样，物流企业与非物流企业相比，在物流方面就有了比较优势。

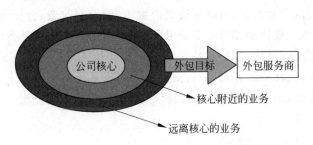

图 1-1　核心竞争力与业务外包

第三方物流企业之间的竞争表面上看是产品的竞争，实质上则是能力的竞争，任何一个第三方物流企业要想在市场上顺利生存和发展，就必须有自己的核心竞争力。第三方物流企业核心竞争力构建的内容归纳为：物流资源的整合能力、物流业务的运作能力、物流服务的创新能力、物流信息技术的应用能力、物流品牌的塑造能力以及物流市场的营销能力。

1）物流资源的整合能力

物流企业的资源整合是指根据企业的发展战略和市场需求对资源进行优化配置，把企业内部彼此相关但却彼此分离的职能，或企业外部参与、具有共同的使命又拥有独立经济利益的合作伙伴整合成一个为客户服务的系统，以形成企业的核心竞争力，并寻求资源配置与客户需求的最佳结合点。3PL 企业的资源整合范围可分为内部资源和外部资源，内部资源主要有人力资源、设施设备、信息、资金、无形资产等；外部资源主要包括用户、供应商、投资商、政府、标准组织、咨询机构等。从资源整合的对象来分，可分为客户资源整合、能力资源整合、信息资源整合等。

2）物流业务的运作能力

由于物流服务是不可储存的，服务过程就是客户的消费过程，任何差错都会对客户产生不良影响，物流企业只有具备较高的业务运作能力，才能实现低成本、高水平的服务目的，因此，物流运作能力是物流企业最基本、不可或缺的能力，是物流企业竞争优势的基本体现。物流业务运作的内容可分为三个层次：一是一整套物流实施方案的运作能力，这要求各功能业务相互配合、紧密衔接、高效运转，保证整个流程低成本、高效率地进行；二是物流功能业务的运作，这要求物流功能内部的各作业环节，运作高效、准确、安全；三是具体作业（操作）的运作，包括制定科学的工作与作业方法，确定先进的作业时间定额和操作规范等。

3) 物流服务的创新能力

企业的核心竞争力为企业独自拥有，并不易被竞争对手所模仿、抄袭或经过努力可以很快建立。3PL 企业要保持其核心竞争能力，必须不断满足市场及客户新的需要，开展增值服务，其实质即为持续创新能力。3PL 企业创新能力主要体现为：一是体制创新，对中国大多数传统物流企业来讲，可以通过资产重组、股份制改造、合资合作等方式来完善企业治理结构，实现企业体制创新；二是组织创新，建立基于信息平台的、具有快速反应能力的扁平化物流组织结构，以适应物流过程化管理和决策权限前移的需要；三是服务内容创新，从单一功能性的服务，扩展到提供整个物流系统的物流方案设计及实施服务，提供更多的增值服务；四是管理方式的创新，如提供电子商务物流服务、定制服务、"门到门"服务、"套餐"服务等。

4) 物流信息技术的应用能力

核心竞争力是在企业演进过程中经过长时间知识、技术和人才积累逐渐形成的，先进技术尤其是信息技术的应用则是 3PL 企业核心竞争力的主要标志。现代信息技术的广泛应用，大大降低了物流过程的交易费用、资源整合成本，提高了服务的响应速度、运作的便捷与效率。物流信息管理系统是以物流信息传递的标准实时化、存储的数字化、物流信息处理的自动化为基础的物流业务与企业管理平台。建立健全物流信息系统，是物流企业获得竞争优势的必要条件。

5) 物流服务品牌的塑造能力

由于服务产品具有无形性，用户对服务质量的判断会更多地依赖于品牌，品牌是一种名称、名字、标记或设计，或是它们的组合运用，其功能是借以辨认服务提供者或服务产品，且使之与竞争对手区分。因此，品牌是物流企业最大的无形资产。物流企业塑造服务品牌主要从三个方面进行，一是强化品牌意识，将其纳入战略管理层次来；二是建立健全物流服务标准，物流服务标准包括物流服务技术标准、物流服务工作标准和物流服务作业标准；三是提高物流服务质量（包含物流工作质量和物流工程质量），质量是产品的生命，也是创建良好品牌的保证。

6) 物流市场的营销能力

核心竞争力支持企业进入各种更有生命力的市场，为企业现有的各项业务提供一个坚实的平台，又是发展新业务的引擎，是差别化竞争优势的源泉。营销能力反映 3PL 企业在发展过程中的市场影响力，它通过将潜在的竞争优势转为现实利润优势而直接或间接地影响着物流企业的核心竞争力。基于战略联盟的物流服务合同多为中长期合同,在有限的客户市场中,谁的营销能力强,谁就可能先扩大市场份额,在竞争中占据有利地位,而竞争对手想挖走你的客户往往需要付出更大的代价。因此,市场营销能力是企业核心竞争能力不可缺少的内容。提升3PL企业市场营销能力的主要途径:一是树立先进的营销理念;二是制定合理的营销策略,包括服务产品策略、价格策略、合作策略、促销策略等。

第三方物流企业拥有强有力的核心竞争力,可使企业有超越其他企业为客户创造价值的能力;拥有规模经济效益则表明有为客户提供价格低廉的物流服务的能力;拥有强大的货物配载能力、物流过程控制能力、资源整合能力、专业化服务能力,则能够大幅度地降低单位运输、仓储、增值服务成本,从而获取竞争优势。所以,那些服务的广度大、信息技术能力强以及强调物流作业规范化的第三方物流企业才是最终的赢家。

2. 交易费用理论

交易费用理论是现代产权理论的基础。著名经济学家罗纳德·科斯(Ronald Coase)于1937年,在《企业的性质》一文中首次提出"交易费用"的思想,1969年阿罗第一个使用"交易费用"这个术语,而威廉姆森则系统地研究了交易费用理论。该理论认为,企业和市场是两种可以相互替代的资源配置机制,由于存在有限理性、机会主义、不确定性与小数目条件等使得市场交易费用高昂,为节约交易费用,企业作为代替市场的新型交易形式应运而生。威廉姆森将交易费用形象地比喻为"经济世界中的摩擦力",并把交易费用分为事前交易费用和事后交易费用。事前交易费用包括协议的起草、谈判费用以及为保障协议顺利执行而发生的费用。事后交易费用包括交易偏离所引起的应变费用、交易双方校正事后的错误所引起的争执费用、纠正偏差的发生而建立和运转的诉诸某种规制机构所需的费用以及为使承诺完全兑现而引起的约束费用。

交易费用决定了企业的存在,企业采取不同的组织方式,其最终目的也是为了节约交易费用。物流外包不仅可以大大降低采购成本,还可以更好地控制和降低各种交易费用。从交易费用的角度来看,工商企业从事物流业务运作的管理费用远远大于将其外包给专业物流企业的交易费用。采用第三方物流有助于减少企业交易费用,这是因为:第三方物流使得企业物流环节和渠道减少,物流交易双方因为搜寻范围小、信息交流多而使搜寻交易对象信息方面的费用大为降低;第三方物流为企业量身定做物流解决方案,要求物流服务商提供多样化、个性化服务,与客户保持密切的沟通和协作,从而减少各种违约风险、谈判费用和监督费用;工商企业与3PL建立长期的合作关系,一旦发生冲突,可通过协商解决,避免无休止地讨价还价,甚至提出法律诉讼而产生费用,减少保证合同执行的交易费用。所以,依据交易费用理论,工商企业放弃自营物流而采用物流外包有助于降低成本,也有助于降低交易费用。

3. 业务外包

业务外包是指企业为了获得比单纯利用内部资源更多的竞争优势,将其非核心业务交由合作企业完成的一种虚拟经营方法。虚拟经营就是企业在有限的资源下,为了取得竞争中的最大优势,仅保留企业中最关键的业务功能,而将其他功能虚拟化,即通过各种方式借助外力进行整合弥补,从而达到降低成本、提高效率、充分发挥自身核心竞争力和增强企业对外部环境的应变能力的一种管理模式。外包是一种决策,也是一种经营理念,外包是一种企业运作模式,更是一种战略高度的创新与突破。企业倾向于业务外包,可减少固定资产投资,避免投资风险;业务外包能淡化企业边界,出现更多的虚拟化组织,有利于建立长期合作、协调发展的伙伴关系;业务外包可以集中企业资源,加强企业的核心业务,节省成本,整合价值链,形成企业间的优势互补。

业务外包观念的兴起对第三方物流的影响可以从三个方面来认识:首先,业务外包使原本局限于企业内部的物流转变成了企业外部物流,企业以合同的方式把物流业务委托给第三方物流服务企业,同时通过信息系统参与物流服务的管理,所以物流业务外包为第三方物流服务提供了广阔的市场空间。其次,当企业规模达到一定水平后,企业内部物流管理成本会增加,当管理成本大于企业内部物流一体化的边际效益时,要进一步提高分工水平和专业化报酬,就需要通过组织创新,将企业内部的分工向外部市场化发展。最后,不同企业的核心竞争力有不同的侧重点,对于绝大多数企业而言,物流业务不能构成其核心竞争力,企业把运输和仓储等物流工作交给专业的第三方物流企业,而自己集中主业,把有限的财力、人力、物力用于产品的研制、设备的更新、生产流程的再造、质量的控制、销售网络的改善、品牌的创立等活动上。随着第三方物流企业业务的拓展和规模的扩大,物流服务呈多样化的发展,工商企业将物流业务外包必然成为一种趋势,原因如下:

1) 市场的环境的变化是工商企业实行物流外包的根本原因

目前市场竞争有两个显著的特点:一方面,市场的变异性增强,买方市场上客户购买欲望呈现个性化和多样化的特征。由于技术变革速度加快,产品生命周期缩短,从而导致企业竞争加剧,市场竞争的焦点由成本竞争越来越转向产品性能、服务质量乃至新产品开发速度的竞争,工商企业控制库存成本、物流成本以及提高客户服务水平和服务质量的压力越来越大。主要依靠企业内部组织的自我服务,完成从原材料采购到产品销售过程中的一系列物流活动的经营组织方式,越来越不适应市场竞争的要求,迫使企业必须走物流外包的道路。另一方面,依靠第三方物流企业优秀的专业物流管理知识和第三方物流的规模效益、系统协调效益,第三方物流管理可以成为工商企业的"第三利润源泉",从而大大降低生产经营企业的物流成本和存货成本,提高库存周转率和资金回笼率。同时经济全球化发展使得国际竞争国内化、国内市场国际化的趋势日益明显,为适应市场竞争的需要,提高客户服务满意度,现代工商企业越来越关注自身的核心业务,只能而把物流管理等主业以外的工作加以外部化。

2) 信息技术的发展为物流外包提供了技术基础

信息技术的发展从根本上改变了企业管理模式，突破了企业的界限。过去由于市场交换中的信息搜寻、协作分工而付出的成本比较大，所以工商企业必须把研究与开发、生产、销售、物流等一系列活动集中在企业内部进行。随着网络技术的兴起，物流管理信息系统的完善，电子商务的发展，使企业间跨时空的合作日益便利，大大降低了企业协作交易费用，工商企业和物流企业结成动态联盟，把精力和资源集中于自己最擅长的活动上，而把自己不擅长的工作交给合作伙伴来完成。以信息网络为依托，通过把企业的内部优势资源和外部优势资源进行迅速有效的整合，工商企业可以创造出更大的竞争优势。

3) 战略管理理论的发展为建立物流外包模式提供了指导思想

以资源为基础的理论是现代企业战略管理的主导理论，面对激烈的市场竞争，一个企业特别是中小企业或新建立的企业，很难具有全面的资源优势，企业如果把资源分散到各个环节上，必然会造成资源的浪费，不利于自身核心能力的形成和竞争优势的建立。而采用外包模式，工商企业可以通过集中资源与力量，选择自己专长的领域，并在该领域形成技术优势和规模优势，这样既充分利用了资源，又有利于确立自己的核心优势，同时物流外包还可以突破企业内部资源约束，减少建立核心竞争力的时间成本。物流业务外包使第三方物流企业成为工商企业物流领域的战略同盟者，第三方物流企业不仅是工商企业的战略投资人，也是风险承担者。在服务内容上，物流企业提供的不仅仅是一次性的运输或配送服务，而是一种具有长期契约性质的综合物流服务，最终职能是保证工商企业物流体系的高效运作和不断优化的供应链管理。

小资料 1.4

冠生园集团物流外包

冠生园集团是国内唯一一家拥有"冠生园""大白兔"两个中国驰名商标的老字号食品集团。集团生产大白兔奶糖、蜂制品系列、酒、冷冻微波食品、面制品等食品，总计达到2000多个品种，其中糖果年销售额近4亿元人民币。近几年市场需求增大，但运输配送跟不上。集团拥有的货运车辆近100辆，要承担上海市3000多家大小超市和门店的配送，还有北京、太原、深圳等地的货物运输。淡季运力空放，旺季忙不过来，每年维持车队运行的成本费用就达上百万元。

企业产品规格品种多、市场辐射面大，靠自己配送运输成本高、浪费大。为此，2002年初，冠生园集团下属合资企业达能饼干企业率先做出探索，将企业产品配送、运输全部交给第三方物流。物流外包以后，不仅配送准时准点，而且费用要比自己做节省许多。达能企业把节约下来的资金投入开发新产品与改进包装上，使企业又上了一个新台阶。为此,集团销售部门专门组织人员到达能企业去学习,决定在集团系统推广他们的做法。经过选择比较,集团委托上海虹鑫物流有限公司作为第三方物流机构,进行"门对门"物流配送。

虹鑫物流与冠生园签约后,通过集约化配送,极大地提高了效率。每天一早,工作人员在电脑上输入冠生园相关的配送数据,制定出货最佳搭配装车作业图,安排准时、合理的车流路线。货物不管多少,就是两三箱也送。此外按照签约要求,遇到货物损坏,按规定赔偿。一次,整整一车糖果在运往河北途中翻入河中,物流企业掏出5万元,将掉入河中损耗的糖果全部"买下"作赔。

据统计,冠生园集团自委托第三方物流以来,产品的流通速度加快,原来铁路运输发往北京的商品途中需要7天,现在虹鑫物流运输只需2~3天,而且实行的是门对门的配送服务。由于第三方物流配送及时周到、保质保量,使商品的流通速度加快,集团的销售额有了较大增长。此外,更重要的是能使公司从非生产性的业务,即包装、运输等业务中解脱出来,集中精力开发新产品、提高产品质量、开拓更大的市场。

(资料来源:宋扬.第三方物流模式与运作.北京:中国物资出版社,2006,第41~42页)

4. 社会分工理论

社会分工是指人类根据自身生存和发展的需要,不断扩展其特有的劳动行为的外在形式,并对劳动行为按种类的不同进行细化的过程,在这个过程中,形成了社会的不同部门和各部门内部不同的单位。斯密在其代表著作《国富论》中,提出了国际分工与自由贸易的理论,并以此作为他反对重商主义的"贸易差额论"和保护贸易政策的重要武器。他首先分析了分工的利益,认为分工可以提高劳动生产率,原因是:分工能提高劳动的熟练程度;分工使每个人专门从事某项作业,可以节省与其生产作业没有直接关系的时间;分工有利于发明创造和改进工具。

恩格斯在《家庭、私有制和国家的起源》一书中提出了发生在东大陆原始社会后期的三次社会大分工,即游牧部落从其余的野蛮人群中分离出来;手工业和农业的分离;商人阶级的出现。人类历史发展的事实证明,社会分工和专业化,无论在广度上还是深度上,都是不断发展的。从广度看,今天社会分工和专业化的规模不仅在一国范围内各个地区、各行各业间展开,还在世界范围内发生。不但各种各样的产品在不同地区、不同工厂产生,而且同一产品的不同零配件也会在不同的国家的专业化工厂生产。有了更细的专业化分工,不但提高了效率,节省了成本,还大大提高了产品质量。再从深度看,现代社会的分工越来越细,越来越专业化,生产部门越来越多,大门类中有小门类,小门类还有小门类。显然,社会越是向前发展,社会分工的程度必然是越深化、细化。越来越细的分工与专业化能不断促进社会生产力提高。

第三方物流的产生是社会分工的结果。工业革命期间由家庭作坊式的手工业生产模式过渡为手工工场的生产模式,再过渡为社会化和机器大生产模式的演变规律,都是生产不断社会化的表现。生产力不是很发达时,流通业的产品数量有限,生产企业自己拥有车辆、仓库等物流设施来自营物流服务,这就好比是家庭作坊式的物流生产,自给自足,能流通多少就流通多少,物流生产能力很小,服务方式单一并且范围较窄。随着生产力的发展,经济水平的提高,市场上生产和交换的产品越来越多,此时的企业自营物流无论在数量上还是质量上都无法完全满足社会的需求,不得不到市场中寻找物流服务供应商来帮助自己。社会化分工的结果导致许多非核心业务从企业生产经营活动中分离出来,其中包括物流业。工商企业将物流业务委托给第三方专业物流企业,可降低物流成本,完善物流服务功能。第三方物流是工商企业在提高利润、降低成本的压力下,在资源领域和人力领域利润开拓越来越困难的情况下,将目光由生产领域转向流通领域时发现的新的利润源,企业建立竞争优势的关键已由节约原材料的"第一利润源泉"和提高劳动生产率的"第二利润源泉",转向建立高效的物流系统的"第三利润源泉"。所以,第三方物流是在企业强调核心业务、横向一体化思想影响下产生的,是社会分工的必然结果。

1.3.2 第三方物流产生的现实条件

第三方物流的产生除以上理论背景之外,还有很多现实的条件,如市场竞争环境的变化、现代信息技术的迅猛发展、物流领域日益激烈的竞争等都是催生第三方物流的重要现实因素。进入 20 世纪 90 年代,信息技术特别是计算机技术的高速发展,推动着管理技术和思想的迅速更新,由此产生了供应链、虚拟企业等一系列强调外部协调和合作的新型管理理念,既增加了物流活动的复杂性,又对物流活动提出了零库存、准时制、快速反应等经营目标。我国第三方物流正是为满足这种需求而产生的。

1. 经济环境的变化

1) 宏观经济环境的变化催生了第三方物流

首先,经济的高速发展使物质产品从数量和品种上都极大增加,产品流动的空间范围也在扩大,企业有较大供应,而市场有较大的需求,必然导致巨大的物品流动,从而使物流需求量猛增,产品需求量达到一定规模,必然出现较大的物流需求市场,使第三方物流的发展成为可能;其次,经济全球化必然导致市场的开放,跨国企业的进入不仅仅带来了先进的生产技术,也输入了现代物流管理模式和管理理念;最后,产业结构已发生重大变化,我国第一产业的比重逐年下降,而第二、三产业的比重逐年上升,附加值高的产品对包装、存储、运输、配送等各个物流环节要求都较严,对市场变动也较为敏感,因此对物流作业的安全性、迅速性、准确性以至负责物流全过程的责任体制的要求都大大增强,从而对物流从服务内容到服务要求都发生了质的变化。

2) 微观主体经济活动的变化对第三方物流提出了要求

(1) 客户需求的多样化、个性化。生产销售企业生产经营方式的多样化,对物流的需求在质上也提高了。从原来只要求代储、代运的简单物流服务发展到要求多品种、少批量的产品配送、库存管理，再到对客户需求快速响应的物流系统的设计等高级的物流服务，从而促使能提供适应客户多样化需求的第三方物流应运而生。

（2）市场竞争的加剧。产品市场竞争的加剧催生了第三方物流，第三方物流企业能够帮助工商企业的产品以最快的速度、较低的成本到达用户市场。物流市场潜在需求的增加对物流企业提出了更高的要求，提高物流服务质量已经成为第三方物流企业取得竞争优势的核心要素，物流市场的激烈竞争又促进了物流业的发展。随着经济全球化，优势物流企业加强联合，构建国际物流服务网络，在经营理念、运行机制、管理方式等方面实现与国际社会接轨，打造具有国际竞争力的跨国物流企业。

（3）营销方式不断更新。近年来，新的营销方式在全球出现，我国是新的营销方式的积极实践者和最大的市场，新的营销方式需要高效、专业化的物流服务。连锁经营、电子商务和直销等新型营销方式在我国得到了普遍推广和应用，而这些营销方式的成功都离不开高效的物流配送系统的支持。电子商务作为21世纪信息化网络化的产物，正以惊人的速度在发展，高水平的第三方物流企业的出现已成为电子商务进一步发展的迫切需要。

2. 政府的重视和学术、舆论界的推动

20世纪90年代初，我国政府部门就开始有组织、有计划地推动商品物流配送工作。为探讨中国物流发展的现状、问题与对策，国务院研究室于2001年4月召开了物流问题座谈会。国家还特别重视物流基础设施的建设，尤其是铁路、公路网的优先发展，为第三方物流的发展创造必要的条件。同时，许多地方政府正在积极制定城市物流发展规划，筹建物流基地、物流园区。2014年9月12日，国务院印发《物流业发展中长期规划（2014—2020年）》，提出到2020年，要基本建立布局合理、技术先进、便捷高效、绿色环保、安全有序的现代物流服务体系。同时，要以着力降低物流成本、提升物流企业规模化集约化水平、加强物流基础设施网络建设为发展重点，大力提升物流社会化、专业化水平，进一步加强物流信息化建设，推进物流技术装备现代化，加强物流标准化建设，推进区域物流协调发展，积极推动国际物流发展，大力发展绿色物流，并提出了12项重点工程。作为国务院通过的物流行业中长期发展规划，对未来中国第三方物流的发展具有积极的政策指导意义。

学术界和舆论界对物流的发展起到了推波助澜的作用。在学术上，各种物流协会对物流学的发展和物流业的成长做了大量工作。由中央政府有关部门、地方政府、相关的民间组织和高等院校举办的各种物流高峰会、研讨会、展览会和研讨班，在物流的基本理论、物流中心、连锁、配送、代理等各个方面都进行了大量的探索、研究和试验，取得了许多成绩。在学术界的推动下，国内主流媒体对物流的研究报道热情也高涨起来。

行业协会的促进作用。国务院政府机构改革过程中，经国务院批准设立的中国唯一一家物流与采购行业综合性社团组织——中国物流与采购联合会的成立，表明中国物流作为一个行业登上了历史舞台,而物流行业是由物流企业组成的,是物流企业的联合体,物流企业的出现使中国企业大家族增加了新的成员,改变了中国企业格局。中国物流与采购联合会成立以后,全面展开物流基础工作,这些基础工作是开创性的、全局性的、战略性的。比如物流人才教育工程、物流统计、物流标准化建设和物流信息化建设,物流科学与技术工程,物流规划与设计,物流理论研究,物流企业与企业物流的推进,物流基本知识的普及以及物流业的总体规划等。这些基础工作是非常重要的,而且有深远的意义;不仅仅是当前受益,而且是长远受益。所以说中国物流与采购联合会的成立和开展物流基础工作,对中国物流事业的推进是一次飞跃。

3. 发展第三方物流的基础条件日益完善

(1) 物流基础设施的发展与完善。交通与通信作为联结供需双方的桥梁与纽带,直接关系到物流链条的成本与效率,是建立高效、方便、及时的现代物流系统重要的基础条件。高速公路总里程已位居世界第一位;铁路运行速度不断加快,已进行了多次提速;沿海港口专业化、现代化水平不断提高,专业化运输系统逐步完善。

(2) 信息技术的发展使第三方物流成为可能。在信息通信方面,我国已具备了相当基础。计算机得到普及应用,信息通信网络不断完善,目前已拥有30多万公里的电信网络干线光缆,覆盖了所有地市级以上城市和90%的县级市及大部分乡镇,这使物流信息在相关企业和部门之间的实时传递成为可能。信息技术所带来的这些便利使企业可以放心地把自己的物流业务交给第三方物流企业来处理,专业化的第三方物流才有可能发展壮大。因此信息技术的飞速发展是促使第三方物流出现的重要因素。

与其他一般产业组织形式的悠久历史相比,第三方物流的出现是近20年来高科技技术特别是计算机网络技术革命和市场需求多样化、个性化的产物。因此第三方物流产业组织的形成与发展具有其自身的鲜明特征。它是一种依靠现代信息技术为支撑,以合同为约束,以交易主体的结盟为基础,向客户提供系列化、个性化物流服务的一种新的产业组织形式。当前,由于第三方物流的独特作用与价值,在世界范围内特别是发达国家中受到广大企业的青睐。有数据表明,目前欧洲和美国使用第三方物流服务的比率分别是76%和58%,且需求仍在不断地增长,我国第三方物流的发展还有巨大的空间。

小资料 1.5

中国将成为全球最大的第三方物流市场

"到2016年,中国将成为全球最大的第三方物流市场,市场规模将达到1.1万亿元人民币,年均增长率16%。"这是基华物流(CEVA)亚太地区总裁 Didier Chenneveau 在接受《第一财经日报》记者专访时的预测,他还称:"今年第三方物流市场比去年有所下降,但大部分增长仍来自亚太地区，中国的物流发展速度仍是世界最快的。"基华物流目前是全球第四大物流企业，汽车物流业务是企业的一大收入来源。Anji-CEVA 首席执行官徐秋华告诉记者，中国的汽车总产量从 2002 年到 2012 年的复合增长率达到 19.7%，达到 1985 万辆。"预计中国的汽车产量在'十二五'期间仍将保持相对较快增长，2015 年产销量预计达到 2500 万辆。"徐秋华指出，现在汽车物流市场的竞争主要集中在以主机汽车厂为主的供应链服务，而 Anji-CEVA 则倾向做主机厂的零部件供应商的生意，尤其是拓展跨国零部件集团的业务，"此外，2011 年中国出口到国外的汽车零部件同比增长 32%，达到 400 亿美元，我们也希望在进出口物流方面加大拓展。"对于中国的物流市场目前面临的挑战，基华物流中国区执行副总裁戴成安认为，中国企业的物流成本占 GDP 的比例为 18%，这是欧洲等国家类似比例的两倍，这主要是由于基础设施和法律法规等方面的问题，以及中国物流市场的分散，他认为："企业把重点放在了运输、仓储供应链各个独立的环节，需要更加关注全供应链管理的办法。"

（资料来源：陈姗姗.第一财经日报，2012-10-22）

1.4 第三方物流企业及其分类

按照国家标准《物流术语》(GB/T 18354—2006) 中对物流企业的定义，物流企业是指从事运输(含运输代理、货运快递)或仓储等业务，并能够按照客户物流需求对运输、储存、装卸、搬运、包装、流通加工、配送等进行组织和管理，具有与自身业务相适应的信息管理系统，实行独立核算、独立承担民事责任的经济组织。物流企业的范畴较广，其中包括经营各种货运站(中转站)、集装箱码头(多式联运中转站)、车站、港口、机场，各种物流设施、配送中心、仓库，各种货物运输方式及多式联运，各个物流要素以及货运代理，配载服务，提供物流信息服务的企业等。这些组织都是独立于供方与需方以外的专业物流企业，从广义上讲物流企业等同于第三方物流企业。

从狭义看，物流企业包含第三方物流企业，第三方物流企业是物流企业的先进形式，是实施现代物流管理理念，以合同的形式接受客户委托，与客户形成长期紧密合作关系，并能为客户提供个性化物流服务的新型物流企业。所以根据我国物流企业现阶段的所有制性质和经营管理方式不同，大致可将物流企业分为两类：一类是传统型物流企业，这类企业大多为国有或集体企业，其特点一般包括地域性、行业性和传统性，这类物流企业只接受仓储和运输的订单；另一类是第三方物流企业，这类企业大多都是依据市场的运作规律而建的新型物流企业，第三方物流企业是电子商务时代的主流。第三方物流企业整合了物流企业的资源，与物流需求方以合同方式建立长期的合作关系。第三方物流经营者在物流经营思想、经营方式、技术设施等方面更具有现代物流意识和高级化特色。第三方物流企业是专业的物流服务提供商，为了更深入地了解第三方物流企业，可以从多个角度对其进行分类。

1. 按照企业资源占有情况划分

（1）资产型。以资产为基础的第三方物流企业，一般拥有自己的车队、船舶、仓库等资产，主要通过运用自己的资产来提供专业化的服务。第一种类型资产，如机械、装备、运输工具、仓库、港口、车站等，是可从事实物物流活动的资产；第二种类型资产，是指信息资产，包括信息系统硬件、软件、网络及相关人才等资产。资产型第三方物流企业的优点是以自有资产作为客户服务的重要手段向客户提供稳定的、可靠的物流服务,资产具有可见性,资信程度比较高,对客户很有吸引力。但资产型第三方物流企业也存在以下缺点：投资较大,并且维持和运营这套系统需要经常性投入,虽然能提供高效率的服务,但按客户的需求进行灵活性的改变较难,会出现灵活性不足的问题。资产型第三方物流企业虽然需要较大的投入,但拥有自己的网络、装备,有利于更好地控制物流服务过程,整体服务质量也有保证,雄厚的资产还能展示一个企业的实力,有利于同客户建立信任关系,对品牌推广和市场拓展有重要意义。

（2）管理型。以管理为基础的第三方物流企业,一般通过系统数据库和咨询服务来提供物流管理服务。他们与发货人合作,自身并不拥有运输和仓储设施,而是提供人力资源和物流管理服务,以管理、信息、人才等优势作为核心竞争力。信息技术是管理型第三方物流赖以存在的先决条件,不需要大量的资金投入,运行风险较小,最大优势是可以有效运用虚拟库存等手段获得较低的成本,这类企业甚至可以成为供应链的主导物流企业。管理型第三方物流企业能够较好地运行的前提条件是要求物流市场很成熟,社会资源容易获取而且选择余地较大。

（3）综合型（优化型）。一般拥有一定的资产,如卡车、仓库等,但他们提供的服务又不只限于使用自己的资产。除了完全拥有管理型第三方物流在信息、组织、管理的优势外,还建立必要的物流设施装备系统,但不是全面建设这种系统。综合型第三方物流企业能获得上述两种第三方物流的优点,又避免了投资过大、系统灵活性不足的缺点。

2. 按物流企业来源划分

（1）由传统的运输和仓储企业转型而来的物流服务企业。这类企业在中国物流企业中占主导地位,占据较大市场份额。中远国际货运企业、中国对外贸易运输（集团）总公司（简称中外运）、中国储运总公司等,凭借原有的物流业务基础和在市场、经营网络、设施、企业规模等方面的优势,不断拓展和延伸物流服务,向现代物流企业逐步转化。如上海友谊集团物流有限公司是由原上海商业储运公司经过分离和改制后组建的,20 世纪 90 年代初便为国际上最大的日用消费品企业——联合利华提供专业物流服务,业务由最初的仓储和运输服务,发展到今天提供运输、仓储、配送、流通加工、信息反馈等多功能个性化服务,双方建立了良好的战略合作伙伴关系。这类企业具有的优势是：企业规模都比较大,资金实力较雄厚,物流设施相对先进,在各自行业中处于领先或垄断地位;可获得一定的政策倾斜和政府扶持;能有效利用以前的客户资源和良好的客户关系。但不足的是:有些企业只是在企业名称或是表面层次的转型,最基本的内部组织结构和运作机制并没有根本性的转变;效率比较低下,冗余人员的比例较高;传统储运根深蒂固的经营思想和企业文化难以适应新环境、新市场。

(2) 新兴民营物流企业。民营物流企业管理理念先进、效率相对较高、发展速度快;一般具有先进的管理信息系统和经营理念;机制灵活,管理成本较低,具有活力。但由于是民营或合资企业规模不大,固定资产十分有限,一些小型的民营企业不能为众多的不同客户提供大范围的个性化的物流服务。我国民营物流企业发展迅速,是物流行业中最具朝气的第三方物流企业。如广州的宝供物流集团,从 1992 年承包铁路货物转运站开始,1994 年成立广东宝供储运公司,当年承接世界上最大的日用消费品生产企业——美国宝洁公司在中国市场的物流业务,经过几年的开拓创新,已成为在澳大利亚、泰国、中国香港及内地主要城市设有 40 多个分公司或办事处,为 40 多个跨国企业和一批国内企业提供国际性物流服务的物流集团公司。规模化的民营物流企业主要集中在快递、零担、综合物流等领域,除宝供物流外,较为典型的企业如顺丰速运、宅急送、佳吉快运,以及已经被外资收购的华宇、佳宇等。但这类企业发展中却受制于资金、政府相关政策的影响,整体的国际竞争实力尚待提高。

(3) 工商企业内部剥离出来的物流企业。长期以来,我国国有企业受大而全、小而全思想影响,大型国有企业都成立自己的物流业务部。企业内部物流网络完善、专业知识丰富、物流运作经验丰富、资金实力雄厚;能够提供比较全面的、跨地区的高质量服务,影响力巨大。此类企业具有相对坚实的发展基础,依托国有企业的背景,使其在网络扩展、资金融通、客户资源等方面具有较大的优势,但由于其内部运行机制不灵活,现代管理制度仍相对欠缺。企业内部物流企业多分布于东部沿海,中西部业务较少。如海尔物流,海尔集团作为中国家电制造业的领导者,其物流系统最重要的特征是"一流三网","一流"是指订单信息流;"三网"分别是全球供应链资源网络、全球用户资源网络和电脑信息网络。经过多年的发展,海尔集团已拥有全国网络化的配送体系,海尔的物流配送中心已覆盖全国所有区域,海尔物流拥有完善的成品分拨物流体系、返回物流体系和备件配送体系,形成了全国最大的企业分拨物流体系。

(4) 规模化的外资物流企业。外资物流企业,一方面为原有客户即跨国企业进入中国市场提供延伸服务;另一方面用它们的经营理念、经营模式和优质服务吸引中国企业,逐渐向中国物流市场渗透。如丹麦马士基成立于 1904 年,在集装箱运输、物流、码头运营、石油和天然气开采与生产,以及在航运和零售行业相关其他活动中,为客户提供了一流的服务,集团旗下的马士基航运是全球最大的集装箱承运公司,服务网络遍及全球。跨国物流企业,依托长期的积累以及现代化的管理和信息技术的应用,具有较强的规模化、网络化、集约化和国际化运作的优势。

小资料 1.6

科捷物流于 2003 年在北京正式成立,注册资金 5000 万元,是中国整合 IT 服务提供商——神州数码控股的全资子公司。科捷物流是一家为客户提供整体供应链解决方案和服务的第三方物流企业,年进口额超过 18 亿美元,年储运货物价值超过 160 亿美元,员工 3000 人。科捷物流在全国拥有 149 个自有库房,其中电商仓分布在北京、上海、广州、深圳、厦门、成都、武汉、沈阳 8 地。标准的操作流程及自主研发系统,可以协助物流业务迅速复制,实现客户分仓需求。

科捷物流在北京、上海、广州、深圳、厦门、成都、武汉、沈阳设有电子商务仓,仓储面积超过 20 万平方米。提供库房布局、设计与先进设备配置、订单响应和库内操作、收货预约及上架、库存管理、退货逆向物流、订单导入、日常作业报表监控、流程服务持续改进、大促保障响应机制等服务。通过科捷物流自主研发的支持多平台化操作的仓储管理系统(WMS),对仓库作业进行可视化应用和管理,极大地控制作业风险和盲点,可以有效地降低商家容易出现的库存积压、库存不准、超卖、退货处理难等问题。

(资料来源:绿蚂蚁,http://www.lvmae.com/news/hangye/1888.html,2016-02-14)

3. 按照第三方物流企业物流服务功能划分

1) 运输型物流企业

运输是物流中的重要环节,我国运输企业的发展涉及基础设施、物流技术设备、产业政策、投资融资、税收、海关等多个职能部门,如果哪个部门对现代物流缺乏统一协调的战略思想,必将成为运输企业发展的瓶颈。在实际运作中,第三方物流企业需要对运输过程进行系统分析,对运输的各个环节进行全面研究,合理选择运输方式、运输路径等,以降低成本实现合理运输。所谓合理运输,就是在实现物资产品实体从生产地至消费地转移的过程中,充分有效地运用各种运输工具的运输能力,以最少的人、财、物消耗,及时、迅速、按质、按量和安全地完成运输任务。合理运输的标志是:运输距离最短、运输环节最少、运输时间最短和运输费用最省。我国专注于运输的第三方物流企业众多,如中国远洋运输、中国外贸运输等。随着物流行业的发展及市场竞争的激烈,第三方物流企业越来越专注于特定的目标市场,以充分发挥其专业的优势,如中国外运股份有限公司锁定在 IT、汽车行业、家用电器、化工、快速消费品等几个目标行业,目前专业细分程度还在进一步加强。按照国家物流企业分类与评估指标 GB/T 19680—2005 标准,运输型物流企业应同时符合以下要求:

(1) 以从事货物运输业务为主,包括货物快递服务或运输代理服务,具备一定规模;
(2) 可以提供门到门运输、门到站运输、站到门运输、站到站运输服务和其他物流服务;

(3) 企业自有一定数量的运输设备；

(4) 具备网络化信息服务功能，应用信息系统可对运输货物进行状态查询、监控等。

2) 仓储型物流企业

仓储型物流企业是以仓储业务为基础的物流服务商，如中国储运、华运通、科捷物流等。中国物资储运总公司是具有40多年历史的专业物流企业，可提供全过程物流解决方案，组织全国性及区域性仓储、配送、加工、分销、现货交易市场、国际货运代理、进出口贸易、信息等物流服务，并充分利用其土地资源的优势，开展房地产、实业开发等多元化经营。仓储型物流企业应同时符合以下要求：

(1) 以从事仓储业务为主，为客户提供货物储存、保管、中转等仓储服务，具备一定规模；

(2) 企业能为客户提供配送服务以及商品经销、流通加工等其他服务；

(3) 企业自有一定规模的仓储设施、设备，自有或租用必要的货运车辆；

(4) 具备网络化信息服务功能，应用信息系统可对货物进行状态查询、监控。

3) 综合服务型物流企业

综合服务型物流简称综合物流，是集成物流的多种功能——仓储、运输、配送、信息处理和其他一些物流的辅助功能完成一条龙的物流服务。提供综合物流服务的第三方物流企业应该具有很强的实力，同时拥有发达的网络体系。往往第三方物流企业根据市场需求组建完成各相应功能的部门，扩展物流服务范围，对上家生产商可提供产品代理、管理服务和原材料供应，对下家经销商可全权代理为其配货送货业务，可同时完成商流、信息流、资金流、物流的传递。如新邦物流自2003年创立以来，一直专注于为中小企业提供仓储、运输、配送为基础的综合物流服务，在物流基础服务、物流延伸服务、物流定制服务等方面去打造消费者喜爱的产品和服务体验。综合服务型物流企业应同时符合以下要求：

(1) 从事多种物流服务业务，可以为客户提供运输、货运代理、仓储、配送等多种物流服务，具备一定规模；

(2) 根据客户的需求，为客户制定整合物流资源的运作方案，为客户提供契约性的综合物流服务；

(3) 按照业务要求，企业自有或租用必要的运输设备、仓储设施及设备；

(4) 企业具有一定运营范围的货物集散、分拨网络；

(5) 企业配置专门的机构和人员，建立完备的客户服务体系，及时、有效地为客户提供服务；

(6) 具备网络化信息服务功能，应用信息系统对物流服务全过程进行查询和监控。

从目前我国第三方物流企业所提供的服务范围来看，主要还是以运输和仓储为主；加工、包装、配送、定制服务和信息处理等方面刚刚起步，还需要逐渐地发展和完善。

除了从资源占有情况、企业来源和服务功能对第三方物流企业分类外，还可以从多要素、多角度对其进行分类。如依据国家标准,按照《物流企业综合评估暂行办法》《物流企业综合评估申报与审核暂行办法》的有关规定,对物流企业进行质量评级评估管理,截至2014年3月,第17批评估,共有A级物流企业2679家。其中:5A级物流企业156家,4A级物流企868家,3A级物流企业1192家,2A级物流企业431家,1A级物流企业32家。物流企业分类原则、方法,适用于我国各类物流企业的界定、物流市场对物流企业的评估与选择,也可作为对物流企业进行规范与管理的依据。再如可根据物流服务的核心方向将第三方物流企业所提供的物流服务分为四个方面:第一,以客户为核心;第二,以促销为核心;第三,以制造为核心;第四,以时间为核心。这种分类是第三方物流企业战略化管理和合理定位的主要依据。

本章小结

广义的第三方是以商品交易为参照,第一方是指商品的供应方;第二方是指商品的买方,一般为批发商或零售商等;第三方是指第一方和第二方之外的、为双方提供物流服务的提供者。本章首先在明确第三方的具体含义的同时,对第三方物流从狭义和广义两个方面进行深入讨论,同时阐述第三方物流的基本特征;其次,介绍了第三方物流的利益来源,帮助读者认清第三方物流价值创造的途径;再次,介绍了现代第三方物流产生和发展的基本理论和产生的现实条件,从而明确第三方物流为什么会产生并能迅速发展壮大;最后,对第三方物流企业从不同角度分类,以便于了解第三方物流企业的发展规律,将理论知识和实际运用能力有机结合起来。

基本概念

第一方物流;第二方物流;第三方物流;第四方物流;第三方物流企业;业务外包;企业核心能力;社会分工

复习思考

1. 简述第三方物流运作价值实现的途径。
2. 简述第三方物流的利益来源。
3. 简述第三方物流产生的理论基础和现实条件。
4. 简述第三方物流企业核心竞争力构建的内容及具体表现。
5. 简述第三方物流的特征。
6. 谈谈业务外包观念的兴起对第三方物流的影响。
7. 为什么说物流业务外包会成为一种必然趋势?

 **案例分析**

宝供家电事业部"格兰仕"新业务正式启动

格兰仕集团是一家世界级综合性白色家电品牌企业。自1978年创立至今,格兰仕由一个7人创业的乡镇小厂发展成为拥有近5万名员工的跨国白色家电集团,是中国家电业最具影响力的龙头企业之一。格兰仕在快速发展的过程中面临着越来越大的物流压力,且随着大客户的占比增高,亟须寻找有实力的专业化物流企业来实现生产及物流供应链的整合与优化。格兰仕客户肯定了宝供的物流运作实力和资源,在4月先把山东线给宝供进行试运作,在一个多月的时间里,宝供顺德办事处迅速组建格兰仕运作专项团队,不仅体现了宝供领先的运作实力,同时体现了其对与格兰仕合作的高度重视。在运作的过程中,宝供遇到问题都主动积极地去解决及沟通,很好地完成了格兰仕的服务要求,且为其优化的标准操作程序,给了格兰仕很大的信心。随着5月份招标的到来,宝供物流通过多次报价议价,针对部分线路进行多次沟通,最终以各方面综合优势战胜其他供应商,成功中标客户的山东线和苏南线,成为格兰仕2015年的运输合作供应商。

宝供集团董事长刘武介绍,宝供的第三方物流经营模式,是以市场需求为导向、物流系统优化为基础、信息技术和管理技术为手段,推动资源的合理配置和社会优势资源的整合,构筑完整的综合价值链,为客户提供一体化、专业化、全过程的物流服务。主要服务内容包括:一是物流策划,包括物流规划与物流模式设计,按客户的需求进行个案分析,为客户设计出独特而适宜的物流策划方案,从而支持和满足客户持续发展的需要。二是物流运作管理,包括运输、仓储、装卸、包装、分拣和理货等管理,以规范化的业务运作管理系统,规范业务部门的运作标准,明确规定业务运作管理机构的设置及职能、操作岗位及职责、作业分类及运作流程、各项作业的标准操作程序(SOP)以及各项作业的考核办法。三是物流信息,包括信息系统规划、信息技术支持、信息管理,为自己和客户双方监控物流过程提供实时、准确的信息服务。刘武表示,第三方物流服务,就是能够向客户提供专业化、规范化和更经济的物流运作管理服务,使客户放心地将原材料采购、运输、仓储和产成品加工、配送等物流服务业务交由宝供去运作,这有利于客户专注于主业的发展,提升企业的市场竞争力。

(资料来源:宝供物流,http://www.pgl-world.com/,2014-07-07)

结合案例分析问题:
1. 格兰仕与宝供合作有什么好处?
2. 宝供是个什么性质的企业?

第三方物流企业战略管理

 学习要点

1. 熟悉企业战略、物流战略等基本概念；
2. 掌握第三方物流企业战略规划的原则和步骤；
3. 掌握第三方物流企业战略可选择的类型；
4. 掌握第三方物流企业的战略管理过程；
5. 了解宏观环境的 PEST 分析；
6. 掌握第三方物流企业战略 SWOT 分析；
7. 了解物流市场细分标准及第三方物流企业目标市场的选择策略；
8. 掌握第三方物流企业市场定位策略。

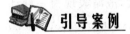 **引导案例**

联想做物流　成败一线间

当海尔在第三方物流舞台上不断创造神话的时候，擅长追逐市场热点的联想集团也果断提出了自己的物流发展战略。中国联想控股企业和美集物流企业在北京宣布，双方将成立一家合资企业，旨在向中国的信息产业市场提供专业物流服务。在这家新公司中，联想占据 51% 的股份，这意味着以做电脑起家的联想终于把一条腿迈入到物流业中，这将是中国首家为信息产业提供物流服务的合资企业。这家名为志勤美集的合资企业将运用顶尖信息管理技术，在生产和成品物流所需要的物资供应及流通方面，发展现代物流服务业务。目前，志勤美集致力于为客户提供网络化、多功能、一体化专业的物流服务。客户有 D-LINK、日立、三星、联合利华、联想惠阳、优派显示器等知名企业。合资方美集物流（APL Logistics）是全球著名的第三方物流服务供应商。美集物流于 1989 年进入中国，是国内首批从事国际货运代理和物流业务的全外资企业，它为全球知名企业 DELL（戴尔公司）、宜家家居和通用汽车提供物流服务。但对做 IT 的联想来说，现在进军一个自己不熟悉的物流行业，这不能不说成败仅在一线间！联想这种本土与外国的第三方物流合作模式，从理论上说是完全匹配的。但是这种匹配存在两个主要障碍：一方面，投资回报率的不同使得合资条款在达成后很容易出现反复；另一方面，像联想这样投入大量的现金及有形资产，而美集物流只投入知识产权等无形资产，这种合作需要战略创新，也需要具有应对风险的能力。除此之外，中国物流行业在今后的几年里会出现大量的兼并、收购以及物流企业的战略重组案例，这会给联想带来更大的竞争压力。

(资料来源：马佳．财经纵横，http://finance.sina.com.cn，2003-03-06)

2.1 第三方物流企业战略概述

随着中国经济快速发展，第三方物流企业大量出现，国际专业物流公司不断进入中国市场，物流市场竞争加剧。对于中国第三方物流企业来说，物流市场的竞争具有更大的挑战性、复杂性和艰巨性，所以第三方物流企业必须明确企业发展的战略方向、战略目标和战略措施，才能为工商企业提供高度集成的、综合性现代物流服务，才能在竞争中取胜。

2.1.1 企业战略与物流战略

1. 企业战略

随着生产社会化和市场经济的发展以及信息技术的推广应用，战略思想逐步进入企业经济领域。所谓战略是相对于全部军事行动而言，相对于战争目的而设定的目标以及为了达到所定目的而采取的一系列行动。从企业未来发展的角度看，战略表现为一种计划(plan)；从企业过去发展历程的角度来看，战略则表现为一种模式(pattern)；从产业层次看，战略表现为一种定位(position)；而从企业层次来看，战略则表现为一种观念(perspective)。

1) 企业战略的概念

企业战略是对企业各种战略的统称，是对企业整体性、长期性、基本性问题的谋略。企业战略须从全局和长远的观点研究企业在竞争环境下，生存与发展的重大问题，是现代企业高层领导人最主要的职能，在现代企业管理中处于核心地位，是决定企业经营成败的关键。

企业战略管理是一个十分庞大的理论体系和研究领域，作为一门学科，战略管理诞生于20世纪五六十年代，并且是随着西方企业战略理论的发展而逐渐形成的。作为社会系统学派代表人物的美国经济学家巴纳德(C.I. Barnard)最早将战略思想引入企业经济，他在1938年出版的名著《经理的职能》中，认为企业是由相互进行协作的各个人组成的综合系统，经理在这个综合系统中扮演着相互联系的中心角色，书中运用战略因素构想分析了企业组织的决策机制以及有关目标的诸因素和它们之间的相互影响。伊戈尔·安索夫

(H. Igor Ansoff)在1965年出版的《企业战略》一书中主张战略构造应是一个有控制、有意识的正式计划过程；企业的高层管理者负责计划的全过程，而具体制定和实施计划的人员必须对高层管理者负责；通过目标、项目、预算的分解来实施所制定的战略计划。

2) 企业战略的层次

企业战略是一个战略体系，从横向关系看，企业战略是竞争战略、发展战略、市场营销战略、人才战略、技术开发战略等各种战略的统称。各个战略之间相互联系又有不同的侧重点。应该注意竞争战略不能等同于企业战略，竞争战略只是企业战略的一部分，企业竞争战略要解决的核心问题是如何通过确定客户需求、竞争者产品及本企业产品这三者之间的关系，来奠定本企业产品在市场上的特定地位及竞争优势并维持这一地位和优势。竞争战略和发展战略也有所区别，竞争战略着眼于怎样打胜仗，而发展战略着眼于怎样为打胜仗创造条件；竞争战略侧重于市场及竞争关系的分析，而发展战略侧重于发展基础、发展矛盾、发展条件及发展机遇的分析。同时竞争战略与发展战略是相互联系的，企业既不能脱离发展搞竞争，也不能脱离竞争图发展，在竞争中发展、在发展中竞争才是先进企业的成功之道。竞争优势是所有竞争战略的核心，企业要获得竞争优势就必须做出选择，必须决定希望在哪个范畴取得优势。

企业战略是一个战略体系，从纵向关系看，企业战略即企业总体经营战略包含不同层次的子系统。一般来讲，对于大型企业，企业经营战略包括三个层次：第一层次是企业级战略；第二层次是事业部级战略；第三层次是职能级战略。企业在制定总体战略时要考虑下一层次的情况；而下一层次的战略应服从和体现上一层次的战略意图。企业战略指导和影响事业部级战略；事业部级战略则统领和整合职能战略。企业战略应对的问题包括：我们经营哪些业务？我们将要经营哪些业务？实质而言，企业总体经营战略的要务在于企业经营范围的选择，即企业经营业务的数量、种类与相关性。在此基础上，企业战略还要关注和管理企业资源在不同业务间的配置，核心竞争力的培养，企业总部与事业部之间的关系，以及企业与其他企业之间的关系与交往。事业部通常指的是公司中一个相对独立的并拥有自己的总体管理阶层的经营实体和利润中心的业务单元，所以可以称为业务单元战略，简称业务战略，主要应对如下问题：给定企业的经营范围，在某一个具体的行业或市场中，一个业务单元如何去竞争并获取竞争优势。职能战略意指一个业务单元中不同职能部门的战略，其主旨在于为业务单元的竞争战略服务，职能战略应对如下问题：我们职能部门（比如营销、物流等）如何为业务单元的（如差异化）战略选择和实施做出相应的贡献。

3) 企业战略的构成要素

企业战略一般由经营范围、资源配置、竞争优势和协同作用四个要素构成。

(1) 经营范围。经营范围是指企业从事生产经营活动的领域。企业战略是一个企业对产品和市场在竞争领域的定位选择问题，企业要有明确的经营范围，有了经营主线，在制定战略的过程中要重点分析企业的优势与劣势、机会与威胁,通过分析反映出企业目前与其外部环境相互作用的程度,又反映出企业战略与外部环境发生的作用,经营范围涉及企业的竞争环境和企业发展的外部极限。对于大多数企业来说,应该根据自己所处的行业、自己的产品和市场来确定经营范围。

(2) 资源配置。资源配置是指企业过去和目前资源和技能组合的水平和模式。资源配置的优劣状况会极大地影响企业实现自己目标的程度,因此,资源配置又被视为形成企业核心竞争力的基础。资源配置是企业现实生产经营活动的支撑点,所以企业高层的经理人员应是战略制定的设计师,并且,他们需要合理分配和使用企业的资源并督导战略的实施。企业只有采用其他企业很难模仿的方法,取得并运用适当的资源,形成独具特色的技能,形成核心竞争力,才能在市场竞争中占据主动。

(3) 竞争优势。竞争优势是指企业通过其资源配置的模式与经营范围的正确决策,所形成的与其竞争对手不同的市场竞争地位。竞争优势既可以来自企业在产品和市场的地位,也可以来自企业对特殊资源的正确运用。具体来说,竞争优势可来源于三个方面:第一,通过兼并方式,谋求并扩张企业的竞争优势;第二,进行新产品开发并抢在对手之前将产品投放市场;第三,保持或提高竞争对手的进入壁垒,如利用专利和技术壁垒等。

(4) 协同作用。协同作用是指企业从资源配置和经营范围的决策中所能发现的各类共同努力的效果。企业可以充分利用其管理能力,同时管理若干个业务,产生比管理单一业务更大的效益,即"1+1>2"的效应。企业战略应该是多要素的协同作用,是对企业整体性、长期性、基本性问题的解决。协同化物流战略通过综合供应者到消费者的供应链运作,使物流、信息流和资金流的流动达到最优化,并追求全面的、系统的综合效果。

2. 物流战略

从物流需求方角度看,物流战略是企业战略中的一个重要的职能战略,企业可持续发展要求企业必须合理制定物流战略。

1) 物流战略与物流战略管理的内涵

物流战略(logistics strategy)是指为寻求物流的可持续发展,就物流发展目标以及达成目标的途径与手段而制定的长远性、全局性的规划与谋略。物流战略管理是物流经营者在物流系统化过程中,通过物流战略设计、战略实施、战略评价与控制等环节,调节物流要素、相关的资源、组织结构等,最终实现物流系统战略目标的一系列动态过程的总和。物流战略管理的目标就是充分利用和配置企业现有的内部资源、整合外部资源,从而保证物流战略的顺利实现。

2) 物流战略管理的目标

物流战略的制定与实施服务于一个明确的最终目标,即现代企业在激烈的竞争环境中能够生存和发展。所以物流战略管理的基本目标就是实现物流成本最小、投资最少并不断提高服务水平。

(1) 成本最小。这是指维持企业长期的物流供应的稳定性、低成本、高效率；成本最小是指降低可变成本，主要包括运输和仓储成本，例如物流网络系统的仓库选址、运输方式的选择等。面对诸多竞争者，企业应达到何种服务水平是早已确定的事情，成本最小就是在保持服务水平不变的前提下选出成本最小的方案。

(2) 投资最少。投资最少是指对物流系统的直接硬件投资最小化，从而获得最大的投资回报率。在保持服务水平不变的前提下，可以采用多种方法来降低企业的投资。例如，不设库存而将产品直接送交客户，物流规模小时选择使用公共仓库而非自建仓库，运用 JIT 策略来避免库存等。

(3) 改进服务。随着市场的完善和竞争的激烈，客户在选择第三方物流服务时除了考虑价格因素外，及时、准确的到货也越来越成为企业竞争的有力筹码。当然高的服务水平要有高成本来保证，因此权衡综合利弊对企业来说是至关重要的。服务改善的指标值通常是用客户需求的满足率来评价，但最终的评价指标是提高企业的年收入。企业的收入取决于所提供的物流服务水平，尽管提高服务水平会增加企业成本，但也可以做到使收入的增长大于成本的增长。

3) 物流战略与企业战略的关系

(1) 物流战略是企业战略的一部分。企业战略是企业对所属的产业竞争环境进行审慎研究后，做出的对企业的产品定位、市场定位与价值定位的总体决策与完整的实施计划，从而为企业赢得超常的投资收益。物流战略是为物流可持续发展，就物流发展目标及达到目标的途径与手段而制定长远、全局性规划。物流是继生产、销售、财务后企业发展的重要职能部门，作为第三利润源泉，企业已经认识到物流战略在企业战略管理中的重要性，制定合理的物流战略关系到企业战略的实现，物流管理贯穿于企业生产经营管理的始终，物流管理者在企业战略决策中的影响力将不断增强。

(2) 物流战略要与企业战略保持一致。企业总体战略决定了其在市场上的竞争能力，物流战略的制定作为企业总体战略的重要部分，要服从企业目标和一定的客户服务水平，物流战略的目标与物流管理的目标是一致的，即在保证物流服务水平的前提下，实现物流成本的最低化，维持企业长期的物流供应的稳定性、低成本及高效率。

企业战略与物流战略的关系如图 2-1 所示。

3. 第三方物流企业战略管理体系

作为物流服务提供者的第三方物流企业，其战略管理需要多层次、分阶段、有步骤地建立和完善。第三方物流企业战略按照管理层次一般可划分为三个层次：企业总体战略、物流竞争战略、物流职能战略。三个层次的关系见图 2-2。在企业物流战略管理过程

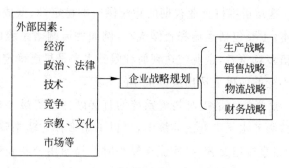

图 2-1 企业战略与物流战略的关系

中,各个组织层次沿物流战略的逻辑过程运行,高层的组织物流战略决定并指导着下一层组织的物流战略管理,所以第三方物流企业要从实际出发,在制定企业总体战略的同时完成各阶段、各层次的战略。

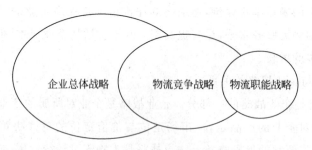

图 2-2 企业物流战略管理体系

1) 企业总体战略

第三方物流企业总体战略是企业最高层次的战略,是物流企业经营者选择企业可以竞争的经营领域,合理配置企业经营所必需的资源,使各项经营业务相互支持、相互协调,确立企业物流战略管理目标、总体发展方向和价值创造的各种计谋。第三方物流企业在进行企业战略规划管理时必须对企业资源和能力进行分析,必须认真分析自身的物质基础条件,确定企业切实可行的战略目标,战略目标应体现企业物流系统的全面性、长期性、纲领性、竞争性、多元性、指导性、激励性、阶段性等特点,并制定实现这一目标的各项规划和方针。第三方物流企业战略管理是物流经营者在物流系统化过程中,通过物流战略设计、战略实施、战略评价与控制等环节,调节物流要素、相关的资源、组织结构等,最终实现物流系统战略目标的一系列动态过程的总和。从更一般的意义上讲,第三方物流企业战略管理实质就是运用战略进行物流系统管理,主要包括物流战略导向、物流战略优势、物流战略类型和物流战略态势等要素管理。

2）物流竞争战略

物流竞争战略是物流企业的二级战略。当物流企业规模扩大后拥有多种业务,每一个经营部门或物流项目会有自己的战略,这种战略规定该经营单位了解竞争对手状况后,应该向哪些客户提供什么产品或服务,并通过物流服务需求情况建立战略方向。事业部经理人员的主要任务是将企业战略所包括的企业目标、发展方向和措施具体化,形成本业务单位具体的竞争与经营战略。每一个业务单位按照自身能力和竞争的需要开发自己的战略,同时还必须与整体的组织能力和企业战略需要保持一致。现代物流企业竞争战略的选择对于物流企业的发展和成长至关重要。

3）物流职能战略

物流职能战略是按照总体战略或业务竞争战略对企业内各方面职能活动进行的谋划,是物流业务的执行层,涉及日常的物流管理问题,尤其是运输、仓储和物料管理等。如运输职能包括承运人的选择、运输合理化、货物集疏、装载计划、路线的确定及安排、车辆管理、回程运输或承运绩效评定等方面的考虑;仓储职能方面的考虑包括仓储设施布置、货物装卸搬运技术选择、生产效率、安全措施、仓储规章制度的执行等;在物料管理中,可以着重于预测、库存控制、生产进度计划和采购上的最佳运作与提高。

2.1.2 第三方物流企业战略类型的选择

战略的本质是选择,因为企业的资源和能力毕竟有限。一般来说,企业战略选择是为了发挥企业内部的资源、能力、知识、文化优势来适应外界环境的变化,从而击败竞争对手获取可持续的竞争优势。而除了高度垄断的行业,单体企业很难改变其所处的市场环境,那么其成功的决定因素就在于企业如何正确分析市场环境、客观评价自身实力,从而选择正确的企业发展战略。第三方物流企业可选择的战略类型很多,最常见的是基于企业主导思想因素不同划分的战略类型,如基于成本主导的战略、基于供应链主导的战略、基于时间主导的战略、基于竞争主导的战略和基于物流联盟主导的战略等。

1. 基于成本主导的战略：总成本领先战略与精益物流战略

1）总成本领先战略

基于成本主导的战略是以最低的成本实现特定的经济目标,这是每个企业都应当追求的,当影响利润变化的其他因素不变时,降低成本始终是第一位的。当企业与其竞争者提供相同的产品和服务时,只有想办法做到产品和服务的成本长期低于竞争对手,才能在市场竞争中最终取胜,这就是成本领先战略。第三方物流企业应用总成本领先战略就是将运输、分拣、储存等一系列相关业务活动作为一个整体看待,在保持一定服务水平条件下,在多种物流战略规划中选择总成本最小的方案。第三方物流企业应以总成本领先战略为先导,加强物流成本的精细化管理,提高物流管理水平,实现总成本领先战略所带来的竞争优势。对于第三方物流企业而言,物流总成本是由运输、存储保管、流通加工、包装、装卸、配送等要素的成本构成。一些物流企业只注意到运输、存储、配送等单要素发生的成本，实际上要对各要素综合控制，才能实现物流总成本的最小化。由于物流中存在效益背反规律，即物流成本的各项目之间存在着此消彼长的关系，某一项目成本的下降将会带来其他项目成本的上升。如物流采购中平均每次采购量越多，则采购次数越少；采购业务活动次数越少，与之相关的采购业务活动费用也就越少；同时由于平均库存量的上升，引起库存费用增加。所以第三方物流企业应坚持系统管理、系统控制的管理理念，控制成本不能局限于某一环节，而是整个物流供应链过程中都要注重物流成本的控制，借助合理的现代化物流系统，实现物流总成本最低战略。

第三方物流企业实现总成本领先战略，首先要扩大经营获取规模经济，因为物流业务规模扩大，能够使企业内部的技术和设备更先进，工作人员技能水平更专业，从而有效提高服务效率，提高经济效益。因此，扩大规模是物流企业降低成本的重要途径。其次要实施控制物流运作成本的各种手段，第三方物流运作成本的控制是一个动态的过程，因此必须进行动态分析，将有效的成本控制方法运用于第三方物流成本管理中。在考虑成本综合控制时选择有利于整个物流过程的总成本最小、物流运作成本最低为控制目标来协调物流系统，将运作成本分解到各子系统作为子目标。在物流系统规划设计中通过子系统的优化集成，最终选择第三方物流运作总成本最低的方案。

2) 精益物流战略

总成本领先战略是第三方物流企业战胜竞争对手的最直接方法和手段，精益物流则是满足客户需求并追求客户价值、降低客户成本的重要手段。精益物流是精益思想在物流管理中的应用，是物流发展中的必然反映。精益思想是指运用多种现代管理方法和手段，以社会需求为依据，以充分发挥人的作用为根本，有效配置和合理使用企业资源，最大限度地为企业谋求经济效益的一种新型的经营管理理念。精益思想起源于 20 世纪中期，在丰田的汽车生产管理中逐渐成形，丰田公司是精益生产(lean production)的典型代表。当时汽车工业企业在不断探索之后，找到了一套适合日本国情的汽车生产方式：即时制生产(just in time)、全面质量管理(TQM)，以及多品种、小批量、高质量和低消耗的精益生产方法。后经美国麻省理工学院教授的研究和总结，正式发表在 1990 年出版的《改变世界的机器》一书中。20 世纪 80 年代中期以后，企业的经营管理逐步向精细化、柔性化方向发展，其中即时制管理得到了广泛的重视和运用。它的基本思想是"在必要的时间、对必要的产品从事必要量的生产或经营"，因而不存在生产、经营过程中产生浪费和造成成本上升的库存，即所谓的零库存。即时制管理是即时生产、即时物流的整合体。

精益思想在物流管理中的表现是快速适应变化、少量多次送货、减少浪费、体现人的自主管理生产的思想。精益战略就是寻找出消除浪费的途径，如物流运输中典型的方法是对目前的物流运输业务操作系统进行详细分析，然后取消不增加价值的操作，消除耽搁、简化过程、降低复杂性、提高效率、寻求规模经济，除去物流供应链中不必要的环节，节省运输费用。实现精益物流战略对于降低物流成本和提高产品利润空间都具有重要的促进作用。精益物流(lean logistics)是指通过消除生产和供应过程中的非增值的浪费,以减少备货时间,提高客户满意度。精益物流的基本原则是:①从客户的角度而不是从企业或职能部门的角度来研究什么可以产生价值;②按整个价值链确定供应、生产和配送产品中所有必需的步骤和活动;③创造无中断、无绕道、无等待、无回流的增值活动流;④及时创造仅由客户拉动的价值;⑤一旦发现浪费就及时消除,追求完美。

实施精益物流战略必须建立精益物流系统。精益物流系统是由资源、信息和能够使企业实现"精益"效益的决策规则组成的系统。精益物流系统具有如下四方面的特点。

(1) 拉动型的物流系统。在精益物流系统中,客户需求是驱动生产的原动力,是价值流的出发点。价值流的流动要靠下游客户来拉动,而不是依靠上游的推动,当客户没有发出需求指令时,上游的任何部分不提供服务,而当客户需求指令发出后,则快速提供服务。系统的生产是通过客户需求拉动的。

(2) 高质量的物流系统。在精益物流系统中,电子化的信息流保证了信息流动的迅速、准确无误,还可有效减少冗余信息传递,减少作业环节,消除操作延迟,这使得物流服务准时、准确、快速,具备高质量的特性。

(3) 低成本的物流系统。精益物流系统通过合理配置基本资源,以需定产,充分合理地运用优势和实力;通过电子化的信息流,进行快速反应、准时化生产,从而消除诸如设施设备空耗、人员冗余、操作延迟和资源浪费等,保证其物流服务的低成本。

(4) 不断完善的物流系统。在精益物流系统中,全员理解并接受精益思想的精髓,领导者制定能够使系统实现"精益"效益的决策,全体员工贯彻执行,上下一心,各司其职,各尽其责,达到全面物流质量管理的境界,保证整个系统持续改进,不断完善。

精益物流战略不只意味着尽量减少花费,它的本质是既满足了客户的物流需求,又耗费了最少的资源。精益战略是通过坚持不懈地消除供应链的浪费来实现目标的。

2. 基于供应链主导的战略:敏捷物流战略

敏捷物流(agility logistics)亦称敏捷供应链(agile supply chain, ASC)。敏捷物流以核心物流企业为中心,运用科技手段,通过对资金流、物流、信息流的控制,将供应商、制造商、分销商、零售商及最终用户整合到一个统一的、快速响应的、无缝化程度较高的功能性物流网络链条之中,以形成一个极具竞争力的动态的战略联盟。敏捷物流战略的目标是对不同或变化的环境迅速做出反应,向客户提供高品质的物流服务。敏捷有两个方面的含义:第一敏捷是指反应的速度,敏捷的组织一直在检查客户的需求,对变化做出迅速反应,如订单采购前置期短,甚至为零;第二敏捷是指物流企业根据不同客户需求而量身定做的能力。如电商物流要求的敏捷配送就是为适应现代市场竞争和生产、服务行业的需求而诞生的,它坚持以时间和服务作为核心理念,在敏捷配送的运作过程中,创造产品市场的时间价值,减少客户的运作成本,提高整个价值链的反应速度,增加利润空间。一般来说，在时间、速度、可靠性方面要求越高的企业，对企业物流管理水平的要求也就越高，敏捷物流作为一种全新的理念，在多个纬度上突破了传统的物流管理思想，也给企业的物流运作带来深刻影响：物流运作更加强调物流的速度；物流活动更加贴近客户资源；物流成本得到进一步降低；对现代物流技术手段的应用要求更高。

敏捷物流是通过建立企业间的动态联盟，提高物流的服务质量，所以敏捷物流战略强调客户的重要性。运用敏捷战略的组织将重点放在满足客户需求方面，所以，对市场的情况更敏感并且能准确地知道客户需要什么，致力于满足客户。如：与供应链伙伴合作并分享信息，保证最终客户需求可以得到满足；精心设计物流系统达到或者超过可能的需求。对于敏捷战略，一个很重要的收益就是可以让客户满意并能长期合作、吸引更多的客户、获得更多的生意。在实际中，有很多方法可以提高敏捷性，包括建立供应商的联盟、及时运作、弹性制造等，最重要的是增加和所有供应链伙伴的合作。对敏捷战略最大的障碍是与供应商的交货时间长，这会严重影响敏捷性。在供应链物流的敏捷化运作中，虚拟组织、动态联盟、集成一体化都可以是供应链再造的组织形式。它们基于共同的核心利益观，为统一的利润源（项目、产品或服务）在规范化的行动准则下进行集成互动，它们将传统稳定的"纵向一体化"或"横向一体化"的稳定组织模式改变为适当范围内的动态组织模式。

敏捷战略与精益战略是相对的，敏捷战略侧重于"反应能力和效率"，精益战略侧重于"杜绝浪费"。精益物流战略与敏捷物流战略相互之间并不排斥，它们有自身的优点，但也有一定的局限性，尤其是不能极端地只采取某一种策略。常见的安排是每种战略主导供应链的不同部分。例如，精益战略可能主导制造环节，而敏捷战略则主导下游运营环节。敏捷物流运作已经成为诸多物流企业的最终选择，总体而言，企业的敏捷物流战略应符合以下特征：保持整个供应链的物流运作可视化，这是实施敏捷物流的基本要求；广泛应用信息技术；与供应链成员紧密合作；适当运用外包策略。不同特性的敏捷物流对企业的物流运作活动产生不同的影响。

3．基于时间主导的战略：延迟战略

基于时间的物流战略是指在适当的时间完成一定的作业，以减少物流总成本。延迟战略将产品的最后制造和配送延推到收到客户订单后再进行，则预测风险带来的库存就可以减少或消除。有两种延迟的战略：生产延迟和物流延迟，生产延迟侧重于产品，物流延迟侧重于时间。生产延迟是指在获得客户确切的需求和购买意向之前，无须过早地准备生产，而是严格按订单来生产。物流延迟是指在一个或多个战略地点对全部产品进行预测，而将进一步的库存计划延迟到收到客户订单为止，一旦收到订单，就尽快将产品直接运送给客户。采取哪种延迟战略取决于产品的数量、价值、竞争主动性、规模经济及客户希望的发送速度和一致性。

物流延迟实施库存集中控制，关键的、高成本的部件保存在中央仓库，以快速的订单发送代替在当地市场仓库中的库存，从而减少总的库存水平，在保持规模经济效益的同时,使用直接装运能力来满足客户服务的要求。在物流系统中按计划移动无差别部件并根据客户在发送时间前的特殊要求修改物流计划,如贴标签、包装和组装。物流延迟最好的例子就是直接转运战略。在直接转运系统中,产品从制造商处转运到中心仓库,在仓库的停留时间很短,然后尽快运送给零售商,通过缩短储存时间而降低库存成本和缩短提前期。延迟战略可以有效利用总体预测的信息,总体需求信息总比单个数据精确,即使产品预测不能很好改善,生产延迟及物流延迟也可以有效改善最终需求的不确定性。

4. 基于竞争主导的战略:差异化战略和集中化战略

竞争战略是由当今全球第一战略权威,被誉为"竞争战略之父"的美国学者迈克尔·波特(Michael E. Porter)于1980年在其出版的《竞争战略》中提出的。波特为商界人士提供了三种卓有成效的竞争战略,分别是总成本领先战略、差异化战略和专一化集中战略。总成本领先战略前面已经讲过,这里重点介绍后两种。

1) 差异化战略

差异化战略的含义是企业提供在行业范围内具有独特性的产品和服务。物流差异化战略指的是各个物流企业结合自身的实力和市场的需求,提供和其他物流企业与众不同的、具有独特性的产品和服务。物流差异化战略,以价值创造为逻辑思路,以提高客户满意为核心要求,这样不仅有利于提高物流企业的服务水平,提高客户的满意度和忠诚度,而且可以避免物流企业无序竞争和盲目发展,从而使物流企业在经济发展中发挥更大的作用。物流企业所拥有的最重要资产不是它的卡车、仓库、房子,而是它的客户资源。获得客户资源就有赖于客户满意度,提高客户的满意度并把满意的客户转变为忠诚的客户。客户具有差异性,不同的客户具有不同的需求、偏好和财务状况等条件,不同的客户对物流服务的满意期望值也各不相同,即使是同一客户在不同的时间或不同的环境状况下物流需求也可能会有所不同。但是任何物流企业都不可能同时提供各种不同的服务,而让具有不同需求的客户满意。物流差异化战略在这里就是通过各个物流企业提供服务的差异化来使具有不同要求的客户感到满意。例如,有的物流企业是以提供快速运输服务(如飞机)为专长,以小批量多频次快速运输,来满足对商品时效具有特殊要求的客户;有的物流企业以专门提供低成本运输服务为专长,以大批量少频次的低成本运送,来满足某些对运输成本比较关注的客户;有些物流企业可专业提供冷藏运输服务,或类似的特殊要求运输服务;还有的以专门地区性的物流网络为专长提供服务,如以提供非洲地区物流服务为专长。客户的需求就是物流企业服务的方向,有差异化的客户就有差异化的需求,差异化的需求就要提供差异化的服务,因此差异化客户的客观存在,成为物流企业差异化战略选择的外在依据。

物流企业差异化战略既是由于市场中客户需求差异化的需要,也是物流企业自身培育核心竞争力和竞争优势的需要。物流企业不仅要考虑选择差异化战略,而且要考虑选择什么样的差异化战略。在物流企业差异化战略的选择中,定位差异化和服务差异化是可供参考的两条基本思路。

(1) 定位差异化就是为客户提供与行业竞争对手不同的服务与服务水平。通过客户需求和企业能力的匹配来确定企业的定位,并以此定位来作为差异化战略的实质标志。差异化战略是以了解客户的需求为起点,以创造高价值满足客户的需求为终点。因此在企业决定其服务范围与服务水平时,首先要考虑的是客户究竟需要的是什么样的服务和服务要达到何种水平。第三方物流企业在决定定位差异化的时候,必须将客户的需求、企业自身能力与竞争对手的服务水平三个要素进行综合考虑。要做到三者的协调统一。

(2) 服务差异化就是对不同层次的客户提供差异化的服务。定位差异化强调的是与竞争对手不同,而服务差异化则强调的是客户的不同。客户是有差异的,想要以一种服务水平让所有客户都满意是不可能的。客户本身的条件是各不相同的,对满意的期望自然也各不相同。因为每个客户对企业利润的贡献也各不相同,所以不同的客户对企业的重要性也不会完全一样。并且重要的客户对企业利润贡献大,自然他们要求企业提供的服务水平也要高。由于企业选择差异化战略,每个企业都会因其差异化战略而确定其重要的客户群。

2) 集中化战略

集中化战略即聚焦战略,是指把经营战略的重点放在一个特定的目标市场上,为特定的地区或特定的购买者集团提供特殊的产品或服务。集中化战略具有差异化和成本领先战略的优点:能针对竞争对手最薄弱的环节采取行动,形成产品的差异化;能在产品的专门服务中降低成本,形成低成本优势。集中化战略的弱点:获得市场份额方面具有局限性;以较宽的市场为目标的竞争者采用同样的集中战略容易导致企业失去优势;由于技术进步、替代品出现、价值观念的更新和消费者喜好的变化等原因会导致企业失去存在的基础。集中战略的实施条件包括:具有某一类客户和货种服务的优势;目标市场在市场容量、成长速度、获利能力和竞争强度方面具有相当的吸引力。实施措施有:分析企业的内部条件,确定企业的优劣势;分析客户的需求差异,确定适合企业的目标市场即重点客户群;分析竞争对手的业务范围,确定保持集中服务的战略优势的方法。

物流集中化战略是指企业的注意力和资源集中在一个有限的领域,以为特定的客户提供专门的物流服务或为特定的货种提供特殊的物流服务为基本定位。这主要是基于不同的领域在物流需求上会有所不同,如IT企业物流更多采用空运和零担快运,而快速消费品更多采用公路或铁路运输等。同时,每一个企业的资源都是有限的,任何企业都不可能在所有领域取得成功。一般中小企业由于融资能力弱、管理经验不足以及营销渠道少等原因,大都采取区域市场中的集中化战略。集中化战略也告诉我们,在国内企业对第三方物流普遍认可以前,那些小型的第三方物流企业必须集中于那些较为现实的区域市场。第三方物流企业应该认真分析自身的优势所在及所处的外部环境,确定一个或几个重点领域,集中企业资源,打开业务突破口。在物流行业中,即使是一些实力比较强的国际企业也利用自己的优势针对众多不同地域的细分市场来实施集中经营战略,不难发现,美国伯灵顿全球货运物流(BAX Global)等公司在高科技产品物流方面比较强,而马士基物流(Maersk Logistics)和美集物流(APLL)则集中于出口物流,国内的中远物流则集中在家电、汽车及项目物流等方面。应该强调的是,这种集中化战略不仅指企业业务拓展方向的集中,更需要企业在人力资源的招募和培训、组织架构的建立、相关运作资质的取得等方面都要集中,否则,简单的集中只会造成市场机遇的错过和资源的浪费。

5. 基于物流联盟主导的战略:协同化战略

企业联盟一方面是指我国第三方物流企业间的联盟,另一方面是指物流企业与货主企业间建立的战略伙伴关系。物流联盟是以物流为合作基础的企业战略联盟,它是指两个或多个企业之间,为了实现自己的物流战略目标,通过各种协议、契约而结成的优势互补、风险共担、利益共享的松散型网络组织。因此,通过建立物流联盟,搭建信息共享平台,整合各企业的核心能力,扬长避短、优势互补,是第三方物流企业的理想之路。其中协同化战略是第三方物流企业联盟的主要途径。

协同化物流战略是打破单个企业的绩效界限,通过相互协调和统一,创造出最适宜物流运行结构的战略。随着消费者消费个性化、多样化的发展,客观上要求企业在商品生产、经营和配送上必须充分对应消费者不断变化的趋势,这无疑大大推动了多品种、少批量、多频度的配送,而且这种趋势会越来越强烈。第三方物流协同化战略是第三方物流企业依托下游的零售商业企业或上游的生产企业,成为零售店铺的配送、加工中心或生产企业的物流代理,极度重视与供应链其他部分的密切合作,与供应商、客户和专业物流提供商建立战略联盟,形成更为有效的供应链,所有成员齐心协力,共享长期合作的成果。一些中小型的物流企业面临着经营成本上升和竞争的巨大压力,一方面由于自身规模较小,不具备商品即时配送的能力,也没有相应的物流系统;另一方面,由于经验少、发展时间短等各种原因,也不拥有物流服务所必需的技术。作为企业物流战略发展的新方向,弥合流通渠道中企业间对立或企业规模与实际需求对应的矛盾,协同化物流战略应运而生。

可供第三方物流企业选择的物流战略种类繁多,有同也有异,相同的是基本属性,不同的是物流战略规划问题的层次与角度。第三方物流企业通过选择恰当的战略,扬长避短、趋利避害、满足客户需求,对于企业的发展显得至关重要,然而企业选择何种战略并非可以随意,而是必须在充分分析企业自身资源和能力、竞争对手、目标市场、行业环境等因素的基础上做出科学合理的战略选择。

小资料 2.1

美的集团最初的全资投建和迄今占有70%股份的控股地位保证了安得物流成立之初就迅速壮大,如果没有美的如此强大的背景和支持,安得物流成立仅短短4年,就想从竞争激烈的珠三角物流业中占据一席之地并不容易。与更早崛起的珠三角乃至全国领先的宝供物流企业集团相类似,宝供与安得都是背靠大公司迅速成长起来的物流品牌。安得对应的是美的集团,而宝供则倚仗与宝洁的结盟迅速脱胎成为物流业最早且领先的正规军。宝供结束了与宝洁的单一合作关系后,开始大踏步地向专业第三方物流的目标迈进。

安得物流的地位远没有成立超过10年的宝供稳固,但就销售数据来说,二者之间差距已经不大,都已经超过了4亿元。就业务涵盖方面而言,安得的重点更集中于珠三角,而宝供则开始延伸贯通珠三角与长三角两大经济区域。

两家物流公司经常会有同时服务于同一个客户的情形,通常来说安得的报价会低于宝供。相比之下,安得的资源投入会更多一些,而且人才也是高、中、低搭配比较均匀,而不是将业务集中在一两个高层决策人身上。

安得不排除与宝供联合,借助宝供的行邮专列,组建珠三角、长三角快速配送网络,而安得最初将二者合作中自己的定位放在两端的集中配送方面。但同时,安得与宝供因客户群非常接近,彼此定位也很相像,很难组成合资公司。

(资料来源:王福民.经济观察报,http://finance.sina.com.cn,2004-06-13)

2.2 第三方物流企业战略规划

第三方物流企业战略规划是指第三方物流企业高层管理者根据企业长期经营、发展的总目标,结合企业内部条件和所处的外部环境制定出能够使企业达到总目标所需要遵循的管理方针和管理政策,做出现有资源优化配置的决策,提出实现总目标的经营途径和手段,以实现提升客户经济效益、服务水平及企业竞争力的三大使命。

2.2.1 第三方物流企业战略规划的原则

第三方物流企业在拟定物流战略时,要结合区域经济、企业资源情况、客户需求情况等特点综合分析,并参考以下原则。

1. 战略协同原则

物流战略设计要充分考虑战略导向、战略态势、战略优势、战略类型的设计与选择,通过物流活动的互补和物流资源的共享来实现高效、便捷的服务,并产生协同效应,并在物流战略方向上形成一致的合力,形成协同物流。协同物流反映了通过改变物流方式、物流途径挖掘物流新利润的趋势,使物流、信息流和资金流的流动达到最优化,并追求全面的、系统的综合效果。

2. 寻求优势原则

物流战略形成与实施过程本身就是一种竞争。所以,要力求在物流战略成功的关键环节、关键因素方面寻求、创立、维持和发展相对的有差别的竞争优势。物流战略优势是指物流系统能够在战略上形成的优于竞争者的形势、地位和条件。随着客户对物流系统的要求越来越高，第三方物流企业都在争相运用先进的技术来保证其服务水平，其中能更完美地满足客户需求的企业将会成为优势企业。

3. 考虑总成本原则

物流管理中效益背反现象难以避免，即物流管理与其他部门会出现效益相互抵消的问题，在遇到这些问题的时候，就需要考虑总成本，即需要平衡各项活动使整体达到最优。

4. 客户服务驱动原则

在客户经济时代，一切经济活动必须以客户需求为中心。不要对所有的产品提供同样水平的客户服务，这是进行规划的一条基本原则。根据不同的客户服务要求、不同的销售水平、不同的产品特征，把各种产品分成不同的等级，进而确定不同的库存水平，选择不同的运输方式和线路等。

5. 有限合理的原则

物流战略管理是在有限的信息、有限的资源、有限的智能和有限的技术手段下进行的，并在有限的时间跨度和空间范围内运行，只要符合物流系统的宗旨、战略目标、战略方针的要求，符合物流战略的科学逻辑，在战略环境没有质的变化条件下，原则上可以做出抉择和组织实施。必要时可以在物流战略实施过程中进行修正调整，以臻完善。

6. 阶段发展原则

在物流战略设计与实施中，不可能一蹴而就，必须针对具体情况分阶段、分层次实施，如从核心企业、紧密层企业到松散层企业，核心业务与非核心业务，重点区域与一般区域等类别分阶段实施。

7. 物流系统优化原则

物流是一个非常复杂的系统，涉及的面又很广泛。从物流系统及物流经济圈发展需要寻求资源优化配置，并以此作为战略规划与评价的基本原则。物流系统的整体功能并非各功能要素的简单叠加，而是通过系统要素间的整合，产生出新的功能即系统整体最优化。以物流系统总成本最低来完成一定的物流任务是第三方物流企业战略规划的基本原则。

这七项原则应作为一个完整体系来贯彻执行，落实于物流战略规划、设计、经营与管理之中。第三方物流企业应根据其战略特点，设立或者划分若干物流战略经营单位，以共同参与物流链管理的形式参与所服务企业的物流项目，以协同有序的战略活动实现物流战略目标。

2.2.2 第三方物流企业战略规划的步骤

物流战略管理是企业的一种管理理论、方法和手段,战略规划是战略管理的一个重要组成部分。战略规划由确立物流组织使命与目标、分析物流竞争优势、进行物流战略定位、做出物流战略计划方案、反馈和调整物流战略、执行物流战略六大部分构成。战略规划就是制定组织的长期目标并将其付诸实施。第三方物流企业战略规划的制定就是企业在内外环境分析的基础上,按照一定的程序和方法,规定战略目标,划分战略阶段,明确战略重点,制定战略对策,从而提出指导物流企业长远发展的全局性总体谋划。战略的制定是一项十分重要而又复杂的系统工程,需依照一定的程序和步骤进行物流战略规划与设计,如图 2-3 所示。一般来说,需要经过以下几个相互衔接的环节。

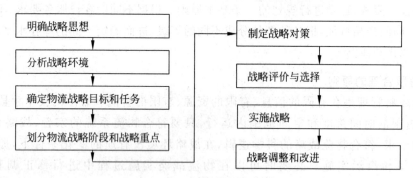

图 2-3 企业物流战略规划的步骤

1. 树立正确的战略思想

战略思想是整个战略的灵魂,它贯穿于物流战略管理的全过程,对战略目标、战略重点和战略对策起到统率的作用。战略思想来自于战略理论的把握、战略环境的分析及企业领导层的战略风格。一个第三方物流企业的战略思想主要包括竞争观念、市场营销观念、服务观念、创新观念和效益观念等。

2. 进行战略环境分析

战略分析是制定战略的基础和前提,如果对组织内外环境没有全面而准确的认识,就无法制定出切合实际的战略规划。战略分析的主要目的是评价影响企业目前和今后发展的关键因素,并确定在战略选择中的具体影响因素。战略环境分析包括外部环境分析和内部条件分析两个主要方面。外部环境分析是了解企业所处的环境正在发生的变化,这些变化给企业将带来的机会和威胁。内部条件分析是了解企业自身所处的相对地位,具有的资源以及战略能力;还需要了解与企业有关的利益相关者的利益期望,在战略制定、评价和实施过程中,这些战略相关者的反应,这些反应对组织行为产生的影响和制约因素。

3. 确定物流战略目标

物流战略目标为企业物流活动的运行指明方向,为企业物流评估提供标准,为其资源配置提供依据。利用物流战略目标可以对企业全部物流服务活动进行有效管理。

4. 划分战略阶段以明确战略重点

战略阶段的划分实际上是对战略目标和战略周期的分割。这种分割可以明确各战略阶段的起止时间及在这段时间内所达到的具体目标。战略重点是指对战略目标的实现有决定意义和重大影响的关键部位、环节和部门。抓住关键部位,突破薄弱环节,便于带动全局,实现战略目标。

5. 制定战略对策

战略对策是指为实现战略指导思想和战略目标而采取的重要措施和手段。根据组织内外环境情况及变动趋势,拟定多种战略对策及应变措施,以保证战略目标的实现。

6. 战略评价与选择

战略评价是战略制定的最后环节。如果评价后战略方案被否定,就要按照上述程序重新拟定;如果评价后战略规划获得肯定,则结束战略制定而进入战略的具体实施、调整和改进阶段。

7. 实施战略

在战略实施之前还要做好实施计划工作,包括以下三个方面。

1) 确定行动计划

行动计划是为了完成一个单一用途计划所必须采取的行动或步骤。制定行动计划的目的是使战略具有可执行性。物流战略只有转化为具体的行动计划,有具体的时间、人员、事件的安排,才不至于变成空洞的口号。例如,某制造企业为了大幅度降低物流成本而制定了低成本物流战略,因此,管理层决定实施一系列的行动计划,包括:合并采购、营销等与物流有关的部门,将相关人员数量减少 20 人;出售现有的运输车辆,解雇相关的驾驶、维护、管理人员;出租经常闲置的 5 处仓库;与两个有实力的第三方物流公司签订物流外包合同,一年后,根据物流供应商的服务情况,再将业务主要集中到一家等。

2) 编制预算

制定了行动计划之后,就可以开始预算过程。预算就是企业用金钱来衡量的资源,它列出每项行动计划预计需要的费用。预算不仅反映详细行动计划的耗费,使管理层确定行动计划在财力上是否能够承受或是否经济,而且通过事前预计的财务报表,还可将行动计划对企业未来财务的预期影响反映出来。制定预算计划是企业对所选战略的可行性最后一次的检验。

3）建立标准操作程序

标准操作程序（standard operation procedure，SOP）是由详细描述一项特定任务或工作如何做的一系列步骤和技巧构成的系统。它们一般都详细说明为了完成企业的行动计划所必须实施的各种行为行动步骤和注意事项，例如，运输操作程序、装卸操作程序、配送操作程序等。

8. 战略调整和改进

第三方物流企业战略需要在变化的环境中实施，物流企业战略实施可以保证物流战略管理目标的实现。为保证战略的有序、有效推进，一般来说，物流战略实施的过程中，常常需要不断地调整和改进，包括"分析—决策—执行—反馈—再分析—再决策—再执行"的不断调整改进循环中达成物流战略目标的过程，如图2-4所示。

图2-4 物流战略实施过程

2.2.3 影响第三方物流企业战略制定的因素

第三方物流企业只有制定了适合自己发展的物流战略，才能在满足客户需求的同时获得自己的市场利润，这就要求第三方物流企业坚持现代物流经营理念，在制定战略规划时充分考虑物流市场需求、客户服务、产品特征、物流成本和物流市场竞争等影响物流企业战略制定的核心因素。

1. 物流市场需求

中国经济的高速增长、外资企业的大量涌入、企业物流外包认识的提高，都将成为第三方物流稳定市场需求的保证，物流市场需求的水平和地理分布是决定物流战略制定的主要因素。物流企业需要定期考察各地区的市场状况，掌握物流需求变化的方向和趋势，在当前设施的基础上进行扩建或压缩。例如，在需求增长较快的地区建造新的仓库或工厂，而在市场增长缓慢或萎缩的地区，则可能要关闭设施。

2. 客户服务

对于第三方物流企业来说，客户是物流服务的核心所在，客户是企业的第一资源，企业的经营绩效来自为客户提供的物流服务，而服务则来自于客户的需求。客户服务水平能否满足客户的要求，则是物流企业获得客户和市场的关键。物流企业客户服务是物流企业为促进其产品或服务的销售，发生在客户与物流企业之间的相互活动。第三方物流企业的主要业务就是为客户提供高品质、满意的服务。客户服务是整个物流战略设计和运作的基础和必要组成部分。如果客户要求提高了，之前制定战略的基础就发生了变化，企业通常就要改进或重新制定物流战略。

3. 产品特征

物流涉及全部社会产品在社会上与企业中的运动过程,不同行业、不同产品特征对物流需求差异很大,并且产品的重量、数量、价值等因素直接影响运输成本和仓储成本,物流企业必须根据不同产品特征制定相适应的战略规划。如汽车零部件物流服务是各个环节必须衔接得十分流畅的高技术物流行业,是国际物流业公认的最复杂、最具专业性的物流领域,汽车零部件供应呈现出具有周期性、品种繁多、运输批量小及零部件企业在主机厂周围设立仓库,以便为主机厂提供准时配送服务的特点,为了有效地配合主机厂的生产需要,还要求零部件生产、供应商严格按照生产节奏和生产需求量,实施"直送工位"的JIT配送,这样才能形成供应商仓储和配送中心相结合的有机的物流运作体系。

4. 物流成本

物流成本占总成本的比重也将决定物流战略规划。对于一些高价值产品的企业来讲,物流成本占总成本的比重很小,物流战略是否优化对企业竞争力的影响不是很大。但是对于一些生产日常消费品和轻工产品的企业来说,物流成本的比重是很高的,物流战略是其关注的重点,物流系统的少许改进也会引起物流成本大幅度下降。如果能通过物流作业成本管理对企业战略管理、实施流程再造、业绩评价等提供成本信息,就能为企业进一步改进物流成本控制和战略性规划与决策提供更为有利的依据和标准。

5. 物流市场竞争情况

如果企业在市场竞争中缺乏对于物流运作细节的了解,夸大自身的服务能力,以不合理的价格和手段进入市场,破坏了第三方物流在客户心目中的信誉,也会对整个第三方物流的发展环境造成负面影响。而国内物流市场的不断开放,外资物流企业的不断进入,也加剧了市场竞争。第三方物流企业制定战略必须考虑行业竞争情况,进行科学的市场定位,才能取得竞争优势。

随着消费多样化、生产柔性化、流通高效化时代的到来,社会和客户对物流服务的要求越来越高;物流服务的优质化是物流今后发展的重要趋势。第三方物流企业要想长期生存和发展就必须洞察客户需求动态,了解竞争格局,从而挖掘市场机会,制定科学的企业经营战略和发展战略,明确物流企业的核心赢利点,构建自身竞争优势。

2.3 第三方物流企业战略环境分析

一个企业的成功与否取决于其所处的外部环境和企业对外部环境的适应能力或企业对其外部环境做出的正确反应能力。外部环境主要包括产业政策、客户需求、竞争者、替代产品或服务、行业进入门槛、供应商影响等企业所不能控制的外在因素。第三方物流企业有必要对内外部环境进行研究,采用 SWOT 分析法进行综合环境分析,做出正确的战略决策。

2.3.1 宏观环境的 PEST 分析

宏观环境又称一般环境,是给物流企业造成市场机会和环境威胁的主要力量,PEST 分析法是外部环境分析的基本工具,它通过 P 即政治法律(politics)环境、E 即经济(economy)环境、S 即社会(society)环境、T 即技术(technology)环境四个方面的因素分析,从总体上把握宏观环境,并评价这些因素对企业战略目标和战略制定的影响。它涉及面广、影响因素多,是企业面临的外界大环境,是企业不能控制的、常常给企业带来机遇和挑战的要素组合。因而,物流企业进行一切活动必须掌握并适应宏观环境的变化。影响物流活动的宏观环境因素主要包括以下方面。

1. 政治法律环境

近年来,国家相关部门已经明确表示了对物流行业的鼓励政策,但在解决税收、条块分割、地区保护等第三方物流的关键问题方面相关政策的制定还需要一定时间来完善。同时,自营物流发展成为第三方物流存在一定的障碍,需要各级政府制定鼓励政策,给予积极指导,从信贷、金融政策等方面营造有利于发展的政策环境,并切实扶持和指导物流企业积极重组和发挥资源力量,启动和促进第三方物流的发展,如环境保护、社会保障、反不正当竞争法以及国家的产业政策等。

2. 技术环境

目前技术环境的不断进步有利于物流行业的发展和物流战略的制定。已经形成以信息技术为核心,以运输技术、配送技术、装卸搬运技术、自动化仓储技术、库存控制技术、包装技术等专业技术为支撑的现代化物流装备技术格局。第三方物流的发展受到重大物流技术和物流信息成果的影响。物流节点的集约化水准、现代化物流集散和储运设施、物流运作中的机械化、自动化水准都决定了物流作业效率。现代信息技术的迅猛发展实现了数据的快速、准确传递,提高了物流一体化水平,能从根本上改变企业的物流管理模式。

3. 经济环境

对物流行业来说,经济环境最终表现为社会和个人购买力,包括宏观和微观经济环境。宏观经济环境包括社会总供给、总需求的情况及变化趋势、产业结构、物价水平、就业等;微观经济环境包括居民或家庭的社会购买力、收支结构等所造成的物品流量与流向变动情况。这些因素直接决定着物流企业目前及未来的市场规模,国际及国内经济又好又快的经济发展状况,是物流企业发展的有力保障。

4. 社会环境

社会环境因素包括社会基础设施、社会结构状况、社会文化和社会观念等内容。我国在物流基础设施建设方面投入逐年增加,高速公路、铁路、港口、航空建设能力和质量有了很大的提高,有利于缓解交通运输方面紧张的局面;物流园区、物流中心、配送中心等专业物流已经形成规模,共同配送成为主导;社会结构状况包括社会阶层划分、人口数量及分布、年龄组成、教育程度、家庭构成等。不同的地区或国家社会结构状况不同,就会有不同的文化习俗、不同的社会观念和不同的消费倾向,在制定企业战略时应充分调查和分析当地各种社会因素对企业物流活动的影响,发挥物流企业的区位优势,抓住机遇促进发展。

2.3.2 物流产业环境波特五力分析

五力分析模型是迈克尔·波特(Michael Porter)于1980年代初提出的,对企业战略制定产生了全球性的深远影响。将其用于产业竞争战略的分析,可以有效地分析企业及客户的竞争环境。五种力量的组合变化最终会影响到行业利润的变化。这五种竞争力量同样存在于物流行业中。

1. 潜在进入者

第三方物流行业的潜在进入者包括国外大型物流企业、大型制造企业、流通批发企业、大型连锁企业、货运代理企业等。外资企业成熟的管理方法和强大的资金实力,给国内的物流企业带来了强大的压力。同时,外资企业由于不熟悉中国内地市场的运作和文化,为了减低经营风险,可能与本土企业合作拓展市场。

2. 替代品

自营物流和第四方物流是第三方物流过去和未来的主要替代品。过去,第三方物流不能提供更好的服务,有实力的工商企业只能自营物流。在未来,第三方物流要么独自提供服务,要么通过与自己有密切关系的转包商来为客户提供服务,但转包商不大可能提供技术、仓储和运输服务的最佳整合,从而出现利用分包商来控制与管理客户企业的点到点式供应链运作的集成商——第四方物流。第四方物流必须在第三方物流行业高度发达和企业供应链业务外包极为流行的基础之上才能够发展起来。第四方物流最大的优越性是能保证产品得以"更快、更好、更廉"地送到需求者手中。第四方物流有可能成为第三方物流的替代品,但二者更多的是互补与合作,第四方物流也是货主的物流方案集成商,未来最有可能成为第三方物流的发展方向。

3. 供应方

我国存在大量的小规模、提供单一物流服务功能的基础性传统物流企业,例如,小型车队、货代企业及没有建立网络体系的仓库,它们的管理能力和独立开发市场的能力比较弱,对采购其物流服务的现代第三方物流企业具有依赖性,可以通过整合战略将其纳入自己的运作管理体系,成为第三方物流服务的重要执行者。另外一些实力雄厚、能够提供网络化基础服务、标准化程度高的大型公共平台性物流提供商,它们拥有较大的直接客户群,具备较强的讨价还价能力,极大地影响了第三方物流的发展。

4. 购买方

物流用户即物流需求方包括国内外消费者市场、生产者市场、中间商市场、政府及一切事业单位市场等。无论是哪类用户,第三方物流企业必须了解用户需求的价值所在,进行有效的分类,建立详细的档案,区别对待,并进行有效的沟通,以便设计个性化的物流服务产品。

5. 行业竞争者

行业的竞争状况主要包括市场的大小、竞争者的客户情况、竞争物流企业的数目和实力、可能的新进入者等。第三方物流企业的竞争首先是同业间的竞争,第三方物流企业必须对竞争企业的情况了如指掌,包括竞争企业的数目和实力及其发展战略等,特别是资源相同、产品相似、客户相同、实力相当的直接竞争对手。同时还要考虑可能的新进入的物流企业即潜在竞争者,物流企业须与其他同业者结成某种程度的联盟,提高行业进入的难度,防止行业竞争的进一步加剧。这时,第三方物流行业内部就会出现既竞争又合作的"竞合"局面。时刻关注和分析行业竞争情况,是物流企业进一步发展的助推器。

2.3.3 第三方物流企业战略 SWOT 分析

第三方物流企业选择何种战略对于企业的发展显得至关重要,然而企业选择何种战略并非可以随意,而是必须在充分调查分析企业自身资源和能力、竞争对手、目标市场、行业环境等因素的基础上做出科学合理的选择。因此找到一种帮助第三方物流企业分析环境及市场因素的方法就显得十分关键。物流战略 SWOT 分析法从资源调查入手,了解市场需求,经过市场细分,制定切实可行的物流战略,是第三方物流企业有效开展物流服务业务、突出核心竞争力的重要一环。

1. 物流市场调查

1) 物流资源调查

广义物流资源是指一切可用于现代物流生产和经营活动之中的后备手段或支持系统,包括:运作资源、客户资源、人力资源、系统资源和合作伙伴(或供应商)资源、分销商资源等。狭义的物流资源是指物流运作的支持系统,如设施设备等。物流资源调查的基本方法包括问卷调查、电话调查、访问调查、会议调查、网络调查等。物流资源调查的范围包括第三方物流企业内部物流资源调查和外部物流资源调查。在调查的基础上,根据客户需求,开展必要的物流资源整合。物流企业资源整合是指根据企业的发展战略和市场需求对有关的资源进行优化配置,把企业内部彼此相关但却彼此分离的职能,或企业外部参与共同的使命又拥有独立经济利益的合作伙伴整合成一个为客户服务的系统,以形成企业的核心竞争力,并寻求资源配置与客户需求的最佳结合点。通过调查整合资源,提高服务产品价值、服务价值、人员价值,节约客户的货币成本、时间成本、心理成本和精力成本,最终增加客户的让渡价值。

2) 物流客户需求调查

第三方物流企业是依靠为客户提供满意的物流服务来获取收益的,物流市场开发要取得成功,必须从客户需求出发,使物流服务产品与客户期望结合起来。能够获取客户信息的资料来源包括企业统计年鉴、媒体报道、宣传资料、上市企业的报表和通过非正式结交朋友等,当然通过实地调查、当面询问、会议座谈等方式获取客户需求信息更可靠。

3) 物流市场竞争情况调查

目前物流市场形成多方物流与工商业自营物流同台竞争的多元化格局,物流行业的竞争不仅仅反映在运输、仓储或包装等不同功能之间的单独竞争,而是体现为多种功能的综合竞争;不仅仅表现在物流活动过程的竞争,而是转化为物流服务的质量、水平、手段和程序等立体竞争;不单单停留在对市场和客户的争夺,而进一步扩展到技术、信息、人才乃至战略伙伴等多层面竞争。生产的国际化带动物流的全球化,又推动物流行业竞争朝全球化方向发展。第三方物流企业只有与竞争对手建立战略联盟,形成既竞争又合作的互动关系,追求"双赢"的竞争效果,方能更好地满足客户需求,有效应对竞争环境,实现企业竞争目标。

2. 物流战略 SWOT 分析

物流战略 SWOT 分析首先要对企业物流战略环境进行分析,包括外部环境分析和内部条件分析两个主要方面。外部环境分析主要了解企业所处的环境正在发生哪些变化,这些变化给企业将带来更多的机会还是更多的威胁;内部条件分析要了解企业自身所处的相对地位,具有哪些资源以及战略能力;还需要了解与企业有关的利益相关者的利益期望,在战略制定、评价和实施过程中,这些战略相关者会有哪些反应,这些反应又会对组织行为产生怎样的影响和制约。通过对第三方物流宏观环境的 PEST 分析、产业环境波特五力分析以及竞争对手调查分析之后,用 SWOT 分析法进行较为客观的评价,为战略的制定提供可靠的依据。

SWOT 分析法是综合考虑企业内部条件和外部环境的各种因素,进行系统评价,从而选择最佳经营战略的方法。物流企业在对物流市场充分调查,取得大量翔实资料、数据的基础上,对其进行全面、科学的分析、论证,得出正确结论,明确今后发展方向。S 是指企业内部的优势(strengths),W 是指企业内部的劣势(weaknesses),O 是指企业外部环境的机会(opportunities),T 是指企业外部环境的威胁(threats)。企业内部的优势和劣势是相对于竞争对手而言的,一般表现在企业的资金、技术设备、职工素质、产品、市场、管理技能等方面。企业外部的机会是指物流环境中对企业有利的因素,如政府支持、高新技术的应用、良好的购买者和供应者关系等。企业外部的威胁是指环境中对企业不利的因素,如新竞争对手的出现、市场增长率缓慢、购买者和供应者讨价还价能力增强、技术老化等,这是影响企业当前竞争地位或影响企业未来竞争地位的主要障碍。

SWOT分析法依据企业的目标,列出对企业生产经营活动及发展有着重大影响的内部及外部因素,并且根据所确定的标准,选定一些重要因素,对这些因素进行评价,加以打分,然后根据其重要程度按加权确定,判定出企业的优势与劣势、机会和威胁。在此基础上,进行企业战略选择。

SWOT分析技术是一种能够客观而准确地分析和研究一个单位现实状况的方法。通过对各类第三方物流企业的分析,可以将企业的优劣势以及目前的发展战略做出归纳总结,利用这种方法可以找到对自己有利的、值得发扬的因素,以及对自己不利的、如何去避开的威胁,发现存在的问题,找出解决办法,并明确今后发展方向,有针对性地制定战略。SO战略是利用自身长处抓住外部机会;WO战略是避开企业的不足,利用外部机会的因素,进行内部调整,加强内部实力,利用外部机会改进内部弱点;ST战略是利用自身优势回避或减轻外部威胁的影响,以己之长,克敌之短,化危机为生机;WT战略是减少内部劣势,回避外部威胁。

总之,借助企业内外环境SWOT分析,在对第三方物流企业所面对的战略环境进行调查分析的基础上,明确第三方物流企业在市场竞争中有着怎样的优势和机会,同时也面临着哪些劣势和威胁,做好企业战略环境的分析,选择符合第三方物流企业自身实际的战略方案,并执行好、贯彻好,才能提高第三方物流企业的核心竞争力。

小思考 2.1

顺丰和德邦在物流行业赫赫有名,最初都是专注在细分领域,如顺丰把高端商务快递做精、德邦把零担快运业务做精,它们都是把该市场的份额做大、品牌做强之后,再涉足新业务。顺丰启动电商并从事服装、手机等服务,接着传出德邦涉足快递业务的消息。它们都在逐步拓展行业新领域、新业务。然而你会发现它们本身定位的就是服务多行业,先做强后做大,逐步走向规模化的物流企业。查阅相关资料了解顺丰和德邦的市场定位,讨论"先做强后做大"的发展战略是否正确,原因是什么。

2.4 第三方物流企业 STP 战略

STP战略中的S、T、P三个字母分别是segmenting、targeting、positioning三个英文单词的第一个字母的大写,即市场细分、目标市场和市场定位的意思。实施STP战略的步骤如下:

第一步,对物流市场细分(segmenting),是根据需求方对物流产品的不同需要,将物流市场分为若干不同的子市场,并勾勒出细分市场的轮廓。

第二步，确定物流目标市场(targeting)，选择要进入的一个或多个细分市场。

第三步，对物流市场的定位(positioning)，是指在目标市场客户群中形成一个印象或目标市场中的竞争地位，这个印象或地位即为定位。

2.4.1 物流市场细分

对物流市场细分在第三方物流战略中拥有极其重要的地位，物流企业在对市场需求调查的基础上对市场进行细分，是企业了解物流市场全貌及其竞争结构的基础，也是企业进行市场决策的前提。如果不能正确地细分市场，物流企业就无法选择目标用户，也无法制定有效的市场决策和选择明确的市场定位。因此运用科学的市场研究方法来正确地细分市场显得尤其重要。

1．对物流市场细分的原因

物流市场细分就是按照营销原理中的细分理论，将物流整体市场划分为若干个具有吸引力，并符合企业目标和资源的小市场，提供专业化的物流服务，以利于物流企业的合理定位。例如，第三方物流服务市场可以按照产品用途"食品"和"用品"进行细分，进一步还可以将"食品"按照不同的分类标志细分为冷冻食品和非冷冻食品、生食品和熟食品等更为细化的市场。第三方物流企业市场细分的原因如下：

(1) 第三方物流企业可协调、可利用的资源是有限的。不管规模大小，物流企业仅靠自身实力很难同时满足所有细分市场的不同需求，因为任意一家物流企业的资源都是有限的，而将有限的资源投入无限范围的市场竞争中，才能更好地利用资源的最大价值，同时通过规模效应降低成本，提高管控力度和服务水平。

(2) 客户需求个性化导致必须对第三方物流服务市场细分。市场需求倾向于同质化的前提下，企业没有细分市场的必要，完全可以用同种产品面对所有市场的所有人，并以同样的方式提供同样的产品，但是经济高度发展的今天，任何一个企业，即使是处于行业领先地位的企业也无法满足客户的全部需求，谁能为客户提供更好、更专业的服务，体现更高的性价比，谁就能赢得更多的市场机会。正是基于这样的市场需求，催生了第三方物流行业的细分化服务。在物流服务市场上，对物流服务的需求差别很大，需求的类型也非常多。面对多样的市场需求，物流企业必须进行市场细分，才能更好地满足不同客户的不同需求。

(3) 市场细分是发现市场机会的手段。通过细分市场，可以发现物流市场的空白点，即发现物流市场上有哪些消费需求未得到满足，如果企业能提供相应的产品和服务，则以此作为企业的目标市场，从而获得市场机会。第三方企业专注细分领域，通过服务众多同类需求的行业客户，积累丰富的行业服务经验，专业化程度更强，同时逐步培养起自己的人才梯队，使自己的服务更具专业化。

(4) 市场细分是一种营销策略。目前第三方物流企业的主要经济来源是来自电商企业和生产流通企业,能够保证一定的市场份额需要的是企业的营销能力,通过市场细分达到拓展市场,获得客户的认可。物流企业并非一味追求在所有市场上都占有一席之地,而是追求在较小的细分市场上占有较大的市场份额。这种价值取向对大中型企业开发市场具有重要意义,对小型企业的生存与发展也至关重要。

目前中国在物流市场细分领域仍处于初级发展阶段,大多数物流企业处于同一服务水平,同一经营层面。由于大多数物流企业从传统的仓储、运输和货代等发展起来,它们缺乏现代物流营销理念的指导,缺乏对客户物流和客户需求的分析。市场定位模糊、物流服务产品雷同,使得物流企业市场空间越来越小,利润越来越少。因此对于物流企业来说,合理地细分物流市场、精确定位、提供差别化服务是企业生存和发展的关键。

2. 物流市场细分标准

第三方物流市场可根据地域或行业进行细分,可根据客户的需求以及产品的时效性要求,按照企业接受服务的价格、货物的大小和客户在供应链中的位置等因素来进一步划分出子市场。

(1) 按不同行业因素,客户所在行业直接关系到物流服务的难易程度,同时直接影响到公司利润水平。服务于同一行业的物流企业风险较大,受行业影响较大,而且同一行业的物流需求也不是绝对一致的;而不同行业对物流需求的差异也不是绝对的,它们之间可能存在某些相同或相似的需求。第三方物流企业是跨行业经营还是专注于某一行业取决于企业的战略目标。有些企业服务范围相对较窄、较集中,仅为单一或者少数行业提供服务,另外一些企业服务范围很广,可以为多个行业提供服务。跨行业经营的物流企业,涉足较多行业领域的物流服务,如宝供、安得等;专注在细分行业(领域)服务的物流企业,走专业化路线,如专注精细物流的益邦物流、专注冷链的双汇、专注移动通信行业的鸿迅、专注电商物流的五洲在线。

(2) 按物流服务地域范围因素,物流市场分为全球市场、国际市场、地区市场和地方市场。区域经济的发展环境与战略,区域之间和区域内部之间的经济关系,均会影响到物流的流量、流向和强度,从而影响物流企业在区域范围内的发展。由于在当前甚至今后一段时期内,中国物流市场的需求在地区都存在着差异,因此第三方物流市场的细分可根据地域来进一步划分出子市场。

(3) 按物流服务管理程度,分为客户自己管理、第三方物流、物流专家管理的物流市场。客户与本公司合作的物流业务越多,带给公司的收益就越高。

(4) 按物流活动范围,分为运输物流市场、仓储物流市场、配送物流市场和综合物流市场等几种形式。

(5) 按服务水平,分为基本服务、高水平服务、标准水平服务的物流市场。

(6) 按信息系统的采用,分为计算机全部整合、有选择的物流信息技术协调、某些物流活动有独立的信息技术等物流市场。

（7）按物流服务程度分为全部供应链、工厂内部物流、采购物流、销售物流等市场。

物流企业在运用细分标准进行客户市场细分时必须注意几个问题：第一，市场细分的标准呈动态性，各项标准不是一成不变的，而是随着社会生产力及市场状况的变化而不断变化，如客户企业规模、需求动机、需求环境等。第二，不同的物流企业在市场细分时应采用不同标准。因为各企业的物流技术条件、资源、财力和营销战略不同，所采用的标准也应有别。第三，物流企业进行市场细分时，可以采用一项细分因素，也可以用多个变量因素组合或系列变量因素组合进行细分。单一变量因素法是根据物流客户需求的某一个重要因素进行市场细分；多个变量因素组合法是根据影响物流需求者的两种或两种以上的因素进行市场细分，如根据企业规模的大小和客户企业的地理位置、产品的最终用途及潜在市场规模来进行市场细分；系列变量因素法是根据物流企业经营的特点并按照影响物流客户需求的因素，由粗到细、由单一因素到多个因素进行市场细分。

2.4.2 目标市场的选择

目标市场是物流企业打算进入的细分市场，或打算满足的具有某一需求的客户群体。选择和确定物流目标市场，明确物流企业的具体服务对象，关系到物流企业任务和目标的落实，是企业制定营销战略和策略的基本出发点。正确选择目标市场，才能实现个性化服务。

1. 第三方物流企业选择目标市场的作用

目标市场选择是在市场细分的基础上决定的，市场细分将一个市场按客户需求的差异分割成若干个子市场，目标市场的选择则是从这些细分后的子市场中，选择一个或几个作为企业服务的目标市场。第三方物流企业要想在激烈的市场竞争下取得生存，就必须集中有限的资源和根据自己的能力为客户提供有针对性的服务，这就要求其对整个物流服务市场进行细分，并重点进行目标市场的选择。对第三方物流企业而言，进行目标市场选择的作用可以概括如下：

（1）选择目标市场可以帮助第三方物流企业寻找能充分发挥自己核心能力的服务市场，最大程度上为客户提供定制化的服务，使客户满意与经济效益达到最大化。

（2）第三方物流企业在选定目标市场的基础上，通过深入研究目标市场的需求，使企业的竞争力增强，有利于战胜竞争对手。

（3）第三方物流企业在自己的目标市场范围内，可集中有限的资源来研究有效的营销策略，以扩大市场占有率，取得更大的成就。

正是因为有了这些方面的作用，再加上目前我国第三方物流市场本身的非成熟性，第三方物流企业非常有必要根据各方面的因素进行目标市场的选择，为特定的客户提供有针对性的服务，这样才能在激烈的市场竞争中脱颖而出，逐渐把企业做大做强。

2. 第三方物流企业目标市场的选择策略

在选择把哪些细分市场作为企业的目标市场时,应该考虑两个层面的问题:一是该细分市场是否具有吸引力,是否能够获得利润;二是企业在该细分市场中能否具有自己的竞争优势。这两方面是相互呼应的,假定某一细分市场对企业很有吸引力,企业又有能力参与竞争,它就应该选择该细分市场作为目标市场;反过来,假定某一细分市场并不具有吸引力,企业在该细分市场中又没有竞争力,就应该回避该细分市场。

1) 选择具有吸引力的细分市场作为目标市场

在目标市场的选择当中,物流企业需确定细分市场吸引力标准,如市场规模、市场发展潜力、市场增长率、盈利空间等。规模大的细分市场可能就是具有很大潜力的细分市场,对于拥有丰富资源的大型物流企业来说是积极因素;相反,对于资源有限的小型物流企业来说,小规模的细分市场或潜力不大的细分市场,也许倒是很好的积极因素。

2) 选择具有竞争优势的细分市场作为目标市场

物流企业主要根据本身具有的明显优势,来进行目标市场选择。首先确定第三方物流企业自身的优势要素,也就是企业的强项,然后利用自己的优势参与竞争,并选择把它们作为竞争的出发点,如企业具有先进的完善的设施设备、先进的信息化技术、员工的专业技术水平、物流运作能力等,就可以利用这些要素在该细分市场中确定自己的竞争优势。

3) 综合考虑多种因素选择目标市场

综合考虑第三方物流企业对特定细分市场的吸引力和企业强项的强弱程度两个因素,根据各项因素对企业的重要程度确定其权重,然后确定细分市场的机会等级,把各种潜在的目标细分市场放进一个二维的矩阵中进行分析研究。这个细分市场不能够太大,使企业无力参与竞争;同样,这个细分市场也不可以太小,而使企业的资源、资本浪费,不足以发挥规模经济效益,不足以满足企业获利的要求。目标市场确定时应结合企业现有条件,来选择是提供全方位的一体化的服务,如为制造商提供一体化的物流服务,还是专门提供某一方面服务,如市内配送。

对细分市场的评估可以帮助物流企业更清楚地认识细分市场的发展状况和发展潜力,看其是否适合作为物流企业的目标市场。选择相对更具有竞争实力的细分市场展开经营活动,并在此基础上逐步实现"由小至大"的扩张。

小资料 2.2

物流的复杂性和多样性决定了不可能由某个企业一统天下,如国外大企业与中国的物流企业并不处于同一水平线上,市场定位也不尽相同,应该说,中国中小物流企业与跨国企业之间的协作多于竞争。因此,中小物流企业要在变化的市场环境中站稳脚跟,关键在于要合理评价自身的资源和能力,进行合适的市场定位,在专业化运营中提高自己的能力。大连盛川物流有限公司经营仓储、运输、货运代理，主营业务是为生产企业提供第三方物流业务，是一个为国有大中型企业，为合资企业、独资企业的产前、产后提供现代化、专业化的第三方物流服务的物流企业。公司秉承国际先进的现代化物流管理经验，是一汽大连柴油机厂的第三方物流企业，为大连柴油机厂的一百多家供应商提供物流服务，同时是大连柴油机厂密切的合作伙伴。在大连柴油机厂的整个供应链流程中，盛川物流称自己扮演了"供应商组长"的角色。大连柴油机厂的一百多家、千余种柴油机零配件外协配套供应厂商都由盛川物流有限公司管理，供应商在其统一协调下按照大连柴油机厂的用料计划及时发货。目前，盛川物流有限公司的电子数据交换系统（EDI）、无线数据采集系统（POT）及高架货位全面启动，已成为多家国有大中型企业提供物流业务的专业物流基地。

（资料来源：百度文库，http：//wenku.baidu.com/，2013-09-03）

2.4.3 物流企业市场定位

物流企业战略最重要的是企业要对目前和未来市场有个准确的定位。第三方物流市场定位是第三方物流企业通过差异化的服务策略来取得在目标市场上的竞争优势，确定本企业在客户心目中的适当位置，以吸引更多的物流需求。应根据市场竞争的状况、自身的资源条件、服务能力及市场的规模和增长潜力等选择最合适的市场定位。不能满足客户的需要，定位就会毫无意义。

1. 物流企业市场定位过程

第三方物流企业需要了解市场需求和竞争对手的状况以及自身的条件，在此基础上进行科学定位，制定相应的竞争战略。市场定位过程可按如下步骤进行。

1）分析客户需求

物流市场需求具有明显的多层次性，第三方物流企业为多样化细分市场提供了各种层次的服务，从低端的基本功能性物流服务到高端的增值性物流服务。因此，第三方物流企业不仅要了解客户当前的需求，还要了解客户的运行状态、行业特点、外包物流的需求动机、客户需求与本企业所提供物流服务水平之间的差距、服务需要改善或提高之处，从而发现客户的潜在需求。

2）与竞争对手比较

了解当前各类细分市场上提供物流服务的竞争对手的数量、规模、实力、服务水平、价格水平等相关信息，比较自身与竞争企业或优秀企业服务水准的差距。

3）市场细分和选择目标市场

物流企业必须将物流市场依据一定的标准进行细分，根据自身的条件来选择一部分客户作为目标市场，确定适当的服务组合策略以更好地满足他们的需求。

4）物流服务功能定位，构造核心竞争力

市场需求的差异性及企业自身资源的有限性,要求物流企业必须进行科学合理的市场定位。第三方物流服务的内容和形式多种多样,如基础服务和增值服务,而同一内容、不同质量档次的服务又有着不同的价格水平。物流服务定位是要强化或放大某些物流功能,形成核心竞争力,从而形成独特的企业形象。其实质在于通过差异化的服务策略来取得在目标市场上的竞争优势,确定本企业在客户中的适当位置,以吸引更多的物流需求。因此,物流企业的服务定位是物流企业战略中的重要组成部分,能否制定出有效的物流服务战略,往往影响到具体物流服务的绩效及由此带来的客户满意,恰当定位对于提高物流企业的竞争力具有重要的意义。

2. 物流企业定位策略

作为现代服务经营主体,第三方物流企业应当以客户需求为导向,根据自身资源与能力,充分考虑市场竞争状况,在行业主导、区域主导、客户主导与服务主导四种策略中选择适合自身的市场定位。

1) 行业定位策略

行业定位策略就是选择不同的服务范围,服务范围主要是指第三方物流企业所服务的行业范围。不同行业的客户对第三方物流服务的需求存在较大的差异,具有鲜明的行业特征。例如,汽车行业利用第三方物流的主要关注点是减少库存,以作为汽车企业大批量定制化生产模式的重要支撑;服装行业的主要关注点是缩短产品生命周期,以应对时尚潮流的快速变化,赢得客户。客户所处行业不同,对物流服务的需求不同,第三方物流企业提供物流服务的运作模式也会有所不同,需要根据不同专业的物流运作体系和运作能力科学定位。

2) 区域定位策略

第三方物流企业的区域定位,也即物流企业要选择自己物流业务的地理区域覆盖范围,在此区域范围内运用自己的物流网络为客户提供物流服务。物流企业的区域定位策略可以是提供区域性、全国性、国际性或者是全球性物流服务。第三方物流企业需要针对客户的物流服务要求以及自身实力,确定自己的物流服务区域覆盖范围,在此区域依靠自己的物流网络提供相关的物流服务。这对于物流企业形成与发挥自身的区域比较竞争优势并获得良好的经营业绩至关重要。在较为成熟的物流市场上,第三方物流企业会有比较清晰的区域定位。

3) 客户定位策略

客户需求是推动物流市场发展的根本动力。没有市场需求,物流企业就失去了赖以生存的根基。因此,物流企业应该转变经营观念,由原来的以自我为中心转为以客户为中心,以作业为中心转向以市场为导向。加强企业的服务意识,重视客户的市场需求。树立以客户为中心的意识不应仅停留在口头上,而应反映在具体的运作实施上。如大田集团将客户分成 A、B、C 三类,A 类重点客户需由总公司开发,B 类客户由区域性分公司开发,

C 类小客户则可以由地方办事处自行开发。不管哪一级主体开发客户,都是以大田集团的名义而不是某一地方公司或办事处的名义进行,这样有助于塑造品牌形象,也有助于网络优势的发挥。

4) 服务定位策略

科学定位,除了参考客户的需要外,还应考察一下企业的服务能力。每一个物流企业都会有其独到的竞争优势与竞争资源,同样也不可避免地会有它的短处和限制,这就构成了组织的差异化。比如有的物流企业在硬件上的优势,有自己的飞机或轮船等运输工具。有的在"软件"上有优势,如货运代理公司,这些公司虽然没有做第三方物流所需的硬件设备,但是他们有大量的客户资源。物流企业要想充分发挥自己的优势,就必须综合考虑企业的优势、核心竞争力、所处产业的生命周期、竞争对手的状况、技术实力、财务能力、管理能力和外部环境等因素,只有这样才能做到扬长避短,把企业的优势作为定位的依据,才能准确定位、突出定位,不会让客户产生定位模糊的感觉。

物流服务过程的复杂性、服务对象的多样性、服务领域的广泛性以及服务技术的高端性,使各物流企业必须要有明确的目标市场,有适合的服务对象和服务内容,彼此之间既有分工协作又有相互竞争,才能共同形成理性、健康的物流市场。随着国外物流巨头的进入和国内少数大型物流企业的崛起,我国物流市场的竞争必然会日趋激烈,因此,对于绝大多数物流企业来说,要明确市场定位并逐渐建立起自己独特的物流运作模式,从而获得稳定的客户群体。合理地细分物流市场、精确定位、提供差别化服务是企业生存和发展的关键。

小资料 2.3

德邦的物流管理

德邦物流在短短 12 年的时间里,建设发展成雇员达 5600 多人的大型物流企业,并仍以每年 60%的猛涨速度在发展,成为广东省最大、效益最好的物流企业之一。到底是什么魔法成就了德邦物流的飞速发展?带着诸多的惊讶和疑问,记者采访了广东德邦物流有限公司董事长、总经理崔维星。崔维星是山东潍坊人,谈话间透出北方人的直爽,他说:"德邦物流能迅速地发展,主要原因是差异化市场定位和复制管理模式。"德邦物流创建于 1996 年 9 月,在发展初期,同样遭遇国内其他物流企业进一步扩展企业规模的难题。由于我国物流机制的不健全,业务关系多以人际关系为主,尤其在航空运输市场更为突出。"人脉"对于刚刚踏入物流企业的德邦物流来说不占任何优势,于是德邦物流高层决定,将业务重点移向汽运市场,并通过复制管理模式来扩大企业的规模。德邦物流对国内物流市场进行了大量调研,发现我国的物流产业"小、散、低、乱"。几辆车、十几个人的物流企业比比皆是,最大的货运商也只占行业 3%的市场份额。全国物流企业各自的关注点不同,其中注重运费的占70%～80%,注重时效的占20%左右,注重服务水平和物流公司形象的占3%～5%。其中注重价格的客户最多,占到市场绝大部分,但全国99%的物流公司都在进攻这块市场。经过分析,德邦物流高层认为在价格上竞争不占优势,因此就选择了不同的卖点——时效、服务和安全。德邦物流定位在高档物流和差异化服务上。差异化服务就是快速和安全,即在保证货物安全的同时,用最快的速度将货物送到客户的手里,如没有按时送到,德邦公司将免除其运输费用,这种服务条款当时在国内还是首创,因而吸引了大批高端客户。"时效创造价值",崔维星对此深有感触,他说:"我们公司的业务运作是差异化,卖的是时效,卖的是出勤率。我们是用时间、服务来满足货主的要求,同样货主也会用等值的价格回报我们的服务,这就是确实的效益。我们大批量购买东风轻型车就是为了差异化服务,服务于那些要求时效性强的客户。东风轻型车速度快、出勤率高、运营公里数高,平均每台车每年运营30多万公里,每台车每天能创造2000多元的效益。"

(资料来源:穆胜.商界评论,2014-11-10)

本章小结

对物流企业来说,恰当的战略规划、合理的物流细分市场、精确的定位、差别化的服务是企业生存和发展的关键。通过对第三方物流企业的战略研究及SWOT分析,可以帮助企业清楚地认识并选择出适于自身发展的物流战略。本章首先对第三方物流战略中的基本问题如企业战略、物流战略、战略管理过程、企业战略的选择等基本问题进行概括和分析;其次,讨论第三方物流企业战略规划的制定,对战略原则、战略步骤、战略的制定过程及影响因素等进行介绍;再次,对第三方物流企业战略环境进行分析,包括宏观环境、产业环境等;最后,讨论企业应该如何定位,如何制定第三方物流企业的STP战略。

基本概念

企业战略;物流战略;物流战略管理;SWOT分析;STP战略;物流市场细分;物流市场定位

复习思考

1. 影响第三方物流战略制定的因素有哪些?
2. 第三方物流战略有哪些可选择的类型?
3. 简述第三方物流战略规划的原则和步骤。
4. 简述第三方物流企业的战略管理过程。
5. 物流市场细分的原因和标准是什么?

6. 简述第三方物流战略 SWOT 分析方法。
7. 简述产业环境的波特五力分析内容。
8. 简述宏观环境的 PEST 分析内容。
9. 简述第三方物流企业目标市场的选择策略。
10. 简述物流企业的市场定位过程。
11. 有人说,物流只是"必不可少",而不是战略性的,你是如何看待这个问题的?

案例分析

宝供物流的新战略

宝供物流是一个为宝洁、飞利浦、雀巢、沃尔玛、联想等 40 多个跨国公司和一批国内企业提供国际性物流服务的企业。目前宝供已在澳大利亚、泰国、中国香港及内地主要城市设有 40 多个分公司或办事处,构筑起覆盖中国并已跻身于国际市场的物流运作网络,成为中国第三方物流的"璀璨之星"。

在宝供的发展历程中有三个重大转机:一是与宝洁合作有了稳定的业务,提升了宝供自身的业务水平与服务质量,使其有了第一次飞跃;二是在珠海参加国际航展时宝供掌门人刘武遇到了中科院数学所教授唐友三,作为宝供信息主管的唐友三,随着宝供的日益壮大,从一开始的电脑部负责人、计算中心主任、信息技术部经理,一步步升到目前 CIO 的职位,对于信息主管在企业中的作用,唐友三的经历是一个最好的说明;三是与飞利浦的姻缘让宝供有了直接进入苏州物流市场的机会,也形成了宝供的一大转机。

当好客户"现代管家"的刘武立志要以自己的创业实践和全新理念,为中国现代物流业的发展做出应有的贡献。刘武说,宝供之所以有今天,是从一点一滴为客户当好管家做起来的。体现在行动上,宝供严格遵循"控制运作成本,降低客户风险,全面提升物流服务质量,使客户集中精力发展主业,增强核心竞争力和可持续发展能力,成为客户最佳战略联盟伙伴"的物流服务理念,让宝供的现代物流服务与客户的需求融为一体。客户的生产及销售模式不同,因而对物流服务的需求各异。为此,宝供全面创新物流服务模式,优化业务流程,整合物流供应链,以"量身定做、一体化运作、个性化服务"模式满足客户的要求。宝供为此制定了一系列新的战略。

(1) 网络战略。宝供集团拟在全国 20 条主要干线构造一个安全、稳定、准时、可靠的快速通道,从而形成一个快速的干线运输网络和深度覆盖的配送网络。

(2) 基地战略。拟在北京、上海、广州、苏州、天津、南京、沈阳等全国十多个中心城市建立现代综合物流基地,有效地整合客户资源,整合运作资源,整合供应链的各个环节。

(3) 科技战略。宝供全国联网的物流信息系统已实现了与客户数据的无缝链接,保证整个物流运作过程的透明化和可视化,在完善和提升宝供物流信息系统的基础上,还将引进国外先进的信息系统、物流运作技术和设备,从而为客户提供实时的物流信息。

(4) 资源整合与服务创新战略。一方面,引导物流服务朝综合化、一体化方向发展,把物流诸多环节、服务类型进行系统整合,将不同货运企业、仓储企业以及社会资源进行物流资源整合,为客户提供一种长期的、专业的、综合的高效物流服务。另一方面,适应21世纪个性化消费和个性化服务的需要,进一步强化宝供的物流服务特色,提高市场竞争力。

(5) 联盟发展战略。物流企业的并购行为使企业规模增大,运营成本降低,业务经营范围更为广泛,更能适应客户需求多样化的趋势。宝供强调为供应链的诸节点之间植入"优势互补、利益共享"的共生关系,实施企业联盟战略。宝供将在其他第三方物流企业、客户服务群、相关行业企业之间广泛寻找战略合作伙伴,通过联盟的力量获得竞争优势。

(6) 人才战略。在培养和提升现有人员素质和水平的基础上,加大力度吸引国内外高层次、高素质人才加盟宝供。

(资料来源:现代商贸工业,作者:朱洁梅,2008-07)

结合案例分析问题:

1. 从本案例中分析宝供物流取得成功的原因是什么?
2. 物流企业战略选择的影响因素有哪些?
3. 宝供的战略分别属于企业哪个层次的战略?

第 3 章 第三方物流企业客户服务管理

 学习要点

1. 掌握物流客户服务的概念；
2. 理解影响第三方物流客户服务的成功因素；
3. 熟悉第三方物流客户服务质量指标的内容；
4. 掌握第三方物流客户服务评价指标体系；
5. 了解第三方物流客户满意度管理方法；
6. 熟悉物流客户投诉的处理技巧。

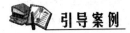 引导案例

美国 UPS 第三方物流优化

越来越多的第三方物流企业为适应未来的商业需求及挑战，开始创新手段提高物流效率。如果你拥有一家手机生产工厂，想将产品销往世界各地，是否想找一位专门负责管理航空或海运业务以及清关工作的"跨国快递员"来提高效率、节约成本？产品零配件来自不同国家，一种电路板的断货就会严重耽误工期，是否需要一位"物流管家"监控零配件库存并定时补货？随着国际贸易雨后春笋般地蓬勃发展，物流服务优化成为跨国制造商和零售商提高竞争力的关键。越来越多的物流企业为适应未来的商业需求及挑战而随机应变，如 UPS、FedEx 和 DHL 等，它们已经成为世界领先的第三方物流企业。UPS 首先开辟了"次日送达"等贴心服务，极大拉升了物流产业的竞争格局。美国路易斯维尔的"世界港"是 UPS 的配送中心，从美国中部时间凌晨 3 时，每隔 45 秒就会有一架 UPS 货机起降，在 4 小时内处理 100 多万件包裹。如今，UPS 开始提供供应链一体化解决方案，旨在为客户提供有形的物流、无形的信息以及复杂的资金同步协调等全面服务。UPS 能提供产品出了生产商大门的所有物流环节，甚至还为一些企业的国际化提供了商业解决方案，

比如为想进入中国市场的美国企业提供"在哪里建分拨中心""如何获得税收优惠"等服务方案。

(资料来源：丁小希.人民日报财经版,2014-03-27)

3.1 第三方物流企业客户服务概述

客户服务是第三方物流企业成功的关键,做好客户服务管理需做到让现有客户满意,即在提供物流服务过程中始终坚持客户服务管理的基本思想,就是说第三方物流企业的整个经营活动要以"客户满意"为指针,尊重和维护客户的利益,并通过持续改进提高物流服务质量水平,从整体上提升客户满意度。

3.1.1 物流客户服务的概念及特征

1. 物流客户服务的定义

著名管理专家伯纳德（Bernard J. La Londe）和保罗（Paul Zinszer）是从流程的角度来定义客户服务的："客户服务是一个以成本有效性方式为供应链提供显著的增值利益的过程。"日本神奈川大学的唐泽丰教授提出客户服务可以划分为营销服务、物流服务和信息服务三个领域,每个领域都有相应的可度量或不可度量的要素。结合以上客户服务的观点,物流客户服务是提供客户需要的商品、保证在客户需要的时间内送达、符合客户要求的质量的活动过程,是对客户或客户商品带有增值效用的一种保证,是对客户商品利用可能性的保证。具体包括：

(1) 共享客户的经营理念（意识保证）：如物流服务政策连续性,站在客户立场制定物流服务方案等。

(2) 符合客户所期望的质量（品质保证）：减少物流服务中的数量差错、错误运输、运输中损坏、保管中损坏、物理性损坏等有损服务质量的现象发生。

(3) 在客户所期望的时间内传递商品（输送保证）：如确定进货周期、订货单位、订货频率、时间窗口、紧急出货等。

(4) 拥有客户所期望的商品（备货保证）：在库服务费率、订货截止时间等。

2. 物流客户服务的特点

第三方物流企业与客户形成的是相互依赖的市场共生关系,它向客户提供贯穿于双方合作过程中的各种活动,也就是说向客户提供售前、售中、售后整个过程中的各种活动。第三方物流业本身就是服务型行业,它的产品就是物流服务。物流服务是服务产品,也拥有一般服务产品的一些特征——无形性、易变性、不可分割性、服务个性化、从属性等。

(1) 无形性。物流服务属于非物质形态的劳动,它生产的不是有形的产品,物流服务在很大程度上是抽象的和无形的。服务只能在过程中体现,在结果实现后被感知,因此服务质量对于客户而言,较难提前识别;物流服务的内容是向客户提供有价值的物流活动,并非转移某种产品的所有权。由于服务是无形的,所以既不能实现大批量生产,其内容也不像有形产品那样完全标准化,服务的标准难以做到精确。

(2) 易变性。由于物流服务是以数量多而又不固定的客户为对象,它们的需求在方式上和数量上是多变的,有较强的波动性,因此容易造成供需失衡,成为在经营上劳动效率低、费用高的重要原因。由于物流服务所面对的需求多变复杂,服务质量的高低和服务项目的设计流程和人员素质密切相关,服务与服务之间都有独立性,造成了服务质量易变。服务的内容也是因人而异,如对某些人来说是满意的服务,而另一些人可能并不会满意,服务的质量往往比物质产品变化更大,客户不满意的情况也会增大。客户服务管理过程是一个不断变化的双向交流与互动的过程,有效的交流和沟通能使双方的合作关系稳定,物流企业才能持续提高客户服务水平,客户企业也能有效控制自己的需求变化。

(3) 不可分割性。物流服务的产生和消费是同时进行的,物流服务不能存储,提供服务的过程往往也是消费的过程,客户参与其中,并且在很大程度上有临时性质。客户和服务提供者处于同一个情景下,服务的产生和消费是同时完成的,因此,服务在可以利用的时候如果不被购买和利用,它就会消失。

(4) 服务的个性化。越来越多的客户要求提供更多的个别服务,企业的服务声誉与服务人员的素质有关,如服务人员的个人技能、技巧和态度等。如果将第三方物流服务看作是一种产品,这种产品最大的特性就是个性化,几乎没有两个完全相同的物流服务项目。物流服务的个性化,源于物流需求的个性化,因此,开发第三方物流服务产品最关键的是对客户的物流需求进行分析,好的需求分析是物流服务成功的关键因素之一。

(5) 从属性。由于货主企业的物流需求是以商流为基础,伴随商流而发生,物流服务必须从属于货主企业的物流系统,是一种伴随销售和消费而发生的服务。

3. 物流客户服务的作用

(1) 提高物流客户服务水平能够提高销售收入。从第三方物流企业角度看,物流客户服务水平是构筑物流系统的前提条件,物流服务水平不同,物流的形式也必然随之发生变化,一切物流工作的开展和实施均应以物流服务水平的提升为先导。从货主企业角度看物流客户服务水平是企业产品销售的保证,甚至可以成为一种促销手段。

(2) 提高客户满意度。客户服务是由企业向购买其产品或服务的人提供的一系列活动,物流服务是满足客户要求的必备条件。客户通常要求企业有较高的物流服务水平。这是因为可靠、到位的物流服务可以使客户只需维持较低的库存量,特别是安全库存量。一般情况,平均库存量越低,存储费用就越少,客户的经营成本及费用开支越少,客户满意度就越高。

(3) 物流客户服务是连接厂家、批发商和零售商的纽带。物流服务是一种区别于通常的服务产品,它有效地推动货物从生产至消费的流动,使物流链上的各个企业获得了货物销售、仓储等服务和重要的市场信息,使整个流通过程可以不断地适应市场的变化和需求,有效地将配销通路上的各个环节实行连接。

(4) 物流服务是企业重要的竞争手段。物流服务作为竞争手段时,从性质上而言,是一种进攻型的物流服务,即超过其他企业的物流服务水平。特别是在商品大体相同没有太大差别的行业,物流服务作为竞争手段取得的效果非常明显。同时物流服务产品差异化,使第三方物流企业自己与竞争对手有所区别,是现在物流行业的发展趋势。

4. 对第三方物流客户服务的理解

第三方物流客户服务是指物流经营者从处理客户订货开始,直至商品送至客户的过程中,为满足客户要求,有效地完成商品供应、减轻客户物流作业负荷所进行的全部活动。第三方物流客户服务的对象:一是客户企业;一是客户企业的客户。第三方物流企业需要深刻理解客户企业的客户服务政策,在特殊情况下,甚至参与客户企业的客户服务政策的制定;第三方物流企业服务水平的高低,不仅取决于客户企业的评价,还取决于客户企业的客户的评价;无论是第三方物流企业还是客户,都要充分信任对方,建立双赢的战略合作关系。只有这样,长期的合作关系才可能维持下去,任何自私自利、唯利是图的行为都会导致双方受损。所以必须深刻理解第三方物流客户服务的含义。

(1) 客户服务是第三方物流企业的一种活动。把物流客户服务看作是一种物流活动,意味着对客户服务要有控制能力。

(2) 客户服务是第三方物流企业的绩效水平。把物流客户服务看作绩效水平,是指明客户服务是可以精确衡量的。

(3) 客户服务是第三方物流企业的管理理念。把物流客户服务看作是物流管理理念,第三方物流企业树立以客户为中心的服务理念,建立有效的物流客户服务管理制度,强化第三方物流企业以客户为核心的重要性。

第三方物流企业注重物流客户服务水平是因为客户服务对企业经营绩效有直接影响,先进的物流客户服务方式的选择对降低成本具有重要意义,物流客户服务是差别化营销的重要方式,物流客户服务是建立企业战略联盟、有效连接供应链经营系统的重要手段。

小资料 3.1

个性化服务可以帮助第三方物流企业准确找到市场缺口,明确定位,进而迅速发展壮大。以个性化的服务凸显企业强大的竞争力将成为第三方物流企业生存的一个必要因素,与自营物流相比,第三方物流企业拥有强大的规模经济效益,能够提供价格低廉的运输服务和内部专业信息技术。强大的核心竞争能力可以为物流企业提供一个获利平台并在此基础上开发或收购相关的物流服务能力,而那些没有核心能力的企业将被挤垮或兼并。以富日物流企业为例,作为一家规模不大、刚成立两年的物流企业,其客户已经从最初的几家发展到了现在的 150 多家。富日快速发展的原因在于其一开始就把业务目标瞄准了商业流通领域。富日为杭州多家超市、便利店和卖场提供配送服务,多家大型零售商在杭州的物流配送都交由它来完成。作为一家规模不大的物流企业,富日的竞争力就在于只要生产厂家和大型批发商将订单指令发送到企业调度中心,即可按照客户指令将相关物品直接送到零售店或消费者手里。富日凭借其在零售业物流上的出色表现,获得了许多大型快速消费品生产商在华东地区的物流份额,为它们提供仓储、配送、装卸、加工、代收款、信息咨询等物流配套服务。所以,选择合适的市场进行深入研究,充分挖掘市场潜力,提供最具有针对性的个性化服务并不断发现新需要是第三方物流企业提升核心竞争力最有力的途径。

(资料来源:邬适融,钟根元.中国流通经济,2007-09)

3.1.2 第三方物流客户服务要素

第三方物流企业要开展物流服务,首先必须明确物流客户服务究竟包括哪些要素以及相应的具体指标,即物流客户服务的主要内容。

1. 从服务内容角度确定物流客户服务的要素

第三方物流的客户服务要素即各种物流服务内容,第三方物流服务内容是第三方物流服务提供者所提供的综合物流服务。第三方物流所提供的服务内容范围很广:它可以简单到只是帮助客户安排一批货物的运输,也可以复杂到设计、实施和运作一个企业的整个分销和物流系统。第三方物流企业与传统运输、仓储企业的最大区别就在于传统企业所能提供的仅是单一、脱节的物流要素,而第三方物流企业则能够将各个物流要素有机整合起来,根据客户要求提供系统化、系列化的增值服务。从具体的服务内容来看,第三方物流服务可以分为基础服务和增值服务。

(1)基础物流服务要素。物流基础服务是指向所有的客户提供支持的最低的服务水准,就是提供物流的几大基本功能要素,即提供仓储、运输、装卸、搬运、包装、配送等服务,它们提供了空间效用、时间效用以及品种调剂效用。基础物流服务大多是与完成货物交付有关的服务,主要依靠现代物流设施、设备等硬件来完成,是资产和劳动密集型的服务,可以满足用户对物流的一般需求,具有标准化的特征。基础服务是集成度最低的功能型物流服务,其目的在于在充分有效利用自有资源的基础上提高功能物流服务的经营效率,达到比自营物流更高效、更低成本的物流运作。

(2)物流增值服务要素。第三方物流的增值服务是根据客户的需要,为客户提供的超出常规的服务,或者是采用超出常规的服务方法提供的服务。增值服务是对具体的客户进行独特的服务,是超出基本服务方案的各种延伸服务,包括:增加便利的服务、加快反应速度的服务、降低成本的服务等。创新、超常规、满足客户需要是增值性物流服务的本质特征。物流服务竞争主要在于两个方面：质量和成本。第三方物流企业为客户提供各种长期的、专业的、高效的物流服务，与客户以及客户服务的对象共同分享物流合理化所产生的价值。随着第三方物流服务市场供给越来越充裕，市场需求的差异性也越来越明显，物流增值服务将成为第三方物流企业利润的主要贡献。

2. 从服务过程看物流客户服务的要素

客户服务的内涵和外延十分广泛，有着不同的表达方式。具有代表性的是美国凯斯韦斯大学巴洛(Ballou)教授提出的交易全过程论，即客户服务可以划分为交易前、交易中及交易后三个阶段，如图3-1所示。物流客户服务的每个阶段都包含了不同的服务要素、服务内容。

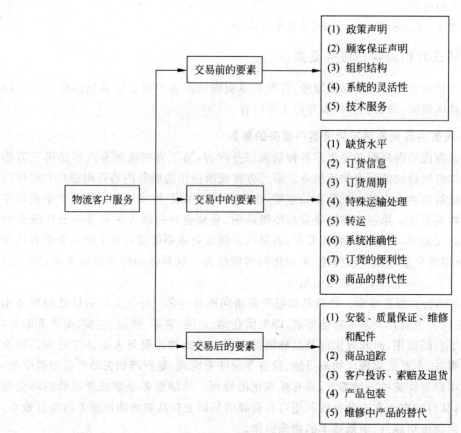

图3-1　物流客户服务构成要素

交易前物流服务要素：交易前的客户服务要为合同达成创造条件，如为履行合同而提供的存货准备，实现配送活动的送货时间安排等。交易前的要素包括政策声明、客户保证声明、组织结构、系统的灵活性、技术服务等。

交易中物流服务要素：交易中的客户服务是围绕合同项下送货而进行的交易要素。包括：缺货水平、订货信息、订货周期、特殊运输处理、转运、系统准确性、订货的便利性、商品的替代性等。

交易后物流服务要素：客户服务的交易后活动是售后服务，它的作用是提供售后支持，特别是售后质量有缺陷的物品的更换、退货、回收等，同时平息客户的抱怨，收集售后客户服务信息。所以交易后要素包括：安装、质量保证、维修和配件，商品追踪，客户投诉、索赔及退货，产品包装，维修中产品的替代等。

总之，任何企业的产出都可以看成是价格、质量和服务的组合，物流客户服务的要素由多个重要的变量构成。企业可能将某一变量设置得很重要，另一些要素设置得不是那么重要，这正是物流企业提供差异化服务的体现。

3.1.3 影响第三方物流客户服务成功的因素

影响第三方物流企业成功的因素是一个非常错综复杂的问题，它在不同的市场环境下有不同的表现，也依赖着诸如国家的、区域的一些非常具体的环境变量。可以通过一些经验的和理论的依据，探索比较一般的对第三方物流企业具有普遍意义的影响因素，以便建立与客户的长期关系和客户的忠诚度。

客户服务涉及企业的许多部门，从物流角度来看，第三方物流客户服务的成功实现受四个重要因素影响：时间、可靠性、沟通和方便性。下面探讨这些因素对物流服务买卖双方的影响。

1. 时间因素

时间的价值在现代社会竞争中越来越凸显出来，谁能保证时间的准确性，谁就获得了客户。由于物流的重要目标是保证商品的及时送交，因此时间成为衡量物流服务质量的重要因素，成功的物流作业通过对各种影响时间因素的变量控制来实现更有效的管理。时间因素通常以订单周期表示，订单周期包括从订购到商品送达客户这段时间内发生的所有相关活动，涵盖物流管理人员所能控制的客户服务的主要因素。所以订单周期的长短直接决定了第三方物流企业的客户服务水平和客户的满意程度，可以反映物流服务系统整体的作业水平。具体的时间因素有以下几个变量。

1) 订单传送时间

订单传送包括订单从客户到卖方传递所花费的时间，少则用电话几秒钟，多则用信函需几天。随着网络技术的发展，下达订单的方式也越来越多。目前，下达订单的方式主要有因特网、电话、销售点现场、手机通信等。卖方若能增加订单传送速度就可减少备货时间，但可能会增加订单传送成本。第三方物流企业可以从订单传递开始就接手客户物流活动，如果能通过现代化的传输工具如电子信息交换（EDI）系统来传送信息，就能提高订单的便利性。订单的便利性是提升订单传送速度的重要方法。

2) 订单处理时间

第三方物流企业接到订单后需要时间来处理客户的订单,做好货物和发送准备。这一功能一般包括确认订单,把信息传递到各个部门做记录,传送订单到存货区,准备发送的单证,这里的许多功能可以用电子数据处理同时进行,特别是形成长期合作伙伴关系的企业之间,这样订单处理的效率会更高。

3) 订单准备时间

订单准备时间包括订单的挑选、包装和发运,不同种类的搬运系统以不同方式影响订单准备工作,货物搬运系统可以从简单的人力操作到复杂的自动化操作,其订单准备时间相差很大,物流企业要根据成本和效益选择不同的分拣、搬运系统。

4) 订单发送时间

订单发送时间是从卖方把指订货物装上运输工具开始计算至买方卸下货物为止的时间。运输工具的选择由客户的需求而定。当卖方雇佣运输企业时,计算和控制定单发送时间是比较困难的。要减少订单发送时间,买方必须雇用一个能提供快速运输的承运方,或利用快速的运输方式,但运输成本可能会上升。

2. 可靠性因素

物流质量与物流服务的可靠性密切相关。可靠性是指物流企业按照对客户的承诺和计划的质量提供服务的能力。物流服务的可靠性表现为以下特征:完好无损的到货、结算准确无误、货物准确地抵达目的地、到货货物的数量完全符合订单的要求等。可靠性因素主要表现在以下三个方面。

1) 备货时间的可靠性

因为备货时间的可靠性直接影响客户存货水平和缺货成本,提供可靠的备货时间可以减少客户面临的这种不确定性。卖方若能提供可靠的备货时间,可使买方尽量减少存货和缺货成本,减少订单处理时间,优化生产计划。如果备货时间一定,客户可以使存货最小化,也就是说,若客户百分百保证备货时间是 10 天,则可把存货水平在 10 天中调整到相应的平均需求水平,并不需要用安全存货来防止由于备货时间的波动所造成的缺货或少货。

2) 安全交货

安全交货是所有物流系统的最终目的,即在配送过程中货物的保全,主要通过配送完好率来衡量,配送完好率是指执行的所有物资完好数量与客户运输需求的总数量的比值。如果货物到达时受损或丢失,客户就不能按期望进行使用,从而增加了客户方面的成本负担。如果所收到的货物是受损的货物,就会破坏客户的销售或生产计划,就会产生缺货成本,导致利润或生产的损失。因此,不安全的交货会使买方发生较高的存货成本,造成利润和生产的损失。

3) 订单的正确性

可靠性还包括订单的正确性,即到货货物的数量完全符合订单的要求。如果正在焦急等待紧急货物的客户,发现卖方发错了货或没有收到想要的货物,会对潜在的生产或销售造成损失。不正确的订单会使客户不得不重新订货,或客户由于气愤而向另一个供应商订货,或者更严重的会不再继续签订合约。所以物流公司必须同生产和流通企业的各部门积极配合,使客户得到期望的订货,物流企业既要确保到货的准确性,又要保证按时交货。

3. 沟通因素

与客户沟通和交流对物流服务水平的设计来说是基本的要素,信息沟通能力贯穿整个物流客户服务过程,是企业能否提供优质服务最主要的特征之一。物流服务过程中信息交流渠道必须永远畅通,然而,沟通是一个双向的过程,基于客户立场,客户需要了解订单履行情况、商品物流状态信息等外部信息;对物流企业自身来说,它必须能够传达客户需要的全部物流服务信息,包括企业是否有能力、是否愿意向客户提供有关实际运作及订购货物的准确信息,充足、及时、准确的信息提供对于物流客户服务与管理有着决定性的意义。沟通因素主要体现在沟通性、透明度和沟通及时性几个方面。

(1) 沟通性:包括有良好的沟通渠道、服务人员良好的服务态度和准确理解需求的能力、沟通的频率等。

(2) 透明度:包括物流流程的透明性、物流信息共享性、物流问题的及时通知。

(3) 及时性:包括满足临时需求的及时率、客户投诉处理及时率、对物流服务过程中出现问题的及时处理能力。

物流人员沟通质量的好坏指负责沟通的物流企业服务人员是否能通过与客户的良好接触提供个性化的服务。第三方物流企业必须有一支具有较高素质和较强服务意识的客服团队,服务人员相关知识丰富与否、是否体谅客户处境、是否帮助解决客户的问题会影响客户对物流服务质量的评价。这种评价形成于服务过程之中。因此,加强服务人员与客户的沟通对提升物流服务质量有着重要的意义。

4. 方便性因素

方便性体现在服务的柔性化和个性化,是第三方物流区别于传统物流最重要的特点。第三方物流企业根据客户企业的产品、市场策略、行业、管理模式等采取多样化、个性化的服务模式,或为客户配备专门的服务小组,或进入客户企业的作业现场,或采用同客户兼容的信息系统,或为客户单独定制信息系统。从物流作业成本的角度看,仅有一个或少数几个服务方案应对所有客户的标准服务水平最为理想,但这是以客户服务需求具有均一性为假设前提的。事实上,这种假设并不实际。例如,某一客户可能要求卖方托盘化并以铁路进行运输,而另一客户则要求非托盘的水陆运输,而第三个客户可能要求特殊的交货时间,因此就需要设计并实施三个物流服务方案。方便性是考虑客户的方便而不是物流服务提供者自己的方便,物流服务内容必须与客户对包装、运输方式和承运人交货时间的要求等密切相关,客户的要求不同,第三方物流企业须以最经济的方式来满足这种要求。

3.2 第三方物流企业客户满意度管理

客户服务经常和客户满意互相混淆。和客户服务不同,客户满意是客户通过对一个产品的可感知的效果(或结果),与他的期望值比较之后,所形成的愉悦或失望的感觉状态。第三方物流服务是以客户满意为导向。这里的客户满意有双重含义:一方面应遵循委托企业的目标,即一定服务水平下的成本最小原则,从委托企业的角度考虑,实现利润最大化;另一方面又要满足采购方客户,即客户的客户关于服务的要求,实现其客户满意。第三方物流企业一定要从委托企业的角度考虑,所提供的服务必须使客户的客户达到满意,否则委托企业可能会因为第三方的物流服务失误而失去客户。

3.2.1 第三方物流客户服务与客户满意度分析

第三方物流客户服务质量的好坏是客户是否满意的关键因素,服务质量评价的关键因素就是客户满意。第三方物流企业必须始终如一地视客户满意为企业的最终目标,运用各种手段加强售前、售中、售后服务。通过提高第三方物流服务的质量,增值第三方物流服务的内容来满足客户多样化、个性化的需求;通过超越客户对服务的期望值来提高客户的口碑、客户的保留率,从而获得客户对企业的忠诚度,最终达到双赢的局面。

1. 了解客户需求和期望的方法

了解和确定客户的需求和期望是客户满意的先决条件。识别到客户需求后,应根据企业的实际技术水平、所处的内外部市场环境、企业长远目标和当前目标,确定企业满意度目标,目标值一般以略高于现有水平为佳。企业的质量目标如果已经包含客户满意度目标,则应根据识别到的客户需求对其进行评价,必要时进行修订。如何在实现委托企业的成本最小和实现客户及客户的客户最大程度满意这两者之间达到一个平衡点,是第三方物流企业的基本服务标准。为了实现这个标准可以通过以下方法更好地了解客户的需求和期望:

(1) 了解客户的服务需求。通过调查了解客户需求,建立客户档案,这是用来确定客户服务要求的最可靠的方法。客户需求信息可通过面谈、集中小组会谈、摸底调查等方法直接收集。面谈可与客户直接接触,集中小组会谈一般被用来探寻采用某种购买方式的原因,摸底调查可使物流供应商更好地了解客户的业务和探索增加专门服务的原因。

(2) 了解并倾听客户的陈述。许多客户向物流服务供应商非常明确地讲述他们的最低需求,一旦第三方物流企业了解了这些最低需求,那么与客户进一步沟通就有了基础。

与客户的进一步讨论应建立在满足客户最低需求的基础上,进一步理解客户对别的服务的期望。除了客户陈述外,以往的业务报告也是客户反馈信息的重要来源。

(3)"噪声水平"即客户的不满和抱怨。噪声水平是直接与客户接触的一种补充途径,它提供了客户特殊的信息。许多企业鼓励职员对客户的不满和抱怨进行调查,鉴定噪声水平。通过调查客户的不满和抱怨,改进物流企业的服务水平。

(4)同业同行的比较。比较竞争对手的水准是与客户接触的另一种途径,它提供了竞争对手当前行动的反馈信息,进而全面帮助企业确定客户的需求和期望值。

(5)与客户共同探索。一旦明确客户的最低需求和期望,将帮助企业区分客户需求的增值服务,最后达到客户满意。在客户情愿支付的价位上要满足客户的所有需求是不可能的。因此理解哪一种服务是最低要求、哪一种服务能超出期望值是很重要的。为提供增值服务而无原则地花费金钱的做法是不适当的,并且客户愿意购买的仅是他们认为有价值的服务,第三方物流企业应该同客户讨论他们情愿为此服务付出的代价。

2. 物流客户服务的层次性

客户需求具有层次性,物流客户服务同样也应该具有层次性。当客户感觉到产品或者服务在质量、数量、可靠性或者适合性方面有不足的时候,他们通常会侧重于自己的价值取向。客户需求的满足是一个物流服务过程的终点和企业目标的实现,客户服务的价值甚至超过了产品本身。所以客户服务水平可以直接反映一个企业的综合实力,而第三方物流企业客户服务是一个不断提升的过程,最基本的三个层次如下:

1) 基本客户服务

从客户物流外包最初的动机考虑一般有两种:一种是降低成本;一种是基于物流占用资金的考虑。考虑通过物流外包降低物流成本的客户在选择物流服务时,最关注的是物流成本问题,他们希望通过同第三方物流企业的合作,降低成本。这类客户往往在市场上已经取得了一定的市场份额,其物流服务水平已经得到客户的认可,因此,这类客户关注的并不是大幅度提高客户服务水平的问题,而是在现有的客户服务水平基础上,如何降低成本。因此,第三方物流企业在制定物流服务方案时,要特别注意成本的控制。对于关注物流资金的客户,一般资金不足或比较关注资金的使用效率,他们不希望自己在物流方面投入过多的人力和物力,面对这类客户,要充分展示自己在物流方面的能力和投资服务项目,这样才能赢得客户的青睐。

2) 客户满意度

除了基本客户服务外还有另一类客户服务,其物流外包是基于提高物流服务满意度的考虑,这类客户关注的是如何通过第三方物流企业的能力来提高自己的客户服务水平。对于附加价值比较高的产品或刚刚进入市场的产品,往往会出现这种情况,对于这类客户,在制定物流方案时,最重要的不是如何降低成本,而是在一定的成本下如何提高客户满意度。长期以来,客户满意度始终是企业市场营销及战略中最核心的理念之一。在制定客户满意度方案时,企业首先要回答的问题是:客户得到满足究竟意味着什么?定义客户满意度时最主要、最简单、使用最多的方法是我们常说的"物超所值",即服务水平超过了客户的期望,那么客户就能够得到满足。相反,如果达不到客户的期望值,客户就不能满足。许多企业都用这种方法来理解客户满意度,并努力达到或超过客户的期望值。

3) 客户成功

第三类客户服务是客户基于竞争考虑进行物流外包。近些年来,越来越多的企业逐渐开始意识到第三方物流企业的物流运作会带来真正的竞争优势,这是因为第三方物流企业具有能帮助工商企业不断壮大并能拓展市场份额的能力,企业具有吸引并留住行业中最关键的客户的能力,这是实现以"以客户为中心"的物流客户服务的关键所在。企业对客户成功的重视体现了企业为满足客户需求所做的主要承诺。客户成功计划包括两个方面:一是全面了解客户的需求情况;二是与客户建立长期关系,以获得较高的增长空间和盈利空间。

需要注意的是,企业之所以强调客户服务,目的是建立一些内部标准,用于衡量企业基本服务的绩效水平。客户满意度平台是建立在这样的一种观念之上的:客户对企业绩效具有一定的期望值,而确保客户满意的唯一方法就是根据这些期望值来评估客户对企业绩效的认同程度,客户满意度的重点在于企业必须满足客户未来提出的标准和期望。表 3-1 总结了"以客户为中心"的企业所经历的演变过程,从很多方面来说,要想实现客户成功的计划,物流管理者们要站在供应链的角度进行全面的统筹规划。

表 3-1 "以客户为中心"的企业演变过程

理念	要点
客户服务	达到内部标准
客户满意	满足客户期望
客户成功	满足客户的需求

3. 正确理解客户满意度

1) 客户满意的定义

自 20 世纪 80 年代美国消费心理学家创立客户满意理论(customer satisfactory)以来,各国学者都对客户满意理论进行了大量的理论研究和实证分析。营销大师科特勒对客户满意的定义为:客户满意是指客户对事前期望和使用可感受效果判断后所得的评价,是可感知效果和期望之间的差异函数。客户满意是客户对企业和企业员工提供的产品和服务的直接性综合评价,不断强化客户满意是客户信任的基础。较高的客户服务水平可以增加客户满意度,使企业留住客户,提高企业信誉和形象,扩大市场。然而,客户服务水平提高必然会带来成本的提高。因此,企业要努力寻找一个合适的收益、成本契合点,即合适的客户服务水平。

2) 客户满意度指数

它体现了客户对其需求(明示的、通常隐含的或必须履行的需求或期望)被满足的认可程度,是一个非常有效的度量和认识客户对企业的认同、对产品和服务的满意程度,以及再次购买倾向的指标。它不仅直接影响着企业的经营效益,而且在很多情况下还预示着企业的经济发展趋势,甚至会反映出社会的整体经济发展趋势。客户的满意程度可细分为实物质量感知满意程度、服务满意程度、价值感知满意程度、用户抱怨和投诉(不满)综合满意程度。常用于测量客户满意程度的指标有"客户满意率""客户满意度指数"和"服务质量指数"。

(1) 客户满意率是指在被访问的客户中表示满意的客户所占的百分比。

(2) 客户满意度指数是指客户的需求和期望被满足的程度的一种指标。它运用了计量经济学的理论来处理多变量的复杂总体,全面、综合地度量客户满意程度。

(3) 服务质量指数是通过服务的提供过程、提供能力、绩效三个方面综合评价的新型工具。

3) 物流客户满意度

物流客户满意度是客户对所购买的物流产品和服务的满意程度,以及能够期待他们未来继续购买的可能性,它是客户满意程度的感知性评价指标,是客户的一种心理反应。

3.2.2　第三方物流客户满意度管理方法

第三方物流服务的客户是企业,因此,相比较于个人,企业客户更理性,他们多用绩效和利润来衡量自身的满意度;企业的满意程度和企业内多个享受产品或服务的部门相关,其满意度是多个部门满意度的综合;企业客户还有自身的客户,第三方物流服务的客户满意度与客户企业的客户满意度有着很大的关系。第三方物流企业识别并通过物流服务活动满足客户的需求,开展客户满意程度评价和分析后,采用各种科学的方法和手段进行客户满意度管理,将不断提高客户满意度作为企业的主旋律。

1. 建立以客户为中心的服务理念

企业推行客户满意度管理,首先需要导入客户满意度理念,引导员工树立客户满意意识,建立以客户为中心的服务理念。物流客户服务水平的确定,不能从物流服务供给方出发,而应该充分考虑物流需求方的要求,即从产品导向向市场导向转变。产品导向型的物流客户服务由于是物流供给方自身制定的,一方面难以真正满足客户的需求,容易出现服务水平设定失误;另一方面也无法根据市场环境的变化和竞争格局变动及时加以调整。而市场导向型的物流客户服务正好相反,它是根据客户企业各部门的信息和竞争企业的服务水平相应制定的,既避免了过剩服务的出现,又能适时进行物流服务质量控制。

需要注意的是,引入客户满意需要在企业内部打破"客户满意度管理是客户服务部的事情"的观念。客户满意是企业全体员工的事情,是一种企业管理思想,不仅是客户服务思想。首先,要让内部员工感到满意,这样才能充分保证企业为客户提供的物流产品和物流服务是高质量的;其次,只有企业的产品和服务是高质量的,才能使客户感到满意,才能使客户成为企业长期的、忠诚的客户;再次,客户的满意和忠诚将能使企业获得满意的利润和增长;最后,企业能够获得满意的利润和增长又为吸引员工、增加员工的自豪感和为其获得晋升机会提供了一定的保障,从而促使员工满意和忠诚,并形成一个良性的循环。树立"以客户为中心"的管理理念和基本原则,并在质量管理体系转换时将其纳入质量方针和管理目标中。

2. 建立客户满意度评价体系

建立完善的客户满意度评价指标体系,是通过定期的客户满意度评价测定客户的满意度,不断地设立改进目标,提高物流服务水平,改善物流服务质量实现的。客户满意度评价模型,对评价的有效性和信度有较大的影响。企业应认真分析组织自身的特点、产品的特殊性,建立与本企业相适应的客户满意度评价模型。首先将客户综合满意目标分解为若干个分目标,并通过分项满意度指数予以反映。不同的企业分解分项/类型也不同。不同的客户对企业分项要求和需求各异。要科学地对其满意度进行测评,就需恰如其分地进行客户分类,以充分反映出客户对分项(如质量)的满意度。无论选择哪类标准对客户进行分类,其分类方式必须与本企业自身的物流服务特点和运作方式相适应。不同类型的客户对企业产品不同分项的重要性不一样,其期望不同,认知质量不同,对企业提供的产品和服务的感知效果不一样,这就决定了其认知质量与感知质量的不同,使满意度呈现出不同的层次,因此必须通过加权系数反映不同类别的重要度。满意度分项、客户分类以及客户对分项/分类的重要性,共同构成了客户满意度评价体系。

3. 建立维护客户数据库

客户是满意度的信息源,建立典型的、全面的客户数据库,是客户满意度评价的基础。企业根据自身的规模、工艺特点以及其运作方式,按照客户满意度评价体系中的分类建立客户数据库。要定期增加新客户,删减那些不必要的客户,维护客户数据库。确保客户满意度评价信息准确、具有较高的信度。同时为第三方物流企业与客户保持长期的沟通奠定基础。

4. 建立客户沟通渠道

第三方物流企业应该建立一个高效地倾听"客户声音"的渠道,使得对客户满意度的评价具有可操作性。收集和分析客户满意度信息,提升客户满意度。

(1)建立投诉和建议机制。如果一家企业用"客户投诉"的次数来衡量客户满意度,是远远不够的,也是不客观的。实际上,70%~95%的不满意客户是不会投诉的,大多数人仅仅是停止交易,最好的方法是企业要方便客户投诉,建立投诉机制。

(2)调查问卷和电话咨询。光听客户投诉是不够的,还需采取主动。仅仅靠一个投诉和建议机制,企业无法全面了解客户满意和不满意。敏感的企业会通过定期调查,直接测定客户满意状况,在现有的客户中随机抽取样本作为调查对象。

5. 以客户为中心,提高物流人才的专业素质

培养物流人才可以通过政府、院校、企业三方共同努力来实现。同时应加强企业物流人才的短期培训、岗位培训和服务人员素质培训。

6. 提高科学的物流管理水平

了解国内物流行业标准,按行业标准制定企业物流服务准则,提高物流企业的管理水平。物流企业需要较高层次的物流专业管理人员才能提高企业的管理水平。物流企业应培训自己的管理人员,以便使他们实时更新管理理论知识,学习新的管理经验,为企业创造更大的效益。同时,物流企业也可以与国外具有先进物流管理经验的企业加强合作和交流,以提高自身的物流管理水平。

第三方物流企业客户满意水平直接决定客户对第三方物流企业物流服务的接受程度。因此,第三方物流企业在给客户提供各种物流服务的同时,必须重视客户的满意度,做好客户满意度的管理。影响客户满意的因素除了提供物流服务的质量和水平外,还有很多其他影响因素。因此,第三方物流企业应在保证和控制物流服务的质量和水平上,在对客户物流服务的过程中增强客户对物流服务质量的体验。

小资料 3.2

现行物流服务的满意度调查与分析

根据第六次中国物流市场供需状况调查报告资料显示:生产制造企业对第三方物流和自营物流的满意度和不满意度相对于第五次调查均有所下降,但不完全满意度却有较大比例上升,如图 3-2 所示。这与近年来中国制造业物流服务的发展有关,一方面说明第三方物流服务越来越完善,不满意度下降;另一方面也说明企业对第三方物流的要求越来越高,而第三方物流公司还不能完全达到企业的要求。

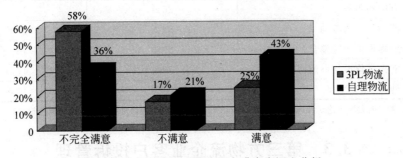

图 3-2 生产制造业对物流服务满意度调查分析

商贸企业对物流服务的不完全满意的比例最高,其次为对物流的满意比例增高。相对而言,商贸企业对物流服务不满意程度较低,如图 3-3 所示,与第五次调查结果比较,企

业对物流服务满意的比例有所上升,说明企业物流服务有较大改善。

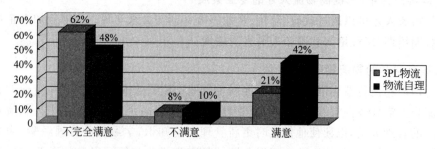

图 3-3　商贸业对物流服务满意度调查分析

对于工商企业对现行第三方物流运作不满意的主要原因,调查表明:在采用第三方物流的生产制造企业中,对第三方的物流服务不满意的原因首先是因为服务内容不全和不能提供供应链整合服务,其次是信息及时性与准确性低和作业差错率高。可以看出近年来企业对物流服务的要求越来越深化,成本不再是企业对物流服务的最不满意因素。调查结果如表3-2所示。

表 3-2　对第三方的物流服务不满意的原因要素

原因要素	生产制造企业	商贸企业
运作成本高	22%	45%
信息不及时、不准确	35%	32%
作业速度慢	13%	20%
服务内容不全	39%	21%
货损率高	30%	4%
作业差错率高	35%	9%
服务态度差	26%	7%
没有网络服务	26%	10%
不能满足需求波动	32%	27%
不能提供供应链整合	39%	18%
不能提供管理与咨询服务	30%	17%
其他	4%	10%

(资料来源:人大经济论坛,http://down.pinggu.org/,第六次中国物流市场供需状况调查报告)

3.3　第三方物流企业客户投诉管理

第三方物流企业通过提高物流服务质量来满足每个客户的需求,但在实际操作过程中,不可能做得十全十美,总会遇到客户对企业提供的物流服务不满的情况,当客户有较多的不满意时,进而抱怨和投诉第三方物流企业。这些抱怨和投诉如果得不到妥善处理,客户的不满意就会持续和扩散,对客户关系的维持及企业的形象都会造成恶劣影响,因此,第三方物流企业要有一套行之有效的客户投诉处理机制来解决这些问题,并建立专门的客户服务投诉部门来处理客户的投诉,找出投诉的原因并加以改进。

3.3.1 客户投诉及原因分析

1. 客户投诉的含义

客户投诉是客户将其在接受产品或服务过程中所感受到的不满向有关部门申诉的行为。客户投诉源于客户的不满意,很多企业的员工甚至包括部分高层管理人员害怕、排斥客户的不满意投诉。殊不知客户不满意中蕴含着大量的商机,有时甚至成为企业产品或服务创新的源泉和动力。

2. 物流客户投诉的原因

客户在接受物流企业服务过程中进行投诉,其原因可能来自物流企业提供的商品,也可能来自服务。投诉的行为一旦做出,不论是对客户,或是对物流企业而言,都是一件不愉快的事情。对客户来说,拿到与订单不符的商品或是对物流企业提供的服务品质和项目不满,都可能对企业经营造成损害。对于物流企业本身,则可能因为客户的不满而降低客户对企业的信心。情况严重的,还可能影响到企业的信誉及利润。客户是企业的免费广告,如何让客户成为企业有利的免费宣传媒介,使企业不断发展下去,在一定程度上有赖于企业物流服务人员能否谨慎处理客户的每一个不满与投诉。物流客户常见的投诉原因表现在以下几个方面。

(1) 物流业务人员操作失误。如:在物流业务活动中发生计费重量确认有误、货物包装破损、单据制作不合格、报关/报验出现失误、运输时间延误、结关单据未及时返回、舱位无法保障、运输过程中货物丢失或损坏等情况,如果问题没有得到及时的解决就可能发生客户投诉。

(2) 物流销售人员操作失误。如:结算价格与所报价格有差别、与承诺的服务不符、对货物运输过程监控不利、与客户沟通不够、有意欺骗客户等。

(3) 供方操作失误。如:运输承运方在服务过程中货物丢失或损坏,送(提)货时不能按客户要求操作,承运工具未按预定时间起飞(航)等。

(4) 代理操作失误。如:货代或质检企业服务过程不够认真,使收货方对服务达不到要求,使收货方向发货方投诉而影响物流企业与发货方的合作关系等。

(5) 客户自身失误。如:客户方的业务员自身操作失误,但为免于处罚而转嫁给货代企业;客户方的业务员有自己的物流渠道,由于上司的压力被迫与指定货代合作,但在合作中有意刁难等。

(6) 不可抗力因素。如：天气、战争、罢工、事故等所造成的延误、损失等。

有效地处理物流客户投诉有着重要的意义。处理客户投诉必须要掌握方法和技巧，物流服务人员无论受到责难或是批评都应该虚心接受、以诚相待，避免与客户发生争吵。客户投诉案件若需现场调查，客户服务人员应立即反应，确保处理时效性。

3.3.2 物流客户投诉处理的技巧与步骤

物流企业对客户投诉进行处理时，要制定投诉处理原则，不论是第一线的物流业务人员、管理人员或者是企业负责客户服务的专职人员，在接到客户投诉时的处理原则都是一致的。其主要目的在于使客户的投诉得到妥善的处理，在情绪上觉得受到尊重。俗话说："预防胜于治疗。"物流经理除了必须对投诉事件制定处理的作业原则与要领之外，还须将每个投诉的处理以各种渠道进行通报，并对员工进行有计划的训练，让所有员工理解投诉处理的原则和技巧，达到有效减少客户投诉的目的。所有投诉事件处理完毕之后，客户服务人员应将投诉记录表妥善填写并予以整理归纳，分析客户投诉发生的原因、处理的过程、注意的事项、确定奖惩、改进的办法，然后有效地通报至每一位员工。

1. 客户投诉处理技巧

（1）虚心接受客户投诉，耐心倾听对方诉说。客户只有在利益受到损害时才会投诉，作为客服人员要专心倾听，对客户表示理解，并做好记录。待客户叙述完后，复述其主要内容并征询客户意见，对于较小的投诉，能解决的应马上答复客户；对于当时无法解答的，要做出时间承诺。在处理过程中无论进展如何，到承诺时间一定要给客户答复，直至问题解决。

（2）设身处地，换位思考。当接到客户投诉时，首先要有换位思考的意识。如果是企业的失误，首先要代表企业表示道歉，并站在客户的立场上为其设计解决方案。对问题的解决，也许有三到四套解决方案，可将自己认为最佳的一套方案提供给客户，如果客户提出异议，可再换另一套，待客户确认后再实施。当问题解决后，至少还要有一到二次征求客户对该问题的处理意见，争取下一次的合作机会。例如，某企业有一批货物配载A车从a市到b市。发车后第三天，A车在高速公路上发生交通事故，造成部分货物包装破损，内损无法判断。接到货物后，接货企业两名客服人员的解决方法如下：

A客服：马上向客户催收运费，收到运费后才告诉客户有关货损一事。

B客服：马上通知客户事故情况并核实该票货物是否保价，积极协调收货人验货，看是否受损并及时处理。待问题解决后向客户收取运费。

结果A客服处理的客户货物打开包装后最终没有损失，但在知道真相后，客户对A客服企业表示不满并终止合作。B客服处理的客户事后给企业写来了感谢信，并扩大了双方的合作范围。

（3）承受压力，用心去做。当客户的利益受到损失时，着急上火是不可避免的，以至于会有一些过分的要求。作为客服人员此时应能承受压力，面对客户始终面带微笑，并用专业的知识、积极的态度解决问题。例如，B 运输企业接到 A 市某客户指示，有一票货物从国外进口到 A 市，发货人是 B 市货运代理企业，货运代理企业的业务员 a 与运输企业业务员 b 联系发运，a 因为自己有运输渠道，极不愿意与 b 合作，而 b 在操作过程中又因天气原因致使车辆延误，a 对 b 出言不逊，屡屡刁难。此时，b 冷静处理，将货运代理企业当重要客户对待。后来，a 丢失了一套入关单据，b 发动自身资源尽力帮其补齐。最终，b 以自己的服务、能力赢得 a 的信任，同时也得到 A 市客户的信任，使合作领域进一步扩大。

(4) 有理迁让，处理结果超过客户预期。纠纷出现后要用积极的态度去处理，不应回避。在客户联系你之前先与客户沟通，让他了解每一步进程，争取圆满解决并使最终结果超出客户预期，让客户满意，从而达到在解决投诉的同时抓住下一次商机。例如，A 企业业务员承揽一票急运货物由 B 市去 C 市，由于当时货量大，在不知情的情况下被储运部门漏装，二日后才被 A 企业业务员发现。发货人知道后要求 A 企业赔偿因延误运输而产生的损失。

A 企业业务员首先向客户道歉，然后即刻安排发运，考虑到客户损失，按九折收取运费。A 企业经理安排完毕后与业务员一起向客户道歉，并将结果告诉客户，最终得到谅解。承运车辆日夜兼程抵达，货主方对此非常满意，并表示："你们在处理纠纷的同时，进行了一次非常成功的营销活动。"

(5) 长期合作，力争双赢。在处理投诉和纠纷的时候，一定要将长期合作、共赢、共存作为一个前提，以下技巧值得借鉴：

① 学会识别、分析问题；
② 要有宽阔的胸怀、敏捷的思维及超前的意识；
③ 善于引导客户，共同寻求解决问题的方法；
④ 具备物流行业丰富的专业知识，随时为客户提供咨询；
⑤ 具备财务核算意识，以财务的杠杆来增加协调解决投诉的力度；
⑥ 有换位思考的意识，勇于承担自己的责任；
⑦ 处理问题有回旋的余地，任何时候都不要将自己置于险境；
⑧ 处理问题的同时，要学会把握商机，通过与对方的合作达到双方共同规避风险的目的。

此外，客服人员应明白自己的职责，首先解决客户急需解决的问题，努力提升自己在客户心目中的信任度及地位，通过物流专业知识的正确运用和对企业政策在不同情况下的准确应用，最终达到客户与企业都满意的效果。如何处理投诉是企业文化的一种直接表现，也是企业能否持续发展的检验器，有效处理投诉可以挽回客户对企业的信任，使企业良好的口碑得到维护和巩固。通过投诉可以及时发现企业存在的问题，能够防止客户被竞争对手抢走。

2. 处理客户投诉时应遵循的步骤

1) 倾听客户各种不满陈述

(1) 让客户先发泄情绪。当客户还没有将事情全部述说完毕之前,就中途打断,做一些言词上的辩解,只会刺激对方的情绪。如果能让客户把要说的话及要表达的情绪充分发泄,往往可以让对方有一种较为放松的感觉,心情上也比较平静。

(2) 善用自己的肢体语言,并了解客户目前的情绪。在倾听的时候,应以专注的眼神及间歇地点头来表示自己正在仔细地倾听,让客户觉得自己的意见受到重视。同时也可以观察对方在述说事情时的各种情绪和态度,以此来决定以后的应对方式。

(3) 倾听纠纷发生的细节,确认问题所在。倾听不仅只是一种动作,还必须认真了解事情的每一个细节,然后确认问题的症结所在,并利用纸笔将问题的重点记录下来。如果对于投诉的内容不是十分了解,可以在客户将事情说完之后再问对方。不过在此过程中,千万不能让客户产生被质问的印象,而应以婉转的方式请对方提供情况。

2) 表示道歉

不论引起客户不满的责任是否属于物流企业,如果能够诚心地向客户道歉,并对客户提出的问题表示感谢,都可以让客户感到自己受到重视。事实上,从物流企业的立场来说,如果没有客户提出投诉,物流经理也就不知道有哪些方面的工作有待改进。一般来说,客户之所以投诉,表示他关心这家企业,愿意继续与之合作,并且希望这些问题能够获得改善。因此,任何一个客户投诉都值得物流企业道歉并表示感谢。

3) 提供解决方案

对所有的客户投诉都必须向其提出解决问题的方案。在提供解决方案时,必须考虑下列几点:

(1) 掌握问题重心,分析投诉事件的严重性。通过倾听将问题的症结予以确认之后,要判断问题严重到何种程度,以及客户有何期望。这些都是处理人员在提出解决方案前必须考虑的。例如,客户对于配送时间延迟十分不满,进行投诉。这时要先确认此行为是否已对客户造成经营上的损失,若是希望赔偿,其方式是什么,赔偿的金额为多少,对这些都应该进行相应的了解。

(2) 有时候客户投诉的责任不一定属于物流企业,可能是由其他企业所造成。例如,送去的产品里面发现异物,其责任应在生产企业,此时应会同生产企业处理,并为客户提供协助并保持联络,以表示关心。

(3) 按照物流企业既定的办法处理。物流企业一般对于客户投诉有一定的处理方法,在提出解决客户投诉的办法时,要考虑到既定方针。有些问题只要引用既定的办法,即可立即解决,例如补货、换货的处理;有些问题考虑做出弹性的处理,以便提出双方都满意的解决办法。

（4）处理者权限范围的确定。有些客户投诉可以由物流企业的客户服务人员立即处理，有些就必须报告物流经理，这些视物流企业如何规定各层次的处理权限范围而定。在服务人员无法为客户解决问题时，就必须尽快找到具有决定权的人士解决，如果让客户久等之后还得不到回应，将会使其又回复到气愤的情绪上，前面为平息客户情绪所做的各项努力都会前功尽弃。

4）让客户认同解决方案

处理人员所提出的任何解决办法，都必须亲切诚恳地与客户沟通，并获得对方的同意，否则客户的情绪还是无法平复。若是客户对解决方法还是不满意，必须进一步了解对方的需求，以便做新的修正。有一点相当重要：对客户提出解决办法的同时，必须让对方也了解物流企业为解决问题所付出的诚心与努力。

5）执行解决方案

当双方都同意解决的方案之后，就必须立即执行。如果是权限内可处理的，就迅速利落、圆满解决。对不能当场解决或是权限之外的问题，必须明确告诉对方事情的原因、处理的过程与手续、通知对方的时间及经办人员的姓名，并且请对方留下联络方式，以便事后追踪处理。在客户等候期间，处理人员应随时了解投诉处理的过程，有变动必须立即通知对方，直到事情全部处理结束为止。

6）客户投诉处理结果总结

这一步骤主要应从以下两个方面做好工作：

（1）检讨处理得失。对于每一次的客户投诉，都必须做好妥善的书面记录并且存档，以便日后查询。物流经理应定期检讨投诉处理的得失，一旦发现某些投诉是经常性发生的，必须追查问题的根源，以改进现有作业，或是制定处理的方法；如果是偶发性或特殊情况的投诉事件，也应制定相应规定，作为物流员工再遇到类似事件时的处理依据。

（2）对物流企业员工宣传并防止日后再发生。所有的客户投诉事件，物流经理都应通过固定渠道，如例会等在部门内宣传，让员工能够迅速改善造成客户投诉的各项因素，并了解处理投诉事件时应避免的不良影响，防止类似事件再度发生。

物流服务人员处理客户投诉的能力与投诉事件是否得以有效解决有相当大的关系。为此，物流经理要对员工进行相应服务技巧的培训，使之真正具备高超的行业素质、敬业、乐业精神，促进物流企业整体工作水平的提高和改善。客户投诉的处理，对于物流企业的工作而言，事实上是一种持续不断的改进物流服务的过程。物流经理做好投诉处理工作，掌握投诉处理的技巧，目的不仅在于减少投诉的发生，更重要的是要借每一次投诉的处理来提升本企业的业务水平，所以应该辩证地看待客户的投诉。

3.4 第三方物流企业客户服务质量管理

3.4.1 物流质量管理的主要内容

质量是指一组固有的特性满足要求的程度。物流质量(logistics quality)是物流客户服务质量、物品质量、物流工作质量和物流工程质量的总称,物流质量是一个双重概念,它不仅是现代第三方物流企业根据物流运作规律所确定的物流工作的量化标准,而且更应该体现物流服务的客户期望满足程度的高低。

1. 物流客户服务质量

物流客户服务工作存在于物流运营服务体系的各个环节。服务是指为他人做事,并使他人从中受益的一种有偿或无偿的活动,以提供劳动的形式满足他人需要。所以物流客户服务是满足客户需要的活动,通过建立指标和指标体系确保客户满意的绩效测量;质量管理贯穿物流作业的全过程,客户服务质量管理通过对客户服务要素的控制实现,通常按物流运作的过程将客户服务分为售前、售中、售后三个时间段,分别控制各个阶段的客户服务要素指标。物流客户服务质量是客户感知的对象,是在服务生产和交易过程中的每一个环节表现出来的。因此,物流客户服务质量既要有客观方法加以规定和衡量,又要按照客户主观的认识加以衡量和检验,需要建立严密的全过程质量控制、管理及持续改进的质量管理标准。

2. 物品质量

物品质量指物品运送等物流过程中对物品原有质量(数量、形状、性能等)的保证,尽量避免破损,而现代第三方物流追求的不仅仅是单纯地保护好物流对象,实现物流对象的空间位移,还要采用流通加工等手段改善和提高商品的质量,增加商品附加值,例如,在流通加工中心或者配送中心,将钢材、木材切割成板材、方材,将整块玻璃按照客户的多样化需求开片成不同规格的小面积玻璃等。流通加工属于物流活动中一项重要的子活动,它可以提高装卸搬运以及运输的效率,可以适应客户的多样化需求,可以弥补生产过程中的加工不足,实现供需双方更好地衔接,实现物品使用价值的顺利让渡。由此,在一定程度上,物流过程就是物品质量的"形成过程"。

3. 物流工作质量

物流工作质量是物品从供应地向接收地的实体流动。包括:运输、储存、装卸搬运、包装、配送、信息处理等各功能活动中各环节、各工种、各岗位的具体运行质量。对企业内部而言,物流工作质量是在一定的标准下的物流质量的内部控制。工作质量由物流运行中庞杂而细小的作业组成,如仓储工作中的入库检验、搬运装卸中对物品的码放、存储中的温度与湿度的控制、出库中的单据平整核对等。

4. 物流工程质量

工程质量是指把物流质量体系作为一个系统来考察，用系统论的观点和方法，对影响物流质量的诸要素进行分析、计划，并进行有效控制。这些因素主要有：人的因素、体制因素、设备因素、工艺方法因素、计量与测试因素以及环境因素等。使用物流质量体系中的硬件设施提高工程质量是进行物流质量管理的基础工作，能提高工程质量，就能做到预防为主的质量管理。

物品质量、物流工作质量、物流工程质量都是服务于客户的，最终目的是使客户满意，所以这三个物流质量要素从属于客户服务质量，是客户服务质量的具体体现。物流质量管理是指科学运用先进的质量管理方法、手段，以质量为中心，对物流全过程进行系统管理，包括为保证和提高物流产品质量和工作质量而进行的计划、组织、控制等各项工作。如何衡量物流质量是物流管理的重点，物流客户服务质量的保证依靠准确有效的质量衡量指标和指标体系。应建立物流客户服务质量指标体系，积极借鉴和吸收国内外物流企业的成功经验，尽可能多地将第三方物流企业运行的各方面、各环节纳入物流客户服务质量指标体系中，与国际认证体系接轨。

3.4.2 物流质量管理的主要评价指标

优秀的物流客户服务是第三方物流企业追求的目标，通过对其物流质量进行合理的评价可以发现企业物流客户服务中存在的缺陷和不足。以客户为中心的理念不仅为第三方物流企业的物流服务指明发展的方向，也促使第三方物流企业建立科学的客户服务策略，并强调对第三方物流服务结果总体特性的要求，即建立物流服务质量标准，作为客户服务质量评价的依据。度量第三方物流服务质量指标常常包括以下内容。

1. 人员沟通质量

人员沟通质量指负责沟通的物流企业服务人员是否能通过与客户的交流提供良好的服务，表现在服务人员是否具备良好的知识储备、礼貌耐心的态度、良好的处理事件的能力和信息传达的可得性和可靠性等方面。客户在接受此服务的过程中会逐步形成对物流服务质量的评价。良好的沟通质量是提升第三方物流客户服务质量的重要方面。

2. 信息质量

信息质量指第三方物流企业要保证按照合约提供给客户所需的相关信息的可得性和可靠性。这些信息包括各种查询、单据、报表和相关的文件，表现在网络覆盖率、信息及时准确率、信息共享程度、信息稳定性、信息保密性、意外情况反馈能力等方面。

3. 物流速度

物流速度由运输工具、物流响应时间及天气等因素决定。其中除了科学选择运输工具、做好天气预测外,应特别重视提高物流管理效率。物流响应时间是第三方物流企业提供各种服务的效率指标,贯穿服务提供的所有环节,包括运输效率指标、配送效率指标、仓储效率指标、搬运效率指标、流通加工效率指标、信息处理效率指标、客户服务效率指标等。

4. 订货完成质量

订货完成质量是衡量物流服务水平的重要指标,是对订单执行质量的衡量指标。但由于每次订货数量的不同,于是就产生了订单满足程度指标即订货完成率。订货完成率指企业能够满足的订货数量与总的订单的订货数量之比。对订货进行跟踪管理,是提高客户订货质量的根本保障。

5. 货品完好程度

第三方物流企业不对由生产过程决定的内在货品质量负责,但在提供物流服务的过程中需保证货品原有的质量不受损坏。货品完好程度反映货品损坏程度,贯穿服务提供的所有作业环节。保持商品的完好对于客户来说是很重要的。

6. 物流费用水平

物流费用指标即单位物流量的费用(元/吨),这一指标比同行业的平均水平低,说明运送相同吨位货物费用较低,则物流企业就有更高的物流效率,其物流管理水平、物流质量较高。

7. 差错处理

差错处理是指在提供的信息或货品出现错误后的处理,这些错误可能来自客户,也可能出自第三方物流企业本身,如订单执行错误、运费核算错误、送货地址错误等。对这类错误是否采取了妥当的处理方式将直接影响客户对物流服务质量的评价。

3.4.3 第三方物流企业客户服务质量评价指标体系的构建

物流客户服务质量评价指标体系是由相互联系、相互作用的若干要素组成的一个复杂系统。建立一套完整而全面的物流客户服务质量评价指标体系,要综合考虑各方面的因素,同时也要遵循一定的设计原则:物流客户服务质量评价指标体系是理论与实际相结合的产物,涉及众多的质量评价指标。这些指标要通过对研究对象的客观描述、抽象、概括得来,其定义要清晰、明确,同时对这些指标的评价也要符合客观实际,这样才能保证企业所建立的评价指标体系具有科学性。物流服务质量涉及物流服务的整个流程,不仅受内部因素的制约,同时也受外部环境的影响。因此,在建立物流客户服务质量评价指标体系时,应该在优化流程的基础上,采取系统设计、系统评价的原则,使所设计的指标体系能全面反映评价对象的情况。一个完善的评价指标体系,要分层指标与分类指标兼具,二者都要层次鲜明,逻辑关系明确。要使物流客户服务质量评价结果更具有客观性,需采用定性与定量相结合的方法。

第三方物流企业根据企业管理质量要求的不同，建立相应的物流客户服务质量评价指标体系和客户满意度管理体系，如果以交易过程为参照，物流客户服务可划分为交易前、交易中、交易后三个阶段，每个阶段交易要素内容存在差异，需要设立一些重要的二级指标，如表3-3所示。因为客户服务工作存在于物流运营服务体系的各个环节，任何不规范的操作都可能引发客户对服务的不满意。要建立起完善的物流客户服务保障体系、健全客户服务全过程的监督和考核机制，就必须通过建立相应的物流服务质量评价指标体系和客户满意度管理体系，全面提升物流服务的运行效率，并形成对客户抱怨的多层级快速响应机制，实现对每一宗客户投诉的快速处理、订单运作服务的高效处理，为客户提供优良、快捷的服务。

表 3-3 客户服务质量评价指标体系和客户满意度指标管理体系

一级指标	二级指标	指标说明
交易前评价指标	存货可得性、目标交付时间、信息沟通能力等	交易前评价指标反映了可能直接对物流服务能力造成影响的关键因素
交易中评价指标	作业完成情况、作业灵活性、物流作业速度与一致性	交易中评价指标反映了物流服务提供过程中影响客户服务质量的关键环节
交易后评价指标	票据及时性、退货或换货率	交易后评价指标反映了物流服务作业结束后一些可能影响客户服务质量的关键因素
客户满意度指标	客户忠诚度、客户投诉率、客户投诉处理时间等	客户满意度指标反映了客户对物流整体服务水平的评价

下面分析几个物流客户服务质量指标体系和客户满意度指标管理体系中需要重视的二级指标，如存货可得性指标、作业完成指标、作业灵活性指标、物流作业速度与一致性、客户忠诚度、客户投诉处理时间等几个重要指标，为继续建立三级评价指标提供依据。

1. 存货可得性指标

可得性指客户需要存货时所拥有的库存能力，实现可得性最普通的做法就是按预期的客户订货进行存货储备。物流服务的可得性体现了物流的综合特征，关系到企业是否具备实施与交货相关的所有业务活动的能力，同时还涉及企业向客户提供有关物流运作和物流状态等重要信息的问题。存货储备可分为两类：一类是取决于需求预测并用于支持可得性的基本储备；另一类是满足超过预测数的需求量并适应异常作业变化的安全储备。要高水准地实现存货可得性需进行大量精心策划，同时使存货储备和仓库设施维持在最低限度，对首选客户或核心客户实现高水准的存货可得性。仓库的地点、数目和存货政策是产品可得性高低的基本决定因素。一般来说，物流系统中的仓储设施数目越大，平均库存水平越高，支持产品可得性的能力就越强。可得性评价指标包括缺货频率、供应比率、订货完成率等。

1）缺货频率

缺货频率(stock out frequency)是指缺货将会发生的概率,该衡量方法用于表示一种产品是否能按需要装运交付给客户。当需求超过产品可得性时就会发生缺货。缺货频率就是用于衡量一种特定的产品需求超过其可得性的次数。将全部产品所有发生缺货的次数汇总起来,就可以反映一个物流公司实现其基本服务承诺的状况。尽管缺货频率指标并未涉及有些产品在可得性方面比其他产品更重要这一情况,但缺货频率是衡量存货可得性的起点。

2）供应比率

供应比率(fill rate)用于衡量需求满足程度和缺货程度。例如,一个客户订购 100 个单位货物,但企业只能满足 90 个单位,则订货的供应比率为 90%,缺货率为 10%。对于第三方物流企业而言,确认该商品是否缺货及缺货的数量,衡量缺货程度可以表现在企业对物流客户需求跟踪记录上。供应比率低并不一定使客户不满,客户也许会接受货物的延迟交付,甚至可能愿意对短缺的产品重新订货。显然,物流企业应该对至关重要的产品加以识别,保证重要的产品供应比率来满足客户期望,并应在客户需求的基础上提高供应比率。缺货比率和供货比率都取决于客户订货时间和要求。要能够有效地衡量供应比率,一般在评估程序中还要包括在一段特定的时间内对多个客户订货的存货可得性进行衡量。

3）订货完成率

订货完成率指客户订货可以得到完全满足的程度,或且可以 100% 完整运送到客户手中的比率。订货完成率是衡量厂商或第三方物流企业拥有一个客户所预定的全部存货时间的指标,以某一客户的全部订货作为衡量对象。订货完成率是一种最严格的衡量,因为它把存货的充分可得性看作是一种可接受的完成标准。假定其他各方面的完成为零缺陷,则订货完成率就为客户享受完美订货的服务提供了潜在时间。

2. 作业完成指标

在各种不同的物流作业中,第三方物流企业都应该设计出合理的作业指标,以便于进行正确评价和质量监管。如仓储管理中常用的作业质量操作,评价指标包括库存准确率、入库准确率、出库准确率、仓储破损率等。运输服务中常用的评价指标包括发货及时率、到货及时率、返单及时率、破损率、订单完成率、急单完成率等,其中订单完成率是订单交货水平的质量指标,体现出企业能够满足客户订单所要求的交货质量、时间、数量、品种的程度,用交货率表示,包括准时交货率、安全交货率、正确交货率、完全交货率四个交货指标。准时交货率反映物流企业在客户规定的时间内准时交货的情况;安全交货率反映物流企业按照客户规定的质量交货的情况;正确交货率反映物流企业按照客户规定的商品品种准确交货的情况;完全交货率反映物流企业按照客户规定数量交货的情况。这四个交货指标都为正指标,才能说明客户所有的订单完成了,而且比率越高越好。

在物流作业完成其他指标中,客户对工作人员的专业知识水平特别重视,常用的评价指标包括:在数据录入工作中的及时率、录入准确率等指标;进出口业务中的报关及时率、单证处理及时率、订单处理正确率等指标;费用结算评价指标中费用结算及时率、费用结算准确率等指标。此外,还包括工作人员能否友好、礼貌及主动帮助客户解决问题等要素指标,因此物流服务人员、工作人员要在服务态度、服务能力上积极努力提高服务水平,尽量使客户满意。

3. 作业灵活性指标

物流作业灵活性指客户服务系统处理异常的客户服务需求的能力。第三方物流企业的物流作业灵活性直接关系到在始料不及的环境下妥善处理问题的能力。改善物流作业流程,提高企业内部物流运作管理水平,增加作业的灵活性,才能提高物流客户服务质量。服务系统的灵活性评价,包括最低订货数量、特快发货或延迟发货的可能性、订货的方便和灵活性等。事实上,物流客户服务的精髓就在于灵活的物流管理能力中。其整体的物流客户服务能力取决于在适当满足关键客户的需求时所拥有的"随机应变"的能力。

4. 速度与一致性

速度与一致性相结合则可以使物流作业更具效率,它是创造物流作业中运输质量的必要条件,这是由物流中时间价值的重要性决定的。物流速度可以定义为:完成一项物流业务所消耗的时间长度,时间越短则速度越快,单位可取天、周、月、年,视具体事物而定。如以年为单位计量物流速度,则它的倒数就是以年周转次数表达的物流速度。这就要求在物流作业中合理分配和使用时间提高物流速度。速度是物流企业快速响应性能力,是指迅速应对客户提出的要求、询问,及时、灵活地处理客户的问题。其具体的质量指标包括订单的便利性、订单输入的效率等。快速响应要求企业具有流畅的信息沟通渠道和广泛的合作伙伴支持。快速响应性这部分的质量要素对企业得到客户、维持客户起着重要的作用。因此,该部分指标必须反映对客户需求的快速响应能力,以便企业管理人员时刻掌握服务质量的动态过程,及时处理相关问题,保证高服务水平。

一致性的问题是物流作业最基本的问题。一致性是指物流企业在众多的完成周期中按时递送的能力。运输的一致性指在若干次装运中履行某一特定的运次所需的时间与原定时间或与前几次运输所需时间的一致性。运输经理把一致性看作是高质量运输的最重要的特征,如果给定的一项运输服务第一次花费 2 天,第二次花费了 6 天,这种意想不到的变化就会产生严重的物流作业问题。如果运输缺乏一致性,就需要更多的安全储备存货,以防预料不到的服务故障。运输一致性会影响交易双方承担的存货义务和存货风险。

5. 客户忠诚度

客户忠诚度如今已被普遍理解为客户在对某一产品/服务的满意程度不断提高的基础上，重复购买以及向他人热情推荐的可能性的一种测量。客户忠诚包括行为忠诚（即重复购买）、意向忠诚（即向他人推荐）和情感忠诚（即对该组织或品牌其他产品和服务的购买）。物流客户服务的最终目标是保证客户对商品的利用可能性和培育客户忠诚度。

6. 客户投诉处理时间

客户投诉处理时间是从客户投诉开始到问题得到满意解决的时间。对于时间性的质量考评指标，企业必须制定合理的执行时间标准。对于物流服务而言，如果在服务过程中出现了失误，客户在标准执行时间的基础上最长可以接受的等待时间是有限的。因此，无论服务的推迟是源于什么原因，都将因客户的离去而大大影响利润水平。为了保证执行的标准时间最短，就必须在流程上和重要指标上加以严格控制，包括商品退货率、客户投诉次数、客户投诉平均处理时间。这些指标对提高客户满意程度和留住客户是非常重要的。

构建物流客户服务质量系统后第三方物流企业应定期对客户服务质量系统进行评价，以不断提升客户服务水平和企业经营效益。在评价中关键是调查并听取客户意见，调查客户对企业提供客户服务承诺的了解程度、客户对企业客户服务水平的感觉和评价，企业物流服务人员要有识别最重要的物流客户服务要素的能力，企业决策层要掌握客户服务水平控制体系运转的情况。针对客户服务质量评价结果，客户服务部门对现有公司物流设施水平、客户服务标准及物流客户服务质量系统提出改进意见，形成客户服务质量改进方案，并提交给公司主管人员审批，而后将审批通过的方案按责任落实到各部门，以实现客户服务质量全面改进的目标。所以，第三方物流企业要提高客户服务质量，最有效的方式是建立质量标准，建立物流服务质量指标体系。有了先进的物流服务质量指标体系，第三方物流企业就能找到差距和不足并努力寻求改进的措施，创造出适应第三方物流企业自身特点和客户需求的服务方式。

 本章小结

本章主要研究第三方物流客户服务内容及影响因素，并确定客户服务质量评价指标体系，对客户服务质量进行评价和管理。第三方物流客户服务水平的高低，既取决于客户的评价，也取决于客户的客户的评价。本章包括四部分内容：第一部分介绍客户服务概念、特征以及对第三方物流客户服务的理解，介绍第三方物流客户服务要素以及影响第三方物流客户服务的成功因素；第二部分介绍第三方物流客户服务质量指标以及如何建立第三方物流客户服务评价指标体系；第三部分主要是对第三方物流客户满意度的管理，从中可以了解物流客户投诉的原因以及掌握物流客户投诉处理技巧；最后一部分介绍物

流质量管理的内容和评价指标,为第三方物流企业建立一套物流客户服务质量评价体系,使客户服务流程更加规范化、制度化。

基本概念

客户服务;物流客户服务;可靠性;可得性;灵活性;客户满意;客户满意度指数;客户投诉;物流质量;一致性

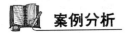

复习思考

1. 如何理解第三方物流客户服务?
2. 简述物流客户服务的特征和作用。
3. 谈谈影响第三方物流客户服务的成功因素。
4. 如何进行第三方物流客户满意度管理?
5. 怎样建立第三方物流客户服务质量评价指标体系?
6. 谈谈常见物流客户投诉的原因。
7. 如何处理物流客户投诉?

案例分析

佛山物流客户服务

佛山物流公司年营业收入达 1.2 亿元,管理的资产总额达 4.5 亿元,成为佛山物流业的旗帜企业。多年来,佛山物流都锁定食品物流这一块来经营,为多家企事业单位提供了先进、一流的物流一体化服务,积累了丰富的经验。其中最为成功的案例,就是为海天调味公司提供的仓储配送业务。佛山物流是唯一为海天味业提供物流一体化服务的合作伙伴。海天调味公司的产成品从生产线下来,直接通过大型拖车进入佛山物流的仓库。海天公司通过佛山物流信息系统跟踪货物库存信息、出入库管理、业务过程管理、运输监控。佛山物流信息系统能自动生成各种数据报表,与海天调味品公司实行实时信息共享,满足了海天调味品公司"安全、及时、准确"的配送要求,可以确保产品最优流入、保管、流出仓库。通过佛山物流仓储配送服务,海天调味品公司可以集中发展主业,将精力集中于生产上,增强了企业在该行业中的核心竞争力。通过佛山物流先进的物流信息管理系统,海天调味品公司可以快速、正确、简便地下单,确保配送计划、库存计划等的顺利完成。

在产品逐渐趋向无差异化的情形下,佛山物流公司的最佳做法就是凸显服务的差异。物流服务对于物流公司来说至关重要,这也正是佛山物流安身立命之所在。

2001 年佛山物流通过 ISO 9001 质量管理体系认证,这是对佛山优质服务的一种肯定。"优质的管理,优质的服务,优质的服务态度,这是佛山物流公司对客户的承诺"。该公司有一套很完整的管理细则和操作规范,并根据每一个客户个性化的要求,制定服务方针。有时候因客户原因造成的责任,他们也主动去解决问题,不会去推卸,不会去找理由。佛山物流不但关注直接客户的服务,而且也关注客户的客户,这对直接客户的业务会起到很关键的作用,也因为这一点客户都对佛山物流非常满意,其业务量也就多了起来。

(资料来源:中国物流与采购网,http://www.chinawuliu.com.cn/xsyj/200506/20/134186.shtml)

结合案例分析问题:

1. 如何理解客户服务和客户满意?
2. 从网上查阅佛山物流的资料,探讨影响佛山物流客户服务成功的因素。

第三方物流项目管理

 学习要点

1. 理解项目和项目管理的含义;
2. 掌握第三方项目管理的特征和过程;
3. 熟悉第三方物流项目招投标的相关策略;
4. 熟悉我国《合同法》中与第三方物流相关的条款;
5. 掌握第三方物流合同的特点;
6. 掌握第三方物流项目监控的内容和绩效管理的方法。

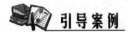 引导案例

长春春铁城市配送中心商业项目规划

一、项目背景

2013年9月,长春市被商务部确定为国家第二批15个物流配送试点城市之一。2014年启动了"712"城市物流共同配送试点工程(7个中心、1000个重要节点、2个平台),本项目是7个试点工程之一。2014年铁路总公司开始了物流化改革,本项目是铁路货场向物流中心转型的先试先行项目。

二、项目需求

项目位于长春市西南侧,紧邻102国道,属沈阳铁路局一资源枯竭的矿区,本项目规划总用地面积约为1100亩。经过初步分析,长春春铁城市配送中心要完成以下几个任务:

1. 成为沈阳局铁路物流示范园区,并初步建立沈阳局物流园区业务体系标准和建设标准;
2. 成为铁路物流与城市物流融合发展示范园区;
3. 成为全国智慧物流示范园区;

4. 探索新型铁路物流园区商业模式,并向全路推广。

三、项目实施

为保证项目建设的科学合理性与可行性,本着实事求是的原则,项目组进行了大量的基础调研工作。在对项目地块进行细致的考察、调研、分析基础上,还对周边物流园区进行了翔实的考察、调研和分析。对多家汽车物流企业、商贸物流企业、电商企业、冷链企业等相关单位逐一进行访谈,调研了当地规划局、经信委、商务局、物流协会。分析行业现状,了解地区、产业发展规划,为项目的分析提供依据。完成了市场及相关因素分析、项目发展定位、项目业务体系,确定了盈利模式、开发建设模式、运营模式,最终形成策划报告。

四、项目成果

1. 发展战略定位及发展目标

(1) 发展战略定位

其定位为:现代物流产业的长吉图承载区,铁路货运改革、货运站场向现代物流园区转型的先行先试区,城市共同配送及多式联运示范基地,东北三省汽车物流长春转运中心。

重点打造"两心、三区、一基地"战略格局,将长春大屯铁路物流基地发展成为长春货运中心新的经济带动点和利润增长点。

(2) 发展目标

长春大屯铁路物流基地的发展分为两个阶段:近期(2017—2020年)为资源整合和集中建设阶段,中远期(2021—2025年)为核心竞争力形成阶段、全面提升和成熟阶段。

2. 业务体系构建及盈利模式

项目确定了园区业务体系、运营业务和业务发展策略;详细分析了各项业务收入和盈利模式;测算了项目投资回报和风险,以及风险控制模式。

3. 开发建设实施步骤

本项目开发建设采取统一规划、分步实施,遵循先易后难、效益优先、模式先进的原则,分近期、中远期两个建设发展阶段进行开发建设。

(资料来源:中物协(北京)物流工程设计院,http://cledi.org.cn,2016-05-06)

4.1 第三方物流项目与项目管理概述

目前,项目管理在各个行业已经得到了广泛运用并迅速发展,物流服务管理大部分都是项目导向式管理。第三方物流企业实行项目管理是为了提高组织的灵活性,实现复杂问题的集中攻关,有利于提高客户的满意度,实现项目合作企业的共同发展。第三方物流企业通过对多个项目的叠加整合优化仓储资源、运输资源、设备及人员成本等,以便于获取更大的利润。

4.1.1 项目与项目管理的概念

1. 项目的概念

项目是指在一定时间、资源、环境等约束条件下,以一套独特的、相互联系的任务为前提,有效利用可获得的资源,在一定的时间进度要求和预算要求条件下,实现一个独特的目标和某个工作范围,并且让客户感到满意的过程。项目的含义是广泛的,新建一个水电站为工程建设项目,研究一个课题为科研项目,研制一项设备也可称为一个项目。在生产实践中到处可发现项目的存在。项目可以是一个组织中各个层次的任务或努力,也可以只涉及一个人或数万人。有的项目仅用很少的工时即可完成,而有的要成千上万工时。项目侧重于过程,是一个动态的概念,例如,我们可以把一条高速公路的建设过程视为项目,但不可以把高速公路本身称为项目。任何项目的设立都有其特定的目标,这种目标从广义的角度看,表现为预期的项目结束之后所形成的"产品"或"服务"。

2. 项目管理的概念和特征

1) 项目管理的概念

传统的项目管理起源于国防和建筑业,第一个项目案例是 20 世纪 40 年代美国研制原子弹的曼哈顿工程。现在项目管理的应用已十分普遍,项目管理已成为独立的学科体系,是现代管理学的重要分支。项目管理是指在一定的约束条件下,为达到项目的目标对项目所实施的计划、组织、协调和控制的过程。项目管理过程简单而言就是制定计划或流程,然后按照计划或流程工作,以实现项目目标,运用各种知识、技能方法与工具为满足或超越项目有关各方对项目的要求与期望所开展的各种管理活动。

2) 项目管理的特征

(1) 项目目标明确。项目管理的目标,就是在限定的时间、限定的资源和规定的质量标准范围内,高效率地实现项目法人规定的项目目标。每一个项目都有一个明确而具体的目标,即期望获得某个既定的结果或产品。一个项目的目标通常依照工作范围、工作成果要求、进度计划和成本来确定,项目需要运用各种资源来完成任务,项目资源包括人力资源、设备、原材料、工具、资金等,其中,对于第三方物流服务的项目,人力资源是最重要的项目资源,因为第三方物流服务项目,往往利用仓库、车队等物流资源,相比来说,拥有合适的人力资源是第三方物流服务项目成功的关键。

(2) 项目任务具有持续性。项目是通过完成一系列相互关联的任务来达到项目目标的,这一系列的任务或在时间上有前后承接的关系,或在时间上有并行运行的关系。这一系列的任务,如果在执行过程中有标准性、持续性等特征,就可以划分为一系列标准的业务流程。目前,在国内的第三方物流服务项目中,多数的项目是在合同期范围内提供一种持续的物流服务,有严格的时间要求,必须制定详细的计划书。

(3) 项目的时效性。一般来说,项目体是为满足特殊的任务而组建的,而特定的任务一般有时效性,对时间进度的控制特别严格,项目存续的时间便称为"项目生命周期"。

(4) 项目管理的独特性。项目管理不同于一般的生产企业运营管理,也不同于常规的政府和企业的管理内容,是一种完全不同任务的管理活动。每个项目都是一次性的,不同项目面对的环境都会不同,所以具有其特殊性,项目管理都需要专业性。一个项目越具有独特性,要建立一个具有相应技术搭配的团队就越难。项目的成功有赖于一群人作为一个团队来工作,一个项目团队的生命周期和项目的生命周期是相互联系的。

3) 项目成功的制约因素

项目目标的成功实现通常受 4 个因素的制约:工作范围、项目成本、项目进度计划和客户满意度。

(1) 项目范围。项目范围也称为工作范围,就是为实现项目目标而必须做的所有工作的总称。物流服务"工作范围"详细描述了有关货物的物理特征,所有装卸搬运和运输需求、运输方式、信息流和物流过程中的每一个细节。这一"范围"应由物流服务的使用者和提供者及双方提供服务功能领域的代表共同研究。第一次合作时,这个"范围"特别重要,没有它,物流服务提供者对要求干什么就没有明确的定义,而物流服务的使用者也不清楚支付的是什么服务费用。

(2) 项目成本。项目成本是为一个项目交付物所支付的款项,第三方物流服务项目成本以预算为基础。目前,国内的第三方物流服务项目一般采用招标方式获得,其成本项一般包括项目管理费用、进出口报关费用、运输费用、仓储费用等多项内容,构成了第三方物流服务项目的成本,而对于第三方物流服务供应商而言,这也是其利润的来源。

(3) 项目进度计划。项目进度计划是每项项目活动从开始到结束时间的具体的进度安排,项目目标通常依据客户与执行工作的个人或组织商定的具体日期,规定项目范围必须完成的时间。从项目洽谈开始,到项目正式运行的一段时间,对进度计划要求很高,因此,一般在 3PL 项目洽谈时,都要向客户提供项目计划书,项目计划书对项目的进度安排、项目的阶段目标以及资源安排、考核标准等都进行了严谨的、科学的规划。

(4) 客户满意度。项目经理的责任就是确保客户满意,这一点在第三方物流服务项目中尤为重要。确保客户满意,不仅仅是按时、按预算完成项目工作范围,或仅仅是在项目完成时询问客户是否满意,更重要的是在项目实施期间与客户保持良好的沟通,使客户知晓项目的进展情况,以便决定是否改变期望。项目经理是某一项目的负责人,负责项目的组织、计划及实施过程,以保证项目目标的成功与实现,项目经理在项目管理中起着关键性作用,是项目小组的灵魂,是实施项目管理的核心。

4.1.2 物流项目及管理要点

1. 物流项目及其类型

物流项目是指为实现某一特定的物流目标而设定的一系列任务。物流项目管理是指在物流项目活动中,运用相关知识、技能、工具和技术,以实现物流项目的目标。物流项目主要可以分为两大类:物流工程项目和物流服务项目。而本书所称的物流项目本质上就是物流服务项目,物流项目有多种分类。

(1)按项目的主要内容,分为仓储项目、配送项目、物流信息系统项目、流通加工项目等。

(2)按客户类型,分为企业物流项目、社会物流项目。

(3)按物流涉及的区域,分为全球物流项目、洲际物流项目、国际物流项目、国内物流项目、城际物流项目、市内物流项目。

(4)按物流对象,分为一般货物物流项目、特种货物物流项目、液态货物物流项目、散货物流项目等。

(5)按物流实施主体与物流项目的关系,分为自营物流项目、第三方物流项目、物流咨询项目。

(6)按层次,分为宏观项目、中观项目和微观项目。宏观项目一般指战略性项目,时间长、跨度大、范围广,多为项目实施的政策体系,如国家"一带一路"项目,为国家战略;中观项目从战术上考虑问题,研究的范围要小,主要是制定战略实施的相关策略与方案,如从一个地区、一个行业出发来实施"一带一路"战略;微观项目解决某一时段、某一作业环节的细节问题,往往与物流企业的生产经营活动相联系。

2. 物流项目管理的要点

物流项目组织是项目管理的保证,是项目管理的基本条件。第三方物流项目运行前,必须先成立项目管理组织,并制定一个基准计划(也称为项目规划),这一计划工作包括以下要点。

(1)清晰定义项目目标。物流项目目标就是定义客户需求,以及为满足客户需求而需要做的工作。这一目标必须是客户方和项目执行方达成一致,并且写入合同条款的,在第三方物流项目中,项目目标一般就是为客户提供一定范围内的物流服务。

(2)划分项目工作范围。对项目工作范围进行分解,将项目工作范围分解为工作包(work packages)、工作分析结构(work breakdown structure,WBS),就是在项目运行期间,项目团队实现项目的工作单元或项目等级树。工作分析结构通常针对每一个工作包确认组织或个人职责。在第三方物流服务项目中,工作包主要指单项的物流服务,包括仓储、进出口报关、配送等。

(3)界定工作包的活动内容。为了实现项目目标,必须界定对应每一个工作包必须执行的活动内容。在第三方物流服务项目中,就是界定单项的物流服务所包括的具体活动。

(4)以网络图或流程图的形式描述活动。以网络图的形式来描述项目活动间的必要次序和相互依赖性,这适合对时间进度要求比较严格的一次性项目,项目活动之间存在比较严格的逻辑关系。

(5)项目活动时间和资源的估计。对每一项项目活动需要花费的时间进行估计,并确认每项活动需要花费哪些资源,每一类资源的数量是多少,才能在预计的时间内完成项目。以网络图或流程图为基础,进行项目资源的配置,以利用有限的资源来达到项目目标。项目管理的一个重要的挑战就是如何利用合理的、尽可能少的资源来实现项目目标。

(6)项目成本预算。为每一项项目活动进行成本预算,成本预算基于项目活动所需要的资源及数量而定。成本预算的目的就是确保项目总成本能够在合同要求的范围之内,如果总成本超过合同要求的范围,就需要修改项目计划,或者增加项目成本预算,否则就可能造成不能完成项目目标。

(7)项目进度计划。明确每项项目活动开始和结束的日期,在每个时间段内所需要的各种资源的数量,各个时期的预算和从项目开始的各个时期的累计预算;目的在于确定项目能否在预定的时间内、既定的资金及其一定的资源条件下完成。如无法完成,应该采取哪些措施调整以适应项目工作,如调整工作范围、活动时间,或重新进行资源分配,直到建立一个可行的、现实的基准计划。

(8)项目运行监控。建立项目基准计划后,就开始执行,包括计划执行和控制工作,使项目工作在预算内、按照进度执行。项目开始后的监控过程,包括实际运行情况的测量,并与计划的情况相比较,在项目的运行过程中,如果项目活动背离了计划,必须采取纠正措施,以使项目的运行回到正常运行的轨道上来。

4.1.3 第三方物流项目管理的特征

第三方物流项目是第三方物流企业为实现特定目标而做的一种努力,而工商企业购买物流服务项目的过程实际就是物流外包的过程。

1. 第三方物流项目管理的定义

第三方物流项目是第三方物流企业为实现既定的目标,在一定的时间、人员和其他资源的约束下,为创造和提供特定的物流服务而开展的一种具有独特性、一次性的活动,是第三方物流企业为了满足客户综合性物流服务需求而组建的一种组织结构形式。第三方物流项目管理是指管理者为了实现其目标,按照客观规律的要求,运用系统工程的观点、理论和方法,对第三方物流项目发展周期中的各阶段工作进行计划、组织、控制、沟通和激励,以取得良好效益的各项活动的总称。第三方物流项目从项目开始到持续运行期间,最重要的是进度控制,而项目持续运行到项目结束阶段,最重要的是流程控制。

2. 第三方物流项目管理的特性

第三方物流项目除了具有一般项目涉及面广、变动性大、风险较大等特点外,其项目管理还具有以下独特之处。

1) 项目管理队伍专业化

由于物流项目涉及范围广,除项目技术性内容外,在项目策划与设计中,还会运用经济、法律、商贸等多方面的专业知识。因此,项目团队中不仅需要有经验丰富的项目管理人员,还需要有熟悉业务的技术人员和具备相关财务和法律知识的专业人士。一专多能的复合型人才是物流项目管理最合适的人才。无论客户是生产型企业或者商贸型企业,还是提供物流服务的物流供应商,为了保证物流项目的顺利展开,并达到预期的目标,必须拥有一支专业的项目管理队伍,这是物流项目管理必不可少的人力资源基础。

2) 项目管理需求个性化

物流项目一般都需要根据客户的特殊要求进行设计和执行。由于物流项目要素组成的多样性,每一个物流项目都是以前不曾遇到过的问题,需要专门设计项目管理的程序或方法,因而充满着挑战,这也是对物流项目管理人员的考验。

3) 项目管理结束人为化

物流项目一般必须经过操作实践才能证明项目的效果。界定物流项目结束有时较为困难,特别是当项目执行中,项目组的成员以及外界环境已发生了较大的变化,或者项目组无论做何努力,项目的成功也希望渺茫时,需要项目参与人员与各方组织人为地界定项目结束的标志,以防止无休止的项目出现。

4) 项目管理控制全程化

由于物流项目结果存在着较大的不确定性,从而造成物流项目的投资风险较高,特别是有固定资产投入的物流中心、物流信息系统等项目,在追求物流高收益的同时,也伴随着项目失败的高风险。因此,需要加强项目的进度控制和监督,实现项目管理过程的全程控制,以保证项目按预定的目标推进。建立风险预警机制,当项目出现偏差时,及时提醒项目管理者,进行调整或者结束此项目,以减少项目带来的损失。

4.1.4 第三方物流项目管理的过程

第三方物流项目管理是有步骤、分阶段实施物流活动的工作过程,具体过程如下:

1. 需求识别阶段

项目需求分析是项目流程的第一步,是物流项目的重要环节,不能简化和省去。有些物流企业在获取一个物流项目的同时就匆忙地报价,而不去做科学、详尽的全面分析,最终造成对物流项目判断失误。物流项目报价越早,死亡得就越早。招标性的物流项目也不能太急于报价,也要给物流企业充分的时间去做报价体系的分析和整合。

1) 物流项目信息的来源

第三方物流企业要生存发展,必须获取更多让企业盈利的物流项目。第三方物流企业接受客户委托,根据客户提出的要求完成物流项目。由于目前在国内还没有形成比较成熟的物流项目交易市场,因此,各种物流服务项目信息的来源比较混乱。目前在国内第三方物流服务项目信息来源于以下三种情况。

首先,物流项目信息来源于参与物流服务项目招投标。部分有需求的工商企业会在网络、报纸等相关媒体登载其需要第三方物流项目的信息;有些有需求的工商企业会主动发送招标邀请函,这类工商企业因为有第三方物流服务的需求,会通过许多途径了解国内第三方物流供应商的情况,然后选择可能成为其供应商的企业,发送招标邀请函;还有许多客户宁愿通过寻找在实际物流项目管理中表现优异的第三方物流服务供应商,而不愿意在媒体上面登载广告寻找供应商。大型跨国企业或国有企业,在选择物流合作伙伴时,都会采用物流招标的形式。

其次,物流项目信息来源于客户企业物流服务需求。物流企业根据客户要求,向外寻求供应商、代理商、分销商,同时又向客户提供相应的仓储、运输、包装等服务,为客户代理采购并设计物流服务计划。该方式往往是从事第三方物流服务的企业通过与固定客户(通常是连锁企业)建立稳定的契约关系,以物流企业名义与生产厂商建立广泛的商品关系,然后第三方物流企业和终端客户建立长期合作联盟。这种经营模式是第三方物流的高级业态。

最后,物流项目信息来源于项目市场开发获取的项目。项目开发就是通过项目运行获取客户的延伸服务,或者客户的客户的项目。通过项目开发来获取项目是目前国内最普遍的做法。如某项目原来只是向客户提供仓储服务、进出口报关、国内配送等服务。项目客户的客户也可能需要物流服务,通过项目客户的介绍,以及客户实地观测了解的结果,他们一般会对一个成功运行的项目更加认同,这样的项目更易获取。

2) 物流项目调研

为满足客户企业的物流需求,第三方物流企业会进行深入的调查研究,分析客户企业的物流现状和物流运作模式,根据企业的条件和自身的物流服务优势,找出客户企业物流运作中存在的问题,逐渐形成合理解决企业物流问题的框架。然后,再分环节地深入剖析客户企业的物流活动,使物流解决方案逐渐明朗化。最后通过科学论证,形成一套完整的客户物流解决方案。在通过客户企业资质审核以后,客户会要求提供项目计划书。一般来说,项目调研主要是为了获得以下资料:

(1) 客户的基本情况,包括客户的产品情况、生产情况或销售情况等;

(2) 客户目前的物流运行模式,包括目前的物流业务运作流程、客户拥有的物流资源及其分布情况、物流成本构成情况、订货周期及订货满足率等情况、网络节点的存货水平及控制方法、信息系统的情况、物流管理人员的数量及素质等。

(3) 客户的需求情况,包括对现有物流服务的不满意之处及原因、客户期望的服务水平、客户关注的服务要素及评估标准等。

项目调研一般需要进行多次,因为每次获取的资料可能不完整,在项目调研的过程中可能会遇到各种各样的阻力,阻力主要来自客户自有的问题或客户现有的第三方物流供应商的问题,因此,在项目调研过程中,需要对阻力进行充分的估计并采取积极有效的沟通方式,并且需要做好项目调研前的联系工作。项目调研对项目定义范围的现状进行客观、真实、详尽的调查了解,系统地搜集与项目相关的信息。

3) 物流项目前期策划工作

物流项目前期策划工作主要包括计划方案、资源计划、成本预算等方面工作,设计多个方案并从各种备选方案中选择最好的方案,以实现所承担的第三方物流项目目标。项目目标应由项目发起人或受益人确定,通过对项目目标的书面说明形成项目的定义,划定项目要素构成和界限。对于认可的项目,则需要编制项目建议书,上报主管部门。针对项目目标,提出可实施的方案,并对各比较方案进行全面的技术、经济论证和可行性研究。可行性研究的结果必须明确此项目的实施能否实现项目目标,哪一个方案是最佳方案,对比每个方案的利弊,根据项目的投资规模大小和实施的年限长短为项目的最终决策提供依据。

4) 物流项目团队组建

项目组织结构一般属于矩阵制组织结构,项目人员一般由企业部门抽调,或者从其他项目体抽调,或者从外招聘。项目体的组建并不是一步到位,而且项目人员的组成也是变化的,并非一成不变,应该依据项目进展来确定。在项目初期,项目人员主要由企业市场部人员、财务人员、项目管理部人员构成。其中,起主要作用的应该是市场部人员,市场部人员进行项目洽谈、进行项目调研并编写项目建议书,财务人员辅助市场部人员进行项目投标;待项目进入初期阶段,市场部人员逐渐退出,由项目管理人员会同企业项目管理部门人员共同制定具体的项目解决方案,企业财务部门的人员也会参与项目合同的签订过程。

5) 物流项目合同书

第三方物流项目合同书是客户和物流服务供应商之间签订的,合同规定了双方的权利和义务,以及客户为服务支付的费用等,同时还对合同变更的条件进行规定。如果第三方物流合同有不完善的地方,在具体的实践过程中,就容易出现纠纷。因此,对于项目运行过程中出现的纠纷,需要双方协商解决。特别是在客户要求变更服务内容时,合同的内容需要进行修改,或者签订新的合同,项目合同签下来只是物流项目成功的第一步。物流是服务行业,物流项目的合同签署少则一年,多则几年,这是一个连续的服务过程,后期对项目的管理和控制就显得更为重要。

2. 执行解决方案阶段

物流项目解决方案设计完成后,就实施执行过程。解决方案的执行过程实际分成两个阶段。第一个阶段就是物流流程运行的初级阶段,该阶段主要是处理物流流程运行过程中可能出现的各种问题,最终的目的就是使物流流程能够稳定运行。执行过程中,肯定会出现一些流程衔接、与客户方的配合、系统故障等许多事先没有预料到的问题,这时,就需要针对问题进行处理,必要时要修改流程。第二个阶段就是持续改进阶段,物流流程运行稳定后,客户与项目就进入到正常的工作状态。其中最重要的就是项目进度管理。项目进度管理又称为项目时间管理或项目工期管理,它采用科学的方法确定项目进度目标,编制项目进度计划和资源供应计划,控制项目进程,并在与质量、费用、目标协调的基础上,实现预定的工期目标。项目进度管理包括确保项目准时完工所必需的一系列管理的过程和活动,主要内容有:

(1) 界定和确认项目活动的具体内容,明确每项活动的职责;
(2) 确定项目活动的排序;
(3) 估算每项活动所需的时间和资源;
(4) 制定项目计划和预算;
(5) 项目进度的跟踪与控制。

3. 项目结束阶段

如果项目合同到期,双方续签合同不能达成协议,或者某个终止项目合同的因素出现时,项目就进入到结束阶段。项目结束阶段的工作主要有:项目交接工作,指同客户的下一任服务供应商的工作交接,包括客户物料的交接,客户系统的交接,客户物流资源和场地、办公场所的交接等。此外,项目经理还应该对项目过程作成总结报告,上报企业管理层。制定一个第三方物流项目或项目阶段移交的文件,对第三方物流项目或项目阶段正式移交,进而使第三方物流项目顺利结束。

4.2 第三方物流项目的洽谈和招投标

第三方物流服务项目的洽谈实践中,作为第三方物流服务的需求方,出于需要,一般会同时选择一个或多个第三方物流服务供应方进行洽谈,在比较中决定最终合作方;而作为第三方物流服务的供应方一般为了争取与需求方的合作机会,亦会同时考虑需求方对物流服务的需求,从满足需求方要求的角度选择一个或多个方案进行洽谈。

4.2.1 第三方物流项目的洽谈

在第三方物流服务项目进行洽谈前,虽然供需双方在洽谈中所处的角度和地位不同,但对提供物流服务或采购物流服务的双方来说,洽谈环节都是至关重要的,关系到双方企业未来的发展方向甚至企业的命运,供需双方都应做好周密、系统的洽谈准备,洽谈准备被实践证明是至关重要的工作。对于第三方物流企业来说,企业的经营范围、企业的优势、能为客户解决哪些问题、能否实现客户期望的目标等很多信息的提供尤为重要。

首先,第三方物流企业作为第三方物流服务供应方应该了解物流服务需求方的基本情况,应组织多个部门人员帮助洽谈人员获取客户必要的信息,然后在进行物流项目洽谈前,做出有重点的准备与策划,制定切实可行的洽谈方案。第三方物流服务供应方需要掌握以下五个方面的基本情况:

(1) 产品生产规模;
(2) 产品生产供应对象、销售范围;
(3) 客户企业的经营理念和文化背景;
(4) 采购供应、生产制造、成品销售的模式与特点;
(5) 选择第三方物流服务的动因及服务要求。

其次,确定参与洽谈的人员,制定洽谈策略。参加第三方物流服务项目洽谈,通常是以第三方物流服务供应方所属的市场或业务部门的人员为主体,这些部门的人员一般业务素质较高,管理协调能力较强,但是根据物流服务项目洽谈的实际需要,要区别情况,要明确主谈人和协谈人。主谈人可以是部门主管,也可以是物流总监或经理,协谈人可以是其他部门人员。洽谈策略的主要内容是参加项目洽谈人员要着重研究解决的问题。根据经验,制定洽谈策略,可从以下几方面进行:

(1) 权衡和对比竞争对手状况,重点突出自己的强项和优势;
(2) 研究差异化的服务战略,贴近需求方的个性化特点;
(3) 运用成功和有代表性的物流服务典型实例进行推荐;
(4) 坚持诚信承诺的原则,不故意夸大能力,不随意贬低他人;
(5) 善于从满足客户需求角度重点切入,引起需求方的重视和兴趣;
(6) 阐述物流管理与经营理念。

4.2.2 第三方物流项目的招投标

随着物流市场的成熟,物流需求方越来越多地采用招标方式确定物流服务的提供商,第三方物流企业已经有能力根据招标人的招标书和客户的要求,自己组织或者通过聘请代理或顾问进行合理的投标,编制完备的物流项目投标书。

1. 招投标是物流企业获取物流服务项目的必要方法之一

招投标是招标与投标的简称,招标和投标是一种商品交易行为,是交易过程的两个方面。招投标是在市场经济条件下,进行大宗货物的买卖、工程建设项目的发包与承包以及服务项目的采购与提供时,所采取的一种交易方式。

第三方物流项目招标就是招标人（或第三方物流服务需求方）在购买第三方物流服务前，按照公布的招标条件，公开或书面邀请投标人（或第三方物流服务提供方）在接受招标文件要求的前提下前来投标，以便招标人从中择优选择的一种交易行为。招标文件是招标和投标活动中最重要的法律文件。招标文件中不仅规定了完整的招标程序，而且还提出了各项具体的技术标准和交易条件，规定了拟订立合同的主要内容。招标文件是投标人准备投标文件和参加投标的依据，是评审委员会评标的依据，也是拟订合同的基础。因此，招标人应当根据招标项目的特点和需要编制招标文件。招标文件应当包括招标项目的技术要求、投标报价要求、评标标准等所有实质性要求和条件，以及拟签订合同的主要条款。

招标人是指具有民事权利能力和民事行为能力并依法享有民事权利和承担民事义务，包括具备对招标要约有响应能力和承担能力的法人或者其他组织。这里有两层意思，首先，招标人是提出招标项目、进行招标的人；其次，法人或其他组织可以作为招标人，自然人不能成为招标人。据此，物流项目的招标人通常是该服务项目的需求者或需求者委托的专业招标机构。而投标人则是经合法批准成立，依法登记并领取了营业执照，有一定的组织机构和财产，响应招标要约及物流服务的供给者。

2. 招投标的基本方式

（1）按竞争和开放程度不同，招标分为公开招标和邀请招标两种方式。

根据《中华人民共和国招标投标法》，公开招标也称为无限竞争性招标，是指招标人以招标公告的方式告知不特定的法人或者其他组织，在报刊、网络、其他媒体上广泛地刊登招标广告，并在符合条件的投标人中择优选择中标人的一种招标方式。邀请招标是指招标人以投标邀请书的方式邀请特定的法人或者其他组织投标，属于有限竞争性招标，也称选择性招标。邀请招标适用于因涉及国家安全、国家秘密、商业机密，施工工期或货物供应周期紧迫，受自然、地域、环境等条件限制而无法公开招标的项目，或者受项目技术复杂和特殊要求限制，且事先已经明确知道只有少数特定的潜在投标人可以响应投标的项目，或者招标项目较小只有少量几家潜在投标人可供选择的情况。

（2）按照招标方法和手段分为两阶段招标、框架协议招标和电子招标。

① 两阶段招标。它适用于一些技术设计方案或技术要求不确定或一些技术标准、规格要求难以描述确定的招标项目。第一阶段招标，从投标方案中优选技术设计方案，确定统一的技术标准、规格和要求；第二阶段按照统一确定的设计方案或技术标准，组织项目最终招标和投标报价。

② 框架协议招标。它适合于重复使用规格、型号、技术标准与要求相同的货物或服务，特别适合于一个招标人下多个实施主体采用集中统一招标的项目。招标人通过招标对货物或服务形成统一采购框架协议，一般只约定采购单价，而不约定标的数量和总价，各采购实施主体按照采购框架协议分别与中标人分批签订和履行采购合同。

③ 电子招标。就是在计算机和网络上完成招投标的整个过程,亦即在线完成招标、投标、开标、评标、定标等全部活动。它与依托纸质文件开展的招投标活动并无本质上的区别,与纸质招标相比,将极大地提高招标效率,符合节能减排要求,降低招投标费用,有利于突破传统的招标投标组织实施和管理模式,促进招投标监督方式的改革完善,规范招投标秩序,预防和治理腐败交易现象。为了规范电子招投标活动,促进电子招投标健康发展,国家发展改革委、工业和信息化部、监察部、住房城乡建设部、交通运输部、水利部、商务部联合制定了《电子招标投标办法》及相关附件,自2013年5月1日起实行。

(3) 按照标的物来源地可以将招标划分为国内招标、国际招标。国际招标文件的编制应遵循国际贸易准则、惯例。

3. 第三方物流企业参与竞标前的准备工作

目前,在物流项目的招标、投标中,公开招标的项目不多,大多数为邀请招标,但第三方物流企业应对两种招标方式都有足够的策划准备。物流企业综合分析做出投标决定后进入投标准备阶段,并严格按照招标书的时间要求,确定投标活动的时间表,并制定投标工作计划。

(1) 组织物流项目投标小组。投标小组以物流企业的物流部成员为主,抽调企业有物流服务经验、有进行物流方案策划和设计能力的各种人员组成技术完备的投标团队。

(2) 收集招标企业的资料,认真学习和了解招标企业的状况,包括产品类型和特点、市场状况以及物流服务的历史,掌握招标企业的组织结构和未来企业发展态势。

(3) 研究招标企业的招标意向书,编制物流项目建议书。物流项目建议书是在接到招标意向书之后和正式招标书之前,在分析招标企业的概况后做出的向招标方应标的一种表示方法。同时,也是本企业自我介绍和宣传自己物流服务能力的机会。

(4) 做好迎接招标组来本企业考察的工作准备,包括举行座谈会、制作PPT演示稿、介绍本企业的物流服务优势,参观本企业仓库、车队,高层领导接见,等等。

(5) 认真研究招标文件,分析招标内容,提出招标文件中的质疑问题,并做好询标。分解招标内容,组成各内容工作小组,编制投标文件,确定中标后项目实施的资源、人力以及费用等,进行投资效益分析、可行性分析等。

4. 第三方物流项目投标的基本步骤

招标方会对各个投标企业进行资格审查,了解企业的规模和业务种类、物流服务经验,参观仓库和仓库保管水平,了解运输方式以及自有车队数量和运输监控能力以及物流信息管理水平等。审查合格后选定参加投标的物流企业并签订保密协议,即对招标方为对方制作投标书而提供的产品数据、客户数量以及销售渠道等资料保密,并只能用于制作投标书。在取得投标单位的保密承诺后,招标方须向投标方发出正式物流服务项目的招标书。物流企业接受招标书后正式进入投标阶段,在投标小组的计划和领导下,有步骤、有节奏地按照招标书的要求参与投标活动。投标小组召开各种会议，明确目标，做好内部分工，制定详细的工作时间计划。工作内容如下：

（1）仔细地分析研究招标书的内容，这是投标成功的基础。对招标书中不清楚、不明白或有问题的地方，全部认真记录下来，一一列明。然后有计划地与招标方进行讨论，讨论结果由招标方确认，作为招标过程的支持文件。

（2）精心编写投标文件。投标文件是投标活动中最核心、关键性的文件，投标书不但是一个完整的物流服务方案，而且是招标方是否发标的依据。

（3）将投标书精心装订成册，在指定时间内，截止时间前，派人亲自将投标书送到招标人手中。

（4）有计划地向招标方介绍物流企业的物流服务水平，为完成物流服务而选择仓库、库房布置设计、仓库改造计划等工作应反复征求对方意见，按对方意见修正仓库改造计划。

（5）精心准备投标答辩。对招标方可能提出的问题做好回答准备。在答辩会上，进一步展示投标方各种合理化建议，以及提高服务质量、降低物流服务成本的措施。

（6）在接到中标通知书后，做好签订合同的准备，并就合同细节与招标方进行谈判。如提出物流服务的具体实施计划，包括项目实施的时间表、实施的具体内容、人力资源和其他资源的调度、资金和费用的预算等，并与物流客户交流。

（7）提出采购社会物流资源计划，包括对外实行分包、选择分包商等，并与分包商签订分包合同。

（8）组织物流运作团队。选择忠于企业、忠于职守、有一定物流运作经验的人组成物流项目运作团队。招聘新职工，进行岗位培训，购置必要设备。在接手对方物流服务之前，制定岗位手册、规章制度等，确定现代物流企业管理模式。在与物流运作团队工作一段时间后，物流投标小组全部工作结束。投标小组解散，物流服务交给物流运作团队。

5．第三方物流项目投标成功的策略

第三方物流项目招标的程序与其他项目招标流程相似，一般包括：发布招标公告、编制和发放招标文件、接受投标文件、开标、评标、定标、签订合同等。为了取得投标胜利，除了按照上述正常的投标过程工作外，还应针对不同的物流服务内容和竞标对手，采取不同的投标策略。

（1）掌握招标方的物流服务需求特点，提供多种物流服务方案以满足招标方的特殊需要。如在运输配送物流服务中，可提出各种联运方案并与之讨论，供招标方选择。

（2）分析竞标对手的优势和劣势，掌握竞争对手的投标动向。以自己的优势抗衡竞争对手的优势，以自己的长处对应竞争对手的劣势，或提前行动、先入为主展示自己的优势，使自己在竞标中占主动地位。

（3）与招标方建立密切联系，认真对待招投标中的每一次活动，最大限度取得招标方的信任。

（4）树立全心全意为客户服务、一切以客户需求为中心的理念。在投标活动中，一定要站在招标方的立场上，看待自己的每一项方案和建议。尤其是当你设计的提高服务质量而降低物流服务成本的建议可能对自己不利的时候，提不提出这个建议，是检验投标方是否能真正为客户着想的具有新的物流服务理念的标准。

（5）提出灵活的报价方式。在与对方交流价格时，提出几种价格方案。由于价格不同，服务质量也有所区别，由客户选择既能满足服务质量需求，又较为合理的价格。同时，应该承诺每年以一定的百分比降低物流服务成本。因为，在开始一年，由于服务技术不成熟和对产品不太熟悉，会产生格外的成本。随着时间的推移，对产品特性的熟悉和服务技术的成熟，又加上客户的产量在不断增加，降低成本是理所当然的。由投标方主动提出，表示出合作的诚意，会使自己中标的概率加大。

（6）高层领导的交流和沟通。在投标期间，应安排物流企业高层领导与招标方领导会谈，介绍本企业的实力和发展前景，显示出对投标的重视，并在招标方高层中留下深刻印象。

小资料 4.1

第三方物流招标公告

一、招标名称：第三方物流项目

二、招标背景：吉利集团慈溪基地《吉利集团"帝豪"汽车技术改造项目》建设需要，欢迎有实力的企业参与此次招标活动。

三、招标内容：吉利集团慈溪基地拟将其总装车间外协零部件的接收、保管及配送业务进行外包（含物流方案设计）。

四、合格投标人的条件

1. 在中国境内注册，有独立法人资格和承担民事责任的能力，注册资金不少于1000万元人民币。

2. 允许在中国注册的外国独资或中外合资、合作企业和国外企业参加投标。

3. 遵守中华人民共和国有关法律、法规和条例。

4. 具备国家承认的物流企业相关资质和经营范围。

5. 从业经验5年以上，成功承接国内前10位汽车企业物流相关业务，具备2家以上已批量生产的整车企业物流操作经验（投标时须提供合同复印件，放在资质证明内）。

6. 近年来有较好业绩且无不良商业行为。

7. 具有良好的商业信誉和健全的财务会计制度。

五、报名要求

1. 请投标单位将详细的企业介绍资料（企业名称及简介、行业经验及成功案例，以及年检合格的营业执照和税务登记证的扫描文件），以电子邮件的形式反馈给我企业进行资格预审。资格预审通过后，再按我企业的通知要求购买《招标文件》。

2. 凡有意向的合格投标人，可于 2010 年 7 月 26 日起向我企业咨询并办理《招标文件》购买事宜。《招标文件》工本费人民币 300 元/本，文件售出后一概不退。

3. 在递交投标文件前需交纳招标文件中规定数额的投标保证金，投标保证金的处理按招标文件的规定，保证金金额为贰拾万圆整。

4. 投标文件递交截止和开标时间在 8 月份，具体时间待定。开标地点：宁波市经济技术开发区（北仑区新矸镇）恒山东路 1528 号浙江吉利汽车有限企业办公大楼三楼采购部会议室。

六、招标机构

招标单位：　　　　　　地　　址：　　　　　　邮　　编：
开户银行：　　　　　　户　　名：　　　　　　账　　号：
联系方式：

（资料来源：中国采招网，http://www.bidcenter.com.cn，2010-7-26）

4.3　第三方物流项目的合同管理

物流合同既是物流项目开发最终确定的结果，也是物流项目实施过程中对照执行的依据，更是解决项目纠纷的主要依据。经过了招投标谈判，双方决定开始第三方物流项目合作后，就需要签订第三方物流服务合同了。物流行业发展过程中，物流服务的提供者与使用者在有关投资、承诺、退出合同的自由、保险等方面往往会产生一些合同范本，当然第三方物流合同首先必须遵守《中华人民共和国合同法》中有关运输与仓储的条款，物流企业可以结合当地的法律与竞争环境，及提供物流服务的种类、客户的要求等因素，在实际签订合同时，参考应用有关条款，违背《中华人民共和国合同法》内容的合同是不受法律保护的。

4.3.1　第三方物流合同的概念和特点

合同是确定物流企业与客户之间权利、义务关系的最重要的法律文本。第三方物流的一个重要特点就是物流服务关系合同化，通过第三方物流合同的形式来规范物流经营者和物流需求者之间的关系。物流经营者根据合同的要求，提供多功能、全方位、一体化的物流服务并依照合同来管理其提供的所有物流服务活动及过程。

1. 第三方物流合同的含义

第三方物流服务需求方与第三方物流企业经过协商后，在双方认可的基础上，签订相关的协议，用以明确双方的责任、权利和义务，规范双方的行为，这份协议即为第三方物流合同。合同是由订立合同的双方在特定条件下对商定事件的文字形式的记录，只要是没有违反法律，没有自我矛盾的合同条文，同时是双方自愿订立、没有伤及第三人利益，而且订立合同的一方或双方没有出于欺骗目的，合同就是有效的、受法律保护的。

第三方物流合同的主体相对较为复杂，特别是物流活动的实际履行者。物流服务需求者和提供者是第三方物流合同的基本主体，这毋庸置疑，但物流服务提供者有时会把海运、陆运、通关、仓储、装卸等环节的一部分或全部业务分包给他人，委托他们完成相关业务，使其参与物流合同的实际履行中，如运输企业、港口作业企业、仓储企业、加工企业等，所以物流合同的实际履行方也成为第三方物流法律关系不可或缺的主体。

2. 第三方物流服务合同的特点

1) 第三方物流服务合同是双务、有偿合同

第三方物流合同中第三方物流经营人负责验收货物数量，查验货物表面是否完好，为物流需求方提供仓储、运输、配送、流通加工、物流管理方案设计等服务；第三方物流经营人要及时向客户告知有关的履约情况，按照合同要求完成服务，并要保守客户的经营手段、经营经验和产品信息等商业秘密。而物流用户则要如实提供货物品种、数量等信息，确保货物安全、合法，并配合物流经营人及时提供有关单证和资料，并按时支付相应的报酬，清偿物流经营人代为垫付的有关费用。因此，双方之间的权利义务存在对等给付关系和有偿关系。有偿则是指当事人在享有合同权利的同时必须偿付相应的费用。物流企业以收取服务费用来盈利，所以服务不能是无偿的。第三方物流服务合同是互负义务，即双方既负有义务，又享有权利。物流服务商以完成全部服务为代价取得收取报酬的权利，而用户方享受完善服务的权利是以支付费用为代价的。

2) 第三方物流服务合同是诺成合同

相对于实践性合同而言，只要合同双方当事人就合同的内容协商一致达成合意，合同即告成立，而无须以交付标的物为合同成立的要件。如果将物流服务合同定性为实践性合同，未向客户交付标的物之前，合同不成立，这使得物流合作处于不稳定状态，增加了物流经营人的风险，不利于第三方物流业的发展。同样，如果物流经营人在交付标的物之前反悔，而接受了其他客户的服务，对前一个物流用户来说也不公平。

3) 第三方物流服务合同有约束第三者的性质

根据合同相对性的原则，合同通常只对双方当事人具有约束作用，但物流合同有其特殊性。物流企业作为服务商，在订立合同的另一方当事人并非收货人的情况下，通常要向第三方即收货方交付货物，收货方可以直接取得合同规定的利益，同时也应自觉受合同规定的收货期限、地点、费用等条款的约束。

4) 第三方物流服务合同具有混合合同特征

单一的物流服务合同在性质上容易确定，如纯粹的运输合同法律关系或仓储合同法

律关系,其合同名称就是运输合同或者是仓储合同,属于合同法上的有名合同。然而,第三方物流合同往往是综合的物流服务合同,是集运输合同、委托合同、仓储合同、加工合同等各种合同于一身的混合合同,因而,物流经营者的法律地位也是集存货人、托运人、委托人、代理人等各种身份于一身的混合地位。然而在我国合同法中并没有"物流合同"的概念和相关规定,而且在物流活动实践中,也很少把合同称为"物流合同",因为物流活动大多还是体现为运输合同,物流企业与客户签订的合同大多数是运输合同,但"物流合同"往往又超出运输合同的范围,如合同中要求物流企业对委托托运的货物进行包装修补、集装箱拼箱、装箱或者拆箱,这时物流企业与客户的合同就有了加工承揽的性质与特点,这些远远不是一个运输合同所能涵盖的,因此,把这种综合的物流服务合同称为运输合同就是不准确的。通常来说,第三方物流合同特别是综合的物流服务合同,其法律性质应该是具有混合合同特征的无名合同。

小思考 4.1

2004年6月3日,某市盛达粮油进出口有限责任公司(下称盛达公司)与该市东方储运公司签订一份仓储保管合同。合同主要约定:由东方储运公司为盛达公司储存保管小麦60万千克,保管期限自2004年7月10日至11月10日,储存费用为5万元,任何一方违约,均按储存费用的20%支付违约金。合同签订后,东方储运公司即开始清理其仓库,并拒绝其他有关部门在这三个仓库存货的要求。同年7月8日,盛达公司书面通知东方储运公司:因收购的小麦尚不足10万公斤,故不需存放贵公司仓库,双方于6月3日所签订的仓储合同终止履行,请谅解。东方储运公司接到盛达公司书面通知后,遂电告盛达公司:同意仓储合同终止履行,但贵公司应当按合同约定支付违约金1万元。盛达公司拒绝支付违约金,双方因此而形成纠纷,于是东方储运公司于2000年11月21日向人民法院提起诉讼,请求判令盛达公司支付违约金1万元。试问东方储运公司的要求是否合理?

(资料来源:找法网,http://china.findlaw.cn/hetongfa/)

4.3.2 第三方物流合同管理的内容

1. 第三方物流合同的类型

1) 按合同签订方划分为物流主合同和物流分合同

物流主合同是指物流服务需求方与第三方物流经营人订立的,约定由物流经营人为物流服务需求方提供一定的物流服务行为,物流服务需求方支付相应报酬的合同。

物流分合同是指物流服务提供者以总承包方的形式承包物流服务需求者的物流服务项目,然后以总承包方的身份将具体的物流活动分包给社会上其他物流服务提供者的形式所形成的物流合同。尤其对那些非资产型的物流服务提供者而言,是为了整合社会物流资源而采取的一种有效方法。

2) 按合同提供服务内容划分为运输合同和仓储合同等

运输合同包括公路货物运输合同、铁路货物运输合同、水路货物运输合同、空运货物运输合同、多式联运合同等分合同。《中华人民共和国合同法》(1999年10月1日实施)关于运输合同的一般规定体现在:第288条至第292条;关于货物运输合同体现在:第304至第316条(略)。在签订运输合同之前必须查询合同法,违背合同法的合同是无效合同,是不受法律保护的。《中华人民共和国合同法》关于多式联运合同体现在:第317条至第321条。

第317条 多式联运经营人负责履行或者组织履行多式联运合同,对全程运输享有承运人的权利,承担承运人的义务。

第318条 多式联运经营人可以与参加多式联运的各区段承运人就多式联运合同的各区段运输约定相互之间的责任,但该约定不影响多式联运经营人对全程运输承担的义务。

第319条 多式联运经营人收到托运人交付的货物时,应当签发多式联运单据。按照托运人的要求,多式联运单据可以是可转让单据,也可以是不可转让单据。

第320条 因托运人托运货物时的过错造成多式联运经营人损失的,即使托运人已经转让多式联运单据,托运人仍然应当承担损害赔偿责任。

第321条 货物的毁损、灭失发生于多式联运的某一运输区段的,多式联运经营人的赔偿责任和责任限额,适用调整该区段运输方式的有关法律规定。货物毁损、灭失发生的运输区段不能确定的,依照本章规定承担损害赔偿责任。

关于仓储合同体现在:《合同法》中第381条至第395条(略),需要时可查阅《合同法》相应条款。仓储合同,又称仓储保管合同,是保管人储存存货人交付的仓储物,存货人支付仓储费的合同。仓储合同的法律特征表现在以下几个方面:

(1) 仓库营业人员须为有仓储设备并专事仓储保管业务的人。

(2) 仓储保管合同的保管对象须为动产。

(3) 合同为诺成合同。为约束仓储合同双方的行为,更好地维护双方利益,法律规定仓储合同自双方达成合意时起就成立,而不需以存储货物的实际交付,即仓储合同自成立时生效。

(4) 仓储合同为双务有偿合同、不要式合同。由于仓储业是一种商业营业活动,因此,仓储合同的双方当事人互负给付义务,保管人提供仓储服务,存货人给付报酬和其他费用。不要式合同是指当事人订立的合同依法不需要采取特定的形式,当事人可以采取口头方式,也可以采取书面方式。

(5) 存货方主张货物已交付或行使返还请求时以仓单为凭证。

依《合同法》规定,仓储合同中存货人应履行如下义务:存货人应依合同约定的时间,将合同约定的仓储物的数量,按合同约定支付费用的方式和支付地点向仓储人交付合同约定的运费、修缮费、保险费、转仓费、仓储费等费用;按合同的约定交付仓储物并及时入库;需包装的物品,应将其妥善包装;向仓储保管人提供有关仓储物验收的资料;仓储易燃、易爆、有毒、有害、有腐蚀、有放射性等危险物品或变质物品,存货人应说明其性质,并提供相关资料;按合同约定,按期提取仓储物;如果因故延迟提取,应承担赔偿责任。

依《合同法》规定,仓储保管人应履行如下义务:向存货人交付仓单;保管储存易燃、易爆、有毒、有腐蚀性、放射性有害物品的,应具备符合规定的条件;按合同约定对仓储物进行检查验收;按合同约定,妥善保管仓储物;发现仓储物有不安全因素时应及时通知存货人,并采取有效措施,减少存货人的损失;接受存货人的要求,对仓储物进行检查或提取样品;到期返还仓储物等。仓储物约定的保管时间未到,存货人有权提前要求仓储保管人返还仓储物,仓储人不能拒绝,但可以要求存货人支付赔偿费。双方在合同中没有确定保管期限,六个月后,仓储保管人在提前一个月通知的前提下,可以随时要求存货人提取仓储物。

仓储保管人承担违约责任的条件:仓储物必须是在储存期间毁损、灭失的,如果仓储物在仓储合同成立之前或者储存期间届满以后毁损、灭失的,保管人不承担赔偿责任;仓储物的毁损、灭失是由于保管人违反合同,保管不善造成的,而不是由于其他原因造成的,法定的免责情形不存在。如果仓储物的变质、损坏,是由于因仓储物自身的物理和化学性质造成的,保管人不承担责任;是由于仓储物的包装造成的,保管人不承担责任;是由于超过有效储存期造成的,保管人不承担责任。

2. 第三方物流合同中的关键条款

第三方物流合同中的关键内容主要有业务范围、物流服务的质量标准、可扩充性、风险和责任、报酬及合同的中止等。

(1) 业务范围。业务范围是物流服务要求的明细,它对服务的环节、作业的方式、作业的时间等细节做出明确的界定,进行具体而详细的描述。业务范围的制定是物流外包最重要的一个环节。

(2) 物流服务质量标准。第三方物流合作各方必须准确定义物流服务质量水平指标,合同应该规定要评定哪方面的服务质量,并且规定采取何种方法来评定绩效;第三方物流服务质量标准条款中应要求第三方物流供应商定期提交清晰、有用、即时的有关绩效的报表,同时对未能达到规定标准的服务应分析原因并将分析结果以报告形式提交使用方。

(3) 可扩充性。由于物流服务合同是一项立足于长期合作的协议,在双方较长期的合作中,服务内容可能会随时间的推移有所变动,此时就要求合同的条款有一定的可扩充性,以适应变动的需求。

（4）双方风险和责任。明确风险分担条款是第三方物流外包合同中的必备条款，只有对双方的责任和风险进行明确有效的划分，才能保证第三方物流项目目标的实现。

（5）利益报酬分配机制。物流项目合作的成功运作必须以公平合理的收益分配方案的制定为基础，收益分配是指合作各方成员从项目联盟的总收入或总利润中分得各自应得的份额。只有公平合理的收益分配才能保证合作过程的顺利进行和市场机制的灵活响应。

（6）合同的终止。第三方物流合同退出条款包含以下几部分内容：合同终止的原因，在合同有效期内发生实质性违反合同履行的情况时或不可抗力导致合同无法履行时合同终止；第三方物流服务供应商中止合作关系的权利；合同中止时双方企业应作何处理，应明确规定。

3．签订第三方物流合同时应注意的问题

由于物流合同涉及的环节多、时间长、要求复杂，所以，企业在签订合同时应注意以下几方面的问题：

1）所签合同要合理

合同中要考虑双方的利益，达到双赢的目标，这一点很重要。如果只考虑一方赚钱而使另一方无利可图，这样的合同即使签下来，履约中也会出现各种问题。实践证明，如果双方的理念一致，所签合同的目标相同，履约中一般就不会产生什么问题，即使有问题也较容易解决。

2）所签合同要完善

第三方物流企业与客户签订合同是一个非常复杂的过程。任何一方如在签约前考虑不周或者准备不足，都有可能在未来执行合同时出现问题。此外合同的执行标准及衡量标准，是客户与第三方物流企业在签约时首先应协商解决的问题，但在实践中，大量的合同根本未对此做出规定，导致双方在执行合同时对所提供的服务产生争议。

3）服务范围要明确

许多第三方物流企业往往忽视服务范围的重要性。第三方物流企业与客户第一次合作签订合同时，一定要对"服务范围"作明确的界定，包括如何为客户提供长期的物流服务、服务的具体内容、服务到何种程度及服务的期限，总之要对服务范围有一些具体的规定，详细描述有关货物的物理特征，所有装卸、搬运和运输要求，运输方式，信息流和物流过程中的细节等。

4）不要误导客户

第三方物流企业不要为了争取客户而使其产生误解，将物流服务视为灵丹妙药，认为第三方物流企业可将客户所有的毛病都连根治愈。应让客户认识到，没有一个物流方案能十全十美地解决企业的全部问题；即使要解决某一方面的问题，也需要详尽的策划、充足的时间，以及付诸实施等过程。

5）避免操之过急

许多企业在尚未做好任何准备的情况下,就去寻求第三方物流企业的帮助,并对第三方物流企业寄予过高的期望,匆匆签约。或许这些企业有太多的迫在眉睫需要解决的问题,但这样做往往造成忙中出错的后果。

6）合同要具有可行性

对于专业性较强的企业,签约前应向有关专家咨询,甚至请他们参与谈判,分析企业生产和管理的特殊性、特殊要求及特别需要注意的问题,以避免留下难以弥补的后患。对于第三方物流企业经过努力仍无法做到的方面,千万不要轻易承诺。

7）必须考虑经济性

第三方物流企业接受和签订的合同是最终能产生效益的项目合同,而物流成本必然与客户所期望的服务水平有关。第三方物流企业要掌握使自己的能力与客户的期望和需求相匹配的艺术,要有对欲实现所选方案的服务水平所需成本的估算能力,对客户服务水平与成本的承诺是形成物流项目战略管理的核心。

8）合同条款要有可塑性

第三方物流企业在签订合同时,要掌握好一种尺度,即达到何种物流服务水平。比较好的尺度是将合同拟订在中间性的、可改进的程度上,而非最终结果的程度上,以便为今后几年留出调整、改进的余地。合同条款要有保护措施,不要轻易订立那种没有除外责任、没有责任限制的条款,否则可能产生收取很少的费用而承担无限责任的情况;不要轻易承担严格责任制条款,而要争取过失责任制条款。

4. 解决物流服务合同的法律适用问题

在目前没有可直接适用的第三方物流立法的情况下,宜采取以下步骤来解决物流服务合同的法律适用问题。

（1）根据《合同法》原则,在不违反公序良俗和法律禁止性规定的前提下,物流服务合同中双方当事人的约定应作为解决纠纷的首要依据,即只要物流服务合同合法有效,当事人有约定的应当从约定。

（2）根据特别法优先的原则,凡是涉及第三方物流过程中有相关特别法(部门法)加以调整的,应首先适用该法律来确定当事人双方的权利义务和赔偿责任、范围、限额等问题。例如,涉及海上运输的,应该适用《海商法》;涉及航空运输的,应该适用《民用航空法》。

（3）应根据物流服务合同下的内容是否涉及《合同法》的相关规定,如有,则应分别根据适用《合同法》分则加以调整。

（4）如果既没有当事人的约定和特别法的规定加以适用,也无法按照《合同法》分则的规定来确定当事人的权利和义务,应按照《合同法》总则的相关规定加以适用。《合同法》第124条规定,本法分则或者其他法律没有明文规定的合同,适用本法总则的规定,并可以参照本法分则或者其他法律最相类似的规定。

4.3.3 第三方物流合同管理的原则和过程

企业的经济往来,主要是通过合同形式进行的。一个企业的经营成败和合同及合同管理有密切关系。合同管理(contract management)是指企业对以自身为当事人的合同依法进行订立、履行、变更、解除、转让、终止以及审查、监督、控制等一系列行为的总称。其中订立、履行、变更、解除、转让、终止是合同管理的内容;审查、监督、控制是合同管理的手段。第三方物流合同管理必须坚持合理性、长期性、灵活性、持续性等原则。

1. 第三方物流合同管理的原则

(1) 合理性。合同目的在于双方建立长期战略伙伴关系,合同的签订必须保证双方的利益,在订立合同过程中,对经济活动所带来的预期利益,双方要公平合理地分配。

(2) 长期性。从客户关系上看第三方物流强调物流服务的长期性,同时物流过程也是一个长期的、合作的过程,双方的利益和合同关系的稳定性需要通过第三方物流合同的长期性来实现。

(3) 灵活性。虽然物流服务提供商和服务需求方签订的合同具有一定的长期性和稳定性,但市场是变化的,物流需求也会随着实际情况的改变而改变。一个长期的第三方物流合同本身就具有自身的不确定性,合同中应表明如何应对未来的发展和变化,尽量提供较大的灵活性和信息资源的共享,合同双方有必要加强沟通和协调,在长期稳定的合作中求发展。

(4) 持续性。签订第三方物流服务合同时,应保证合同的连续性以利于长期合作关系的建立。

2. 第三方物流合同管理的一般过程

第三方物流合同涉及环节众多,合同的内容具有广泛性和复杂性,合同内容涉及运输、储存、装卸、搬运、包装、流通加工、配送、信息处理等诸多环节。随着物流业务的专业化和多样化发展,使得物流合同管理更加复杂化,第三方物流企业有必要明确物流服务的内容、规范物流合同管理的过程。第三方物流合同管理的一般过程需经过以下三个阶段。

1) 合同起草

随着第三方物流企业的壮大,管理的供应商和合作商越来越多,一定要有标准的合同文本。但供应商那么多,情况各异,所以标准文本不能定得太死,要有个浮动范围。可由专人收集以前合同谈判中的案例,以及主要负责人、律师的意见,规定哪些条款变动可以接受,哪些可以谈判,哪些规则绝对不能变动。在标准文本的基础上,可加入与特定项目有关的内容,这样就产生了合同的初版。合同中物流服务项目应该一目了然地列出来,并且能真正反映客户的物流需求,能实现项目目标。

2) 合同谈判

谈判是解决所有挑战的核心所在。有效的谈判能够影响到向客户交付产品的成本和服务水准,能够降低成本和提高项目运营效率,并且能确保物流项目的服务质量。合同不是写出来,而是谈出来的,合同文本是谈判的结果,合同谈判其实分为两部分:对内征得内部意见一致,对外说服供应商。这两部分交替进行,很容易旷日持久。以下几个做法可帮助合同谈判顺利进行。

(1) 据理力争、平等互利。一份成功签约的合同,应该是双方平等协商、互惠互利的结果。例如,中储物流在与某钢厂的谈判中,钢厂以业务遍及全国为由,主张使用他们的仓储保管合同;在诉讼管辖地问题上,主张由钢厂所在地人民法院管辖。中储据理力争,指出中储股份也是全国性企业,上市企业有其规范,不同地区因其地域特殊性,不可强求一致,必须相互协商修改合同条款;至于诉讼管辖地,应遵循平等原则,由起诉方选择双方所在地的任意一处来管辖。最终,对方接受了中储的意见,达成了一致。

(2) 巧妙设置、合理规避。如何将自身风险降到最低,是设置合同条款的重要准则。例如,在与某外商物流企业谈判中,由于需要物流企业代垫的运输资金数额较大,又是滞后结算,因此物流企业设置了预付款制度,即客户先期预付一定数额的款项,业务中发生的运杂费先从预付款中支出,当累计到合同限定数额时,客户在规定期限内及时支付,补充了原先预付款中支出的对等金额。这样既有效解决了代垫资金来源问题,同时也在一定程度上规避了代垫资金带来的经营风险。

(3) 咬文嚼字、反复推敲。合同中的字句,是不能模棱两可、随意而为的。如某铝厂与中储物流签订传真件发货协议时,对方提出要核对传真件发货通知单中的"所有要素"准确无误,后来通过沟通,客户改变初衷,同意接受中储物流主张的仅核对通知单栏目中的"文字内容",从"所有要素"到"文字内容",虽只是四个字的变化,含义却相差甚远。

3) 合同执行

签订了合同,并不意味着合同就自动生效并执行。原因往往并不是供应商拒绝执行,而是采购方忽略某些条款或采购方缺乏自动的合同管理系统,再就是双方的理解不一样。对于货物利益方来说,在物流经营人违反合同时,可能的补救措施有以下几种:

(1) 造成货损或货物灭失的,向保险公司索赔,再由保险公司行使代位求偿权向责任人追偿;

(2) 依物流合同向物流经营人提出赔偿请求,再由物流经营人向责任人追偿;

(3) 直接订立物流作业分合同的,依分合同向实际履行人追偿;

(4) 以侵权为由向没有合同关系的责任人提出赔偿请求。

想成功达成物流服务合同需要建立一个有效的物流合同管理流程,并对物流服务提供实时有效的监控和评估。

4.4 第三方物流项目监控与绩效管理

由于物流项目结果存在着较大的不确定性,从而造成物流项目的投资风险较高,特别是有固定资产投入的物流中心、物流信息系统等项目,在追求物流高收益的同时,也伴随着项目失败的高风险;因此,需要加强物流项目的进度计划及实施的全过程控制和监督,以保证项目按预定的目标推进,及时提醒项目管理者进行调整,以减少损失。

4.4.1 第三方物流项目监控的内容

第三方物流项目监控是制定标准、定期监控和测量第三方物流项目进展情况,确定实际情况与计划存在的偏差,并采取纠正措施的活动过程。第三方物流项目监控是由一系列控制性的管理工作与活动所构成的项目管理过程。在第三方物流项目管理中,控制无处不在,它贯穿第三方物流项目的整个生命周期,物流服务项目的监控是以正确的成本与效益的衡量为基础的,所以第三方物流项目监控包括以下内容。

1. 项目合同实施的监控

第三方物流合同是双方合作的基础,也是企业监控第三方物流服务的根本依据。项目小组按照合同规定监督物流企业,确保合同指标的完成,防止偷工减料、减少工作环节,在具体运用中对出现的问题及时向上级反馈信息,对合同中不合理的部分通过合同修订或补充合同来修正,以确保双方的利益。

2. 成本监控

对物流项目的成本监控主要体现在以下两个方面:一方面监控第三方物流企业的服务费用,核对周期内物流成本的节约程度、物流成本占生产总成本的比率等;另一方面监控成本占收入的比例或成本占重量的比例,监控物流企业的生产效率,即描述一次作业、一个工人或一辆运输车的工作效率,考察工人工作负荷和运输工具的使用效率等。

3. 服务水平监控

测量客户服务水平的监控系统是相当复杂的。通过以下5个步骤可以保证物流项目监控指标设计与应用的合理性。

(1) 进行物流服务市场调查。进行客户调查可以确定客户的需要;进行竞争对手调查可以了解竞争对手的能力和服务水平;进行物流行业当前服务水平的调查,可以了解改变物流服务水平而引起的经济上的得失。

(2) 进行内部的审计。审计有助于确定企业的能力和资源以及当前的服务水平、取得当前服务水平的成本、需要改进的服务方面的问题及较好的(或较差的)服务对成本的影响。

（3）确定服务水平监控目标。每一个服务变量的目标都必须以客户需求、竞争对手的服务水平以及公司内部的能力和经济性为基础。

（4）设计监控系统以衡量每一个服务变量。量度常以实时方式进行，它以交易行为过程系统中的统计数据积累为手段。在某些情况下，必须从分包协作者那里取得必要的信息，它可能是公路运输公司的送货时间和公共仓库的订单处理时间等。定期地对统计报告或调查结果进行分析，获得送货差错率、送货及时性、客户满意度等相关指标，对照物流项目质量标准，通过纵向、横向比较从而获得服务水平监控指标值。

（5）设计报告系统。每一服务要素都应以定期的管理报告给出，通常报告按月制作并递交，而负责的部门应以天或周为单位来检查详细的数据。第三方物流项目小组通过统计报告或设计调查问卷，制定适当的客户服务方面监控报告周期，如客户满意度以月度为单位，每年做一次满意度调查；订单完成率以周为单位，月度做出报告；总的订单周转时间以月为单位；电话接通率以天为单位，月度做出报告，等等。

4. 物流服务运作及流程监控

项目小组督促物流企业建立物流工作业务的标准操作流程（standard operation procedure，SOP）。SOP 是指将某一事件的标准操作步骤和要求以统一的格式描述出来，用来指导和规范日常的工作。SOP 的精髓，即将作业细节进行量化。将 SOP 的精髓引入物流服务实质是追求现代物流标准化、流程化。一般情况是物流需求方同物流企业项目负责人及工作人员一起召开定期例会（一般为半年一次），共同学习、修正、改进 SOP，并进行操作考核，确保操作的安全性、高效性和系统性。物流流程监控涉及物流服务每一环节的操作，以及对原始数据、资料、凭证的存档保留，并进行周期性监控检查。

4.4.2　第三方物流项目绩效管理的原则

绩效管理的目的就是基于企业的发展战略，通过员工与管理者持续、动态的沟通，明确员工的工作任务及绩效目标，并确定对员工工作结果的衡量方法。绩效管理不是绩效评价，绩效评价是绩效管理的主要内容。绩效评价仅是对员工工作结果的考核，是相对孤立的、平面的；而绩效管理则是联系的、发展的、全面的，强调对整个团队人才使用、工作效率、工作效果的监控，是企业战略管理的一个重要构成要素。物流项目的成功离不开一流的管理团队、一流的科学管理和先进的管理工具。通过第三方物流项目的绩效管理，不仅能够为培训、招聘、晋升和奖励项目成员提供依据，而且可以为优化物流工作流程的合理性、提高物流业务的整体质量提供依据。为了有效地对第三方物流项目绩效进行管理，一般应遵循以下原则。

1. 系统性原则

第三方物流项目是一个包含运输、仓储、配送、信息处理等多项业务运作的复杂系统，应从系统论的观点出发,不应当只局限于对局部的成本分析,应当从整体上对物流项目进行管理。

2. 目标性原则

物流绩效管理指标的构建必须能将物流项目各项业务管理指标与系统的总体目标有机地联系起来,并确定绩效管理目标。绩效管理指标尽可能简单、易操作、突出重点,绩效管理目标也应该具体化与数量化。

3. 全面性原则

物流项目绩效管理应能全面、准确地反映绩效管理对象的优劣。不能局限于对局部成本的控制和分析,要从整体上对第三方物流项目绩效进行管理和评价。

4. 可比性原则

对某一特定物流项目进行绩效管理所涉及的经济内容、时空范围、计算口径和方法都应具有可比性,同时还要考虑与其他企业的兼容和横向的可比性,所以要参照国际和国内同行业的物流管理基准,遵循行业标准,向标杆企业学习。

5. 定量与定性结合的原则

由于第三方物流项目绩效涉及的客户满意度等方面很难进行量化,因此除了要对物流管理指标绩效进行量化外,还应当使用一些定性的指标对定量指标进行修正。

6. 动态长期原则

绩效指标的设置,既应反映项目运作的结果状态,也必须反映第三方物流项目的活动过程,应考虑第三方物流企业的长远发展潜力和对企业的长期利益,要与企业的发展目标和战略规划相一致。

7. 经济性原则

绩效管理应当考虑到操作时的成本收益,选择具有较强代表性且能综合反映第三方物流项目整体水平的指标,既能减少工作量,减少误差,又能降低成本,提高效率。

4.4.3 第三方物流项目绩效管理的方法

第三方物流项目绩效是第三方物流项目投入与产出之比。一般来说,可用成本、质量、时间和柔性等因素来衡量。在第三方物流项目管理中,选择一套真正科学、合理的、适用的第三方物流项目绩效管理方法,可以帮助物流需求方全面、客观、公正地管理物流服务,为需求方选择适合自己企业的合作伙伴提供依据。物流项目的绩效管理强调的是对项目过程的监控,通过对项目行动过程中各项指标的观察与评估,保证项目战略目标的实现。选用恰当的物流项目管理方法,对于物流企业自身进行内部自我评定也具有十分重要的现实意义。常用物流项目绩效管理方法如下:

1. 指标树法

指标树(或称指标体系)法是指通过设计一系列指标构成的指标体系来全面反映第三方物流项目绩效。能考量第三方物流企业绩效的指标很多,但从可操作性、数据可得性方面考虑,不可能也没必要将所有的指标作为评价指标,只要从中选出一些最能体现企业效益、对绩效管理起关键性作用的指标建立指标体系(即 key performance indicators, KPI),如财务效益状况、资产运营状况、偿债能力状况、发展能力状况等方面的重要指标。

KPI 关键业绩指标体系,是通过对组织内部流程的输入端和输出端的关键参数进行设置、取样、计算、分析,衡量流程绩效的一种目标式量化管理指标体系,是把企业的战略目标分解为可操作的工作目标的工具,它是企业绩效管理的基础。KPI 同样可以用于物流项目管理,用于衡量物流项目的整体运行状况。建立明确的切实可行的 KPI 体系,是做好物流项目绩效管理的关键。

物流项目的日常管理需建立完善的 KPI 指标体系,KPI 指标必须最大程度地反映物流项目的作业能力和效率。建立 KPI 考核指标体系需要积累和统计大量的日常作业数据,统计时间越长越能反映出真实的物流项目操作和作业水平。当然这些 KPI 指标的设定和建立的前提是在作业流程比较科学和合理的基础上。诸如:运输车辆管理中的 KPI 指标,包括单车油耗、单车维修费用、营运车辆利用率、车辆维护时间比例、单车营运收益、吨公里费用、送货延误率等;仓库管理的 KPI 指标,包括库存水平供应天数、人员劳动量、叉车每单车作业量、托盘周转次数、盘点准确率、仓库库容利用率、物料破损率、物料错发率等。对每项业务日常作业数据在积累的基础上建立合理的量化的考核指标或目标值,然后通过计算平均值等方式进行第三方物流项目综合绩效管理,以用于不同企业或同个企业不同时间段、同种业务指标值的对比分析,或用于个人、部门及项目组的绩效考核。

在制定 KPI 指标系统时,必须把握以下几个要点:以岗位工作职责为基础,以工作目标、项目目标及企业目标为导向,以满足客户的需要为出发点来制定标杆,要始终着眼于客户的满意度。KPI 指标体系要求数据准确、分析到位、行动计划 SMART 化。建立 KPI 指标体系的一个重要原则就是 SMART 原则。SMART 是五个英文单词首字母的缩写:S 代表具体的(specific),指绩效管理要切中特定的工作指标,不能笼统;M 代表可度量(measurable),指绩效指标是数量化或者行为化的,验证这些绩效指标的数据或者信息是可以获得的;A 代表可接受(attainable),指绩效指标在付出努力的情况下可以实现,避免设立过高或过低的目标;R 代表实现性(realistic),指绩效指标是实实在在的,可以证明和观察到的、现实可行的指标值;T 代表有时限(time bound),注重完成绩效指标的特定期限,时间性强。KPI 指标的制定必须遵循 SMART 原则,五项缺一不可,否则,指标不但缺乏挑战性,而且不能激发下属的主动性。物流项目管理还应当建立起有效的管理文档,进行质量管理认证,提高自己组织的管理规范,以建立高效的物流项目管理体系。

2. 层次分析法

层次分析法(analytic hierarchy process,AHP)是一种定性与定量分析相结合的综合性评价方法。层次分析法的主要思想是通过将复杂问题分解为若干层次和若干因素,对两两因素之间的重要程度做出比较判断,建立判断矩阵,通过计算判断矩阵的最大特征值以及对应的特征向量,就可得出不同方案重要程度的权重,为最佳方案的选择提供依据。这种方法比较科学,又具有可操作性。但对于每项指标的权重是根据专家来评判的,具有一定的主观性,如表 4-1 所示。

表 4-1　AHP 重要程度描述表

定性比较结果	数字定量
因素 1 与因素 2 相比,具有相同的重要性	1
因素 1 与因素 2 相比,前者重要性稍强	3
因素 1 与因素 2 相比,前者重要性强	5
因素 1 与因素 2 相比,前者重要性明显强	7
因素 1 与因素 2 相比,前者重要性绝对强	9
因素 1 与因素 2 相比,相对重要性处于上述等级之间	2、4、6、8
因素 1 与因素 2 相比,后者的重要性稍强、强、明显强、绝对强于前者	1/3、1/5、1/7、1/9

人们在进行社会、经济以及科学管理领域问题的系统分析中,面临的常常是一个由相互关联、相互制约的众多因素构成的复杂而往往缺少定量数据的系统。层次分析法为这类问题的决策和排序提供了一种新的、简洁而实用的建模方法。AHP 对一些较为复杂、较为模糊的问题做出决策的简易方法,它特别适用于那些难于完全定量分析的问题。它是美国运筹学家 T. L. Saaty 教授于 20 世纪 70 年代初期提出的一种简便、灵活而又实用的多准则决策方法。层次分析法大体上可分为以下四个步骤。

(1)分析系统中各因素之间的关系,建立系统的递阶层次结构模型。在深入分析实际问题的基础上,将有关的各个因素按照不同属性自上而下地分解成若干层次,同一层的诸因素从属于上一层的因素或对上层因素有影响,同时又支配下一层的因素或受到下层因素的作用。最上层为目标层,通常只有 1 个因素,它是问题的预定目标或理想结果;最下层通常为方案或对象层,这一层次包括为实现目标可供选择的各种措施、决策方案等;中间可以有一个或几个层次,通常为准则层或指标层,包括要实现目标所涉及的中间环节中需要考虑的准则,如物流中心选址的影响因素分析,见图 4-1,总准则层包括四大因素,即成本因素 Z_1、交通因素 Z_2、供应商因素 Z_3、环境因素 Z_4,分准则层有 Z_{11}、Z_{12}、Z_{21}、Z_{22}、Z_{23} 等。递阶层次结构中的层次数与问题的复杂程度及需要分析的详尽程度有关,层次数不受限制。每一层次中各元素所支配的元素一般不要超过 9 个,多于 9 个因素时应进一步分解出子准则层。

（2）构造成对比较判断矩阵。对同一层次的各元素在上一层中某一准则的重要性进行两两比较，构造两两比较的判断矩阵，直到最下层。从层次结构模型的第2层开始，对于从属于（或影响）上一层每个因素的同一层诸因素，用成对比较法和1～9比较尺度构造成对比较矩阵。比较矩阵的数据来源于对多个专家的调查，专家根据自己的判断给出相应的判断矩阵中的判断标度，数值越大表示影响程度也越大，构造正确的判断矩阵才能得出准确的决策方案。

（3）根据判断矩阵计算被比较元素的相对权重。对于每一个成对比较矩阵计算最大特征根及对应的特征向量，利用一致性指标、随机一致性指标和一致性比率作一致性检验。若检验通过，特征向量（归一化后）即为权向量；若不通过，需重新构造成对比较矩阵。

（4）计算各层元素对系统目标的合成权重，并进行排序。计算最下层对目标的组合权向量，并根据公式或yaahp层次分析软件作组合一致性检验，若检验通过，则可按照组合权向量表示的结果进行决策，否则需要重新考虑模型或重新构造那些一致性比率较大的成对比较矩阵。

目前yaahp层次分析法软件已经得到广泛应用，用户只需要具备初步的层次分析法知识，不需要理解层次分析法计算方面的各种细节，就可以使用层次分析法进行决策。只要绘制层次模型，生成并输入两两成对比较判断矩阵的数据，就可以进行一致性检查、自动排序权重计算、灵敏度分析以及导出计算数据形成决策方案等。

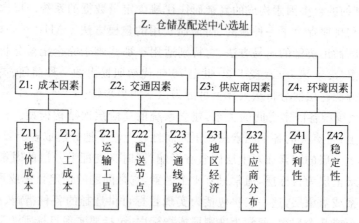

图4-1 某物流中心选址的影响因素分析

由于物流项目绩效管理是典型的多目标决策问题，所以层次分析法在物流项目绩效管理中被广泛地应用。AHP还可用于敏捷供应链系统中供需协调的绩效评价、物流供应商的选择、物流系统的设施（工厂、仓库等）位置决策，等等。

3. 数据包络分析法

数据包络分析法(data envelopment analysis,DEA)是1978年由著名的运筹学家查恩斯(A. Charnes)、库伯(W. W. Cooper)和罗兹(E. Rhodes)共同提出的方法,用于评价部门间的相对有效性。通过明确地考虑多种投入(即资源)的运用和多种产出(即服务)的产生,用来比较提供相似服务的多个服务单位之间的效率,这项技术被称为数据包络线分析。它避开了计算每项服务的标准成本,因为它可以把多种投入和多种产出转化为效率比率的分子和分母,而不需要转换成相同的货币单位。因此,用DEA衡量效率可以清晰地说明投入和产出的组合,从而,它比一套经营比率或利润指标更具有综合性并且更值得信赖。其基本思路是把每一个被评价单位作为一个决策单元(DMU),再由众多DMU构成被评价群体,通过对投入和产出比率的综合分析,以DMU的各个投入和产出指标的权重为变量进行评价运算,确定有效生产前沿面,并根据各DMU与有效生产前沿面的距离状况,确定各DMU是否DEA分析有效。由于DEA方法不需要预先估计参数,因而在避免主观因素和简化运算、减少误差等方面有着不可低估的优越性。

4. ROF法

ROF法由比蒙(Beamon)于1999年提出,为避免传统绩效管理的问题,他提出了三个方面的绩效管理指标,可以反映出供应链的战略目标:资源(resources)、产出(output)以及柔性(flexibility)。资源和产出指标在供应链绩效管理中已经得到了广泛的应用,而柔性指标则应用得比较少,这三种指标都具有各自不同的目标。资源评价是高效生产的关键,产出评价必须达到很高的水平以保持供应链的增值性,柔性评价则要达到在变化的环境中快速响应。它们之间是相互作用、彼此平衡的。供应链评价系统须从三个方面进行评价:

(1) 资源评价,包括库存水平、人力资源、设备利用、能源使用和成本等方面;
(2) 产出评价,主要包括客户响应、质量以及最终产出产品的数量;
(3) 柔性评价,主要包括范围柔性和响应柔性两种。

5. 平衡计分卡法

平衡计分卡法(balanced supply chain managements core cards,BSC-SC)是美国哈佛商学院罗伯特·卡普兰(Robert S. Kaplan)与戴维·诺顿(David P. Norton)于1992年提出的,是一种以信息为基础、系统考虑企业业绩驱动因素、多维度平衡评价的一种新型绩效考核系统;同时,它又是一种将企业战略目标与企业业绩驱动因素相结合、动态实施企业战略的管理系统。BSC理论自出现后,在企业中得到了广泛的应用。到目前为止,在《财富》杂志公布的世界前1000位公司中,有40%的公司采用了综合平衡记分卡法。平衡记分卡法主要通过财务与非财务考核手段之间的相互补充,不仅使绩效管理的地位上升到组织的战略层面,使之成为组织战略的实施工具,同时也是在定量评价和定性评价之间、客观评价和主观评价之间、指标的前馈指导和后馈控制之间、组织的短期增长与长期增长之间、组织的各个利益相关者之间寻求"平衡"的基础上完成的绩效管理与战略实施的过程。借鉴平衡计分法的基本原理,建立与现代企业制度相适应的物流绩效评估体系,可以从股东、经营者等角度,从物流组织效率、竞争能力、盈利能力、职工工作效率等方面,全方位、综合地评价企业物流核心竞争力,可以反映整个企业物流的运作效率,是融财务管理、企业管理、管理工程三门应用性学科的多学科交叉的绩效管理体系。BSC-SC运作中也存在很多困难,如各项指标难以度量、结构难以调整、执行难度较大等。在物流项目管理中使用BSC-SC难度更大,物流项目大都要求货物通过多种运输方式、跨区域、多公司共同合作完成,因此,对项目组人员语言能力、沟通能力、商业礼仪、现场经验以及管理协调能力都有较高的要求。只有高素质的复合型人才才能精确地组织货物进行低成本、高效率的运输,合理安排客户公司的原料或产品输送的时间节点,才能获得BSC-SC所需的各项指标。

平衡记分卡法将战略置于中心地位,见图4-2,将项目目标分解成四个部分,并逐层分解成各个具体的指标体系,关键是如何将物流项目目标转化为实际行动。

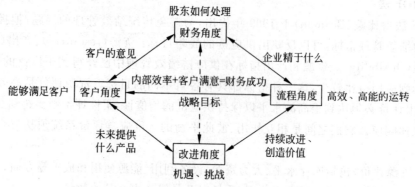

图4-2 平衡记分卡法四个评价角度及其关系

1) 财务角度

物流项目基于成本和服务两方面使项目赢利。有两种途径实现财务业绩:提高生产率和促进收益增长。生产率途径集中于在现有资产下提高物流运营效率来增加利润,主要通过改善成本结构和提高现有资产的利用率来实现;增长途径集中于开发客户利润的新来源,如开发新业务提供物流增值服务,通过开发新市场、新的服务项目而获取新客户,从而获取新的收益。常用的财务性绩效指标主要有利润和投资回报率等。

2) 客户角度

客户角度强调要实行恰当的客户价值主张。价值主张的核心内容是给客户传递什么样的价值。价值主张决定了企业的客户定位,以及针对目标客户企业如何做得比竞争对手更独特、更出色。一般而言,通过提供有吸引力的价格,高质量的品种齐全的服务,可以取悦客户，而通过与客户签订长期协议并与之共享企业信息会使公司与客户长期共同赢利。平衡计分卡法中客户方面的指标主要有：客户满意程度、客户忠诚度、新客户的获得、客户获利能力和市场份额等。

3) 内部业务流程角度

物流项目运营企业的财务目标和客户满意的实现是以良好的企业内部业务流程为基础的。企业内部流程从以下四个关键流程来实现：物流运营管理流程，要求企业进行物流管理时提高订单处理效率，缩短提前期，为客户提供服务；客户管理流程，要求企业运用客户关系管理系统，与客户建立良好的关系，并充分利用网络、电子商务等手段加强与客户的沟通，并对客户进行细分；创新流程，可以提供一些有别于竞争对手的项目，如增值服务、咨询、新的个性化服务、供应链管理等来扩展企业业务；法规与社会流程，在这方面的卓越声望有助公司吸引和保留高素质员工，这是对企业很好的品牌宣传。

4) 改进角度

改进与提升是整个项目的基础，是企业战略实施的关键，是将无形资产化为有形成功的决定性因素。改进与提升角度支持上面三个流程，人力资本、信息资本、组织资本包含企业文化、领导、协作和团队。物流项目管理能力，如物流业务管理能力、项目沟通能力；物流技术，如物流管理信息系统、数据库、ERP、CRM、EDI 技术等。应不断创新，使这些关键技术和能力能得到很好的鉴别和落实。

在建立平衡计分卡以后，可以根据有关的历史数据对设定的各项指标进行计分，反映出企业的业绩状况与发展趋势，以及企业的总体业绩状况与发展趋势。这个过程的关键在于如何计算平衡计分卡的各项指标的分值。按以下几个步骤计算指标的分值：

(1) 建立指标体系，设计相应的指标体系表。

(2) 收集定量数据，进行无量纲处理。把不同计量单位的指标值进行无量纲处理。

(3) 计算定性数据。根据定性指标设计调研问卷，并对调研问卷的结果进行处理。

(4) 确定权重。通过专家打分法确定两个层次各个指标的权重。

(5) 计算单项指标分。先从第二层指标倒推出第一层指标值。

(6) 计算平衡计分卡总分值。将四个方面指标的分值加总，得到该企业的综合业绩分值。

(7) 把上述求得的值填入平衡计分卡中。

用平衡计分卡法对物流项目绩效进行管理，既要注重对项目目标完成程度的管理，也要注重对项目目标实现过程的管理。所以，平衡计分卡绩效管理系统的产生不仅为企业提供一种全新的绩效管理系统框架，同时也为在物流企业的战略管理与物流项目绩效考核之间建立系统的联系提供思路。

总之，在建立物流服务项目效率监控的同时，项目小组与第三方物流企业应共同树立企业标杆项目，对服务绩效进行定量管理，定期将本企业的产品、服务和管理措施的实际状况与这些标杆项目相比较,分析项目绩效达到优秀水平的原因,找出不足,逐渐完善,促使第三方物流企业采取措施迎头赶上。

本章小结

如果把产品或服务做最大范围的理解,那么用美国项目管理认证委员会主席格雷曾的话,就是"21世纪的社会,一切都是项目,一切也将成为项目"。本章主要研究第三方物流项目管理,围绕项目及项目管理基本概念、第三方物流项目洽谈、项目招投标、项目合同、项目监控和绩效管理等内容展开。本章共分四个部分,第一部分从项目与项目管理基本概念入手,然后逐步深入研究项目管理的特征、物流项目及其类型、第三方物流项目管理的特性及管理的过程;第二部分研究第三方物流项目的洽谈及第三方物流项目的招投标;第三部分研究第三方物流合同的含义特点和第三方物流合同管理的内容和过程;最后研究如何有效地对第三方物流项目进行监控和绩效管理,提出物流项目监控的内容和几种常用的绩效管理的方法。

基本概念

项目;项目管理;第三方物流项目管理;招投标;第三方物流合同;物流主合同;物流分合同;指标树法;平衡计分卡法;KPI;SMART原则

复习思考

1. 简述第三方物流项目管理的特性。
2. 简述第三方物流项目管理的过程。
3. 第三方物流企业参与竞标前应做哪些准备工作?
4. 简述第三方物流项目投标的基本步骤。
5. 谈谈第三方物流项目投标成功的策略。
6. 探讨第三方物流合同中的关键条款。
7. 第三方物流项目监控应包括哪些内容?
8. 第三方物流项目绩效管理常用哪些方法?

案例分析

郑州宇通重工有限公司关于2013年配件物流项目进行邀请招标

1. 项目内容

郑州宇通重工有限公司售后服务管理中心日常对外发运的三包配件、销售配件及其他相关配件,总招标业务量约人民币200万元。

2. 承运要求

2.1 投标商资格要求

(1) 注册资金:投标人需为国内、省内知名物流运输企业,注册资金不少于50万元。

(2) 运输经验:投标人需有两年以上物流运输经验,相关物流企业营运资质,无不良合作经历。

(3) 本次招标不接纳多家承运单位联合投标,否则无效。

(4) 发货人将对中标单位进行后期资格审查,一旦发现承运人在投标文件和资格预审文件中弄虚作假,或在以往的项目实施中曾发生过质量事故,发运人将取消其中标资格。

2.2 时间要求

(1) 接货要求:承运人能够在接到发运通知后30分钟内到达企业取货,并至少配备装卸工一人(发货人可根据货物多少提出增减需求)。

(2) 发货要求:当天17:30前发出的货物,承运人必须当天发出,因故没有发出货物并且没有及时通知而造成投诉、损失的,承运人负全部责任。

(3) 到货时间:省内:接货当日18:00起24小时内到货;省外:接货当日18:00起0~500公里3天或72小时、500~1500公里4天或96小时、1500公里以上10天或240小时内到货,客车、铁路及航空发运方式要选择接货后的最早班次进行及时发运。

(4) 货物发运方式按照发货方要求为主,但中标人可以建议更为经济、快捷的方式。

2.3 服务要求

(1) 承运人应根据货物的特点,在包装箱上标明"小心轻放""请勿倒置""防潮"等字样和吊装标记,对因运输原因造成货物损坏、丢失等情况,承运人按原价赔偿。

(2) 包装应符合国家或行业标准规定,由于包装不善导致配件锈蚀、丢失或损坏,由承运人按原价赔偿。

(3) 货物接走后,承运人要按照发运方式的要求进行发运,并对发运过程进行跟踪,在发货后2小时内将预计到货时间告知收货人,在2日内将原始货运单传递给发货人。

(4) 如在货物发运过程中出现异常问题,承运人要及时制定方案积极协助解决并告知发运人,对核查发运到货情况要及时、热情地给予答复。

合格投标人可在郑州宇通重工有限公司招标办得到进一步的信息。

3. 购买招标文件时间:合格投标人可从2012年11月12日起至2012年11月22日,在郑州宇通重工有限公司招标办(地址:郑州市西站路99号,每天9:00至11:30,14:00至17:30,节假日除外)购买招标文件,招标文件售价为100元人民币,标书售后不退。

4. 投标截止时间:所有投标书应于2012年11月22日9:00(北京时间)之前递交到

郑州宇通重工有限公司招标办公室(开标前30分钟开始接收投标文件)。

5. 开标时间：

定于2012年11月22日9：00(北京时间)公开开标；届时请参加投标的代表出席开标仪式。

6. 开标地点：郑州宇通重工有限公司。地址：郑州市西站路99号。

7. 附加说明：

(1) 购买标书时必须携带投标人营业执照副本、税务登记证、企业组织代码证的复印件(加盖公章)。

(2) 购买了招标文件而不参加投标的供应商，请在开标2日前以书面形式通知采购机构。

(3) 如投标人对招标文件内的条款有异议的，请于开标二个工作日前向招标办公室提出，逾期不予受理。

招标机构名称：郑州宇通重工有限公司

联系人：　　　　　　　　　　**联系电话**：

(资料来源：宇通重工，http://www.yutongzg.com/2012)

结合案例分析问题：

1. 什么是邀请招标？它与公开招标有什么区别？
2. 第三方物流企业投标成功的策略有哪些？

第三方物流系统规划与设计

学习要点

1. 掌握第三方物流系统规划设计的程序；
2. 理解产品配送网络系统的计划与设计；
3. 熟悉物流系统规划设计的目标和因素；
4. 理解基于客户定制服务的物流系统规划与设计。

引导案例

美国家助公司是一个大型家庭装潢零售商,在美国18个州开展经营,产品明细如下：墙纸和装饰布料50%；装饰辅助品25%；灯光和电子装置20%；家具5%。200多家仓储式店铺,平均每个店铺面积10万平方英尺,并提供2.5万种不同的产品。家助公司是该行业的领袖企业,在800亿美元的家庭装潢零售市场中占有10%的份额。2003年,该市场销售额达到1000亿美元,而家助公司享有整个行业销售额的20%。

家助公司的主要消费者构成是：专业装修公司40%；自主装修个体60%。家助与专业装修公司的联系密切。但是,目前专业装修公司仅购买家助公司10%的家具用品,主要原因是：家助公司的递送服务外包给当地的运输公司,运输公司每递送一件家具通常要在家助公司的要价基础上增加10～30美元。虽然价格不高,但对于装修公司的客户来说,免费递送家具更容易在心理上得到认可。

家助公司店铺的存货受到限制,无法展示各种产品。所有订货中,通常只有7%能够从存货储备中得到满足。如果一个店铺没有存货,订单将被转移到家助公司的地区仓库,从地区仓库存货中找家具,第二天起运家具至店铺,客户最早得到家具的时间是在原始订货后的3～7天。若地区仓库也无存货,则客户得到家具的时间更长,因为家助公司要向制造厂订购。由于递送时间的延长和不确定,装修公司主要向独立的配送商购买,以满足家具递送时间和安装时间的衔接,保证装修公司按计划装修。

威特摩尔公司是一家家具制造公司,其主要客户是零售层次的经销商。目前有2个制造工厂和6个地区配送中心。6个配送中心遍布整个美国,40%的客户利用电子手段进行订购。威特摩尔公司的制造厂通过销售预测来制定生产计划。预测在装配前6个星期锁定。3个配送中心承担全部的产品库存并维持最低的库存水平。当库存下降到预定最低限度时,进货订单就送往相应制造工厂。其余的3个配送中心储备的只是一些周转快的产品。当接收到客户订单时,订单将被分配到离客户最近的配送中心,如果该中心缺货,缺货产品就会从离该中心最近的配送中心调拨或向制造工厂订购。如果预定的产品是多品种的,则一直等到所有产品备齐后再装运,以保证一次递送,客户可以得到所需全部产品。所有订单都经过配送中心处理,配送中心每晚检查汇总订单,设法进行整合装运,并选择合适的递送路线。当最初被指定的配送中心的存货可得时,通常订货周期为3～6天。内部配送中心之间的存货调拨通常需要2～3天,当一种产品向制造工厂延期订货时,订货周期需再加8～12天。

威特摩尔公司的原主要伙伴是幸福家具公司,其销售额曾占到威特摩尔公司业务量的25%,但是,由于幸福家具公司出现了财务危机,其飘忽不定的订购造成威特摩尔公司开工不足。目前,威特摩尔公司急需寻求新的合作伙伴。

你觉得威特摩尔公司与家助公司有合作的可能性吗?说明理由。如果合作,威特摩尔公司现有的物流系统在哪些方面需要改进?

(资料来源:上学吧在线考试中心物流师题库,http://www.shangxueba.com/ask/1078661.html)

5.1 第三方物流系统规划设计概述

5.1.1 第三方物流系统概述

1. 第三方物流系统的含义

第三方物流系统是指在一定的时空条件下,将第三方物流中的诸要素(如运输、储存、包装、装卸与搬运、物流信息、客户增值服务等)经过分析、设计,整合成一个有机的整体。第三方物流系统和一般系统一样,由输入、转换、输出等三大部分组成。

2. 第三方物流系统的基本模式

1) 输入

输入是指通过提供资源、能源、设备、劳力、资金、信息等对第三方物流系统发生作用,统称为外部环境对第三方物流系统的输入。

2) 转换

转换是指第三方物流本身的转换过程。输入到输出之间通过第三方物流业务、信息处理、技术措施、设施设备管理等进行的第三方物流活动,称为第三方物流系统的转换。

具体内容有：第三方物流设施设备建设；第三方物流业务活动，如运输、储存、包装、装卸、搬运等；第三方物流信息处理；第三方物流管理工作；第三方物流客户增值服务等业务。

3）输出

第三方物流系统对环境的输入进行各种转换后，对社会提供的各类第三方物流服务、第三方物流信息、第三方物流活动产生的污染等统称为第三方物流系统的输出。具体内容有：产品的位移与停滞；各类第三方物流服务、第三方物流信息等。

4）制约

第三方物流系统外部环境对第三方物流系统施加的限制称为外部环境对第三方物流系统的制约。具体内容有：资源条件、能源条件、资金条件、物流市场价格水平、物流市场需求变化、社会经济宏观环境、政策变化等。

5）反馈

第三方物流系统在把输入通过转换形成输出的过程中，由于受系统内外各种因素的制约，需要不断把输出后的结果返回到输入进行修正，称为第三方系统信息反馈。反馈的活动有：各种第三方物流活动的分析报告、各种统计数据报告、典型调查；国内外第三方物流市场信息动态等。

3. 第三方物流系统的组成要素

1）硬件要素

硬件要素包括运输要素和储存要素。运输要素分为两种：一种是运输基础设施，它们固定在某一个地点或者线路上，比如铁路、公路、机场、港口、车站等；另一种是运行设备，它们是独立的设备，以基础设施为运行条件并与之相配套，比如集装箱装卸搬运车、汽车、火车、轮船、飞机等。储存要素包括基础设施和利用这些基础设施进行储存运作的设备，前者如仓库、货场、站台、堆场等，后者如仓库中的货架、托盘、叉车、分拣机、巷道车等。

2）软件要素

软件要素是指第三方物流系统的支撑要素，包括物流系统的体制、制度、法律、法规、行政命令、标准化系统等，由于处于复杂的社会经济系统中，要协调与其他系统的关系，这些要素是不可缺少的。

3）人员要素

人员要素是指运作第三方物流所需要的各类物流技术人才、物流管理人才、物流基层操作人员，用以完成装卸、搬运、配送、流通加工等物流功能与实务。

4）信息技术要素

信息技术要素是指第三方物流企业完成物流整体规划、方案设计、信息搜寻、跟踪、反馈，满足客户个性化需求所需要的各种技术能力。

4. 第三方物流系统的特点

第三方物流系统是客观存在的,由于一直未为人们所认识,从而未能能动地利用系统的优势。第三方物流系统的各个要素,在长期的社会发展历程中,都已有了较高的水平,因而,一旦形成第三方物流观念,按新观念建立第三方物流系统,就会迅速发挥系统的总体优势。

(1) 第三方物流系统跨度大。一是地域跨度大,二是时间跨度大。除了国际间第三方物流的地域跨度非常大外,即使是企业间第三方物流,在现代经济社会中,跨越不同地域也是常有的事。大跨度系统带来的主要问题是管理难度大,对信息的依赖程度高。

(2) 第三方物流系统动态性强。第三方物流系统与生产系统的一个重要区别在于,生产系统按照固定的产品、固定的生产方式,连续或不连续生产,少有变化,系统稳定的时间较长;而一般的物流系统,特别是第三方物流系统,总是联结多个生产企业和用户,随需求、供应、渠道、价格的变化,系统内的要素及系统的运行经常发生变化,难于长期稳定。稳定性差、动态性强带来的主要问题是要求系统有足够的灵活性与可改变性,这自然会增加管理和运行的难度。

(3) 第三方物流系统具有可分性和可制约性。第三方物流系统属于中间层次系统范畴,可以分解成若干个子系统;同时,第三方物流系统在整个社会再生产中又主要处于流通环节中,因此它必然受更大的系统如流通系统、社会经济系统制约。

(4) 第三方物流系统具有复杂性。第三方物流系统的要素本身十分复杂,如第三方物流系统运行对象的"物"遍及全部社会物资资源,不可能不导致系统的复杂性;此外,第三方物流系统要素间的关系也不如某些生产系统那样简单而明显,这就增加了系统的复杂性。

(5) 第三方物流系统结构要素间有非常强的效益背反现象,在处理时稍有不慎就会出现系统总体恶化的结果。发生这种现象的主要原因是系统的"后生性"。第三方物流系统中许多要素,在按新观念建立系统前已是其他系统的组成部分,因此,往往受原系统的影响或制约较多,而不能完全按第三方物流系统的要求运行。

5.1.2 第三方物流系统规划设计的目标

在物流市场调查的基础上,充分考虑整个需建立的第三方物流系统的最佳组合,将最优方案化为由一个个子系统组成的可操作的系统,这就是第三方物流系统规划设计。第三方物流系统规划设计的目标,也即设计规划第三方物流系统所要求具备的能力,包括下列五个方面,通常被称为"5S"系统化目标。

1. 服务(service)是第一目标

第三方物流系统是社会流通系统的一个组成部分,联结着生产与再生产、生产与消费,带有很强的服务性。这种服务性主要表现在以用户为中心,做到无脱销、无货损等事故,费用便宜。第三方物流系统采取送货、配送等方式,就是服务性的体现之一。近年来出现的"即时物流""精益物流""绿色物流"等形式,突出体现了第三方物流系统的服务性。

2. 快速及时(speed)目标

第三方物流服务应体现快速及时的特点。从社会再生产理论来看,整个社会的再生产循环取决于每一环节的衔接,取决于每一供应商与用户的衔接。速度要求把商品按用户指定的地点、时间迅速送到用户手中。在第三方物流中采取的诸如直达物流、联合一贯物流、高速公路等管理和技术,就是快速及时目标的具体体现。

3. 节省空间(space saving)目标

第三方物流过程作为"第三利润源",这一利润的挖掘要依靠技术进步、管理合理来节约时间与空间。在第三方物流领域中,除了通过快速及时节约流通时间外,推行集约化方式,提高第三方物流活动单位面积的空间利润率是主要手段,如建立自动化立体仓库,减少运输中的空载率等。

4. 规模适度目标(scale optimization)

第三方物流以适当的物流规模作为系统的目标,与生产中追求规模效益既有一致性也有区别。第三方物流系统是以用户需求为中心的,用户有成批需求,也有小批量多品种的需求,因此,第三方物流系统比生产系统的稳定性差。应考虑第三方物流设施的集中与分散的适度性,第三方物流信息处理的集中化等问题。

5. 库存控制目标(stock control)

在第三方物流系统中,通过库存控制起到对生产企业和消费者需求的保障作用,也是宏观资源配置的重要一环,是提高企业效益与社会效益的重要问题。因此,在第三方物流领域中,正确确定库存方式、库存结构、库存分布就是这一目标的体现。

在建立和运行第三方物流系统时要综合考虑五大目标,不单纯考虑某个目标的最优化,而是考虑提高宏观经济效益和微观经济效益。

5.1.3 第三方物流系统规划设计考虑的因素

在规划第三方物流服务方案的整个过程中,具体的设计过程是所有环节的中心,还是第三方物流服务中最能体现管理水平、策划能力和服务水平的环节,也是赢得客户的关键。在设计第三方物流方案时,有许多要考虑的因素。不同的企业对物流有不同的要求,没有一个第三方物流服务方案可以适用于所有企业,因此,必须结合实际情况来设计物流方案。在进行第三方物流系统设计时,一般需要以下几个方面的基本数据:

(1) 商品(products)的种类、品目等;

(2) 商品的数量(quantity)多少,年度目标的规模、价格;

(3) 商品的流向(route)，生产商配送中心、消费者等；

(4) 服务(service)水平，速达性，商品质量的保持等；

(5) 时间(time)，即不同的季度、月、周、日、时业务量的波动、特点；

(6) 物流成本(cost)。

以上 P、Q、R、S、T、C 称为第三方物流系统设计有关基本数据的六个要素，是系统设计中必须具备的要素。

5.1.4 第三方物流系统规划设计的主要内容

第三方物流系统设计分为第三方物流信息系统设计和第三方物流作业系统设计，其中第三方物流作业系统设计包含仓库系统设计、运输系统设计、配送系统设计等方面的内容。本小节只探讨物流作业系统的设计规划问题。

1. 第三方物流仓库系统设计

在第三方物流系统设计中，仓库的合适数目与地理位置是由客户、制造点与产品需求所决定的。在第三方物流系统中，仓库可划分为以市场定位、以制造定位或中间定位等几类。

1) 以市场定位的仓库

以市场定位的仓库是由零售商、制造商与批发商运作的，仓库位置临近被服务的市场，可以以最低成本方法向客户提供库存补充，虽然从制造点进货距离长，但面向客户的第二程运输、配送则相对较短。由市场定位仓库服务的市场区域面积大小，取决于被要求的送货速度、平均订货多少，以及每单位发送的成本。以市场为定位的仓库，通常用来作为从不同货源地和不同供应商那里获取商品，并集中组配商品的地点。一个零售商店的需求由许多不同的或广泛分散的制造商生产的不同产品集合组成。为了以较低的物流成本对这样的分类库存作快速补充，零售商可以选择建立仓库，或者使用批发商服务。例如，现代食品分销仓库，通常坐落在接近它服务的各超市的中心地。

2) 以制造定位的仓库

以制造定位的仓库通常坐落在临近生产工厂，以作为装配与集运被生产的物品的地点，这样便于向客户运输大批量的各类产品。这样定位的仓库主要支持制造商，可以以集合运费率将产品混合运往客户。按产品分类的集运促进了大量产品的购买。以制造定位的仓库能跨越一个类别的全部产品而提供充分的服务。如果一个制造商能够以单一订货集运的费率将所有交售的商品结合在一起，就能产生差别竞争优势。

3) 中间定位的仓库

此类仓库介于以市场定位的仓库和以制造定位的仓库之间。

2. 第三方物流运输系统设计

运输系统的目标是准确、安全并以低成本运输物资。运输的迅速性、准确性、安全性和经济性之间，一般有相互制约的关系。若重视其迅速性、安全性、准确性，运输成本就要提高；反之就要降低。在设计第三方物流运输系统时，首先要考虑建设整体的运输网络。运输网络由运输线和停顿点组成。停顿点由工厂、仓库、配送中心等物流据点构成。因此，在第三方物流运输系统中，选择运输工具、设置物流据点、制定从物流据点发货的运输计划等是重要设计内容。

1）选择运输工具（物流载体）

对于货物的形状、价格、运输批量、交货日期、到达地点等特性，有相对应的适当的运输工具或物流载体。一般速度快的运输载体成本高。运输载体的经济性和安全性、迅速性、便利性之间有相互制约的关系。所以，在运输货物时，必须考虑对运输载体所具有的特性进行综合评价，选择具有最大经济价值的运输工具。可供选择的运输载体有火车、汽车、船舶、飞机等。

2）制定运输计划

有两家以上工厂生产同一种产品向全国有需要的地区供应，如果出现交叉运输，就不是高效率的运输。通常从若干物流出发点向若干需求地运输同一产品时，存在着最经济（费用最少）或最有效（时间和距离最短）的运输计划。这种运输计划一般称为运输型决策问题，可用线性规划法来解决。

3）人员、车辆配置

车辆配置的台数要根据正常发货量的多少安排。车辆过少，发货量多时，会出现车辆不足，从别处租车的情况；相反，车辆多发货量少时，会出现车辆闲置现象，造成浪费。合理配置车辆的台数是运输部门的重要决策内容。公司职员及临时雇工的配置也是同车辆配置相类似的重要决策内容。

3. 第三方物流配送系统设计

1）第三方物流配送模式定位

就整个第三方物流过程来看，配送一般处于过程的终端。配送系统功能完成的质量及其达到的服务水平，直观而具体地体现了第三方物流系统对需求的满足程度。设计配送系统，关键是配送模式的选择。第三方物流系统配送子系统主要有以下几种典型模式。

（1）单项服务外包型配送模式。主要是具有一定规模的第三方物流企业利用自身业务优势和专业经验，承担其他企业的产品服务性配送业务，并按照市场价格水平收取一定费用。

（2）中介型配送模式。在这种模式中，第三方物流配送企业通过与上游企业建立广泛的代理或买断关系，与下游企业形成较为稳定的合同关系，从而将上游企业的商品进行统一组合、系统处理后，按客户订单的要求配送到下游零售店铺。这种模式的配送，还表现为在用户间交流供应信息，从而起到调剂余缺、合理利用资源的作用。

（3）网络集成型配送模式。这是一种配送经营企业以核心产品为中心，联合核心产品与上游产品及下游产品的各个第三方物流,建立起物流集成网络,形成供应链式的物流配送网络集成系统,实现的集成联合配送模式。网络集成型配送模式与国际上近几年采用的"第四方物流"方式相类似。

2) 第三方物流规划设计配送作业流程

(1) 第三方物流配送中心的作业内容。由于第三方物流配送中心是由一般中转仓库演化和发展起来的,可以根据内部结构和布局规划其作业活动:第一,储存。配送中心作为货物的集散中心,服务对象众多,服务范围也很大,储存是必不可少的基本职能。第二,分拣理货。为了满足客户对商品不同种类、不同规格、不同数量的需求,配送中心必须有效分拣货物,并按计划理货。这是配送中心的核心职能,分拣理货技术也是配送中心的核心技术。第三,配货。用户对商品的需求有各种不同的组合,配送中心必须对货物进行有效组合,以合理利用运输工具,方便配送工作,满足用户需求。第四,倒装、分装。这一职能使不同规模的货载在配送中心能高效分解和组合,按用户要求形成新的组合或新的装运形态。第五,装卸搬运。这是配送中心必不可少的辅助作业。第六,加工。对商品进行不同程度的加工,能够提高配送水平,提供增值服务。第七,送货。第八,信息处理。配送中心要具备与客户进行沟通的信息职能,同时也要具备配送中心各环节之间沟通的信息职能。

(2) 第三方物流配送中心的作业流程。配送中心的作用在于"化零为整"和"化整为零",使产品通过它迅速流转。作业流程可规划为一般流程、不带储存库的配送中心流程、加工配送型配送中心流程、批量转换型配送中心流程等。

第一,配送中心的一般流程。这种配送中心以中、小件杂货配送为主,由于货物较多,为保证配送,需要有一定储存量,属于有储存功能的配送中心。其理货、分类、配货、配装功能要求较强,很少有流通加工的功能。这种流程也可以说是配送中心的典型流程,其主要特点是有较大的储存、分货拣选、配货场所,作业装备也较大。

第二,不带储存库的配送中心流程。只以配送为职能,只有为一时配送备货的暂存,无大量储存。暂存区设在配货场地中,配送中心不单设储存区。这种配送中心的主要场所都用于理货、配货。

第三,加工配送型配送中心流程。加工配送型配送中心有多个模式,随加工方式不同,流程也有区别。这种流程中,产品按少品种或单一品种、大批量进货,产品很少或无须分类存放。加工一般是按用户要求进行,加工后便直接按用户要求配货。所以,加工配送型配送中心有时不单设分货、配货或拣货环节,而加工部分及加工后分放部分是主要作业环节,占较多空间。

第四,批量转换型配送中心流程。在这种配送中心,产品以单一品种、大批量方式进货,在配送中心转换成小批量。这种配送中心流程十分简单,基本不存在分类、拣选、分货、配货、配装等工序。但是,由于是大量进货,储存能力较强,所以储存及装货作业最为重要。

第三方物流是系统化物流，在系统设计规划时不仅强调各个子系统的完善，更为重要的是要加强各子系统之间的协调和配合，以便达到物流系统资源整合、系统效益优化的目标。而且，由于第三方物流是面向市场，强调为客户服务的现代物流模式，因此，在系统规划设计时，还应注意企业自身的组织系统设计以及面向客户的服务系统设计。

5.2 第三方物流系统规划与设计的一般程序

物流系统的规划与设计一般可以包括许多具体的工作与环节，具体来说可以分为下面三个互相联系的阶段：准备阶段、分析阶段、确定阶段。每一个阶段都有明确的目的，下面将对各个阶段的工作进行说明。在筹划物流服务方案的整个过程中，具体的设计是所有环节的中心，是第三方物流服务中最体现管理素质、策划能力技术水平的环节，也是赢得客户的关键所在。

5.2.1 问题的定义与计划阶段（准备阶段）

在对客户需求进行详细分析的基础上，第三方物流服务商应该对客户现有的物流系统有一个清晰具体的认识，进而分析存在的问题和不足，确定可改进的方面。这一阶段主要是对企业的内部资源和外部条件进行分析与评估。

1. 可行性分析

1）现状分析

现状分析的目的是寻找改进的机会，包括内部、外部、竞争和技术的评估与分析。内部分析要检查所有的物流环节，尤其是对现有的系统所存在的缺陷作出评价；外部评价与分析是对供应商、客户和消费者的外在关系的分析。分析评价时应该考虑市场的趋势、企业现在的能力与竞争对手的能力；技术评价与分析是对物流各个环节的关键技术与能力的评价。需要考虑现行的技术与最先进的技术差距、新技术应用的潜力。

2）机会分析

通过前面的评估与分析，发现改进的机会。通过对当前的物流过程与实践进行评价，确定具有改进潜力的方面。

3）成本与效益分析

效益包括服务的改进与成本的降低。服务改进包括货物的可得性、服务质量与服务能力的提高。服务的提高有利于增加现有客户的忠诚度，吸引新客户。

2. 项目计划

由于物流系统的复杂性，需要有一个完整的项目计划。项目计划包括以下几个方面。

1) 目标的确定

在对客户现有物流系统做出全面的评估之后,第三方物流企业就可以有针对性地提出新的服务方案了。要提出新的方案,首先就要确定这个方案所应该达到的目标是什么。物流方案的目标包括物流系统改进的成本与服务期望。目标必须以可度量的方式表示。例如,货物的可得性:A类产品99%、B类产品95%、C类产品90%;订单处理速度:收到订单之后有98%的货可以在48小时内发运;等等。另外,也可以以总成本作为约束条件,然后在物流总成本预算内设计使客户服务水平最优化的服务方案。

2) 约束条件

指对允许的修订范围作出的限制。

3) 分析方法的确定

在确定了目标之后,服务商就应该选择分析的方法和技术,之后才能够有效地组织整理和分析数据。基本的数据分析方法有数学规划法、计算机仿真法、统计分析法等。每一种具体的方法对数据量的要求以及对数据组织的要求都不一样,在实际应用中,有些方法还要求先建立模型。

4) 项目的具体计划安排

包括制定项目的工作计划,并确定时间及人员安排等。

5.2.2 数据的收集与分析阶段

1. 数据的收集

在数据的收集过程中,首先应该确定各类数据发生在什么地方,可以通过哪些途径收集。对于客户企业自身的销售量、客户分布以及运输量之类的数据,第三方物流企业可以通过和企业有关部门合作取得;整个市场的状况、运输线路的分布以及相关政策的技术要求之类的数据则需要通过其他的途径去收集,比如通过专业的咨询机构或者第三方物流企业本身拥有的咨询部门等。具体的数据收集过程可能花费时间较长,而且往往容易出错。在很多情况下,出错是因为忽略了某些次要因素对综合物流的影响,采用在非代表性的时间段内的数据同样也是导致错误的一种原因。因此,对收集的数据应该注意其有效性、代表性和适用性。

2. 数据的分析

在分析数据阶段,主要任务包括以下几个方面。

1) 定义所分析的问题

确定了一些问题的可接受的范围以后,可以减少数据分析的复杂性,缩短数据分析时间。因此,须先估计出某项决策对综合物流影响的大小,然后再制定可以接受的范围。

2) 基本方案分析

利用各种手段分析数据,然后将结果和过去的数据相比较。对那些有较大变化的数据要特别注意检查是否存在错误。发现错误后必须检查错误来源,对分析程序加以调整。

3) 方案比较

对分析结果进行评价,其内容包括:检查是否改进了现有系统中存在的问题和缺陷,如果没有,是什么原因造成的?分析方法是否还有改进的余地?提出建议并对各方案作一些调整。

4) 灵敏度分析

完成前面的分析以后,再对提出的几个备选方案进行灵敏度分析,即假设某些数据发生改变,方案是否还成立?如果要作出调整,调整的幅度与这些发生了改变的数据之间的关系是怎样的?

5.2.3 确定阶段

根据以上的分析,第三方物流企业可以确定具体的物流服务方案,向客户提交这个或这些方案,并提出相关建议。

(1) 可行性最大的几个备选方案推荐给客户企业的管理层,介绍这些方案的优势,并比较它们之间各自的侧重点,与客户企业的管理者共同决定具体实施哪一个方案。

(2) 推荐的方案进行成本评估,根据客户企业的发展战略和物流目标决定符合企业的成本预算的方案。

(3) 进行风险分析,判断市场在未来某一段时间内可能产生哪些变动,这些变动对所推荐的方案可能带来什么影响。

5.3 第三方物流系统解决方案的设计

5.3.1 第三方物流系统解决方案的分类

第三方物流系统解决方案是物流企业或物流咨询公司根据客户物流需求或需要解决的物流问题向客户提供的可实施的个性化物流方案。

(1) 第三方物流系统解决方案按客户需求可分为物流信息系统解决方案、物流配送解决方案、物流管理解决方案、全程的物流解决方案(一体化物流)等。

(2) 第三方物流系统解决方案按物流对象所属行业可分为家电物流解决方案、汽车物流解决方案、零售业物流解决方案、会展物流解决方案、化工品物流解决方案等。

第三方物流企业应形成独特的商业模式,开发出一系列针对客户需求的个性化物流解决方案模型,如中国远洋物流有限公司在一体化物流服务的基础上向客户提供个性化全程物流解决方案。

5.3.2 第三方物流系统解决方案的编制准备

一个完整而规范的物流方案对物流企业和客户同样重要,作为第三方物流企业应做好下列方案的编制准备工作。

(1) 与客户进行初步的接触和谈判,基本掌握客户的生产、销售及物流现状等相关数据和信息。特别是了解货物的物理性质和化学性质、货物价值、货物包装方式、货物市场季节供应情况,进行物流货源分析。

(2) 就方案的基本思想和主要内容征询运营部、财务部、信息技术部和客户服务部等部门的意见。

(3) 明确方案的编制部门和人员、版本级别、保密等级、存档部门、发放范围等。

5.3.3 第三方物流系统解决方案的主要内容

(1) 封面设计。封面设计的内容包括注明方案名称、客户名称及客户IC标志;注明该物流方案的版本级、保密等级;右上角用方框注明"仅供××公司(客户名称)使用";使用物流方案专用章。

(2) 扉页。以物流企业市场总监名义,给客户相关负责人发简短的致函,内容包括表明物流公司的合作意向、正式向客户提交的物流方案,落款为物流企业总经理或市场总监的亲笔签名。

(3) 物流公司简介。其内容包括物流公司基本情况介绍,如物质资源、人力资源、经营理念、策略等;物流公司资质介绍,如各种营运许可证、质量认证等;物流公司的主要业绩,如主要物流客户、客户评价等;物流公司的核心能力。

(4) 客户物流方案设计。其内容包括客户物流现状及存在的主要问题分析;物流公司拟建议的物流方案;物流公司具备的运作保证体系,如有效的资源整合方式、高科技的物流信息管理系统、服务内容和质量、成本控制、投诉处理反馈、客户回访制度等;运作效果分析,重点论述物流公司物流建议方案的可行性和优越性,如可能应提供相关效益测算数据。

(5) 物流公司承接物流业务的方案报价。其内容包括先期明确报价的形式和内容,如按客户销售额一定比例报价、按分项的物流业务报价、或按总体承包形式报价;详细注明报价的计算基础和测算依据及相关的后备数据;以表格形式详细列出数据报价细目;附加报价应以另行格式注明,如保险价、自然损失价格等;必要的解释和说明。

(6) 工作进度安排。在工作进度安排中,主要明确物流公司对执行该方案的时间安排建议(以表格形式为好);落实每一步骤及相关责任人。

(7) 有关项目双方联络小组的建立。明确而详细地告诉客户物流公司对此项目的负责部门、负责人、联系人、联系方式(以表格形式为好)。

(8) 附件——物流合同范本。提交物流公司草拟的物流服务合同范本,可以是综合物流合同,也可以是分项的运输或仓储合同,应该注意:提交的合同范本应是公司认同的,并经过公司律师顾问审查过的。

(9) 其他。其他内容包括方案包装应统一;物流方案与公司种类文件包装及形式应统一;参照国际流行编排形式,注重细节和外观;方案不同部分均应独立成页,整体设计整齐、规范。

5.4 第三方产品配送物流网络系统的计划与设计

5.4.1 产品配送物流网络计划的类型

计划是为可预测的环境而制定的,有许多计划的方法可以帮助指导和确定公司在市场中的定位。公司必须具有确定公司目标的战略计划,回答"我们的业务是什么?"这个问题的答案决定了公司的总目标与方针,这是首先必须考虑的。战略、战术和操作计划都属于"进攻性"计划,而应急计划则属于"防御性"计划,用于对付未料及的事件。这四种计划互相补充。

表 5-1 列出了产品配送物流网络计划的类型。

表 5-1 产品配送物流网络计划的类型

计划类型	计划原因	要求
战略计划	决定总体目标与所需资源	政策制定
战术计划	细化物流中心的战略目标,成为行动计划	长期
操作计划	确保特定的任务由日常操作来完成	短期
应急计划	对紧急情况的反应	不同情况的处理

空间效益和时间效益是物流的基本利润源。

1. 基于空间效益的第三方物流配送方案设计

1) 空间效益概述

物流的空间效益主要是指在物流活动中,物流对货物的空间转换作用所带来的效益,空间效益主要是通过运输和仓储这两个基本业务产生的。物流运输活动是指货物通过运输劳动力、工具发生空间位移的活动,运输和仓储是物流的基本业务,在物流业形成之前早已存在。

2) 物流空间效益的内容

(1) 基于货物空间转换自身所带来的效益。它是指由于物流对货物的空间转换所带来的货物(包括原材料、成品、半成品等)的销售市场的扩大、供求关系的改变,以及基于对不同经济区域之间各行业的生产率的差异产生的产业合理布局所带来的效益。

基于货物空间转换自身所带来的空间效益,按照货物在产销地情况又可以分为三类:基于集中生产所创造的效益、基于分散生产所创造的效益及基于中间集散所创造的效益。按照国际贸易理论,不同经济区域之间自然资源、技术、设施等的差异,使得不同经济区域之间生产同一种产品的成本是不同的;而不同行业的产品的销售市场、生产情况、规模效益等是不同的。

(2)基于物流成本的降低所带来的空间效益。由于运输和仓储等物流业务的成本属性逐渐为现代物流研究所重视,从而带来运输线路的优化、仓储管理、采购优化和基于现代信息技术支持下的先进的物流理念所形成的成本降低。

3) 配送物流网络的优化

网络体系包括采购、营销、服务网络等。依托广泛、扎实的采购网络,企业能以较低的成本,采购最合适的原材料;通过广泛的营销网络,企业可以最大限度地以合理价位销售产品;而良好的服务网络可以为企业赢得良好的信誉,对增强客户满意度、产品美誉度起着重要作用。但是,网络体系也有其成本属性,所以对企业的配送网络体系同样存在优化的问题。网络体系的优化包括对现有网络体系的撤并、扩建与合理利用等。从物流角度看,其网络体系可以理解为一张流动着商品、信息、服务内容的网络。网络的变动是"牵一发而动全身",一个节点的变动可能会影响整个系统的稳定,因此,对网络的优化应慎重,坚持"平稳、安全、有利"的原则进行。

4) 优化配送物流路径

物流路径指在物流作业过程中物的流动所流经的路线。不同的物流路径有时也意味着不同的运输方式,因此,优化物流路径也包含着作业方式(如运输方式)的优化。如果说采购点与网络的优化是一种空间选择结果的优化,物流路径的选择则是一种作业过程的优化。在物流路径的选择中,可以通过相关的技术、方法,结合实际,寻求最优方案,以取得最佳的空间效益。

(1)在对物流配送进行物流路径优化之前,首先应该明确路径选择的原则。

第一,安排车辆负责相互距离最接近的站点的货物运输。卡车的行车路线围绕相互靠近的站点群进行计划,以使站点之间的行车时间最短。

第二,从距仓库最远的站点开始设计路线。要设计出有效的路线,首先要划分出距仓库最远的站点周围的站点群,然后逐步找出仓库附近的站点群。一旦确定了最远的站点,就应该选定距该核心站点最近的一些站点形成站点群,分派载货能力可以满足该站点群需要的卡车。然后,从还没有分派车辆的其他站点中找出距仓库最远的站点,分派另一车辆。如此往复,直到所有站点都分派有车辆。

第三,安排行车路线时各条路线之间应该没有交叉。应该注意的是时间窗口和送货之后才能取货的限制可能会造成线路交叉。尽可能使用最大的车辆进行运送,这样设计出的路线是最有效的。理想状况是用一辆足够大的卡车运送所有站点的货物,这样将使总的行车距离或时间最小。因此,在车辆可以实现较高的利用率时,应该首先安排车队中载重量最大的车辆。

第四,取货送货应该混合安排,不应该在完成全部送货任务之后再取货。应该尽可能在送货过程中安排取货以减少线路交叉的次数(如果在完成所有任务之后再取货,就会出现线路交叉的情况)。线路交叉的程度取决于车辆的结构、取货数量和货物堆放对车辆装卸出口的影响程度。

第五,对过于遥远而无法归入群落的站点,可以采用其他配送方式。那些孤立于其他站点群的站点,为其提供服务所需的运送时间较长,运送费用较高。考虑到这些站点的偏僻程度和货运量,采用小型车单独为其进行服务可能更经济。此外,利用外包的运输服务也是一个很好的选择。

第六,避免时间窗口过短。各站点的时间窗口过短会使得行车路线偏离理想模式,所以如果某个站点或某些站点的时间窗口限制导致整个路线偏离期望的模式,就应该重新进行时间窗口的限制,或重新优化配送路线。

这些原则较为简单,而且按照这些原则在物流配送中可以较快地找到比较合理的方案。但是,随着配送限制条件的增加,如时间窗口限制、车辆的载重量和容积限制、司机途中总驾驶时间的上限要求、不同线路对于行车速度的限制等,使得最优路线的设计越来越复杂。

(2) 制定配送路线,主要有两种方法:扫描法和节约法。

节约法首先假设每一个站点都有一辆虚拟的卡车提供服务,随后返回仓库配货,这时的路线里程是最长的;然后,将两个站点合并到同一条线路上,减少一辆运输车,相应地缩短路线里程,以此类推。节约法的目标是使所有车辆行驶的总里程最短,并进而使为所有站点提供服务的车辆数最少。节约法在按照最大节约值原则将站点归入某条路线之前,预先考查加入该站点后路线的情况,而且还要考虑一系列关于路线规划的问题,如行车时间、时间窗口限制、车辆载重等。这种处理方法能够处理有众多约束条件的实际问题,而且可以同时确定路线和经过各站点的顺序,有较为强大的处理能力。但是,随着约束条件的增加,扩展问题难度加大,节约法不能保证得到最优解,但是可以获得合理解。

路线设计中的扫描法很简单,即使问题规模很大,也可以通过手工计算得出结果。扫描法可阐述如下:第一,在地图或方格图中确定所有站点(含仓库)的位置。第二,自仓库始沿任意方向向外画一条直线,沿顺时针或逆时针方向旋转该直线直到与某站点相交。需要考虑:如果在某线路上增加该站点,是否会超过车辆的载货能力,如果没有,继续旋转直线,直到与下一个站点相交。再次计算累计货运量是否超过车辆的运载能力(先使用最大的车辆)。如果超过,就剔除最后的那个站点,并确定路线。随后,从不包含在上一条路线中的站点开始,继续旋转直线以寻找新路线。继续该过程直到所有的站点都被安排到路线中。第三,排定各路线上每个站点的顺序使行车距离最短。

5) 优化配送空间利用

空间是物流作业的载体,如运输中的装载空间、仓储中的存储空间、场站的停放空间等,故空间的利用成为物流空间效益获取的一个优化点。通过优化物流作业环节中的空间利用,包括运输中的装载空间的合理分配与利用,装卸过程中的搬运、装卸工具空间的利用,以及仓储空间的利用,可以带来物流空间效益的增加。优化配送空间利用的途径包括标准化、一体化、专有化以及运筹学中的线性规划等技术方法。

标准化包括产品包装的标准化和装运工具的标准化。产品包装的标准化是从物流运输、装卸、搬运、仓储的角度出发,设计产品外观包装最优利用空间的尺寸,如香烟的包装就采用统一的标准化包装;另一种就是装运工具的标准化,如集装箱与托盘的标准化。标准化的集装箱与托盘,有利于整个国际范围内的物流作业,当然,标准化也是一个过程,需要全球范围内的相关环节为之努力。

一体化是指将物流作业中的各环节联系起来,采用不拆箱作业、不卸货作业等,节省途中时间,节约作业成本。如海洋运输与公路运输方式间的联运,承担集散运输的公路运输直接采用汽车集装箱运输的方式,避免拆箱。同时,一体化还可以将作业过程与物流环节的运输过程进行集成,实现空间上的优化利用,如水泥搅拌车的投入使用,通过将水泥、砂石、水的运输过程进行集成,较好地利用空间,带来了较好的效益空间。

专有化是指,对于一些特殊产品,或者属于企业的特色产品,无法标准化时,可考虑采用专用的装运工具等,以方便装运。

2. 基于时间效益的第三方物流配送方案设计

1) 时间效益概述

从形式上看,时间效益就是合理把握物的流动时机形成的效益;从实质上看,时间效益主要包括资金使用效率的提高、协调安排生产带来的效益和更好地把握商机形成的增量效益三部分。所以,物流时间效益的内涵是基于合理把握物流时间所带来的相关收入增加或资源占用和资源消耗成本的减少的综合效益。

2) 配送时间效益实现的类型和方法

按照物流时间效益的实质,我们把时间效益分为提高资金使用效率的效益、时机效益和时间协调效益三类。其中提高资金使用效率的效益包括缩短时间和利用物流时间生产创造的效益;时机效益包括延长时间和错位时间效益;时间协调效益以JIT效益为代表。这实际上都是减少货物的在途时间,由此提高的资金使用效率主要集中在节省流动资金和提高资金周转速度两个方面。

3) 时间协调效益

时间协调效益是指通过协调相关物的流动时间而获得的效益,从该效益形成的机理看,时间协调效益的内涵依然是资金的时间价值。但时间协调效益的挖掘并不是缩短某项物流过程的时间占用,而是通过协调相关的若干种类物的流动时间,从而缩短由这些相关物组合成的产品的生产周期。假设某产品生产需要 A、B、C 三种材料,每种材料采购并运达生产线需要一个星期的时间,产品加工需要三天时间。如果先采购 A 材料并将其运达后再去采购 B 材料,B 材料运达后再去采购 C,那么该产品的加工周期为 24 天,A、B、C 三种材料占用资金的时间分别为 24 天、17 天和 10 天。如果同时采购 A、B、C 三种材料,则该产品的价格时间为 10 天。这个资金占用时间的缩短并不是因为缩短了 A、B、C 三种材料的采购运输时间或缩短了产品加工时间,仅仅是通过协调三种材料的采购和运输时间得到的。这就是时间的协调效益。

小资料 5.1

"让我们战胜满足感"——海尔物流运作经验

2000 年海尔对原来企业的内部组织进行了大刀阔斧的改造,剥离了原来十几个产品事业部的物流和商流功能,包括采购、物流,成立了物流推进本部。首先,海尔对集团企业的物流机构进行了全面的整合,对全集团所有物流资源进行合理配置和重组。将过去分散在各个产品事业部的采购业务合并,实行统一采购,以达到或者接近全集团物资 JIT 采购,从而节约采购成本。整合采购权限后,利用集团的品牌与数量优势取得了供货商的最优惠价格,实行统一采购后,采购成本比原来降低了 1%~8%,增加了物流的空间效益。其次,海尔在完成集中采购的同时也开始了物资配送的大统一,也就是根据生产的需要,对生产的各个环节实行 JIT 配送管理。具体内容是为企业内部生产线的零部件和离线成品或者半成品进行统一保管和配送,这样在保证生产正常运转的情况下,最大限度地减少了线上的库存,从而减少了产品库存资金的占用和采购物品资金的占用,使海尔的库存从 15 亿元下降到了 7 亿元,平均库存时间从 13 天下降到 7 天。上述这些举措,都是通过物流规划来实现经济增长,增加的效益集中体现在物流的时间效益上。

海尔物流获得的优化采购和库存的减少造成的库存面积的减少属于物流的空间效益。海尔的库存由 15 亿元下降到 7 亿元,平均库存时间由 13 天下降到 7 天,节省的 8 亿元的流动资金以及库存时间由 13 天一次变为 7 天,则着重体现了物流的时间效益。这里时间效益的衡量就是节约的流动资金的机会成本和由于资金周转速度的加快在一定时期内所获得的利益增量。假设海尔的资金利润率为 10%,一年至少周转一次,节约的这 8 亿元的资金用于投资,一年可以获得的利润量为 8 千万元,这就是海尔物流整合所获得的时间效益。

本案例中,涉及的仅仅是采购、生产和配送过程中获得的时间效益,如果销售过程中因为物流过程中时间缩短所形成的资金周转速度加快,同样可以获得物流的时间效益。

假设海尔物流整合后,资金周转速度由原来的一年周转一次变为一年两次,那么,一年中多获得的利润就是由于资金周转速度的加快所获得的时间效益。通过提高资金使用效率来获得物流的时间效益主要原因在于资金的机会成本和资金的时间价值。

(资料来源:周行.中国商贸,2000-08)

5.4.2 基于产品配送物流网络系统的设计

产品配送物流网络系统的目的是连接产品的生产地点与消费地点以达到以下目的:第一,在恰当的时间,把恰当的货物以恰当的数量送达恰当的地方;第二,当需要的时候,通过存货控制协调生产与需求。新建企业需要建立物流网络系统,老企业由于业务增长与变化,也需要不断地对原来的物流网络系统进行重新设计。

配送网络设计是一项重要的战略层面的物流活动。一个好的设计思路应该使该网络能够在恰当的时间与地点为恰当的客户提供恰当数量的产品,并且使整个过程的物流费用最低。配送网络设计的目标就是要找到运送和接受产品最经济的途径,同时又要维持或提高客户服务的水平。简而言之,配送网络设计就是寻找利润最大化和服务最优化的平衡点。具体的设计过程可以分为以下七个步骤:配送网络的数据收集、明确送货要求、建立数据库、设计网络方案以备选择、计算运营成本、比较相关方案、方案细节的制定等。

1. 配送网络的数据收集

在具体的设计过程中,收集数据、明确送货要求和建立数据库可以在时间上同步进行。这些工作的主要目的是为了更好地理解当前的系统并且界定企业对未来系统的要求。为了了解现在的配送系统,第三方物流服务商必须从配送中心和运输系统收集信息,其中配送中心的信息包括配送中心的利用程度、布局和设施、仓库管理程序、仓库吞吐量、交通便利情况、年度操作费用、库存量等;运输系统的具体信息则包括运费等级和折扣、运输操作程序、送货需求、补货量等。还要具体了解未来的物流网络需求。在实地信息收集结束之后,负责这个项目的小组所有成员应该举行会议,交换从每一个网点收集到的信息并做出评估。

2. 明确送货要求

对配送网络进行分析所需的重要数据之一就是交付时间,也就是企业收到客户订单开始到客户收到商品之间的这一段时间。如果对交付时间的要求不能确定,那么第三方服务商就必须做一个客户服务差距(gap)的分析。差距分析包括一系列对企业内部支援和客户的直接调查,其目的是为了查明客户对服务预期与实际需求之间的差异。当运送费用减低至一定程度后,物流成本与生产成本之和就会超过销售所得收入,也就是说,运送时间和运送成本之间存在着一种替代关系,而随着运送时间的延长,利润会出现先增加后减少的情况。因此,在设计配送网络时,关键是要明确客户对运送时间和运送费用的要求,也就是成本和服务水平之间的关系,然后找出能够实现利润最大化的、最高的服务水平。

3. 建立数据库

在分析了当前的网络之后,订单的数据库模型就可以建立了。该信息应当包括配送目的地、配送重量、所订购的产品和订购的数量。一旦数据确立,下一步就是数据的证实了。为了保证信息传输的正确性,可将发票上的一些记录与实际的信息相比较。准备一个总结报告以便清理核对,以保证文件中的所有数据已被正确传输。一旦数据被证明真实无误,就可以按照不同的方法进行分析了,比如根据地区销售量和地区产量不同(地理区域)所作的 ABC 分析。

4. 设计网络方案以备选择

数据收集之后,下一步就可以提出包括配送中心地址和各种运作方法的备选方案。以配送中心的选址问题为例,一般会考虑其他一些因素来做出决定。除了配送中心的选址,配送网络运作方法的选择也是考虑的一个重点。另外,如供应商货物的集运、集中地周转货物、保持企业分布的独立性和由供应商直接交货等评判标准也要考虑在内。

5. 计算运营成本

一旦备选地址决定后,就必须马上收集有关运费、仓储成本和劳动力成本的数据,以计算年运营成本。但是在配送网络的运营中,成本的发生并不限于这几方面,还应该考虑到其他一些因素,比如集中管理的费用和订单处理费用、经常性库存和安全库存的费用、仓库间转移费用等。

6. 比较相关方案

备选方案的经济分析是根据各方案实施费用的比较进行的。分析时,首先确定有关备选方案的投资,如添置新的仓库设备、建造费用、有关建筑物整改的费用等。此外,还应该考虑人员安置、生产停顿时间、存货重新安排、信息系统设置、税收等信息。以上评估的结果应得到一个与基准投资收益率相比的投资收益。一旦完成以上步骤,通过对各种成本变动的观察,就能进行敏感性分析,即判断哪个备选方案最为稳定。之后,再对有关客户服务因素及实施难易程度等进行定性的分析,以对备选方案进行综合评价。得出结论后,就要制定各主要步骤实施的时间进度表,包括从现有的物流系统向新的系统转变时各配送网点的具体执行时间表。

7. 方案细节的制定

配送网络设计的最后一个环节就是将设计结果推荐给客户企业的高层管理者。在介绍的过程中,第三方物流企业应该使客户理解新的方案对客户整个业务的影响,其中不仅包括运输及仓库成本的财务状况,还包括整个销售和客户服务的情况。为了向客户说明这些情况，物流企业应该准备详细的方案材料。具体来说应该包括以下信息：设计方案的目的，计划实施时间表，采用方法和研究的数据，现有的配送网络的情况及存在的问题，备选方案，模型计算结果，对备选方案评估的结论等。

本章小结

用系统观点来研究物流活动是现代物流科学的核心问题，物流系统的建立也是现代物流与传统物流最根本的区别。第三方物流系统的设计必须以科学和实用为出发点，以节约物流资源和效益优化的目的为规划方向，对物流系统进行分析是检验其功能的重要途径。本章主要讨论了第三方物流系统的概念、模式、特点，在此基础上，分析了第三方物流系统规划设计的目标、因素、内容等，并分析了第三方物流系统规划与设计的一般程序，具体包括转变阶段、分析阶段与确定阶段。另外，还分析了基于客户定制服务的第三方物流系统与第三方产品配送网络系统的规划设计问题。

基本概念

第三方物流系统；第三方物流系统规划设计；扫描法；节约法

复习思考

1. 什么是第三方物流系统？它有哪些构成要素？
2. 第三方物流系统有什么特点？
3. 第三方物流系统规划设计的目标是什么？涉及哪些因素？
4. 第三方物流系统设计的内容包括哪些方面？
5. 指出第三方物流系统规划设计的一般程序。
6. 基于客户定制服务的第三方物流系统设计的实施要点是什么？
7. 基于产品配送的物流网络系统应该如何设计？
8. 简述在对物流配送进行物流路径优化之前路径选择的原则。

案例分析

物畅其流——北京世佳公司第三方物流管理系统建设

北京世佳物流有限公司是北京世佳经贸集团的核心企业之一。世佳经贸集团分为世佳商贸公司、世佳物流公司和世佳美臣电子商务公司三部分。世佳物流有限公司是整个集团进行多元化经营和建立第三方物流中心战略的核心。世佳物流公司拥有的配送中心是目前国内最大的社会化百货商品配送中心之一，面积5万多平方米，配送车辆近百辆，日配送能力可达百万元,并拥有一批专业化、高素质的管理人员。公司的客户主要为大型的家电类及消费品生产企业和一些电子商务企业,货物类型以电器和食品为主。

世佳物流公司的业务类型比较复杂,主要有四个类型:首先是世佳公司本身自营的近5000个品种商品的对大中型商场、连锁店和超市连锁店的日常配送;其次是为在京的几十家工业企业的日常销售进行后台配送服务,将厂商的商品送至经销商、零售商;第三个是为市内十几家连锁店、商场作后台配送服务;第四个类型就是受零售商场、网上销售商的委托,为他们进行直送用户的配送服务。

随着客户数量和业务范围的迅速扩张,世佳物流公司已从单一的物流配送中心逐渐转变成为客户提供全方位物流服务的枢纽化、社会化、一体化的物流平台。随着业务模式的重新定位,需要一个健全的管理系统,保持企业信息流和物流的畅通,这就要求企业及时掌握真实和动态的库存状态;合理调配运力、库房、人员等各种资源;有效监控和反馈订单执行情况;有效统计和管理客户及货物信息;及时掌握提供决策分析的相应数据统计和分析报表。以前,各种不同类型的业务模式比较复杂而又缺乏相应的物流管理系统,世佳物流公司在物流控制和管理上有较大难度,难以很好地满足客户的要求。为此,世佳找到了专业的物流信息系统开发公司——杰合伟业,由该公司帮助他们设计并建立了一套完整的采用现代化技术手段的物流管理信息系统。

1. 建立第三方物流系统需求分析

在为世佳物流设计和实施物流管理信息系统之前,杰合伟业首先与世佳一起,对公司的组织结构、业务流程、内部管理以及目前存在的主要问题进行了深入的研究和分析。研究发现,世佳公司在作业层、管理层和决策层都存在一些问题。

(1) 作业层的问题主要体现在库房管理和配送调度方面。在库房管理中,不仅出库入库都仅依靠手工操作,工作量非常大,而且由于库存商品种类较多,没有实施统一的条码管理,导致商品和货物的准确位置不能确定,因此公司无法进行有效的库区和仓位管理。配送调度方面,由于没有良好的配送调度控制,作业执行得不到有效的监控和跟踪,而且由于缺乏对运输车辆的管理,无法准确计算配送成本。

(2) 管理层的问题是:一方面,缺乏对订单执行情况的有效监控和反馈;另一方面,对客户和货物的实时信息也缺乏有效的统计和管理。

(3) 决策层的问题在于,由于不能及时了解库存情况的动态变化,故而无法执行科学合理的调度计划;缺乏相应数据的统计和分析报表,无法为决策提供参考依据。

2. 第三方物流系统解决方案设计

基于世佳公司的物流业务需求、信息系统需求以及该公司未来发展战略的考虑,北京杰合伟业公司为世佳公司量身定做了一套第三方物流信息系统解决方案,以帮助其完成业务的整合与配送流程的优化。

系统以世佳公司代理业务配送流程为基础,以方便快捷地完成配送工作、准确保存配送数据为目的,以分布式库存管理监控系统、运输优化调度系统为核心,同时通过3PL作业支持系统、客户关系管理与商业智能系统实现企业商业活动与物流系统的整合,帮助企业在经营过程中对相关物流过程进行全面的动态监控,切实提高运作水平。整个系统从逻辑上分为四个业务中心:

(1)客户联络中心(客联部)实现工作人员与客户进行联络、交互的功能。客户通过WEB/WAP交互式语音服务确认身份和服务请求,进行处理后,生成详细需求,传送给其他子系统,完成各项功能,答复客户请求。

(2)配送中心(物流管理部与运输管理部)是将计划任务分配给具体运力(承运人和承运工具)并提供实施的平台。它对整个任务运行过程进行实时跟踪,以提高整个配送过程的服务质量和客户满意度。

(3)仓储中心(物流管理部和仓储部)是一个多层次的管理系统。可从级别、类别、货位、批次、单件等不同角度反映物品的数量、库存成本和资金占用情况,从而帮助仓库管理人员对库存物品的入库、出库、移动和盘点等操作进行全面的控制和管理,以降低库存、减少资金占用,杜绝物料积压与短缺现象。

(4)管理与营销中心(总部)是整个系统的核心控制所在,汇聚了各部分的数据并以此对其他部分进行控制和监督,同时建立起市场开发、财务管理、绩效管理等辅助决策的支持系统。

3. 第三方物流系统方案功能简介

(1)仓储管理(WMS)。实现对货物的出库、入库的统计,管理货物的盘点、分拣、包装和加工过程。充分利用分布式库存网络的管理,提高库存的利用效率。调度和订单处理方法:为提高客户订单的处理能力和水平,可根据客户请求,选择最优的调度方法,制定出合理的调度分单计划,减少人为的错误和提高调度的效率。

(2)客户关系管理(CRM)。先进的客户关系管理系统可以保证客户的请求得到有效的响应和执行,提高客户服务的质量,减轻客户服务人员的工作量,实现客户服务一票到底。此外,利用客户关系管理系统的有效资料和信息,可以辅助市场开发人员分析客户的需求,发现更有价值的客户,为公司的客户定位和市场拓展提供依据。

(3)业务控制和订单管理。可以对整个业务过程中的订单、车辆、货物进行全程业务控制,监控各个业务环节是否出现延滞和错误,以确保正确和及时地执行客户订单,保证整个业务流程的顺畅。

(4)支持并提供数字化管理。应用了无线网络、条码、磁卡、IC卡等数据采集技术,使得现场数据获取准确、及时,能适应物流大量化和高速化要求,大幅度提高物流效率。

(5)货物的实时跟踪和定位(GIS/GPS)。为提升客户服务价值,满足客户对货物进行跟踪和货物状态分析的要求,系统可对各个阶段货物的位置和状态进行有效的定位和全程跟踪。

(6) 运输管理和绩效考核。通过对车辆、人员的管理，利用自有运输资源和外部运输资源，实现作业的合理分配，提高人员的工作效率，降低作业成本。

(7) 准确的成本核算。实现按客户、货物、订单等多种类型的成本核算，分析物流成本构成，为实现"开源节流"提供决策依据。

(8) 网上物流服务。通过 B/S 结构的系统构架，为客户提供基于 Internet 方式的网上下单、货物状态查询等全面的物流服务。

(9) 报表统计和辅助决策。自动对相关数据进行统计，生成各类统计报表，为决策者提供依据。

4. 第三方物流系统方案特点

这套专门为世佳公司定制开发的物流管理系统，符合第三方物流企业的运作特点。在满足企业流程的基础上还具有如下特点。

(1) 准确性。系统稳定，具有 24 小时的系统服务能力，具有较强的系统功能和容错能力。

(2) 灵敏性。整个系统的软硬件平台和数据库系统均具有相当的开放性，预留接口，系统较容易与其他财务管理软件、WMS 软件等应用系统集成在一起。

(3) 易用性。通过将客户需求、产品、设备、业务员以及工作路线等各方面进行优化配置、统筹管理，提高了企业的运作效率。

(4) 安全性。网络系统提供有效可信的安全保密机制，防止未经授权的信息访问或非法侵入；在信息访问和交换中确保数据的安全保密性，按访问级别控制用户对机密信息的访问和获取。

5. 第三物流系统方案实施效果分析

经过一段时间的运用，世佳公司可以做到方便地接收来自厂商的提货通知单和分销商的配送订单，及时进行业务处理。同时，世佳建立起了完整的仓储管理和运输管理功能，确保它能及时响应客户需求，监控订单执行情况，高效完成配送作业。分销商和厂商则可以通过 Internet 输入配送订单、提货通知单；提交配送和出仓请求，在一定条件下可以修改配送订单；并可以查询商品库存记录和配送订单、提货通知单的执行情况和历史记录。同时，也可利用 E-mail、电话和传真向世佳公司提交配送和出仓请求。良好的实施效果还体现在：

(1) 充分利用资源。在物流管理中，成本可变性最大的就是库存，因此库存的管理在物流管理乃至整个供应链中都是一个重要的环节。这套系统采用了动态库存管理的设计，使管理者可及时了解和控制库存业务各方面的情况和数据。并且多层次的管理系统，可以从多种角度反映物品的库存情况。

(2) 合理调配资金周转。资金的周转在企业的运行中起着非常重要的作用。运用物流管理系统，世佳的管理者和生产厂商及其代理可随时通过互联网了解到相应的库存统计数据,还能够监测到每一个订单的执行情况,根据最新的市场动态及时调配资金运转,制定发展计划。

(3) 提高客户服务水平。在为客户提供服务的过程中,客户最关心的是物品的安全性、准确性和及时性。考虑到客户的切实需求,系统为客户提供专用窗口、特别权限和密码,使客户可以在线的方式监控订单的执行过程及货品的运送情况,还可查询以往的订单情况,最大限度地满足客户的需求。

(4) 节约成本。在物流企业的运营成本中,与客户联络和信息交流的费用也是不可忽视的。传统的交流方式如传真、电话、长途通信等费用成本很高,这一物流管理系统采用了 Internet 和 Intranet 网络技术,外部充分利用 Internet 的优势与客户联络和进行信息交流,内部采用局域网络技术,不仅节约了订单运转的时间,而且避免了手工操作容易发生的各种错误,提高了管理水平,也降低了费用的支出。

(资料来源:牛鱼龙.新物流,2008-04)

结合案例分析问题:
1. 第三方物流系统规划设计应包括哪些主要内容?
2. 第三方物流系统规划设计应考虑哪些因素?

第三方物流运作管理

 学习要点

1. 理解物流运作管理的基本内容;
2. 掌握第三方物流的运作模式;
3. 掌握第三方物流的运输管理、仓储管理和配送管理的相关内容;
4. 掌握第三方物流企业运输合理化的途径;
5. 了解我国常见的几种第三方物流业务模式。

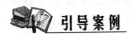 引导案例

宝供物流运作模式的转变

2000年初,马士基(Maersk)、UPS、FedEX、DHL等物流快递公司纷纷布局中国。突然之间,客户可以选择的物流服务商一下子多了,这让原本平静的物流市场紧张了起来。

这种新环境让宝供有了危机感。宝供服务的客户多为外资企业,业务范围覆盖全国,他们需要物流服务商拥有庞大的服务网络以延伸到自己所需的任何地方。危机当前,宝供只有通过提供更多、更优质的服务,才能避免客户流失。宝供在2000年提出了应对之策:向"供应链一体化服务商"转型,搭建全国性网络。在宝供董事长刘武眼中,这个网络包括以现代物流基地为骨干节点的"地网",以及以信息技术为支撑的"天网"。

此前的宝供是家典型的轻资产公司:仓库是租的,车辆是租的。宝供随着客户的需求,由轻变重。为了早日实现转型,宝供开始实施"基地战略",兴建物流基地。2002年11月25日,宝供苏州基地竣工并投入试运营。这个占地400亩、仓储面积达10万平方米的现代化物流基地耗资上亿元。此后,宝供计划继续投资在全国15个经济发达城市建设大型现代化的综合性物流服务平台,形成以现代化物流服务平台为节点的全国网络。"对客户而言,物流基地的价值相当于分销中心,可以用最低的成本最快速地响应最大的业务需求",顾小昱说。如今,宝供已投入使用10多个物流基地。目前,宝供正在为全球500强

中的50多家大型跨国企业及国内一批大型制造业企业提供供应链一体化的专业物流服务，覆盖日用消费品、家电、软件和电子通信、食品和饮料、石油和汽车零配件、医药、连锁、电力和工程机械等八大主流行业。联合利华、红牛、安利、飞利浦、三星、索尼、百威等外资公司以及中石油、TCL、吉利、李宁、蓝月亮等国内行业领先企业均与宝供保持着良好的业务合作。随着专业化程度的提升，近两年宝供还增加了危险品行业的物流配送。

2010年宝供的营业额约24亿元，比2009年实现了双位数增长。为支持公司的发展规划，宝供将在其第三方物流信息系统的基础上，集合RFID等新技术应用，将技术创新建设成为企业的创新中心，实现技术创新与企业经营发展战略的同步进行。

（资料来源：秦丽."链主"宝供：从被动到主动.《商业价值》第4期.2011-04-14）

6.1 第三方物流运作管理概述

6.1.1 第三方物流运作管理的内容

1. 物流运作管理的含义

物流运作是指第三方物流企业为了实现客户的要求，设计物流作业方案，调配相关资源并组织实施的具体活动过程。物流运作的服务对象是客户，包括各类企业和个体消费者等。第三方物流企业为客户提供的是集成物流服务，集成物流服务不是简单的运输、储存、装卸、搬运、包装、流通加工与信息处理等活动，而是根据客户需要，为满足物流运作要求而提供的集成物流服务过程。物流运作管理是指第三方物流企业对物流运作过程实施计划、组织、协调和控制的活动过程，是物流过程中密切相关的各项管理工作的总称。物流活动需要多种资源的投入，需要制定运作方案，利用各种相关资源，并基于一定设施、设备和技术等资源的集成服务活动过程，将运作过程所需要的人员、设施、设备、技术和信息等资源，根据产品或产业过程自身特点，按产品、产业链的服务特征设计的运作方案有效地组织资源、协同运作，实现企业与供应链系统目标。物流运作管理目标是实现物流质量、效率、成本的最优组合。

2. 第三方物流运作管理的内容

第三方物流运作管理主要包括物流系统要素管理、物流活动功能管理和物流运作过程管理等内容。首先是对物流系统要素进行管理，包括与物流业务相关的人、财、物、信息和环境等基本要素管理，以实现企业与供应链系统目标。其次，是对物流功能活动的管理，即对物流运作各环节的管理，包括运输、仓储、包装、装卸、搬运、配送、流通加工、信息等物流功能子系统。物流功能活动的内容取决于第三方物流企业的业务，对于客户定制化的物流服务项目而言，一般物流业务主要包括物流基本业务和物流增值业务两种。第三，物流运作过程管理指企业物流运作从投入到产出总过程相关的一系列基本流程的管理,包括物流经营管理、物流质量管理以及物流工程管理。物流经营管理以物的流动过程(含储存)为主体,面向市场,运用各种综合管理职能和手段,对物的流动过程进行系统的统一管理,以降低物流成本,提高物流的经济效益;物流质量管理既包含物流对象的质量,又包含物流手段、物流方法的质量;物流工程经济管理是正确认识和处理物流技术和经济节约之间的关系,以寻找物流技术和经济之间的合理关系的管理。

6.1.2 第三方物流的运作模式

在物流研究领域中对物流运作模式的研究十分广泛,可以从不同的角度对其进行分类。例如,从物流管理主体的角度进行分类,可以分为制造企业物流运作模式、商业企业物流运作模式、虚拟电子商务企业物流运作模式,以及第三方物流企业运作模式等。企业运营中,由于不同的企业和企业的不同发展阶段都有独有的特征,因而其物流运作模式也有所不同。企业选择什么样的物流运作模式,主要取决于两个因素:其一是物流对企业成功的影响程度高低;其二是企业对物流的管理能力大小。第三方物流本身就是一种物流模式,而落实到具体的第三方物流企业,物流运作模式就是企业为实现物流服务定位而建立的一整套运作体系。具体地说,第三方物流运作模式就是企业实现物流服务的全过程中所涉及的软、硬件等一系列环节和手段的集合。

1. 第三方物流运作模式的构成要素

第三方物流企业在建设运作模式的时候,主要应考虑如何提供服务和如何整合资源这两个主要问题。因此,第三方物流企业运作模式的构成要素主要有两个方面,即资源整合和服务提供。

1) 资源整合方式

从资源整合的方式看,第三方物流企业主要有两种,一种是不拥有固定资产,依靠企业协调外部资源进行运作的"非资产型"企业;另一种是投资购买各种设备并建立自己物流网点的"资产型"企业。究竟采用哪种类型,主要取决于企业的成长背景、投入能力、战略规划,以及宏观环境。"非资产型"物流企业仅拥有少数必要的设施设备,基本上不进行大规模的固定资产投资,它们主要通过整合社会资源提供物流服务。由于不需要大量的资金投入,运行风险较小。采用这种方式需要有一个成熟的物流市场,同时企业自身也要有先进的技术手段做支撑。"资产型"物流企业采取的方式是自行投资建设网点和购买设备,除此之外,还可以通过兼并重组或者建立战略联盟的方式来获得或利用资源。虽然需要较大的投入,但拥有自己的网络与设备有利于更好地控制物流服务过程,使物流服务质量更有保证,同时雄厚的资产也能展示企业的实力,有利于同客户建立信任关系,对品牌推广和市场拓展有重要作用。

2) 服务提供方式

如何提供服务、提供怎样的服务是第三方物流企业重点关注的问题,这需要确定以下六个方面的内容。

(1) 服务区域。服务区域是指第三方物流企业提供物流服务的覆盖范围。企业对于自身服务的范围是国际物流、全国物流、区域物流还是城市物流要有明确的划分。服务区域的确定要与本企业的资金、设备、条件相匹配，要符合企业的实际情况。

(2) 服务对象。服务对象的确定是解决企业为谁服务的问题，只有明确服务对象，才能在提供物流服务时有的放矢，以企业有限的资源为客户提供更完善、周到的物流服务。第三方物流企业的服务对象主要有社会公众、生产制造企业、商贸企业和个体消费者等。

(3) 服务内容。第三方物流服务的内容主要包括运输、仓储、包装、搬运装卸、流通加工、配送等基础性服务，以及信息系统管理、物流系统方案设计等增值性服务。企业选择哪些作为自身物流服务的内容，要依据企业的战略定位、整体实力，以及市场需求等综合确定。第三方物流服务的内容包括集成度较低的功能型物流服务和增值型物流服务，以及集成度较高的综合集成服务和系统咨询设计服务。集成度最低的是功能型物流服务，这类企业提供诸如货代、运输、仓储与配送中的某一项或几项服务。提供综合集成服务的物流企业能够把供应链上的一段（如分销物流）或者整个供应链的物流活动高度集成、有效衔接，进行运作、管理和优化，他们为客户提供一种长期的、专业的、高效的物流服务。

(4) 服务产品。物流服务产品是第三方物流企业根据市场定位、服务对象推出的相应的物流服务项目。服务产品的类型可以按照物品的重量、体积划分，也可以按照物品的性质如服装、家电、生物制品等划分。由于不同的物品对物流服务的要求不同，因此确定服务产品的类型对于运作模式的建立也有很重要的作用。

(5) 服务手段。第三方物流运作模式也是企业盈利模式的基础，物流企业的运作模式未必是唯一的，特别是大型物流企业可能具备多个不同类型的物流运作模式。因为，物流企业应当根据市场和客户的需求设计出独具特色的业务运作模式，通过持续改进的业务流程，了解客户需求，提高客户满意度，让物流运作模式成为企业的核心竞争力。除了由物流业务内容决定企业物流运作模式外，还应该从多方面、多要素角度进行分析，使第三方物流运作模式更具有典型性和推广价值。

(6) 服务范围。主要是指第三方物流企业所服务的行业范围。有些企业服务范围相对较窄、较集中，仅为单一或者少数行业提供服务；另外一些企业服务范围很广，可以为多个行业提供服务。在成熟的物流市场上，第三方物流企业为了建立自己的竞争优势，一般将主营业务定位在特定的一个或几个行业，因为不同的行业其物流运作模式是不同的，专注于特定行业可以形成行业优势，增强自身的竞争能力。

资源整合、服务方式这两个方面共同决定了物流企业的运作模式，也是第三方物流企业区别于竞争对手的关键所在。

2. 第三方物流运作模式的特征与适用性分析

根据第三方物流企业整合资源和提供服务的方式不同，可以将其归纳为以下八种运作模式,如表6-1所示。前两种模式是理论模式,不仅难以实现,而且意义不大;另外六种是比较典型的第三方物流企业运作模式,它们已经而且将继续在物流社会化系统中发挥重要作用。

表6-1 第三方物流企业运作模式

第三方物流企业的运作模式	资源整合	提供服务的方式	
		服务内容	服务范围
理论模式一	资产型	高集成	广
理论模式二	非资产型	高集成	广
综合物流模式	资产型	高集成	窄
综合物流代理模式	非资产型	高集成	窄
功能物流模式	资产型	低集成	广
功能物流代理模式	非资产型	低集成	广
集中物流模式	资产型	低集成	窄
缝隙物流模式	非资产型	低集成	窄

1) 理论模式一

此类第三方物流企业的主要特点是规模庞大,网络体系遍布全国甚至全球,拥有先进的物流装备、强大的信息管理能力和高水平的物流人才,可以同时为多个行业的客户提供高集成度的物流服务。由于高端的物流服务涉及对客户的几种物流功能甚至是整个供应链的整合,需要个性化定制,因此第三方物流企业参与客户营运的程度很深,投入较大。当客户分布在多个不同行业时,由于不同行业对一体化物流服务的要求有很大差异,第三方物流企业拥有的经验与资源无法在不同行业的客户间共享,会导致运作成本很高,第三方物流企业也难以形成核心专长。因此,尽管拥有大量的资产,同时为多个行业提供高集成度的物流服务也是很困难的,因此采用这种模式的第三方物流企业几乎不存在。

2) 理论模式二

此类第三方物流企业基本上不进行固定资产的投资,而是通过强大的信息管理能力和组织协调能力来整合社会资源(如其他的第三方物流企业、技术供应商、管理咨询顾问等),为多个行业的企业提供高集成度的物流服务。同样道理,由于服务需要个性化定制而且物流企业的精力有限,这种高集成度的服务很难大规模运作,而且无资产的物流企业操作起来更加复杂。

3) 综合物流模式

综合物流模式的特点是第三方物流企业拥有大量的固定资产,为少数行业提供高集成度的服务,它与第一种模式的区别在于其业务范围集中在自己擅长的领域。国际上许多著名的物流公司都采用这种运作模式,国内一些大型的物流企业也开始提供这种服务。例如,某物流公司为IBM、美能达等公司提供全球采购与生产配送服务,他们将运输、储存、报关、精确配送、信息服务和资金结算等多项职能整合在一起，使世界各地的物流在到港后 24 小时内即可通过配送中心送达位于不同地区的生产线上，保证其在零库存状态下进行正常生产。一些从大型生产制造企业中剥离出来的第三方物流企业由于有自己的网络和营销渠道专长，也集中面向专长的行业提供高集成度物流服务。值得注意的是，由于提供高集成度的物流服务参与客户内部运营的程度较深，为了更好地实施物流管理，同时也为了降低客户完全外包物流的巨大风险，一种常见的操作方式是第三方物流企业与客户共同投资新的物流公司，由这个公司专门为该客户提供一体化的物流服务。

4）综合物流代理模式

综合代理模式的特点是第三方物流企业不进行固定资产投资，对公司内部及具有互补性的服务提供商所拥有的不同资源、能力、技术进行整合和管理，为少数行业提供高集成度的一体化供应链服务，它与第二种模式的区别是其业务范围集中在自己的核心领域。综合代理模式体现了第四方物流的思想，采用这种运作模式的物流企业实际上就是一个供应链的集成商。采用综合代理的物流运作模式，不仅降低了大规模投资的风险，而且可以有效地整合社会资源，提高全社会的物流运作效率，现阶段在我国很值得推广。但是底层物流市场的极度不规范也使整合社会资源的难度很大，目前这种模式也还处于概念和探索阶段。第三方物流企业如中国储运公司、中外运公司、EMS 等，这些公司都已经在不同程度地进行了综合物流代理运作模式的探索实践。

5）功能物流模式

功能物流模式的特点是第三方物流企业使用自有资产为多个行业的客户提供低集成度的物流服务。这类第三方物流企业对客户提供的服务功能单一，大量的是提供运输、仓储服务，一般不涉及物流的整合与管理等较高端的服务。由于仓库、车队等资源可以共享，因此企业能同时为较大范围的客户服务，实现规模效益。功能物流模式是目前我国第三方物流企业运作的一种主要模式，许多以传统运输、仓储为基础的大中型企业，以及一些新兴的民营物流公司，都属于这种模式。目前这些企业纷纷在传统业务的基础上拓展更全面的综合物流功能，如提供一些增值服务和物流过程管理等，但是物流服务的集成度还不是很高。从国内的物流市场来看，由于客户企业仍倾向于外包部分功能性的物流活动而不是全部物流，因此定位在低集成度上的企业仍然有很大的发展空间，功能物流模式仍将是主要的物流服务形式。采用功能物流模式的第三方物流企业应该不断加强自身的运作能力，在强化核心能力的基础上，可逐步拓展服务的种类，提升服务层次，向综合物流模式发展。

6）功能物流代理模式

这种模式的第三方物流企业与功能物流模式一样，也是为多个行业的客户提供低集成度的服务，只不过是通过委托他人操作来提供服务，自身不进行固定资产投资。这类企业一般由货代类企业经过业务拓展转变而来，客户分布比较广泛，服务层次相对较低，但它具有较强的管理整合社会公共资源能力,能够充分利用闲置的社会资源,使其在效益方面产生乘数效应。这类企业对固定设备、设施的投资少,以其业务灵活、服务范围广和服务种类多等优势使其他企业难以与之竞争。采用功能代理模式的物流企业一方面可以通过不断提升代理服务的集成度向综合代理模式拓展;另一方面也可以通过与工商企业结盟增加资产的专有性,向更深层次的第三方物流企业方向发展。

7) 集中物流模式

集中物流模式的特点是第三方物流企业拥有一定的资产和范围较广的物流网络,在某个领域提供集成度较低的物流服务。由于不同领域客户的物流需求千差万别,当一个物流企业能力有限时,他们就可以采取这种集中战略,力求在一个细分市场上做精做强。例如,同样是以铁路为基础的物流公司,某铁路快运公司是在全国范围内提供小件货物的快递服务,而另一物流公司则是提供大件货物的长距离运输。由于在特定领域有自己的特色,这种第三方物流企业运作模式也是需要重点培育和发展的。

8) 缝隙物流模式

缝隙物流模式的特点是第三方物流企业拥有较少的固定资产甚至没有固定资产,以局部市场为对象,将特定的物流服务集中于特定客户层。这种模式非常适合一些从事流通业务的中小型物流公司,特别是一些伴随电子商务而发展起来的小型物流企业。例如,上海某物流公司,针对许多大型物流企业在城市末端物流配送网络上比较薄弱的情况,以健全的网络和规范化的操作模式专门为客户做城区内门到门的小件货物配送,由于找到了市场的"空白",这家公司的业务量正在快速上涨。采用缝隙型物流运作模式的第三方物流企业应该充分发挥自己在特定服务领域的优势,积极提高服务水平,实现物流服务的差异化和成本最小化。

第三方物流运作模式的建立是一个逐步积累和完善的过程,它具有长期性和复杂性,期间涉及物流资源的整合、物流网络的建设、人员的配置、物流作业的确定,以及业务流程的优化等诸多环节。因此,第三方物流企业在建设自己的运作模式时,先根据市场定位做出统筹规划,规划出一个完整和清晰的运作模式的框架,才能将运作模式建设好,并使其真正推动企业的发展。

6.2　第三方物流企业的运输管理

交通运输既是一种经济行为,也是一种物理行为,通过交通运输的服务行为,物品或商品实现了时空的转移过程。运输作为物流公司的最基本和最重要的物流活动,实现了物品在空间和时间上的变换,而运输业务管理反映了第三方物流企业的发展程度和竞争能力的高低。

6.2.1 第三方物流企业运输管理的内容

第三方物流企业的运输管理就是为了满足客户的需求而对整个运输过程的各个部门、各个环节以及制定运输计划、发运、接运、中转等活动进行合理组织，实时控制，以较低的运输成本创造更多的运输价值。第三方物流企业的运输业务管理包含运输决策、运输过程管理、运输成本控制和运输结算管理四个方面。

1. 运输决策

运输决策是指在运输作业前所做出的有关运输方式、运输工具、运输路线、运输时间的选择，以及运输成本的预算、运输人员的配置等多种方案及最佳方案的选择过程。它还包括决策所必须进行的客户资源、服务项目及运输资源的管理。

2. 运输过程管理

运输过程管理是整个运输管理的核心部分，包括对发运、接运、中转和运输安全的管理以及对伴随商品流动而进行的人员流动、资金流动管理。发运管理包括落实资源、检查包装标记、安排短途搬运、办理托运手续等工作；接运管理包括对交接手续、接卸商品、仓位准备、直拨等的管理；中转管理应注意中转的衔接，还应在加固包装、清理更换破损等方面加强工作，以提高运输质量；运输安全管理包括建立各项运输安全制度，防止运输事故发生，当事故发生后应及时进行处理，避免积压扯皮、长期悬而不决等。

3. 运输成本控制

运输成本是指货物在具体转移过程中消耗掉的物化劳动和活劳动的综合，其货币表现就是各种成本的支出。对于某个特定的企业来讲，在一定时间内完成一定客货运输量的全部费用支出就是运输总成本。单位运输产品分摊的运输成本支出，称为单位运输产品成本。一般来说，运输总成本包括车队、燃料、路桥费、设备维护、劳动力、保险、装卸、逾期/滞留成本、税收、跨国成本等。运输成本是物流成本的主要构成部分，因此应该做好运输成本的计划和控制工作。

4. 运输结算管理

运输结算管理包括运输费用的结算和账务处理，还可以包括索赔处理、他人索赔，运输设备的维修与过库等。

6.2.2 第三方物流企业运输管理的特点和基本原理

1. 运输管理的特点

运输管理的特点主要表现在专业化、系统化和信息化三个方面。专业化是指运输管理必须具有专业的组织和人员、专业的设施设备、专业的管理与服务，才能有效完成运输任务,创造竞争优势,创造更大的利润空间。系统化是指运输管理要从系统的高度合理运用运输工具,提高运输效能,并且结合现代电子技术对运输源、物流客户、客户需求、服务项目、运输单证等进行综合管理,做到效益最大化。信息化是指运输决策是建立在多个运输任务基础上的。必须建立高效的运输信息系统,及时把握市场信息,从而有效运用运力,做出最经济、最合理的运输方案。

2. 运输经营管理的基本原理

运输经营管理的基本原理主要有规模原理、距离经济原理、幅员经济和密度经济原理、范围经济原理、服务至上原理和成本最低原理。

1) 规模原理

规模经济的特点是随装运规模的增长,每单位重量的运输成本下降,但包括接受运输订单的行政管理费用、开票以及设备费用等与商品转移有关的固定费用不随装运数量而变化。

2) 距离经济原理

距离经济的特点是每单位距离的运输成本随距离的增加而减少。运输工具装卸所发生的相对固定费用必须分摊到每单位距离的变动费用。距离越长,可以使固定费用分摊给更多的各单位距离,导致每单位距离支付的总费用更低。

3) 幅员经济和密度经济原理

幅员经济(economies of size)和密度经济(economies of density)是运输中存在的经济原理。运输的幅员经济主要是指在运输设施设备的利用率(密度)保持不变的情况下,通过增加运输线路或运输设施设备来增加运输网络系统的产出,此时,随着产出的增加,平均成本下降,这是由于运输网络幅员扩大而引起的,我们就说存在幅员经济。密度经济是指在不增加运输线路的基础上,通过提高运输设施利用率增加运输网络系统的产出,随着产出的增加,平均成本下降,这时我们就说存在密度经济。

4) 范围经济原理

在经济生产中,有时会存在这样一种现象:当一个企业同时提供两种或两种以上的产品时,产品的平均成本更低,即生产效率更高,这时我们称存在范围经济(economies of scope)。运输业是范围经济存在较广泛的行业。这是因为范围经济的存在,是由于联合成本或共同成本的存在导致的,而联合成本又是由于联合产品或服务而引起的。联合产品广泛存在于运输经济中。例如,往返运输中,载货的去程运输和空车返回的运输成本就属于联合成本。此时,物流公司或其他运输企业如果能较好地安排货源,利用回程载运反向的货物,就可以降低总平均成本。

5) 服务至上原理

任何运输经营活动都是为有需求的消费者提供服务的。运输经营的目标,不仅在于提高装运规模和实现距离最大化,而且在于满足客户的服务期望。因此,提供怎样的服务、怎样提供服务和为谁提供服务就成了运输经营的核心要求。

6) 成本最低原理

物流企业运输经营管理，必须树立成本管理意识，加强运输成本控制，实现运输服务与运输成本的合理统一。

6.2.3 第三方物流企业运输合理化的途径

运输合理化是相对于不合理运输而言的，不合理运输是指违反客观经济规律，违反货物合理流向和各种运输工具的合理分工，不充分利用运输工具的载运能力，周转环节过多，从而浪费运力和加大运输费用的现象。例如，对流运输、倒流运输、迂回运输、重复运输、过远运输等运输形式都属于不合理运输现象。而运输合理化就是从物流系统的总体目标出发，对运输活动中的运输方式、运输路线、运输工具、运输时间等进行综合分析，并考虑环境因素的影响，结合运输计划、运输成本、供需矛盾等选择合理化的运输方案。多方位、全视角提升物流运输活动的合理化措施的具体途径如下。

1. 分区产销平衡和合理运输

根据商品产销分布情况和交通运输条件，在产销平衡基础上，按照一定区域和近产近销原则，规划商品基本流向和范围，制定商品合理的流向图，用这种办法把供销关系和合理运输路线固定下来。

2. 发展直达运输

直达运输是指越过中间环节，把产品直接运往销售地或主要用户。直线运输是指按商品合理流向，使所走里程最短。上述两者合称为直达直线运输。为了节省装卸费用，减少中转过程中的货物损毁，可以利用集装箱作为运输承载工具，减少货物在转运过程中的装卸搬运，从根本上提高运输速度，将直达运输的优点充分地显现出来。

3. 按经济流向组织商品运输

由于供求关系和消费习惯不同，自然形成一种经济运行形势，形成一定经济区域，要根据这种流向和范围组织商品运输。必须注意选择生产和交通发达的城市为中心，同时也要注意打破行政区划的限制。

4. "四就"直拨运输

"四就"就是货物从工厂直接出发，从车站码头直接出发，从仓库直接出发，借助火车实现驮背运输，借助轮船实现载驳，将运输的中间环节减少，以最小的转运次数完成运输任务。采取"四就"直拨运输既要注意使用范围，也要强调各方配合，重要的是必须贯彻节约费用和双方受益的原则。

5. 考虑运输系统的基本特性

对城市之间、地区之间的长距离运输，合理化的着眼点要考虑降低运输成本；对于地区内或城市内的短距离运输,以向客户配送为主要内容,合理化目标应以提高服务质量为主。

6. 正确选择合适的物流运输方式

运输方式的选择,是指在物流活动中,当收发货地点之间具有多种运输方式时,物流管理人员应该从物流运输合理化的角度出发,充分考虑各种相关因素,选择一种或多种能尽可能充分满足客户需要的"最佳运输方式"的行为。

影响运输方式选择的因素主要包括运输价格、货物的特性、运输能力、运输质量、运输时间、运输的安全性以及货主的需要等。大量的研究表明,在消费者心中,并非所有的因素都同样重要,排在前几位的要素分别为:运输价格、运输时间和运输的安全性。因此在选择运输方式时,通常是在保证运输安全的前提下再衡量运输时间和运输费用,当到货时间得到满足时,再考虑运输费用低的运输方式。

7. 合理使用运输工具

合理使用运输工具包括通过改进商品包装及改进装载技术,提高技术装载量,提高整车比重;加速车船周转以及组织双程运输,避免空驶。合理选择运输工具之后,首先,要尽量提高技术装载量,将轻货和重货合理配装,以灵活的形式放在一起,让运输工具装载容积的使用达到最大化;即针对一些体积大、笨重,不易装卸的货物和易碰毁的货物分为一类统一进行拆卸装车,进行必要的解体运输,再分别进行包装,以缩小其所占用的空间。其次,要尽量采用整车运输形式。发货人统一组织货运,将不同种类货物同时发送,可以避免不必要的装卸搬运。对于零担货物,也可选择这种方式,和其他货主组合搭配,以整车托运到目的地进行运输,提高车辆利用率。

8. 运输网络的合理配置

应该区别储存型仓库和流通型仓库,合理配置各物流基地,基地的设置应有利于商品直送比例的提高。

9. 推进共同运输,发展多式联运

提倡各部门、集团、行业间的合作和批发、零售、物流中心之间的配合,提高运输工作效率,降低运输成本。多式联运是指联运经营人根据单一的联运合同,使用两种或两种以上的运输方式负责将货物由指定地点运至交付地点的运输。采用多式联运的方式有利于发挥综合运输的优势,合理组织各种运输方式的衔接和配合,选择最佳的运输方式和最佳的运输路线,加速货物和资金的周转,充分发挥综合运输的整体功能。

在国际间货物的多式联运可以为货主提供全程所有的运输服务。与传统的分段运输相比,国际多式联运是一种较复杂、更高级的运输组织形式。目前国际多式联运大都依赖集装箱进行运输,集装箱运输是交通运输现代化的产物,是"运输史上的一场革命"。利用集装箱运输货物,可以提高货物的装卸效率和运输工具的利用率,加快货物的运达和资金

周转，节约运输的包装费用和运杂费用。集装箱运输打破了各种运输方式之间的严格界限，也是多式联运得以充分发展的条件之一。

10. 建立有效信息系统

运输合理化必须考虑包装、装卸等有关环节的配合及其制约因素，为此，只有依赖于有效的信息系统，才能实现其目标的改善。

6.2.4 第三方物流企业运输管理系统

运输管理系统是运输工具、运输技术和管理手段紧密结合的一个整体，该系统由运输管理主系统、子系统和辅助系统三部分组成。主系统是整个运输网络的核心，子系统是其组成部分，可按运输环节或客户资源将主系统分割为若干子系统，而辅助系统则是整个运输网络的支持系统。

1. 货物多式联运的选择

多式联运是一次委托，由两家以上运输企业或用两种以上运输方式共同将某一物品运送到目的地的运输方式。多式联运综合了铁路运输、公路运输、水路运输、航空运输等所有运输方式或运输工具的优点，并有机地组合起来，实行多环节、多区段、多工具相互衔接的运输。目前，我国主要的多式联运有两种：一是运输部门之间的联运，指两种以上的运输方式或是同一运输方式不同区段的联运，其形式有水路联运、陆陆联运、航空联运等；二是产供销之间的联合运输，即所谓的"一条龙运输"。

多式联运一方面克服了单个运输方式或手段所固有的缺陷，在整体上保证了运输全过程的最优化和效率化；另一方面有效地解决了由地理、气候、基础设施分离而造成的缺陷，促进了生产与销售的紧密结合和有效运转。多式联运具有运费低廉、手续简便和实现门到门运输等特点。运费低廉是指交通运输部门为鼓励多式联运，规定凡是交通运输部门直属运输时，对多式联运的运费可以核减。此外，我国有关部门规定，凡是交通运输部门能办联运的一律不办中转业务。手续简便是指在多式联运中，发货单位在发货时，只要在起始地一次办理妥当运输手续，收货方在指定到达站即可提取运达的商品，具有一次起票，全程负责的好处。由于多式联运实行全程负责、多种运输方式综合使用，从而可以实现"门对门"运输，保证供应链管理和产、供、销售管理目标的实现。

2. 集装运输

集装运输是指使用集装器具或捆扎的方法，把裸装物品、散装物品、体积较小的成件物品，组合成一定规格的集装单元进行的运输。集装箱是指具有一定规格和强度的，可长期反复使用的专为运输周转设计的大型货箱。它既是一种包装容器，又是一种运输工具，作为联运中连接各种运输工具的通用媒介，可起到促进"联合一直达"运输的作用。

集装运输的主要优势有：一是提高装卸效率，集装箱运输主要是将单件杂货集中组装进入箱内,可以减少转载重复操作,从而大大提高车船装载效率;二是节省包装费用,由于集装箱是一种坚固、特殊的装载工具,从而可以节约大量商品化包装费用;三是防止货损货差,集装箱本身实际上起到了一个强度很大的外包装作用,即使经过长途运载和多次换装,也不容易损坏箱内的物品;四是提高运输效率,集装箱运输还能提高船舶利用率,减少非生产型停泊,大大减小劳动强度,使用集装箱以后,可以按箱进行商品检查,加快了检查速度,降低了验收费用。此外,实行集装箱化后,由于中转环节少,一般到货期大大缩短,也加速了车船周转。最后,集装运输降低了运输成本,由于存在上述四点优势,使采用集装箱能有效地降低运输成本。随着集装运输的快速发展,集装箱运输呈现如下的发展趋势。

(1) 集装箱趋向于标准化和系列化。集装箱规格尺寸已经形成了国际通用的标准,各种配套的运输工具、装卸器具和设备、商品包装尺寸等都以集装箱的标准规格作为设计依据,使各种设备和集装箱本身都能得到有效和充分的利用,达到高效能、低成本的效果。

(2) 集装箱的设计趋向于大型化和专用化。集装箱的载重由 5t 向 10t、20t 发展,现在已经有了能够装载 40t 的集装箱,其尺寸也由 20ft 向 40ft 发展,并适应各种商品特点设计制造了各种专用集装箱,如冷藏集装箱、柜架集装箱、开盖集装箱、牲畜集装箱、汽车集装箱等,并有广泛运用和不断发展的趋势。

(3) 集装箱运输过程的专业化、电子化。现有不少国家集装箱运输已自成体系,如配有集装箱的专用车辆、专用船只、码头和货运场等,并开办定时、定点、定编组的集装箱直达列车和专列,从而使商品物流得到很快发展。此外,各种装卸器具和运输设备都配套使用,在集装箱运输作业和管理中采用现代电子新技术,提高了物流运输效率。

(4) 集装箱运输方式向联运化发展。集装箱和各种运输设备配套,消除了实施集装箱联运的技术障碍。联运规模从两种运输方式扩大到"海陆空"立体联运和国际复合运输,降低了商品在途损耗,加快了载运工具的周转。

3. 运输管理的新趋势

(1) 高速度、高效率运作趋势。通过引入计算机、自动控制技术和人工智能等高新技术对仓储机械和运输设备进行技术改造,使技术性能全面提高。各种先进的装卸搬运和运输设备将广泛应用于运输管理系统。

(2) 智能化运输趋势。随着信息传播、处理和决策等科学技术的发展,智能化成为物流运输系统的一个发展趋势。虽然各国的智能运输系统在研究的领域和内容上不尽相同,但都是本着提高物流运输效率、改善运输安全以及减少由于物流运输给环境带来的不良影响等方面来进行研究的。其价值在于大幅度提高各种运输通过能力,减少交通阻塞、拥挤,降低能源消耗,大大提高运输的安全性、提高运输能力。在物流运输的进一步发展中,为提高运输的智能化技术,可以将全球定位系统(GPS)、地理信息系统(GIS)等多种技术相结合,对运输车辆进行定位、跟踪调度、路线选择、信息查询等,这无疑会对降低运输消耗、提高运输效率起到非常重要的作用。

(3) 重载化运输趋势。近半个世纪以来,发达国家的铁路竞相采用高新技术,在重载、高速和信息技术等方面取得了重大突破。高速铁路克服了普通铁路速度低的不足,与高速公路的汽车运输和中长途航空运输相比具有明显的优势,运输速度快、运输能力大;有规律、稳定地运送旅客和货物,很少受天气影响,安全,能耗远远低于飞机和汽车,运输成本低。特别是对幅员辽阔的大陆国家,具有更重要的现实意义。因此,重载运输已成为世界各国铁路货物运输发展的共同趋势。

(4) 低成本化趋势。通过采用集运、联运和现代管理技术,节约运输成本,提高企业的盈利能力是运输管理创新的重要趋势。

(5) 运输集装化趋势。商品集装化就是建立运输工具、储存和装卸设备的标准化体系,加强集装箱、托盘、集装袋等在商品储运中的推广应用。

(6) 提高安全系数。运输安全措施的创新和社会运输保险险种的多样化也是运输管理创新的重要趋势。

6.3 第三方物流企业的仓储管理

6.3.1 基本仓储决策

1. 自营仓储、租赁公共仓库仓储或合同制仓储

第三方物流企业在做出仓储产权决策时,可以有三种选择,即自营仓储、租赁公共仓库仓储或采用合同制仓储。从成本和客户服务的角度看,选择其中之一或结合使用是仓储管理的一项重要决策。某些第三方物流企业会选择自营仓储的方式,而有的第三方物流企业会选择租赁公共仓库仓储的方式,但大多数第三方物流企业则由于不同地区的市场条件及其他因素而采用将租赁公共仓库仓储及自营仓储结合起来的方式。在平时,第三方物流企业对仓储的需求应由自营仓储和合同仓储予以解决,对于在高峰期增加的仓储需求,则可以由公共仓库仓储来解决。

仓库在一整年内都能被充分利用的可能性是极小的,一般只有 75%～85% 的时间是满负荷运营的,其余 15%～25% 的时间仓库的空间没有被充分利用,而没有被充分利用的空间只有在物流高峰期才能发挥其作用。正是基于对这种情况的考虑,第三方物流企业在自建仓库时,应将其容量设计成正好能满足平时的需求,对于高峰期增加的仓储需求则可以通过租用公共仓储的方式解决。

由于市场需求的限制,第三方物流企业会发现在某些地区自建仓库更经济,但在某些地区租用公共仓库成本更低。在这种情况下,第三方物流企业应认真考虑如何将各种仓储方式结合起来,以最低的成本达到期望的客户服务水平。这种将各种仓储方式结合在一起的复合型策略有两个核心问题:一是应当租用多少仓库;二是应当租用哪种类型仓库以满足市场需求。对大多数第三方物流企业而言,可以根据货主和货物种类的不同,租用不同的仓库。在一些特定的情况下,第三方物流企业自建的仓库可能适合于某一客户群,而公共仓库适合于另一客户群。图 6-1 列出了其他应考虑的服务质量因素,以及它们可能产生的影响。箭头方向表示由弱到强的趋势。影响仓储决策的因素如下:

1) 产业协同效应

指的是第三方物流企业按产业类别整合并提供服务带来的利益。例如,第三方物流企业可以为同属食品行业的公司租用一个公共仓库,这样可以为其带来可观的经济效益,运费的减少就是其中之一。因为第三方物流企业将来自不同食品公司的货物整合后运输,因此可以享受优惠的费率。从自营仓储、合同仓储到公共仓储,这种产业协同效应是依次增强的。

2) 操作灵活性

指的是调节企业内部策略和程序以适应货物和客户需要的能力。由于自建仓库完全由第三方物流企业自己控制,通常认为它的灵活性最强。但从另一个侧面看,为减少操作过程中产生的混乱,公共仓库也会按照客户的要求制定相应的策略和程序。实际上,许多公共仓库和合同仓库在操作灵活性和响应力方面与自建仓库相比毫不逊色。

3) 地理位置的灵活性

指的是根据季节性需求的变化快速调节仓库的地点和数量的能力。例如,对于应季的农产品而言,需要仓库能靠近市场,这样才能方便客户挑选。但是在非应季上市季节,就没有必要选择靠近市场的仓库。最理想的选择就是按季节来开关那些靠近市场的仓库,而采用公共仓储和合同仓储的策略正好具备这种地理位置的灵活性。

4) 规模经济

指的是通过采用先进技术提高仓容量,降低物料搬运和仓储成本的能力。一般来说,大型仓库更有可能获得规模经济的利益,因为它们可以将投资于技术的固定成本分摊。除此之外,对自动化设备和信息技术的投入可以减少直接可变成本(即对劳动力的投入)。一般来说,公共仓库和合同仓库的规模经济优势更明显。

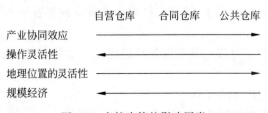

图 6-1 仓储决策的影响因素

公共仓库的传统地位是作为企业仓储设施的补充。近年来,这种传统地位已经发生了巨大的改变。现代商业最关注的两个方面是提高库存周转率和客户订单的快速响应能力。为了达到这两项要求,企业的物流服务体系就必须保持其灵活性。许多公共仓库已经完成了向企业合伙人的转变,除了基本的仓储活动,公共仓库还可以提供一些特殊的服务,例如,库存控制和分发宣传单。

一些规模较大的公共仓储和合同仓库正逐步扩大它们的业务范围,以使它们在关键市场内的仓库形成一个网络。这一发展趋势暗含着一种潜在的可能,即完全由公共仓库向制造商提高物流服务。如果这种潜在的可能变为现实,那么未来,第三方物流企业将会完全租用公共仓库向其客户提供仓储服务。

从传统意义上讲,第三方物流企业之所以做出采用公共仓储的选择,是基于其相对低的仓储成本和灵活性。但在未来,选择公共仓储或者合同仓储将更多地基于它们与自营仓储相比,能更快捷、更有效地提供仓储服务。

自营仓储、租用公共仓储和合同仓储之间的关系,相当于采购中做出的是生产还是购买部件的决策之间的关系。自营仓储好比由第三方物流企业自己生产部件,而租用公共仓库仓储和合同仓储则等同于购买部件。显然如果选择自己生产部件,也就是决定自营仓储,需要大量的投资,这种行为的收益率必须和其他投资一样高,否则第三方物流企业不宜采取这种方式。

第三方物流企业在决定是自建仓库还是租用公共仓库或者合同制仓库时,还有一个最为关键的影响因素,就是他们不愿意将仓储业务的管理责任全部外包,因为这样做可能会导致一系列风险,即有可能失去对主业的控制权,导致商誉方面发生问题。

2. 集中仓储或分散仓储

第三方物流企业仓储的另一项重要的决策就是在进行仓储决策时采用集中仓储还是分散仓储。由于第三方物流企业的规模不同,有时这一决策变得相对简单,有时却异常复杂。这一决策实质上是决定第三方物流企业该有多少家仓库进行运作。只有单一市场的中小规模的第三方物流企业通常只需一个仓库,而那些以全国或全球为市场的第三方物流企业要经过仔细分析和慎重考虑才能做出正确决策。例如,如果第三方物流企业的客户是一个在全国制造或分销某种竞争激烈的、可替代的产品的企业,那么它需要高度分散化的仓储来为市场提供快速服务,第三方物流企业就应根据客户的这种特点做出分散化仓储的决策。

不论是集中仓储还是分散仓储都有各自的优势和劣势。对于集中仓储而言,它的主要优势体现在:

(1) 可以实施更为严密的控制。

(2) 便于采用先进的控制方法和技巧。

(3) 由于存储货物的数量可以成比例扩大,所以可以更加经济地利用存储空间。例如，一种货物分别存入5个仓库，每个仓库只能存储20个单位，如果采用集中存储，那么这100个单位的货物可以储存在一个仓库内。

（4）能负担得起使用更好的存储、搬运和运输设备的成本，提高储存作业效率。

（5）可以采用更先进的收货、检验和检测货物的设备。

（6）仓库工作人员的专业化技能更高。

（7）可以批量购买仓储设备，从而降低成本。

但是集中仓储也存在不容忽视的劣势，如采用集中仓储会增加运输和搬运成本，加大协调工作的难度，而且任何一个管理上的漏洞将会造成更为严重的影响，并增加第三方物流企业的成本。仓库数量的决策还要与运输方式相协调。例如，空运能快速地使市场由一两个有战略性地位的仓库扩展到全国。尽管空运的成本相对较高，但降低了仓储和存货成本。

3. 仓库的规模与选址

与仓库数量决策（即集中仓储或分散仓储）密切相关的是仓库的规模与选址。如果第三方物流企业采用的是租赁公共仓库仓储，那么仓库规模问题变得相对重要，但通常第三方物流企业可以根据它在不同时期内的需求及时扩大或缩小所需的存货空间，这样就使得选址决策的重要性相对小一些，因为尽管第三方物流企业需要决定在什么地点租赁公共仓库，但是仓库的位置是确定的，而且决策是暂时的，可以根据需要随时改变。如果第三方物流企业采用自营仓储，仓库的规模与选址就会变得极为重要。

仓库选址包括两个层次的问题：一是选位，即选择什么地区（区域）设置仓库设施；二是定址，即在地区选定后，具体选择在该地区的什么位置建立仓库，也就是说，在已经选定的区域内选择一片土地作为仓库的具体位置。定址还包括两个问题：一是选择单一的仓库位置；二是选择多个仓库的位置。

第三方物流企业仓库选址时需遵循的一个总的原则是，以最少的物流成本，达到预期的客户服务水平。通过对仓库功能的分析，第三方物流企业能大致确定仓库的位置。例如，服务功能强的仓库设在市场附近，而保管功能强的仓库应选用靠近生产地、原材料集中的地方，或者由于一些其他原因将两者结合起来考虑。仓库选址必须综合考虑许多因素，如运输条件、市场状况和地区特点等。一旦做出决定，再进行改变的成本是非常高的，特别是采用自营仓储时。因此，适当考虑所有因素是非常重要的。

4. 仓库的布局

仓库布局关系到仓储作业的效率，因此，第三方物流企业还需要决定仓库内部过道宽窄、货架、设备及其他所有占据空间的设施的布局，以及在仓库内部如何最有效地安排存储等问题。仓库布局的常用方法有定性关联图法、定量从至图法。定性关联图方法主要是对仓库内部的各种活动之间的相互关系进行定性分析，确定两两活动区域间的关联程度,以此为仓库的空间布置提供设计上的依据。定量从至图以资料分析所得出的定量数据为基础,目的是分析各作业区域之间的物料流动规模的大小,使设计者进行区域布置时,避免搬运流量大的作业需经过太长的搬运距离,减少人力、物力的浪费,并为设计各区域的空间规模提供依据。仓库布局的一般原则为:

(1) 尽可能采用单层设备,这样做造价低,资产的平均利用效率高。

(2) 使货物的出入库是单向和直线运动,避免逆向操作和大幅度改变方向的低效率运作。

(3) 采用高效率的物料搬运设备及操作流程。

(4) 在仓库里采用有效的存储计划。

(5) 在物料搬运设备大小、类型以及转弯半径的限制下,尽量减少通道占用的空间。

(6) 尽量利用仓库的高度,有效地利用仓库的容积。

5. 存货种类

这项仓储决策是决定第三方物流企业在不同仓库中存储货物的数量与种类。

综上所述,仓储决策是一项重要的决策,仓储作业时要充分考虑最有效地利用劳动力,最安全和经济地搬运货物,最良好地保护和管理货物。

6.3.2 第三方物流的储位管理

1. 储位管理的对象

随着货品流通快速而复杂的变化,对配送时效及市场少量多样化需求的增加,在储存作业中会因流动频率及品种的增加而难以掌控。有效掌握货品去向及数量的方法就是对货品进行储位管理。储位管理就是利用储位来使商品处于"被保管状态",并且能够明确显示所储存的位置,同时当商品的位置发生变化时能够准确记录,使管理者能够随时掌握商品的数量、位置,以及去向。储位管理的对象分为保管商品和非保管商品两部分。

在仓库的储存区域中的保管商品,由于对作业、储放、搬运、拣货等方面有特殊要求,使得在保管时会有很多种的保管形态出现,例如托盘、箱、散货或其他方式,这些方式虽然在保管单位上有很大差异,但都必须用储位管理的方式加以管理。

保管商品主要包括包装材料、辅助材料和回收材料。包装材料就是一些标签、包装纸等所用的材料。由于现在商业企业促销、特卖及赠品等活动的增加,使得仓库的贴标、重新包装、组合包装等流通加工比例增加,对于包装材料的需求就愈大,因此必须对这些材料加以管理,如果管理不善,或发生欠缺情况,将影响到整个作业的进行。辅助材料就是一些托盘、箱、容器等搬运器具。目前由于流通器具的标准化,使得仓库对这些辅助材料的需求愈来愈大,依赖也愈来愈重。为了不影响商品的搬运,就必须对这些辅助材料进行管理,制定专门的管理方法。回收材料就是经补货或拣货作业拆箱后剩下的空纸箱。虽然这些空纸箱都可回收利用,但是其形状不同,大小不一,若不保管起来,很容易造成混乱,而影响其他作业,因此必须划分一些特定储位来对这些回收材料进行管理。

2. 储位管理的原则

储位管理与其他管理一样,其管理方法必须遵循一定的原则,基本原则有以下三个:

1) 储位标识明确

先将储存区域详细划分,并加以编号,让每一种预备存储的商品都有位置可以存放。此位置必须是很明确的,而且经过储位编码,不可以是边界含糊不清的,例如走道、楼上、角落或某商品旁等。需要指出的是,仓库的过道不能当成储位来使用,虽然短时间会得到一些方便,但会影响商品的进出,违背了储位管理的基本原则。

2) 商品定位有效

依据商品保管方式的不同,应该为每种商品确定合适的储存单位、储存策略、分配规则,以及其他储存商品要考虑的因素,把货品有效地配置在先前所规划的储位上。例如,冷藏的商品应该存放于冷藏库,流通速度快的商品应该放置在靠近出口处,香皂不应该和食品放在一起,等等。

3) 变动更新及时

当商品被有效地配置在规划好的储位上之后,接下来的工作就是储位的维护,也就是说商品不管是因拣货取出,或是商品被淘汰,或是受其他作业的影响,使得商品的位置或数量发生了改变时,就必须及时地把变动情形加以记录,以使记录与实物数量能够完全吻合,如此才能进行管理。由于此项变动登录工作非常烦琐,仓库管理人员在繁忙的工作中会产生惰性,使得这个原则是进行储位管理中最困难的部分,也是目前各仓库储位管理作业成败的关键所在。

3. 储位管理中的储区分类

根据上述三个原则,在仓库的所有作业中,所用到的保管区域都属于储位管理的范围。根据作业方式不同可以将储区分为四类:预备储区、保管储区、动管储区和移动储区,如图 6-2 所示。

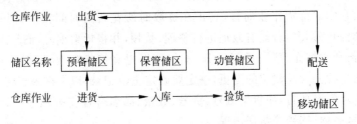

图 6-2 储位管理范围

1) 预备储区

预备储区是指商品进出仓库时的暂存区，在此预备进入下一保管区域，虽然商品在此区域停留的时间不长，但是也不能在管理上疏忽大意，以免给下一作业程序带来麻烦。在预备储区，不但要对商品进行必要的保管，还要将商品打上标识、分类，再根据要求归类，摆放整齐。为了在下一作业程序中节省时间，标识与看板的颜色要一致。对于进货暂存区，在商品进入暂存区前先分类，暂存区域也先行标示区分，并且配合看板上的记录，商品依据分类或入库上架顺序，分配到预先规划好的暂存区储存。对于出货暂存区，每一车或每一区域路线的配送商品必须排放整齐并且加以分隔，摆放在事先标示好的储位上，再配合看板上的标示，并按照出货单的顺序进行装车。

2) 保管储区

保管储区是仓库中最大、最主要的保管区域，商品在此的保管时间最长，商品在此区域以比较大的存储单位进行保管，所以它是整个仓库的管理重点。为了最大限度地增大储存容量，要考虑合理运用储存空间，提高使用效率。为了对商品的摆放方式、位置及存量进行有效的控制，应考虑储位的分配方式、储存策略等是否合适，并选择合适的储放和搬运设备，以提高作业效率。

3) 动管储区

动管储区是在拣货作业时所使用的区域，此区域的商品大多在短时期即将被拣取出货，其商品在储位上流动频率很高，所以称为动管储区。由于这个区域的功能在于提供拣货的需求，为了让拣货时间及距离缩短、降低拣货差错率，必须在拣取时能很方便迅速地找到商品所在位置，因此对于储存的标示与位置指示就非常重要，而要让拣货顺利进行及拣错率降低，就得依赖一些拣货设备来完成，例如，电脑辅助拣货系统(CAPS)、自动拣货系统等。

动管储区的管理方法就是要应用好位置指示和拣货设备。面对现在仓库大多是少量、多样、高频率出货的现状，一般仓库的基本作业方式已经不能满足现实需要，动管储区管理方式的出现，恰恰符合了这一需求，其效率的评估与提高在仓库作业中已被作为重要的一部分。动管储区的主要任务是对储区货物的整理、整顿和对拣货单的处理。在仓库中进行整理、整顿的工作，将使寻找商品的时间缩短，并可缩短行走的距离，而使效率提升。对于一般仓库的拣货作业而言，真正在拣取时所花费的时间很短，但花费在寻找商品、行走中的时间特别多，若能有效地进行整理、整顿，并将货架编号、商品编号、商品名简明地标示，再利用灯光、颜色进行区分，不但可以提高拣货效率，同时也可以降低拣错率。但对于商品的变动及储位的变更，一定要确定更改记录，以掌握最正确的信息。在设计拣货单时应对各个项目，如货架编号、货号、数量、品名合理安排顺序，以免拣货时产生一位多物、一号多物、拣错等错误出现。

4) 移动储区

移动储区是指在配送作业时，配送车上的货品放置区域。此区域货品存放在移动中的车上,称之为移动储区。在配送过程中并不如想象中那么方便和轻易地依序把货品一一送到客户手中。由于现在的交通拥堵状况,以及大多数客户都有收货时间的限制,因此会发生以下情况:当我们把货品依据配送店顺序由后向前,从配送车上由内到外依序排好后,配送中却因塞车而延误了第一家和第二家上午的收货时间,为了争取配送时间就必须先送第三家,下午再回头送第一家和第二家。在这种情况下就得先把第一家和第二家的货搬下车,才可取得第三家的货,搬下车后再把第一家及第二家的货搬回车上,如此搬上搬下浪费时间,这就是货品相对位置布置及配送顺序未能配合的结果。假如能预先在车上安排回转空间,则不需把第一家、第二家的货品搬下来,只要直接在车上移动第一、二家的货品摆放顺序,就可以轻易取得第三家的配送商品。另外,配送车上货品如果没有定好摆放管理规则,在出货配送时只是胡乱地往车上塞,以增加出车装载率,其结果将使货品的配送顺序打乱,不得不在配送时花很多时间在车上寻找货品,甚至会有货品遗失情况发生。此外,商品未送给客户签收时,仍算是仓库的存货,所以必须对移动储区管理给予较高的重视。

6.4 第三方物流企业的配送管理

6.4.1 物流配送管理的内容

配送基本上涵盖了物流中的所有活动,是一个缩小的物流活动或者说体现了小范围内的所有物流活动。它包括存储、拣货、分货、装载以及运输等多个作业环节,是多个环节、多个物流活动的有机整合。物流配送就是按照企业客户的需求,经过货物分货、运输等工作,把产品从企业运送到消费者手中的存储和移动过程。物流配送的内容主要包括配送路径优化、配送中心的选址、配送模式以及配送流程管理等方面。

关于物流配送中心选址的研究,主要集中在两个方向:一是考虑影响选址的因素,从不同的角度出发对现有的一些配送中心选址模型进行改进;二是通过新的方法如沃尔夫分解法、启发式算法、遗传算法等建立新的选址模型。关于物流配送路径优化的研究,启发式算法和精确算法是路径问题的两种主要求解方法。启发式算法包括蚁群算法、遗传算法等,精确算法包括分支定界法、切平面法等。关于物流配送模式的研究,随着配送范围选择的不同其研究内容也不相同,从企业间到国际间的配送都有所涉及。关于物流配送流程建模的研究,主流的建模方法很多包括事件过程链、IDEF、Petri网以及数据流图等。

6.4.2 第三方物流企业配送业务流程

第三方物流配送是以专业化、信息化的服务方式为依托,将货物从提供方送到需求方手中的过程,它的基本流程和传统的配送流程类似。但由于经营的目标不同、专注点不同,所以第三方物流企业在配送战略管理、经营方式以及业务流程等方面与传统的配送流程大不相同。第三方物流企业的主要配送业务流程包括准备货物、存储货物、订单处理、货物分拣、调度作业、配送运输以及货物加工等流程。

1. 准备货物

货物的准备是指第三方物流企业根据与各企业的合作情况需要储备一些货物,该环节是物流配送的基础环节,是一个准备性的工作,也是一个关键的环节。第三方物流企业可以根据企业需求,大规模、批量地对货物进行采购,但由于市场复杂多变,因此第三方物流企业应具有预测分析市场的能力,在货物价格低廉时备货以获得最大收益,否则可能导致亏损。准备货物的主要工作包括汇总企业需求、寻求货源、订货、进货、入库前检查等。

2. 存储货物

存储货物是指第三方物流企业根据合作企业的需求对准备的货物进行储存。货物存储又分为临时存储和储备存储。临时存储是指根据企业的需求以及配送计划,对企业所需货物在分拣和配送之前进行临时存放,这种存储方式相当于货物的一个中转站,对物流企业总的存储成本和效益基本没有影响。储备存储则和临时存储相反,是对货物的长时期存储。这种存储方式一般是根据与企业签订的计划,提早购入物资,保证能够及时满足企业的物资需求。由于储备存储涉及的量较大,因此对存储成本和收益影响较大。

3. 订单处理

订单处理可以说是配送流程的起始环节,当物流企业接收订单后就会根据订单要求对货物进行配送。订单处理主要包括两个流程:接收并添加订单以及订单确认。随着第三方物流信息化的实现,订单处理的过程也已信息化,当接收订单后,订单信息会录入企业的信息系统中,当与下订单方确认订单无误后,系统会根据订单信息生成相应的拣货、发货等信息,为其他部门业务的进行提供依据。

4. 货物分拣

货物分拣是物流配送流程中的一个主要环节,是仓储中心的主要业务。当接收订单后,经过相关部门的一系列处理,仓储部会收到由相应部门发来的拣货单和分货单,并根据两单进行拣货和分货,为货物的配送做好准备。货物的分拣是一项比较繁重的工作,因此货物分拣效率会对整个配送流程的效率有很大影响,为了提高分拣效率,目前货物的分拣工作已逐步信息化和机械化。

5. 调度作业

调度作业是调度中心的主要工作,主要是根据业务部分发来的发货信息,对车辆以及运输路径进行安排。调度中心应充分利用车辆运载能力,以最节省资源、最快的方式将货物送达目的地,因此车辆安排的合理性以及路径的选择对配送效率都会产生至关重要的影响,但由于运输途中的天气、路况等不确定因素较多,调度安排是配送中难度较大的一项工作。

6. 配送运输

配送运输是指货车负责人根据调度中心的安排将货物安全准时地送达目的地,并做好与相关企业的货物交接工作,办理相关手续。此外还要注意货物在卸载时的方式和地点。由于配送途中不确定因素较多,因此配送人员应具备丰富的运输经验,在遇到突发情况时,能够做到随机应变且不拘泥于调度中心的安排,将配送的安全性、准时性以及企业收益的最大化作为首要前提。

7. 货物加工

货物加工是配送流程中的一项增值服务,也是物流配送中的一项重要服务。根据企业的需求和货物的基本情况,物流企业可以对货物进行简单加工,如包装等。通过货物加工,第三方物流企业不仅可以增加额外收入,还可以提高物流服务的满意度,为物流企业赢得信誉。

6.4.3 第三方物流配送实施计划

第三方物流的配送对象、品种、数量较为复杂。为了做到有条不紊地组织配送活动,应当遵循一定的工作程序。配送计划是保证配送省时省力的主要因素。为了满足客户的需求,通过精心策划,制定出配送实施计划流程,提高配送效率已成为必然的趋势。

1. 配送计划要点流程

配送计划要点流程包括:依据企业的中长期规划,人员使用及计划,增车及车检计划以及主要客户等制定配送关键点计划流程。

2. 配送计划业务流程

配送计划主要的业务流程是以订单为起始作业,再以配送用的驾驶记录为业务要项,其流程及窗体如表 6-2、表 6-3 所示。

表 6-2 驾驶记录表 A

车号:					出货日期:			
				出货指示单				
驾驶:					出货时间:			
品名	数量	客户名称	出货地点	领货地点	领货签单	备注		

表 6-3　驾驶记录表 B

车号：　　　　　　　　　　　驾驶：

顺序	地点	品名	数量	客户	行车距离	行车时间	停留时间	摘要
合计								

预计行驶距离：　　km　　　　　　　　实际行驶距离：　　km

3. 车辆排程系统

车辆排程系统的主要功能在于明确配送路径，提高管理水准，确保配送系统的高效率。

4. 物流配送管理

配送计划确定后，配送路径也经由各项评估后决定优先顺序。货物上车需依照"先达后进"的顺序装载，不致因顺序混淆而使后达的货品挡住配送车的出口，而先达的需要卸货物品却装在车的后面。所以，对装载车内移动储位的管理应注意以下几点：一是依照配送计划决定后达送货优先级，对"时间"与"量"方面作严密的考虑；二是当优先级确定后，在驾驶记录表上载明路线优先级与到达时间，并告知驾驶装货配送员；三是货物装载的单位应尽量使用标准尺寸，以提升装载车的容积率；四是装载车内的储存空间应该预留适当位置，以利配送货品顺序的移转调配及人员取货站立使用；五是货品装载单位上应附上客户名称、卸货顺序标示卡，并正确存放在事先定好的储位编号上。装货顺序按照"先达后进"的原则。在未事先规划好移动储位编号时，家电类货品必须以帆布或隔板加以区隔。

小资料 6.1

2015年中国电子商务市场交易规模达16.2万亿元，增长21.2%。其中本地生活O2O占38.4%，网络购物占37.2%，电子商务市场交易规模增长拉动了电子商务整体业务规模的增长。电商巨头纷纷筹集重金投资物流，除了自建物流、第三方物流外，继续探索电商自建物流与第三方物流合作共建的模式以及众包物流等新模式的发展。2015年快递业务量206.7亿件，快递业务收入2770亿元。快递行业的处理能力已经难以跟上货物的激增，网上订购的商品发生配送延迟的情况时有发生。从这一方面看，中国的电子商务行业已经进入仅凭价格低廉和产品种类丰富难以脱颖而出的时代，物流建设才是电商竞争的关键。2016年3月17日，商务部、发改委、交通运输部、海关总署、国家邮政局、国家标准委6部门共同发布《全国电子商务物流发展专项规划（2016—2020年）》。提出到2020年，基本形成"布局完善、结构优化、功能强大、运作高效、服务优质"的电商物流体系，信息化、标准化、集约化发展将取得重大进展，对外开放程度进一步提高，逐步形成服务于全球贸易和营销的电商物流网络，电商将拥有一批具备国际竞争力、服务网络覆盖境内外的高水平物流企业，电商物流成本将显著降低，效率明显提高，供应链服务能力会大大增强。

（资料来源：中投顾问产业研究中心，http://ocn1996.yixie8.com/）

6.5 我国几种常见的第三方物流业务模式

业务模式指企业创造客户价值或满足客户需求的手段、方式。业务模式也是一种业务运作，包括业务要素、业务功能以及业务形成的收益和支出。迈克尔•波特曾经撰文指出："竞争战略就是做到与众不同，即有意识地选择一组差异行动，以实现独特的价值组合，而业务模式就是在运营中实现这些差异的工具。"他还指出："最好的业务模式，其定义也模糊不清，大多数时候，它似乎指企业开展经营，获取收入的大致重点。"他认为顾客需要可靠的业务模式将不同的价值活动组合起来，从而为顾客创造和传递独特的价值。物流业在中国已经发展成了一个支柱产业群，它涉及运输、配送、仓储、包装、流通加工、物流信息、物流设备制造、物流设施建设、物流管理等多个产业。目前，我国常见的第三方物流企业的业务模式主要有出口集运与进口分销模式，服务生产线模式，分销配送物流模式，区域分发中心模式，速递与结转结合模式等五种物流业务模式。

1. 出口集运与进口分销的模式

这种业务模式的客户一般分布在中国国际贸易比较发达的地区。客户包括贸易中间商、采购代理、供应商、最终用户等，这些客户的共同特点就是对增值服务和系统服务有较高的要求。目前，这些客户正不断从香港等地区转向内地，目的就是充分接近采购地或生产地，利用内地廉价的资源，包括人力资源和其他物流资源。随着国内物流基础设施的发展和物流服务商服务能力的增强，越来越多的客户开始将包括仓储、分拣、包装、加工等增值服务从香港等地迁移到生产比较集中的内地制造基地，如长江三角洲、珠江三角洲等地。由于有靠近港口、铁路和公路网络的优势，这些客户一般对综合服务的要求比较高，因此，这种物流业务模式正在成为一种重要的第三方物流服务模式。例如，国际货运代理企业已经成为我国对外贸易运输中的中坚力量，他们分布区域广泛并且多种经济成分并存。随着国际贸易运输方式的发展，国际货运代理已渗透到国际商务活动的各个领域，成为国际贸易中不可或缺的重要组成部分。具体的业务模式如下：

（1）出口集运：各种加工贸易企业通过报关，货物进入出口监管仓库，并进行出口拼箱，然后运输到出口港区进行出口；或者是一般贸易企业通过清关，货物进入保税仓库，然后转关，进入港区进行出口。出口集运的服务内容主要有报关、运输、仓储、仓库增值服务、计费服务和系统服务等。

（2）进口分销：一般是指国外的供应商其货物进入保税仓库、码头堆场后，通过进口报关或清关,货物进入国内再分销到国内的客户。还有就是国外供应商的货物通过直接完税后,进入普通仓库,然后分销到国内的客户。

(3) 综合模式:出口集运和进口分销综合存在,一般来说,这类客户对系统服务和增值服务有较高要求,希望第三方物流服务商能提供综合的物流服务,主要的服务内容包括报关、运输、仓储、仓库增值服务、计费服务和系统服务等。

2. 服务生产线的模式

服务生产线的物流模式是一种十分普遍的物流业务模式,随着大量的跨国制造企业进入中国,它们将物流外包的模式也带到中国,一同进入国内的还有一些国外优秀的第三方物流服务供应商,它们在全球是战略合作伙伴关系。随着跨国企业的业务和工厂进入中国,这些第三方物流服务供应商也自然进入中国,它们同时给国内的物流供应商带来了先进的物流服务理念和方法。

从制造企业的角度看,服务生产线的物流就是供应链物流。制造企业供应链的各个环节,从原材料的采购,原材料的运输、仓储,半成品和成品在厂区的移动、仓储,以及产成品的仓储、国内销售配送、出口等,这些物流活动构成了制造企业物流服务的全部内容。而许多制造企业,现在都将供应链物流的各个环节外包,这些客户主要是来自美国、欧洲、日本和我国台湾等国家和地区的制造业企业或合资企业。客户规模一般较大,通常都是从事全球化生产和销售的跨国企业,他们对生产过程的配合和系统服务的要求较高。这种物流服务模式主要集中在国内的几大生产制造基地,包括珠江三角洲和长江三角洲等地区,主要分布在经济开发区、出口加工区和保税区等,其需要的服务是一站式的服务,需要驻厂服务,服务的产品呈现多样化特征。这种服务模式对物流流程管理有较高的要求,如要求第三方物流企业采用精益物流 JIT 配送等战略方式。服务生产线物流模式是目前大多数第三方物流服务供应商重点竞争的业务之一。

3. 分销配送物流的模式

分销配送物流模式是另一项十分重要的第三方物流业务模式。这种服务模式主要的客户为大的分销商,或者如超市等大的零售商,主要产品为消费品,例如服装、啤酒等,这类产品的主要特点是物流成本相对较高,或者对配送系统的要求很高,配送跨越的地域广,对运输线路规划和车辆计划、运输能力平衡要求较高。从整个生产企业的供应链来看,这种物流服务模式主要集中在从生产企业到最终消费者的一段,也就是供应链的下游。这种物流业务模式主要包括库存管理、仓库管理、配送管理、仓库增值服务以及系统服务等。库存管理主要包括存货管理、安全库存管理、保质期管理、周转期控制、多级库存和联合库存等。仓库管理包括理货管理、分区和个性化货架等。配送管理包括配送时间优化、时间管理、车辆调度计划和运输能力配置、在途控制和退货等。这类物流模式的典型特点就是仓库增值服务,其内容主要包括包装、分拣、贴标签等。系统服务包括 VMI、条形码技术、数据传送、单证传递和系统对接等。

4. 区域分发中心模式

区域分发中心(regional distribution center, RDC), 是近年来一种极为重要的物流业务模式。区域分发中心是指物流公司具体进行业务运作的分发、配送中心,一般设有运输部、信息部、仓储部和综合部等。如中外运集团根据客户的实际需求,不断发展和完善区域配送仓储中心网络体系,在全国建立了七个区域性配送仓储中心(RDC)及地方接驳中心(LDC)体系,通过与集团仓储网络进行对接,可以为客户提供仓储、区域物流配送、分拣、集运、转运、散货配载、再包装和货物库存及运输信息服务。RDC物流业务模式具有如下特点。

1) 高度集权

这种物流运作模式的权力集中在总部,业务开发、各种物流运作指令均来自于物流公司的总部。各地的RDC只是按总部的指令,从事具体的物流服务操作。

2) 强大的物流系统

RDC物流运作模式有仓储系统、运输系统和物流信息系统等三大支撑系统,通过充分利用其强大的支撑系统,整合社会的物流资源。

(1) 仓储系统的支撑作用。建立先进的仓储管理系统,为生产企业服务,按照货物的堆放体积收费,参照国际惯例,采用先进先出的管理方式进行管理。由于采用社会化、专业化的仓库管理方法,与各企业自己单独建仓库相比,无论在资金方面还是利用率上均要节省,而且可使得自己的库存真正降为零,大大降低其仓储成本。此外,在产品销售方面,各生产企业不仅可以利用RDC的分拨网络,把出厂的产品在最短的时间内送到消费者手中,加快产品的流通,使得产业资本的周转率明显提高,而且节省了大量的运输及广告费用。由于载运方面采用多家客户同车配送、同方向货物一起载运的合理运输方式,因此使得运输费用大幅度降低,车辆的实载率大幅度提高,整个社会经济效益增加。所以,建立RDC的一个非常重要的目标就是实现仓储专业化、社会化管理,使得企业实现"零库存"。

(2) 运输系统的支撑作用。作为RDC动脉系统的运输,对其要求要比传统运输高得多,物流中心要对货物装运后,到货物给收货人的运输全过程进行追踪。对于运输的时间、货损、货差、货物品种的管理都使用一套绩效管理指标体系,即KPI指标体系。

(3) 物流信息系统(IT系统)的支撑作用。IT系统是物流中心联系各RDC的中枢,主要有以下技术:一是电子邮件,这是目前最普遍、非常便捷、成本较低的信息传递系统;二是EDI,即电子数据交换技术。

3) 为构建战略供应链联盟创造条件

第三方RDC运作模式为客户同时提供了集中化物流与小批量物流,不仅承担仓储、运输、配送等基础物流服务,随着合作深入还延伸至原材料采购、包装、分拣等服务,与供应商构筑了战略联盟。

RDC运作模式首先将业务网络分为三个层次：国家级分发中心（nation distribution center，NDC）、地区级分发中心（regional distribution center，RDC）和分发中心（distribution center，DC）；组织机构也分为三个层次：总公司、分公司、各地办事处/操作点。总公司负责公司的发展战略、网络规划建设和跨区域的业务操作管理，并对各分公司进行宏观的管理，各分公司负责本区域几个跨区域的操作及管理，并负责设立下属办事处及操作点。

第三方RDC运作模式因其集权管理制度的实施，为自上而下贯彻基于SOP的标准化服务提供了保障，强大的支撑体系确保了SOP运作的可能性。作为第三方物流服务商，RDC运作模式下首先应明确自身的基础服务业务，包括入库、出库、盘点和退货业务。因此，应先制定出基本物流服务的SOP手册，指导公司员工掌握规范统一的操作及基础业务，明确所有客户能够享受到的统一规格的基础的标准化服务。客户服务个性化是第三方物流RDC运作模式的特色。在规范公司基本服务SOP手册前提下，还应该充分考虑客户地理位置、产品性质、服务需求标准、服务项目选择等因素，形成基于客户个体的独特的个性化SOP操作手册，并由RDC相对稳定的工作人员对应相应的客户，形成一对一服务格局，既便于RDC工作人员熟练把握服务标准，又有利于保持服务水平一贯性。

5．"速递＋结转"的模式

这种模式主要服务于高新技术产品、高附加值产品，以及制造企业的配件、样品等的跨境、跨区快速运送；产业配套企业上下游保税料件在不同海关监管关区或同一关区的结转、运送。服务的客户主要是我国台湾、香港和欧美等国家和地区的具有深度加工、高科技产品的生产企业。客户规模一般为中大型，具有产业上下游联系，要求第三方物流服务供应商报关能力强，具有按时运送等能力。这些业务主要集中在外资加工制造企业集中的地区，这些地区一般已经形成相关配套企业的"结转链"，例如，位于珠江三角洲或者长江三角洲内的经济开发区、出口加工区、保税区等，主要物流服务活动包括报出报进、跨关区和跨境运输、保税区业务活动等，产品主要以电子产品为主。此类物流服务模式的主要服务内容包括保管管理（如来料加工手册管理、核销资料管理和结转等）、保税仓库管理、运输管理以及系统服务等。"速递＋结转"的物流服务模式是现在正逐渐兴起的一种物流服务需求，顺丰、申通、圆通、中通、天天、E速、EMS、DHL等都采取这种服务模式。这些公司有些是外资，有些是国内的，在操作方式上，干线物流服务采用航空物流，中短途采用中小型车辆发运，优点是速度快、安全有保障、网点丰富，但缺点是价格较高，仅适用于个人的非常零散小件，或高附加值货品。近年来随着电子商务市场的扩大，商品配送需求正在快速膨胀。电商物流创新能力进一步提升，先进物流装备、技术在行业内得到广泛应用。第三方物流"速递＋结转"的模式也成为了电商的生力军，这种服务模式确保物流企业与电商一体化运作、网络化经营能力进一步增强，运输、仓储、配送等各环节协调发展、紧密衔接。

目前我国第三方物流企业的业务大都是以前传统物流业务的简单整合，业务运作模式对第三方物流企业生存发展具有十分重要的影响,只有选择正确的业务模式,第三方物流企业才能在竞争中获得最大的利润。

本章小结

物流运作管理是基于物流运作实务的管理活动,主要内容包括:物流运作模式及方案设计、物流运作业务与监控、物流运作时间控制、物流运作质量管理、物流运作成本控制等。本章首先对第三方物流运作模式进行介绍;其次结合物流运作实践的管理成果,重点研究物流运作过程所涉及的物流基本业务活动管理,包括运输管理、仓储管理和配送管理,并对运输管理内容、运输合理化途径、仓储决策、储位管理以及配送管理等进行了研究;最后介绍几种在我国常见的第三方物流业务模式。

基本概念

物流运作;物流运作管理;物流运作模式;运输管理;储位管理;配送管理

复习思考

1. 第三方物流的运作模式有哪些?
2. 简述运输经营管理的基本原理。
3. 简述第三方物流进行运输管理的优势。
4. 简述第三方物流企业的配送业务流程。
5. 基本仓储决策内容有哪些?
6. 储位管理的对象与原则有哪些?
7. 配送管理的意义是什么?
8. 我国常见第三方物流业务模式有哪几种?

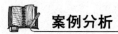
案例分析

RDC 运作模式实施案例

RDC 运作模式是近年来发展最快也是极为重要的物流业务模式,以安达公司(化名)业务为例,该公司1995年进驻中国,其战略目标是以 RDC 运作模式发展全面的物流服务,西安扬森、卡夫食品、高露洁、博士伦、喜临门食品有限公司等近100多家世界及国内知名企业为其供应商客户。安达公司在中国建立起了37个 RDC 操作点。确保了对诸如西安扬森、卡夫食品、博士伦等知名企业实施高水平服务平台。同时,其先进仓库管理系统保障了 RDC 运作实现服务专业化、社会化。运输系统是 RDC 的动脉,安达公司通过与运输商构建战略合作关系，利用一整套 KPI 指标（如运输时间、货损、货差等）对运输进行全程追踪。信息管理系统是 RDC 运作的保障，包括收货、发货、运输、仓储、财务等全面的业务模块，为公司信息的上传下达，以及与供应商客户和合作伙伴的沟通搭建了快速、有效的平台。

　　安达公司的供应商高露洁，因其生产基地在广州，所以广州 RDC 就设为高露洁的 NDC，每天高露洁将生产的产品运至广州 RDC，实现供应商库存为零，同时高露洁销售部门将汇总的全国各地要货量信息发送至安达公司总部运作部订单组，订单组对订单按各 RDC 覆盖区域分类汇总，并在当天将汇总分类订单传送至各个对货物分发进行具体操作的广州 RDC 或上海 RDC 或武汉 RDC。各 RDC 接到总部订单指示后，根据每批货要求的到货时间、需求量、线路状况制定第二天的运输作业计划并落实承运人，IT 人员则准备出发货的各种单证，第二天仓库工作人员按照运输计划和收/发货单证操作。货物发送后，安达公司全程跟踪分发过程，制作货物发送跟踪表传送给供应商，将发送过程中异常情况上报总部和反馈供应商，最后根据总部与供应商协商意见处理相关事项。

（资料来源：代湘荣.物流工程与管理.2010 年第 32 卷第 10 期，总第 196 期）

结合案例分析问题：
1. RDC 物流模式的特点是什么？
2. 安达物流业务 RDC 运作需要哪些支撑系统？

第三方物流增值服务管理

 学习要点

1. 理解第三方物流增值服务的概念和特点；
2. 掌握第三方物流增值服务企业的特征与服务内容；
3. 熟悉第三方物流增值服务的类型及实现途径；
4. 掌握第三方物流企业金融服务运作模式；
5. 了解第三方物流企业在金融服务中的角色和风险。

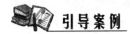 引导案例

解密 DELL 现象

在美国经济低迷、众多 IT 公司纷纷破产或裁员的情况下，DELL 仍以两位数的速度发展，令 IT 业界羡慕不已。剖析 DELL 的成功之道，其根本原因在于 DELL 是供应链、物流战略方面运用的大师。DELL 所提倡的"直销""零库存"都是建立在第三方物流高效服务的基础上的。1995 年美国戴尔计算机公司（DELL Computer）将所有供应链活动外协给第三方物流企业。"我们只保存可供 5 天生产的存货，而我们的竞争对手则保存 30 天、45 天，甚至 90 天的存货，这就是区别。"迪克·亨特 DELL 公司分管物流的副总裁如是说。

DELL 总支出的 74% 用在材料购买方面，2000 年总计 210 亿美元，如果能在物流配送上降低 0.1%，就相当于生产效率提高了 10%。在提高物流配送效率方面，DELL 和 50 家供应商保持着密切而忠实的联系，95% 的物料由这 50 家供应商供应。DELL 每天都要与他们进行协调，公开需求信息，供应商的报价也随时上网，信息十分透明。高效率的配送使 DELL 的过期零件比例保持在材料支出总额的 0.05%~0.1% 之间，2000 年戴尔在这方面的损失为 2100 万美元，而竞争对手企业一般在 2%~3%，其他工业部门更是高达 4%~5%。这种竞争优势很大程度上来自 EDI。戴尔公司通过 EDI 与 50 家材料配件供

应商的计算机进行实时连接，庞大的跨国集团DELL所需材料配件95%都由这50家供应商提供，戴尔与这些供应商每天都要通过EDI进行协调沟通。戴尔监控每个零部件的发展情况，并把自己新的要求随时发布在网络上，供所有的供应商参考，提高了透明度和信息流通效率，并刺激供应商之间的相互竞争，供应商则随时向戴尔通报自己产品的发展、价格变化和质量方面的信息。同时，对于网上订购或电话订购的产品，会迅速分解为材料需求清单适时传递给供应商，供应商立即作出反应，从而大幅削减库存。

可以说，戴尔的成功与供应商提供的高效的第三方物流增值服务是密不可分的。未来企业间的竞争将取决于供应链的竞争，无疑第三方物流增值服务会成为供应链的最佳组成部分。

(资料来源：陈红升.第三方物流增值服务研究，华中科技大学硕士学位论文，2003)

7.1 第三方物流增值服务概述

7.1.1 第三方物流增值服务的概念

现在大部分第三方物流企业所能提供的服务只是传统的运输、仓储服务。随着社会分工的极细化，生产企业对第三方物流服务的需求越来越强烈，企业希望把包括原材料供应和产成品销售的物流服务外包给第三方物流企业，以降低企业生产经营成本，这样就要求第三方物流企业不但能提供传统的仓储、运输服务，还应该提供更多的物流增值服务。第三方物流增值服务是指第三方物流企业在完成物流基本功能基础上，根据客户需求提供的各种延伸业务活动。物流的增值功能没有固定的组成要素，目前对于增值功能的界定还很模糊。第三方物流增值服务表面上看主要是指扩展服务业务内容，是一种物流差异化服务战略；从公司战略层面看，提供增值服务是多元化战略。增值服务能为第三方物流企业打造核心竞争力，维系客户，同时也能为第三方物流企业带来新的利润。

7.1.2 第三方物流增值服务的特点

物流是根据实际需要，将运输、包装、储存、装卸、配送、流通加工、信息处理等功能实施有机结合，见图7-1。可以认为，在物流的七大功能要素中，传统的仓储、运输、装卸搬运、包装、配送都属于基本物流业务。而另外的两个功能要素流通加工和物流信息处理则属于物流增值业务。

从提供的服务范围和功能来看，中国第三方物流企业仍以运输、仓储等基本物流业务为主，加工、配送、定制服务等服务功能处在发展完善阶段。随着第三方物流的多样化，有些企业会开展一些具有针对性的物流业务，如针对汽车行业的备件物流等。像宝供、中海这样第三方物流功能完善、能开展物流增值服务的企业目前还不多。第三方物流增值服

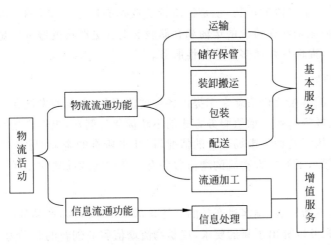

图 7-1 物流七大基本功能

务的特点表现在以下几个方面。

1. 增值性

物流增值服务能够满足客户特定要求（比如剪切客户实际需要量的钢材），显著增加客户价值，是围绕物流服务而展开的创新性的服务。物流增值服务的利润应高于或远远高于基本服务的利润。

2. 差异性

随着对科技的掌握，管理知识的应用，第三方物流在基本服务上的成本将趋向一致，质量差异也会逐步减少，原有的质量和成本优势将消失。第三方物流企业提供的基本服务越来越具有同质性，对于其他竞争企业无优势可言，如果不开发新的利润源泉，企业终将衰退出局，但如果发展增值服务，提供差别化服务，满足客户特定的需求，第三方物流企业就能拥有新的竞争力。从业务层面上，提供增值服务属于差异化战略。第三方物流企业提供与众不同的产品和服务，满足客户特殊的要求，以形成竞争优势。差异化表现在多个方面，具体见表 7-1。

表 7-1 物流增值服务的差异化表现

功能和效用的差异化	服务流程的差异化	营销策略差异化	服务环境差异化
客户定位的差异化	服务人员差异化	品牌差异化	服务渠道差异化
服务对象的差异化	服务工具外形化的差异	价格差异化	服务标准差异化
服务内容的差异化	服务中工具、材料的差异化	文化差异化	服务手段差异化

3. 从属性

物流增值服务从属于物流基本服务，是在基本的物流服务基础上的各种延伸服务，是物流行业发展到一定阶段的产物,也是物流行业成熟的标志。在竞争不断加剧的市场环境下,不但要求物流企业在传统的运输和仓储服务上有更严格的服务质量,同时还要求它们拓展物流业务,提供尽可能多的增值性服务。

4. 开发空间的广阔性

第三方物流的最主要价值就在于提供各种增值服务,企业的发展在于不断创新,第三方物流行业的发展将有赖于增值服务方式的不断优化与创新,想客户之所需,帮助实现企业利益最大化。从当前物流市场运行的情况看,几乎所有的企业对第三方物流的增值服务是满意的,这展示了第三方物流的增值服务有一个广阔的前景和发展空间。

5. 创新性

随着经济的不断发展,顾客对产品的个性化需求越来越高,产品的生产者为了满足这种需求,对物流服务也提出了新的要求,这是物流增值服务创新的驱动力。创新性表现在一些具有创新能力的物流企业最先推出新的物流增值服务,并可以获得高额利润。

6. 时效性

增值服务具有时效性,增值服务是不断发展的动态服务,经过一定时期的激烈竞争,增值服务也会"沉淀"下来变成基本服务。

7.1.3 提供第三方物流增值服务企业的主要特征

物流增值服务要真正做好,第三方物流企业必须坚持先进的电子信息技术与物流系统管理理念,并与客户进行良好沟通以及提供高标准的服务质量,并且企业有管理技术能力、高效的物流运作效率、多客户运作平台的整合以及客户和资源的横向或纵向的整合,才能实现物流实际业务与自动化的水平,才能有效地降低物流成本,才能实现物流服务承诺,为提供和强化增值物流服务奠定基础。能够提供增值服务的第三方物流企业一般具有以下几点特征。

1. 管理技术能力

第三方物流企业的管理技术能力是最体现其专业水平的能力,其所具备的系统策划能力、个性服务能力、信息系统服务能力及网络覆盖能力是决定其提供第三方物流增值服务广度及深度的重要因素。

(1) 物流系统策划能力。随着经济的发展和竞争的加剧,传统的生产和服务模式发生了很大的变化:从大规模的标准化生产到个性化、柔性化、小批量生产,从产品导向到客户服务导向,物流系统不论在深度上还是广度上都大大延伸了,物流系统策划的复杂性使其成为一个只有专家才能涉足的领域。出色的物流系统策划能力大大提高了物流企业的竞争力,也使为客户提供增值服务成为可能。

(2) 个性化服务能力。作为第三方物流服务的提供者,具备某一领域的个性化服务能力是提供增值服务的基础。由于不同的客户,其产品特性、采购策略、生产计划、销售策略和客户服务水平都不相同,物流体系呈现出很强的个性化特征,从服务内容到服务方式,从实物流动到信息传递各个过程,都可能需要为客户提供个性化的服务。

(3) 信息系统服务能力。信息化既是现代物流的重要趋势,也是现代物流赖以存在的基础。第三方物流企业只有拥有了先进的信息系统,才能保证物流管理的效率性和准确性,才能方便客户查询,适时了解发运信息和库存信息,为客户提供增值服务。

(4) 网络覆盖能力。网络化是现代物流发展的另一趋势,大型的第三方物流企业,一般通过自建或整合社会资源,形成一定范围的物流服务网络。而这些网络在提供一般性服务的同时,都可以根据客户的特殊需要进行个性化的服务,为客户提供增值服务,较好地满足客户要求。

2. 高效的物流运作效率

第三方物流服务供应商为客户创造价值的基本途径是达到比客户更高的运作效率,能提供较高的服务成本比。运作效率的提高意味着第三方物流在物流的基本活动中,如仓储、运输、配送等方面能够以较低的成本满足客户的需求,这取决于物流企业足够高效的设施及熟练的操作技能。除了作业技能外,还需要高效的协调和沟通技能,协调和沟通技能在很大程度上与信息技术关联。完善、高效的物流信息系统能很大程度地提高管理效率和工作效率,从而节省成本、增加效益。第三方物流企业为了保有高效的运作效率,维持自己在市场上的竞争优势,会不断引进、开发新的技术手段、设备,并不断地改进自己的管理和运作模式,以提高服务并降低成本,为客户创造价值。

3. 多客户运作平台的整合

第三方物流增值的另一因素是充分利用多客户运作的平台,整合平台资源,或者说在客户中分享资源。例如,多客户整合的仓储或运输网络,能够削峰填谷,使物流运作过程平稳,降低成本和风险,取得整合后较高的经济效益。因此说,整合运作的规模效益能够取得比其他资源更高的价值,从而创造增值效益。

4. 横向或纵向的整合

前面讨论的创造价值的几种方法——管理技术能力、运作效率和客户运作平台的整合,是基于第三方物流企业内部资源创造价值的方法。这里所说的横向或纵向的整合,则是外部资源整合以创造价值的方法。纵向整合是指发展与低层次服务的供应商关系,根据第三方物流供应方的特性,对单项物流功能进行外购,如物流设施的维护、运输工具的短期租赁等。横向上,第三方供应方能够结合类似的但不是竞争性的公司,比如扩大为客户提供服务的地域覆盖面、委托空运或海运等。横向或纵向的资源整合是因为物流行业存在专业化分工协作的优势,物流运作的专业化使第三方物流企业在专门技术和系统领域内具有超越客户的潜在能力。对第三方物流企业来讲还有一个主要资源或者说是增值因素就在于拥有众多的物流人才,物流人才的集聚效应可发挥物流行业更高的管理水平与运作效率,从而帮助客户创造价值。

7.1.4 第三方物流增值服务的主要内容

1. 增加便利性的服务

一切能够简化手续、简化操作的服务都是增值性服务,简化是相对于客户而言的,并不是说服务的内容简化了,而是指为了获得某种服务,以前需要客户自己做的事情,现在由物流服务提供商以各种方式代替客户做了,从而使客户获得的这种服务变得简单,而且更加方便,这当然增加了商品或服务的价值。第三方物流企业在提供物流服务时,推行一条龙门到门服务、提供完备的操作或作业提示、免费培训、系统维护、省力化设计或安装、代办业务、24小时营业、自动订货、传递信息和转账、物流全过程追踪等都是对客户有用的增值性服务。

2. 加快反应速度的服务

快速反应是指物流企业面对多品种、小批量的买方市场,不是储备了"产品",而是准备了各种要素,在客户提出要求时,能以最快速度抽取要素,及时"组装",提供客户所需服务或产品。快速反应已经成为物流发展的动力之一。传统观点和做法将加快反应速度变成单纯对快速运输的一种要求,而现代物流的观点却认为,可以通过两种方法使过程变快:第一种方法是提高运输基础设施和设备的效率,比如修建高速公路、铁路提速、制定新的变通管理办法、将汽车本身的行驶速度提高等,这是一种速度的保障,但在需求方绝对速度的要求越来越高的情况下,它也变成了一种约束,因此必须采用其他的方法来提高速度;第二种方法,也是具有重大推广价值的增值性物流服务方案,应该是优化配送中心、物流中心网络,重新设计适合客户的流通渠道,以此来减少物流环节、简化物流过程,提高物流系统的快速反应能力。

3. 降低成本的服务

通过提供增值物流服务,寻找能够降低物流成本的物流解决方案,如采取物流共同化计划。还可以通过采用比较适用但投资较少的物流技术和设施设备,或推行物流管理技术,如运筹学中的管理技术、商品管理技术、条形码技术和信息技术等,提高物流的效率和效益,降低物流成本。

4. 延伸服务

运用计算机管理的思想,向上可以延伸到市场调查与预测、采购及订单处理;向下可以延伸到物流咨询、物流系统设计、物流方案的规划与选择、库存控制决策建议、货款回收与物流结算、教育与培训等。关于物流结算功能,物流结算不只是物流费用的结算,在从事代理、配送的情况下,物流服务商还要替货主向收货人结算货款;关于需求预测功能,物流服务商应该负责根据物流中心商品进货、出货信息来预测未来一段时间内的商品进出库量，预测市场对商品的需求，从而指导订货；关于物流系统设计咨询功能，第三方物流服务商要充当客户的物流专家，为客户设计物流系统，代替他们选择和评价运输网、仓储网及其他物流服务供应商；关于物流教育与培训功能，物流系统的运作需要客户的支持与理解，通过向客户提供物流培训服务，可以培养其与物流中心经营管理者的认同感，可以提高客户的物流管理水平，并将物流中心经营管理者的要求传达给客户，也便于确立物流作业标准。

5．提供全程物流服务

随着信息化的发展和第三方物流成本的降低，企业国际化采购、配送已成为一种趋势，借助第三方物流的操作，可使企业充分整合供应链，实现国际化的发展。第三方物流企业整合世界各地的物流资源形成全球服务网络，利用先进的设备、科学的管理、广泛的网点、一票到底的全程物流服务，为跨国生产和贸易提供从原材料采购、生产配送到跨国销售的全过程物流管理。

6．进行项目物流服务

项目物流是以项目为主要对象的物流活动，项目是为了达到一定目的的资源组合。项目物流包括工程项目物流、大件项目物流、会展物流、会议物流等，不同的项目物流在运作技术、方式和组织等方面各不相同。项目物流经营和运作过程具有一定的特殊性，需要有创新意识。如为具体的重大基础设施或综合性的展会、运动会等提供专门的物流服务。

7.2 第三方物流增值服务的类型及实施途径

7.2.1 第三方物流增值服务的类型

由于第三方物流增值服务的复杂性和不断创新发展，对其类型的划分有一定的困难。国内外第三方物流增值服务类型划分还很不规范，根据当前第三方物流企业主要出现的物流增值服务，将其分为五类。

1．常规扩展型物流增值服务

在第三方物流企业的常规物流服务基础上拓宽和延伸而开展起来的服务就属于常规扩展型物流增值服务。例如，在仓储基础上发展起来的库存管理、原材料质检、库存查询、库存补充等服务；在运输基础上发展起来的个性化运输；在配送的基础上发展起来的个性化配送；在包装的基础上发展起来的个性化包装等。

2．联合型物流增值服务

由于多数的第三方物流企业规模有限，它们所能开展的业务或业务的覆盖区域不能涵盖客户的所有需求,这就造成了一个客户需要多家物流企业为其提供服务的状况,无疑导致了客户在物流服务选择上需要花费许多精力,在这样的情况下就出现了联合型物流增值服务。这是指为客户提供一体化物流服务,本企业不能为客户提供的物流服务则联合其他物流企业为客户提供。例如,建立物流服务平台、建立虚拟物流企业、全程物流等。

3. 第四方型物流增值服务

第三方物流企业与客户是面对面的服务,关系密切,部分第三方物流企业利用自身的经验优势来开展类似于第四方物流企业业务的服务,即为客户提供物流规划、咨询、物流信息系统、供应链管理等业务。例如,提供一体化物流解决方案、物流系统的设计、市场调研与预测、构建物流信息系统、物流培训、物流系统诊断与优化、帮助客户选择第三方物流企业和服务等。

4. 纵向延伸型物流增值服务

纵向延伸型物流增值服务是指第三方物流企业应客户要求沿产业链向前或向后方向的延伸,即为客户提供采购、加工、销售等增值服务。由于第三方物流企业为多家客户服务,因此在为客户提供采购服务过程中存在数量优势,可以更低的价格采购商品;现代物流概念被提出时,已经明确了流通加工属于物流的一个基本功能,物流向加工延伸可以更好地满足客户的多样化需求、方便消费、弥补生产上的不足、提高效率等;由于第三方物流企业的业务覆盖区域较大,因此生产企业的某些销量小的地区的促销、售后服务等业务就可以委托第三方物流企业来完成,这也能更多地降低生产企业的成本,提高物流企业的利润。

5. 跨行业集成型物流增值服务

跨行业集成型物流增值服务是指第三方物流企业提供的增值服务不再只局限于传统模式下的本行业或生产制造业、批发业和零售业,而是应客户的要求,向更多的行业集成,例如物流金融、物流中心提供餐饮食宿等服务。

7.2.2 几种典型的第三方物流增值服务及其实现途径

随着我国这几年物流行业的迅猛发展,有些第三方物流企业开始注重增值物流服务,如根据客户的需要,代客户完成以下增值工作:订单处理、流通加工、库存管理、JIT 物料配送、保税仓储、报关服务、信息通信服务、售后维修服务、物流金融服务等,并从中获取了不亚于传统物流服务的利润。企业的发展在于不断创新,第三方物流行业的发展将有赖于增值服务方式的不断优化与创新,想客户之所需,帮助实现企业利益最大化。下面介绍几种常见的第三方物流增值服务及其实现途径。

1. 仓储型增值服务

每个客户都有其独特的市场需要和行业特殊约束,第三方物流企业应致力于为客户

设计仓库管理策略,优化整体供应链的效率,满足客户的商业目标。具体包括以下途径:

(1) 依据第三方物流企业本身拥有的仓储设施开展增值服务。为客户提供货物检验、安装、简单加工服务;配合客户营销计划进行产品的重新包装和产品组合服务;提供便利服务(如为商品打价格标签或条形码)和商品追踪服务;为特殊客户提供低温冷藏等特殊需求的服务等。

(2) 为客户提供存货查询功能。以客户为引导,按区位排列顺序列出各种规格型号货物的详细信息,确认有效库存能否满足客户需求。

(3) 建立缓冲仓库。使企业为了满足客户的大量突发性订货准备"缓冲库存",从而提高客户的满意度。

2. 配送型增值服务

(1) 结算功能。如物流中心的结算功能,这是物流中心对物流功能的一种延伸,不仅仅是物流费用的结算,在从事代理、配送的情况下,物流中心还可替货主向收货人结算货款等。

(2) 需求预测功能。物流中心可根据商品进货、出货信息来预测未来一段时间内的商品进出库量,进而预测市场对商品的需求,然后将市场信息反馈给客户。

(3) 物流系统设计咨询功能。充当货主的物流专家,为货主设计物流系统,代替货主选择和评价运输商、仓储商及其他物流服务供应商。

(4) 物流教育与培训功能。通过向货主提供物流培训服务,可以培养货主与物流配送中心经营管理者的认同感,可以提高货主的物流管理水平,可以将物流配送中心经营管理者的需求传达给货主,也便于确立物流作业标准。

(5) 采用协同配送的方式进行配送。协同配送主要是指在城市里,为使物流合理化,在几个有定期运货要求的货主的合作下,由一个卡车运输者使用一个运输系统进行配送。

(6) 组建客户服务响应中心。通过电话、传真、互联网等方式对用户遇到的技术问题方便、迅速地进行跟踪解决,为其提供个性化的服务。

3. 国际货运代理型增值服务

(1) 提供订舱(租船、包机、包舱)、托运、仓储、包装;货物的监装、装卸,集装箱拼装拆箱、分拨、中转及相关的短途运输服务;报关、报验、报检、保险;内向运输与外向运输的组合;多式联运、集运(含集装箱拼箱)全套的物流一体化服务。

(2) 在配套服务的同时提供维护、维修等相关的物流操作。

(3) 为企业进行货运代理设计。即为托运人安排最经济、快捷、安全的运输路线和选择最佳的运输方式组合。

(4) 为客户进行货运代理咨询。利用第三方物流专业经验,在包装、仓储、进出口、单证处理、海关手续、港口操作、特殊货品、集装箱运输,以及多式联运等各方面为客户提供解决方案,做客户的顾问和向导。

(5) 为货运委托人提供情报信息。还可以为客户提供多种信息增值服务,包括产品流通信息和市场信息反馈,订货量、库存量动态控制与管理,等等。

(6) 为客户提供在线追踪采购订单、集装箱服务。利用订单号、订单计划编号、集装箱号、进仓编号等关键字段对有关货物信息进行跟踪和查看相关资料。

(7) 为客户提供电子商务平台。由于先进信息技术,尤其是 Internet 技术的广泛应用,国际货运代理企业可以在自身条件允许的情况下,提供网上电子合同、打印提单、网上订舱、网上支付运费、网上库存管理、网上供应链管理等增值服务。

4. 第四方物流咨询增值服务

第三方物流企业应建立一套流畅的物流咨询体系,帮助客户设计、构建和重组物流系统,为客户提供系统的物流咨询方案,逐渐向第四方物流转型。

(1) 为客户制定战略规划。通过对客户的组织机构、产品、物流水平、创新能力、物流管理人员等方面的调查研究,以及对企业所处宏观环境进行分析,帮助客户制定物流总体发展战略、阶段性实施计划、各职能部门的战略规划与选择等。

(2) 为客户设计组织结构与制度。根据客户发展物流的战略目标,设计组织框架,建立合理、有效的决策指挥系统。

(3) 为客户开展物流市场调研。根据客户的要求,对客户涉足的产业行业和物流领域展开各种形式、各种内容和各种规模的市场调查,如市场规模调查、用户满意度调查、产业发展现状调查、广告投入和效果调查、市场容量和市场结构调查、企业市场营销与物流策略调查等。

(4) 为客户进行营销策划与管理。根据企业的营销战略,提出物流支持企业营销的解决方案,以扩大企业市场份额。

(5) 为客户开展企业诊断服务,进行业务流程再造。找出客户经营管理活动中急需解决的物流问题,与客户共同寻求物流系统服务的解决方案,分析企业的供应链构成,确定物流增值业务活动,消除无价值的物流活动,从而使企业提高物流运行效率。

(6) 帮助客户进行物流人才的开发与管理。物流人才招聘、培训、晋升、激励制度,可以帮助企业有效开发和调动物流人才资源的积极性、创造性。

5. 与金融机构合作发展物流金融型增值服务

物流金融型增值服务是物流与金融相结合的产品,是在供应链业务活动中,运用金融工具使物流产生价值增值的融资活动。物流金融服务中涉及三个主体:物流企业、客户和金融机构。物流企业与金融机构联合起来为资金需求方提供融资,是第三方物流企业提供的一种金融与物流集成式的创新服务。发展物流金融不仅能提高第三方物流企业的服务能力、经营利润,而且可以协助企业拓展融资渠道,降低融资成本,提高资本的使用效率。物流金融不仅能为客户提供高质量、高附加值的物流与加工服务，还为客户提供间接或直接的金融服务，以提高供应链整体绩效和客户的经营资本运作效率等。实现物流金融增值服务的方式很多，如仓单质押、保兑仓、融通仓等业务模式。

6. 承运人型增值服务

提供全程追踪服务、电话预约服务、车辆租赁服务等增值服务。

7. 信息型增值服务

具有信息技术方面优势的物流服务商把技术融入物流作业中。如：向供应商下订单，并提供相关财务报告；接受客户的订单，并提供相关财务报告；运用网络技术向客户提供在线的数据查询和在线帮助服务等。

7.3 第三方物流金融增值服务管理

7.3.1 第三方物流金融服务概述

UPS中国董事总经理兼首席代表陈学淳曾说："未来的物流企业，谁能掌握金融服务，谁就能成为最终的胜利者。"

1. 物流金融的概念

物流金融是基于物流增值链中的供应商、终端用户、金融机构和物流企业等各方的共同需要而产生和发展的，近几年才在我国流行。物流金融服务属于物流增值业务当中的延伸服务，通过提供融资方面的便利，将供应链上的物流、资金流与信息流进行有机结合。广义的物流金融是指在整个供应链管理过程中，通过应用和开发各种金融产品，有效地组织和调剂物流领域中货币资金的运动，实现商品流、实物流、资金流和信息流的有机统一，提高供应链运作效率的融资经营活动，最终实现物流业与金融业融合化发展的状态。从狭义上讲，物流金融是金融机构和第三方物流服务供应商在供应链运作的全过程向客户提供的结算、融资以及保险等增值服务。

物流金融管理就是对物流过程中的各种存款、贷款、投资、信托、租赁、抵押、贴现、保险、有价证券发行与交易，以及金融机构所办理的各类涉及物流业的中间业务活动进行管理。

物流金融服务就是物流衍生服务的重要组成部分，物流金融的核心思想是在供应链管理中物流、资金流和信息流"三流"的整合和互补互动关系中寻找机会，充分利用现代信息技术，用资金流盘活物流，并用物流拉动资金流。

2. 第三方物流企业发展物流金融服务的意义

众所周知，物流行业是一个资本或劳动密集型产业，同时对交通基础设施、相关政策法规以及能源的依赖程度很高。油价的上涨、公路的滥收费等都是对物流企业的重大打击,人工成本的逐步攀升,对物流企业来说更是雪上加霜。运营成本的提高将直接影响其收益。面对高昂的物流成本以及较低的服务价格的双重压力,物流企业的盈利难、低盈利的状况也在情理之中。由于物流行业的准入门槛很低和相关法律法规的不完善,导致物流业的竞争异常激烈,很多物流企业不得不降低服务价格以求生存。行业利润的降低,不利于行业的发展。开展物流金融服务可以提高第三方物流企业一体化服务水平、竞争能力、业务规模,增加高附加值的服务功能,扩大企业的经营利润,对银行业、中小企业以及整个供应链企业都有意义。

1) 物流金融能够提高供应链的运行效率

整个供应链的有效运转需要金融业的大力支持,没有资金流和物流的匹配,供应链上就会产生大量的资金缺口,并进而导致供应链条的链接不畅甚至断裂。金融机构与物流企业合作,在供应链运作过程中向客户提供结算、融资和保险等相关服务的创新业务,从而有效促进了供应链上的商流、物流、信息流和资金流四流合一。而物流与金融的结合与发展,能够有效提升供应链运作和管理的效率,增强供应链的竞争力,进而推动现代物流业的迅速发展。因此整个供应链的有效运转需要金融业的大力支持。

2) 有利于制造企业集中主业、提高核心竞争力

对制造企业而言,物流金融是获取资金和金融服务的重要途径,可以解决贷款问题。物流金融业务能够提供一整套综合服务解决方案,间接地可以帮助制造企业迅速建立销售、配送网络,增加企业流动资金,降低其运营成本。开展物流金融业务可以使制造企业专心于自己的核心产业,将非核心的物流、结算等业务外包给第三方处理,增强企业的市场竞争力。物流金融可以降低企业的融资成本,拓宽企业的融资渠道,提高企业资本利用率,实现资本优化配置;可以降低采购成本或扩大销售规模,提高企业的销售利润。

3) 物流金融给银行带来了新的业务和利润空间

对提供资金和结算服务的金融机构而言,发展物流金融服务不仅可以扩展新的融资业务,获得丰厚的利差,更重要的是,它们还可以通过供应链上交易关系提供的担保以及物流企业的评估和监控有效降低风险。同时银行业面对新生事物的冲击,竞争自然是少不了的,银行除了提高服务水平之外更要开辟新的业务来应对挑战。2013年阿里集团推出余额宝、京东的供应链金融服务、各种P2P产品等无不对银行的各项业务构成冲击和挑战。银行的垄断地位所带来的丰厚利润使得民营资本垂涎已久,对于中小企业这一细分市场,银行应充分认识到其特点,针对性地设计出合理的贷款产品。因此,物流金融这一业务的兴起为银行开辟了新的思路,也是银行应对新的挑战和危机的有效法宝。

4) 解决中小企业的融资难问题

物流金融能有效解决中小企业的融资困难。因为供应链上,作为链主的核心企业会通过欠款、预付款和要求批量采购将资金风险转嫁给上下游的中小企业,而这些资金短缺

的中小企业既没有足够的信用评级,也没有足够的抵押资产和第三方保证,按照传统的信贷方式很难获得金融机构的融资。目前,我国非国有中小企业已超过千万,数量占企业总数的99%左右,产值占70%、税收占45%,提供约75%的城镇就业机会,而在全国17家大银行中,中小企业占主要金融机构贷款余额的比重仅有16%。显然,与中小企业对国民经济的贡献相比,中小企业在金融机构贷款融资中所占比重是极不相称的。在国内,融资难是困扰中小企业发展的主要问题。

5) 金融服务成为第三方物流企业的新利润源

对物流企业来说,物流金融能够提供丰厚的利润并能够有效扩展业务。物流企业可以通过业务的参与获得更多的物流服务客户,可以通过协助金融机构控制业务获得相应的监管和信息咨询收益,可以直接参与借贷获得一部分利差,甚至可以与金融机构合作实施供应链的一体化运作,整合整个供应链条的三流,赚取大量增值服务的高额利润。第三方物流企业可以创新出诸多的增值服务品种,脱离同质化的恶性竞争,开辟新的增值服务业务从而形成差异化。开展物流金融服务不失为物流企业的一个战略选择。

3. 第三方物流金融服务的特点

(1) 标准化。第三方物流企业在提供物流金融服务的过程中,对出质产品的包装及质量的检查验收、出质债权的规范性、监管内容及流程等都有严格限制和规定标准。物流产品的质量和包装标准都以国家标准和协议约定的标准为准;所有动产质押品都按统一、规范的质押程序来管理。

(2) 信息化。第三方物流企业依靠现代化的信息管理系统完成预测市场需求、在出资方和融资方之间进行信息双向沟通、实时有效监控质押物等工作。所有质押品的监管都借助物流企业的物流信息管理统一进行。通过物流企业的信息管理系统,随时获得质押品的实时情况。物流金融业务中的许多风险来源于银行、客户和物流企业三者之间的信息不对称。推动国内物流金融业向更高阶段发展,要解决监管信息的透明化问题。第三方物流企业通过为银行与企业客户提供服务信息、管理信息和操作信息,建立起在物流金融市场中的核心地位。

(3) 远程化。由于第三方物流企业和银行等金融机构的分支机构覆盖地区很广,即使面对地理距离遥远的融资方,第三方物流企业也能通过旗下分支机构为其提供物流金融服务,并利用计算机实现远程操作和监控。借助物流企业覆盖全国的服务网络,再加上银行系统内部的资金清算网络,动产质押业务既可以在该行所设机构地区开展业务,也可以开展异地业务。

(4) 广泛性。第三方物流企业的客户群体很广泛,处于供应链各环节的企业,只要有需求,第三方物流企业都可以为其提供物流金融服务,服务对象具有广泛性;出质产品或债券的形式也很多样,从动产到不动产、从生产原料到仓单都可以纳入融资范畴,质押货物品种具有广泛性;物流金融的服务区域也具有广泛性。

7.3.2 第三方物流金融增值服务运作模式

1. 物流金融的构成

物流金融主要由物流融资、物流结算、物流保险三部分组成。

（1）物流融资贯穿于物流运作的整个流程之中，包括采购、仓储、运输、装卸、包装、加工、配送直至到达需求方手中。从融资方向看，物流融资既可指物流企业通过资本市场为自身的发展融资，又可指物流企业联合金融机构为其他企业提供的融资服务。

（2）物流结算是指金融机构的结算功能在物流业的运用，是整个物流金融体系中的重要一环。现代物流的这种发展趋势，使得物流服务行业对金融机构的结算服务的依赖性越来越强。金融机构提供的物流结算服务在整个物流服务中起着以点带线的作用，若没有金融结算及资金划转等服务措施的配套，物流企业就根本无法提供快速敏捷的服务，进而导致物流服务灵活性、多样化、个性化发展优势的丧失。

（3）物流保险是指金融保险在物流业的运用。物流业的责任风险几乎伴随着业务范围的全程。物流保险作为物流金融的重要组成部分，它的主要职责就是提供一个涵盖物流链条各个环节的完整的保险解决方案，努力帮助物流企业防范风险。

2. 物流金融的运作模式

针对物流金融服务内容、服务范围的广泛性，以及物流金融产品服务期限、服务对象各异，物流金融市场潜力巨大等这些现实情况，第三方物流企业需要更深入地认识理解金融服务，并从不同角度理解物流金融的分类情况和物流金融运行的各种基本模式，以利于企业开发物流金融服务新产品，更好地服务于客户。

1）根据金融机构参与程度划分

根据金融机构参与程度不同，把物流金融运作模式分为资产流通模式、资本流通模式和综合模式，见图 7-2。

（1）资产流通模式

资产流通模式是指第三方物流企业利用自身综合实力、良好的信誉，通过资产经营方式，间接为客户提供融资、物流、流通加工等集成服务。这种模式中，金融机构基本上没有参与或参与很少，是由物流企业自己或通过金融机构借款给企业实现的融资服务。典型的资产流通模式有两种：替代采购模式和信用证担保模式。

① 替代采购模式

替代采购模式是由物流企业代替借款企业向供应商采购货品并获得货品所有权，然后根据借款企业提交保证金的比例释放货品。在物流企业的采购过程中，通常向供应商开具商业承兑汇票并按照借款企业指定的货物内容签订购销合同。物流企业同时负责货物运输、仓储、拍卖变现，并协助客户进行流通加工和销售。

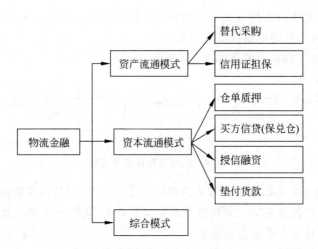

图 7-2 根据金融机构参与程度不同划分的物流金融类型

替代采购模式的业务流程如图 7-3 所示。

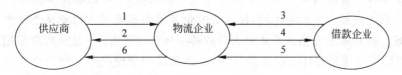

图 7-3 替代采购业务流程

A. 由物流企业代替借款企业向供应商采购货品并获得货品所有权；
B. 物流企业垫付扣除物流费用的部分货款；
C. 借款企业向物流企业提交保证金；
D. 物流企业根据借款企业提交保证金的比例释放货品；
E. 借款企业与物流企业结清货款；
F. 物流企业与供应商结清货款。

除了供应商与借款企业签订的购销合同之外，第三方物流企业还应该与供应商签订物流服务合同，在该合同中供应商应无条件承担回购义务。借款企业必须依赖第三方物流企业开展业务，但正是由于有第三方物流企业的参与，才使借款企业的产、供、销活动没有后顾之忧，而且还能将有限的精力和资金投放在产品的生产和销售上。

② 信用证担保模式

在这种模式中，先由第三方物流企业以信用证方式向供应商支付货款，间接向采购商融资，供应商把货物送至第三方物流企业的监管仓库，物流企业控制货物的所有权，它根据采购商提交保证金的比例释放货品，最后由采购商与第三方物流企业结清货款。物流企业负责货物运输、仓储、拍卖变现，还要协助客户进行流通加工和销售。信用证是国际贸易中最主要、最常用的支付方式。信用证担保模式是物流企业与采购商的合作,物流企业必须对采购商资信及经营情况非常了解。

信用证担保模式的业务流程如图 7-4 所示。

图 7-4 信用证担保业务流程

A. 第三方物流企业以信用证方式向供应商支付货款,间接向采购商融资;
B. 供应商把货物送至第三方物流企业的监管仓库,物流企业控制货物的所有权;
C. 采购商向物流企业提交保证金;
D. 物流企业根据采购商提交保证金的比例释放货品;
E. 由采购商与第三方物流企业结清货款。

信用证担保业务既可以消除供应商资金积压的困扰,又可以解决采购商因资金不足而无法生产或无法扩大生产的困境,使两头的企业因为有第三方物流企业的参与而解决各自的困难。但对第三方物流企业最大的威胁来自于两方面:一是采购商信用缺失的风险;二是货物的流通销售环节存在的风险,也即商品的变现风险。物流企业通常以信用证方式向供应商支付货款并按照采购商指定的货物内容签订购销合同,物流企业开展此项业务对采购商的选择要非常严格,因为只有经营业绩良好、生产的产品适销对路并且信用度良好的企业,才能有效地将商品变现并按照合同及信用证的条款将货款还给物流企业。所以物流企业应注意规避风险。

(2) 资本流通模式

资本流通模式是指第三方物流企业利用自身与金融机构的良好合作关系,为客户与金融机构创造良好的合作平台,协助中小型企业向金融机构进行融资,提高企业运作效率。在这种模式中,主要是由金融机构向借款企业提供融资,但由物流企业替借款企业向金融机构提供担保,然后金融机构根据物流企业提供的担保向借款企业提供直接的或间接的融资。典型的资本流通模式主要有:仓单质押模式、买方信贷(保兑仓)模式、授信融资模式和垫付货款模式。

① 仓单质押模式

最简单的仓单融资模式是由借款企业、金融机构和物流企业达成三方协议,借款企业把质物寄存在物流企业的仓库中,然后凭借物流企业开具的仓单向银行申请贷款融资。银行根据质物的价值和其他相关因素向其提供一定比例的贷款。质押的货品并不一定要由借款企业提供,还可以由供应商或物流企业提供。

仓单质押模式的业务流程如图 7-5 所示。

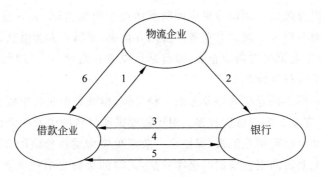

图 7-5　仓单质押模式业务流程

A. 借款企业向银行提出贷款申请,按照银行要求把货物存放在银行指定的物流企业;

B. 物流企业验货后向银行开具仓单,仓单须背书质押字样,物流企业签字盖章并承诺将保证货物的完好,并严格按照银行的指令行事;

C. 银行在收到仓单后办理质押业务,按质押物价值的一定比例发放贷款至指定的账户;

D. 企业实现货物的销售,购货方将货款汇入银行的企业账户,一次或多次向银行还贷;

E. 银行根据借款企业还贷情况向借款企业提供提货单;

F. 物流企业根据提货单和银行的发货指令分批向借款企业或其客户交货。

在国内,由于中小型企业存在着信用体系不健全的问题,所以融资渠道非常缺乏,生产运营的发展资金压力大。仓单质押业务的开展,可以有效支持中小型企业的融资活动。对第三方物流企业来说,质物的实际价值与评估的价值不相符是最大的风险,有可能导致整个业务合作的失败。可作为质物的是那些流动性不强、大笔货物进出库的商品,如:有色金属、煤炭、汽车、农产品、化工等产品,以及货物价值变动较小的物资等。

② 保兑仓融资模式

保兑仓或称买方信贷,是国内金融资本市场中近几年出现的,为保证市场资金流转安全、维护商业银行利益而产生的新的金融业务项目。根据参与主体中是否有第三方物流企业的参与,可以将保兑仓融资模式细分为三方保兑仓模式(厂、商、银模式)和四方保兑仓模式。最初三方保兑仓业务难以避免厂、商之间进行勾结,骗取银行信贷资金;而近年来开展的四方保兑仓业务中,有了物流企业的参与,使银行牢牢控制住货权,并进行封闭式授信管理,利用销售资金进行信贷自偿,使这种模式资金流转的安全性更强。所以现在所说的保兑仓是指四方保兑仓,是在卖方与买方真实的商品贸易交易中,以银行信用为载体,买方以银行承兑汇票为结算支付工具,由银行控制货权,仓储方受托保管货物,卖方对承兑汇票保证金以外敞口金额部分提供回购承诺作为担保措施,买方随缴保证金随提货的一种特定融资服务模式。保兑仓业务涉及四方企业,商品买方为借款企业,卖方为货物供应商,仓储方为专业第三方物流企业,银行是承兑方并通过第三方物流企业监管货物。四方保兑仓模式下银行风险较小。

可以说保兑仓模式是仓单质押业务的一种延伸,相对于企业仓单质押业务,其特点是先票后货,仓单质押业务先有货后有票。对于需要采购材料的借款企业,交纳一定的保证金后金融机构先开出银行承兑汇票,保证金一般至少应为质物价值的30%;货物供应方在收到银行承兑汇票后向银行指定的仓库发货,采购的货物交由物流企业评估入库作为质物;金融机构在承兑汇票到期时兑现,将款项划拨到供应商账户;物流企业根据金融机构的要求,在借款企业履行了还款义务后释放质物。如果借款企业违约,则质物可由供应商回购,供应商回购解决了质物变现及贬值的问题。

保兑仓业务模式适用的条件:质物市场价格稳定,波动小,不易过时;质物用途广,适应性强,易变现;质物规格明确,便于计量,产品合格,符合国家标准。保兑仓业务模式一般适用于国内贸易,适用于上游企业资质好的业务;适用于黑色金属、有色金属、化工产品、汽车、纸品、药品、烟酒、电子产品等领域。

保兑仓模式的业务流程见图7-6。

A. 借款企业根据与供应商签订的《购销合同》向银行提交一定比率的保证金;

B. 第三方物流企业向银行提供承兑担保;

C. 借款企业以货物对第三方物流企业提供反担保;

D. 银行开出承兑汇票给供应商;

E. 供应商在收到银行承兑汇票后向物流企业仓库交货,物流企业获得货物的所有权;

F. 物流企业验货后向银行开具仓单,仓单须背书质押字样,并由物流企业签字盖章;

G. 银行在收到仓单后办理质押业务,按质押物价值的一定比率发放贷款至指定的账户;

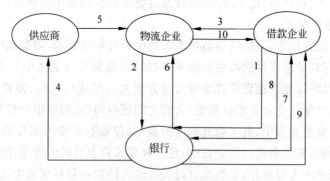

图7-6 保兑仓业务流程

H. 借款企业实际操作中货主一次或多次向银行还贷；

I. 银行根据借款企业还贷情况向借款企业提供提货单；

J. 物流企业的保兑仓根据提货单和银行的发货指令分批向借款企业交货。

在这一模式中，需要供应商、借款企业、物流企业和银行四方签署"保兑仓"合作协议。银行与上游供应商是合作关系；银行与下游借款企业是借贷关系；上游供应商与下游借款企业是供求关系；三者与物流企业都是合作关系，物流企业实际控制货物并为银行提供监管，并保持中立立场。保兑仓业务需要上游企业承诺回购，进而降低银行的信贷风险；融资企业通过保兑仓业务获得的是分批支付货款并分批提取货物的权利，因而不必一次性支付全额货款，有效缓解了企业短期的资金压力，实现了融资企业的杠杆采购和供应商的批量销售。

③ 授信融资模式

授信融资是金融机构根据物流企业的规模、经营业绩、运营现状、资产负债比例及信用程度，授予物流企业一定的信贷额度，由物流企业根据借款企业的需求和条件进行质押贷款和最终结算。在此模式中，金融机构基本上不参与质押贷款项目的具体运作。物流企业在提供质押融资的同时，还为借款企业寄存的质物提供仓储管理服务和监管服务。该模式有利于企业更加便捷地获得融资，减少原先质押贷款中一些烦琐的环节；也有利于第三方物流企业提高对质押贷款的全过程监控能力，更加灵活地开展质押贷款服务，优化其质押贷款的业务流程和工作环节，降低贷款风险。从盈利来看，授信金融模式和仓单金融模式的各方收益基本相似，但是由于银行不参与质押贷款项目的具体运作，质押贷款由物流企业发放，因此程序更加简便，形式更加灵活。同时，也大大节省了银行与借款企业的相关交易费用。

授信融资模式的业务流程如图7-7所示。

A. 银行根据物流企业的实际情况授予物流企业一定的信贷额度；

B. 借款企业将货物质押到物流企业所在的融通仓库，由融通仓为质物提供仓储和监管服务；

C. 物流企业按质押物价值的一定比率发放贷款；

D. 借款企业一次或多次向物流企业还贷；

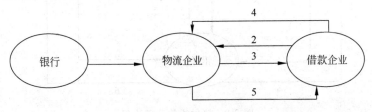

图7-7 授信融资业务流程

E. 物流企业根据借款企业还贷情况向借款企业提供提货单,物流企业的融通仓根据提货单分批向借款企业交货。

④ 垫付货款模式

垫付货款模式是物流金融中最简单的结算模式,是指当物流企业为发货人承运一批货物时,物流企业首先代提货人预付一半货款,当提货人取货时则交付给物流企业全部货款。为消除垫付货款对物流企业的资金占用,垫付货款还有另一种模式:发货人将货权转移给银行,银行根据市场情况按一定比例提供融资,当提货人向银行偿还货款后,银行向第三方物流企业发出放货指示,将货权还给提货人。此种模式下,物流企业的角色发生了变化,由原来商业信用主体变成了为银行提供货物信息、承担货物运送,协助控制风险的配角。从盈利来看,厂商获得了融资,银行获得了利息收入,而物流企业也因为提供了物流信息、物流监管等服务而获得了利润。垫付货款模式适用的条件和范围:物流企业应具备完善的信息系统,能向银行提供相关货物情况;货物质量和市场价格稳定;物流企业与银行能形成战略合作关系。

垫付货款模式的业务流程见图7-8。

A. 供应商将货物发送到第三方物流企业指定的仓库;

B. 供应商开具转移货权凭证给银行;

C. 第三方物流企业提供货物信息给银行;

D. 银行根据货物信息向供应商垫付货款;

E. 借款企业还清货款;

F. 银行开出提货单给借款企业;

G. 银行向第三方物流企业发出放货指示;

H. 第三方物流企业根据提货单及银行的放货指示发货。

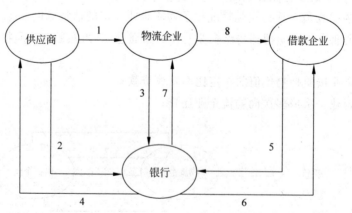

图7-8 垫付货款业务流程

(3) 综合运作模式

综合运作模式包括资产流通运作模式和资本流通运作模式,是物流金融高层次的运作模式,这是对物流金融提供商更高的要求,如融通仓模式、物流银行模式以及物流供应链金融模式等既有资本流通又有资产流通,并且物流金融企业应具有自己全资、控股或参股的金融机构。例如,UPS 公司在 2001 年 5 月并购了美国第一国际银行(First International),将其改造成为 UPS 金融企业。由 UPS 金融公司推出包括开具信用证、兑付出口票据等国际性产品和服务业务。UPS 作为中间商在沃尔玛和东南亚数以万计的中小出口商之间斡旋,在两周内把货款先打给出口商,前提条件是揽下其出口清关、货运等业务并得到一笔可观的手续费,而拥有银行的 UPS 再和沃尔玛在美国进行一对一的结算。

2) 按照金融在现代物流中的业务内容划分

按照金融在现代物流中的业务内容,物流金融分为物流结算金融、物流仓单金融、物流授信金融,见图 7-9。

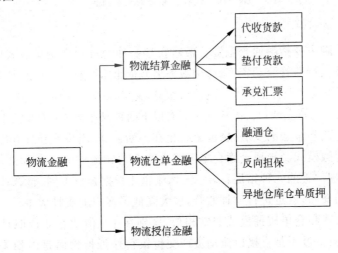

图 7-9　按照金融在现代物流中的业务内容分类

(1) 物流结算金融

物流结算金融是指利用各种结算方式为物流企业及其客户融资的金融活动。目前主要有代收货款、垫付货款、承兑汇票等业务形式。垫付货款模式前面已介绍过,承兑汇票为货币市场的信用交易工具之一,也是保兑仓融资业务的主要结算工具,银行承兑汇票是由银行担任承兑人的一种可流通票据。承兑是指承兑人在汇票到期日无条件地向收款人支付汇票金额的票据行为。

代收货款模式是第三方物流企业开展物流金融服务的初级阶段。代收货款是指第三方物流企业在将货物送至收货方后,代发货方收取货款,并在一定的时间内将货款返还发货方。出于方便或电子结算的要求,供货方与收货方可能委托第三方物流企业代为收取货物款项,以加快资金回笼速度。物流企业为各类邮购公司、电子商务公司、商贸企业、金融机构等提供传递实物的同时,帮助供方向买方收取现款,然后将货款转交供货企业并从中收取一定比例的费用。随着电子商务的发展,网上购物越来越普及,代收货款模式已在众多网店和第三方物流企业之间广泛开展。在代收货款模式中,发货人与第三方物流企业签订协议,由第三方物流企业向用户送货上门,同时根据合同代收货款,然后定期与发货人结清货款。代收款业务的基本流程见图7-10。从盈利来看,它直接带来的利益属于物流企业,同时供应商和消费者获得的是方便快捷的服务。代收货款模式适用的条件和范围:供货方和第三方物流企业具有较强的合作关系;货物质量较稳定,货差损失较小;货物利于计量;收货方信誉较高,能够做到货到付款。

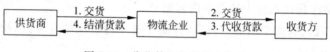

图7-10 代收款业务的基本流程

(2)物流仓单金融

物流仓单金融主要指融通仓融资。融通仓是一种物流和金融集成式的创新服务,其物流服务可代理银行监管流动资产,金融服务则为企业提供融资及其他配套服务。所以融通仓服务不仅可以为企业提供高水平的物流服务,又可以为中小型企业解决融资问题,解决企业运营中现金流的资金缺口。融通仓主要有以下两种操作模式:仓单质押和保兑仓。

随着现代物流和金融的发展,物流金融也在不断创新,出现了异地仓库仓单和反向担保模式等新的金融模式。异地仓库仓单模式也称多地物流中心仓单模式,是在仓单模式的基础上,对地理位置的一种拓展:第三方物流企业根据客户不同,整合社会仓库资源甚至是客户自身的仓库,就近进行质押监管,极大降低了客户的质押成本。

反向担保模式和仓单质押模式非常相似,区别在于:借款企业依旧是通过流动资产抵押实现融资,只不过不是直接以流动资产交付银行作抵押物而是由物流企业控制质押物,这样极大地简化了程序,提高了灵活性,降低了交易成本。对于银行来说,这种贷款类似于传统业务的担保贷款业务,银行无须支付物流企业服务费用。物流企业在这个模式中充当两个角色:第一,仓储角色;第二,担保人角色。物流企业收益来自两个方面:第一,存放与管理货物向供方企业收取费用;第二,为供方企业提供担保服务收取一定比例的费用。根据《物权法》和《担保法》的规定,主要有保证、定金这两种债权性的担保方式和抵押、质押、留置这三种物权性的担保方式。反担保方式可以是债务人提供的抵押或者质押,也可以是其他人提供的保证、抵押或者质押,而不包括定金和留置这两种方式。比如甲要向银行贷款,找到乙为其作保证;乙告诉甲可以为其保证,但为了降低风险,要求甲将他所有的货物交给他,在乙承担保证责任后,可以拍卖甲的货物并优先受偿。针对借款企业直接以寄存货品向金融机构申请质押贷款有难度的情况,由物流企业将货品作为反担保抵押物,通过物流企业的信用担保实现贷款。也可以组织企业联保,由若干借款企业联合向物流企业担保,再由物流企业向金融机构担保,实现融资。甚至可以将物流企业的担保能力与借款企业的质押物结合起来直接向金融机构贷款。

(3) 物流授信金融

物流授信金融是仓单质押模式的进化,之所以这么说,是因为它简化了原先仓单质押的流程,提高了运作效率。如被授信的融通仓直接同需要质押贷款的企业接触、沟通和谈判,代表金融机构同贷款企业签订质押借款合同和仓储管理服务协议,在向借款企业提供质押融资的同时,为借款企业寄存的质物提供仓储管理服务和监管服务,从而将申请贷款和质物仓储两项任务整合操作,提高质押贷款业务运作效率。该模式有利于企业更加便捷地获得融资,减少原先质押贷款中一些烦琐的环节。借款企业在质物仓储期间需要不断进行补库和出库,传统的仓单质押业务中,借款企业出具的入库单或出库单需要经过金融机构的确认,然后融通仓根据金融机构的入库或出库通知进行审核;而现在这些相应的凭证只需要经过融通仓的确认,即融通仓确认的过程就是对这些凭证进行审核的过程,中间省去了金融机构确认、通知、协调和处理等许多环节,缩短补库和出库操作的周期,在保证金融机构信贷安全的前提下,提高贷款企业产销供应链运作效率。对物流企业来说,开展授信融资业务能极大地拓展公司的业务规模,只要企业能够获得银行的授信,就能方便地为中小企业提供灵活的融资服务。对银行来说,开展授信融资有利于银行提高对质押贷款全过程监控的能力,更加灵活地开展质押贷款服务,优化其质押贷款的业务流程和工作环节,降低贷款的风险。授信融资模式及流程前文已经作了介绍。

小资料 7.1

全国首家物流专业银行揭牌成立

2015 年 3 月 27 日,全国首家物流专业银行在齐鲁银行总部举办揭牌仪式,物流专业银行的成立,将有效解决制约物流企业特别是中小物流企业融资难的问题。齐鲁银行黄家栋行长首先介绍了物流特色专业支行的筹备情况;经信委李会宝主任致贺词;经信委丁毅副主任和齐鲁银行葛萍行长助理签署了战略合作框架协议;齐鲁银行分别与盖世国际物流园区、济南零点物流港签署授信协议;齐鲁银行与市融资担保有限公司签署了物流企业专项担保合作协议。李会宝主任在致辞中强调:特色支行的成立,为物流企业量身打造专业化金融产品和金融服务,既有利于中小企业及时足额筹集到发展需要的资金,又有利于发挥地缘人缘优势,有效规避风险,扩大企业信贷范围,是一项能实现多方共赢的创新性重大举措,对缓解中小物流企业融资难问题具有较强示范引导和辐射带动作用。

(资料来源:中国物流与采购网,http://www.chinawuliu.com.cn,2015-04-03)

3. 我国物流金融业务运作模式的演进

物流金融是伴随着现代第三方物流企业而产生的。最早的物流融资体系出现在美国,其于1916年颁布了仓库存储法案,这一法案及相关体系的诞生降低了整个农业营销系统的运作成本,从而提高了整体的效率,并在此基础上建立起一套较为完善的关于仓单质押的系统规则。我国改革开放特别是加入世界贸易组织以来,国内许多学者在实践中不断研究和探索物流金融的运作模式。20世纪90年代末,物流金融业务开始进入国内,而最初的目的是为跨国公司以及部分中资企业提供仓单融资服务,1999年,随着一些银行的介入,融资产品从单一仓储融资发展成为了商业贸易融资。从2005年以来,物流金融业进入快速发展阶段。据统计,至2009年年底,已经有20多家中资银行以及10多家外资银行参与物流金融业务。在国内实践中,中国储运集团从1999年开始从事物流金融部分业务,物流金融给中国储运集团带来了新的发展机遇。国内商业银行也积极对物流金融进行实践,深圳发展银行早在1999年就探索专门针对中小企业提供物流金融服务。国内学者从物流金融中融资角度研究物流金融运作模式的发展演变过程,包括物资银行、融通仓、物流银行、供应链金融等四个发展阶段(见图7-11)。

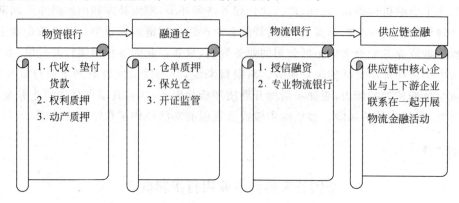

图7-11 我国物流金融运作模式的发展演变过程

1)第一个阶段:物资银行业务

物资银行业务是指生产企业由于资金不足需要申请融资,但企业无法满足融资要求而提供权利或动产质押,由此获得银行的融资权。1987年,就有学者提出了"物资银行"的设想,其出发点是站在物资流通企业的角度,利用他们在物资流通中的仓储作用,调剂和串换不同的物资品种,来达到对生产资料进行有效管理的目的。按照担保法的规定,质押担保方式有权利质押和动产质押两种形式:

(1)权利质押是商业银行贷款的一种重要担保方式,是指债务人或者第三人以其财产权利作为特定债权的担保,当债务人不履行债务时,债权人有权从质押的财产权利中优先受偿。基于权利质押的物流金融业务模式,是物流企业参与下的权利质押业务。

(2)动产质押是指债务人或者第三人将其动产移交债权人占有,将该动产作为债权的担保。基于动产质押的物流金融业务模式,现实中也常常称为存货质押融资,是指借方企业,将其拥有的动产作为担保,向资金提供方如银行出质,同时,将质物转交给具有合法保管动产资格的物流企业进行保管,以获得贷款的业务活动。存货质押融资业务是物流企业参与下的动产质押业务。两种业务模式的区别主要表现在:①在法律上,两种业务的标的物的性质不同。在第一种业务形态中,标的是仓单,它是物权的凭证,为有价凭证;在第二种业务形态中标的是动产,属于实物范畴。②业务操作的流程有所区别。权利质押模式需要考察仓单的信息和真实性,而动产质押模式需要对动产的价值、进出进行管理等。

2)第二个阶段:融通仓业务

2002年,复旦大学的罗齐和朱道立等人提出了物流企业融通仓服务的概念,并对它的运作模式进行了探讨。融通仓业务就是一个集监管、运输、电子商务、仓储、拍卖为一体的综合性第三方物流平台。"融"指金融,"通"指物资的流通,"仓"指物流中的仓储。融通仓是融、通、仓三者的集成,统一管理和综合协调。所以融通仓是一种把物流、信息流和资金流综合管理的创新,其内容包括物流服务、金融服务、中介服务和风险管理服务以及这些服务间的组合与互动。融通仓是一种物流和金融的集成式创新服务,其核心思想是在各种流的整合与互补互动关系中寻找机会和时机;其目的是为了提升客户服务质量、提高经营效率,减少运营资本,拓展服务内容,减少风险,优化资源使用,协调多方行为,提升供应链整体绩效,增加整个供应链的竞争力等。融通仓作为一个综合性第三方物流服务平台,为银企间的合作构架了新的桥梁。

3)第三个阶段:物流银行

从广义的角度讲,为物流企业资金运营提供金融服务的机构都可称为物流银行;而从狭义的角度,"物流银行"则专指物流质押银行贷款业务,即企业以市场畅销、处于正常贸易流转状态的产品抵押作为银行授信条件;银行根据物流企业的物流信息管理系统,向物流企业提供贷款。我国2003年开始开展物流银行业务,物流银行不是传统意义上的、单纯的金融服务抑或物流服务,而是将两者有机结合的一项综合服务。物流银行究其根本应该属于金融衍生工具的一种,在其发展过程中逐渐改变了传统金融贷款中银行与申请贷款企业双方面的权责关系,也完全不同于担保贷款中担保方承担连带赔偿责任的三方关系。它越来越倚重于第三方物流企业,目前主要表现为物流企业的配套管理和服务,形成了商业银行、物流企业、贷款企业的三方密切合作关系。目前,某些商业银行为了更好地发展物流金融业务,成立了物流专业银行。由物流专业银行与物流企业合作向融资企业提供融资、结算服务等一体化的综合业务服务。

4)第四个阶段:供应链金融

供应链金融在当今市场中发挥着越来越重要的作用,它是商品交易下由应收应付、预收预付和存货融资而衍生出来的组合融资,是以核心企业为切入点,通过对信息流、物流、资金流的有效控制或对有实力关联方的责任捆绑,针对核心企业上、下游长期合作的供应商、经销商的融资服务。2006年,多位学者提出"供应链金融"战略,其核心思想为,银行站在整条供应链的角度,对产业链中核心企业的配套企业进行融资,并结合企业上下游和货物动产情况,为企业在原材料采购、生产制造和商品销售环节提供的有针对性的信用增级、融资、担保、结算、风险规避等各种金融产品组合和解决方案。如在供应链上游产品销售阶段,可以采用应收账款融资即物流保理业务模式;在供应链运营阶段采用融通仓融资模式;在供应链采购阶段采用保兑仓融资模式。供应链金融是为中小企业量身定做的一种新型融资模式。它将资金流有效地整合到供应链管理中来,既为供应链各个环节的弱势企业提供新型贷款融资服务,同时又通过银行、物流企业、核心企业、中小企业的协作,构筑银行、企业和商品供应链互利共存、持续发展、良性互动的产业生态。我国供应链金融分为银行经营与实体经营两类。一类是以平安银行、中信银行、民生银行、工商银行和中国银行为代表的借助客户资源、资金流等传统信贷优势介入并开展业务的银行供应链金融;一类是以阿里巴巴、京东商城、苏宁易购等电商以及类似于顺丰、怡亚通这类专业物流公司凭借商品流、信息流方面的优势,通过成立小贷公司等帮助其供应商(经销商)融资的实体供应链金融。

　　物流保理业务模式又称应收账款承购,是指销售商以挂账、承兑交单等方式销售货物时,保理商购买销售商的应收账款,并向其提供资金通融、买卖资信评估、销售账户管理、信用风险担保、账款催收等一系列服务的综合金融服务方式。保理(factoring)即保付代理是以贴现方式买入属于他人的债权,为实际债权人提供融资或解除供应商的管理负担或坏账风险的一种服务方式。保理业务的盈利模式一般为向客户收取利息以及保理费。应收账款保理是指企业将应收账款按一定折扣卖给第三方(保理机构),获得相应的融资款,以利于现金的尽快取得。理论上讲,保理可以分为有追索权保理(非买断型)和无追索权保理(买断型)、明保理和暗保理、折扣保理和到期保理等形式。

　　保理业务起源于19世纪的北美和欧洲,于1987年10月正式登陆中国商业银行。1992年中国银行率先开展保理业务。到2000年为止,中国加入FCI并能够从事保理业务的银行只有中国银行、交通银行、光大银行、中信实业银行等商业性银行。2000年4月份,中国工商银行总行向摩托罗拉(中国)电子有限公司提供了10亿元人民币应收账款保理业务额度,这是中国最早的一笔国内保理业务。

　　物流保理业务分别涉及金融机构(或商业保理公司)、上游供应商和下游核心企业。上游供应商与核心企业之间是债权债务关系;金融机构与上游供应商之间是借贷关系,金融机构是放款方,上游供应商是融资方;金融机构与下游核心企业是付款销单的关系,核心企业支付给金融机构欠上游供应商的货款,消除上游供应商所质押的应收账款单据。融资企业可以及时获得商业银行提供的短期信用贷款,不但有利于解决融资企业短期资金的需求,加快中小企业健康稳定地发展和成长,而且有利于整个供应链的持续高效运作。物流保理模式适用的条件和范围:付款方式是托收或汇付,其范围适用于运输时间长的物流业务;既适合于国内贸易也适合于国际贸易;既适合于库存物资也适合于在途物资;适合质量高、保管期长、价格波动小、便于计量的大宗类物资。物流保理业务流程见图 7-12。

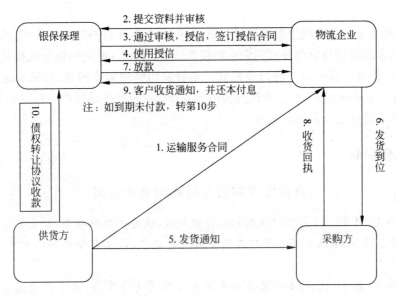

图 7-12　物流保理业务流程

从供应链金融的资金来源上看,它可以来源于供应链成员企业间由于预付、延期支付等形成的链内融资方式,也可以源于独立的第三方金融机构,即供应链外部融资,这也构成了供应链金融的两种基本形式:第一,链内融资。在供应链内部,出于成员间良好的合作关系,预付货款和延迟支付等付款方式可以在一定程度上缓解个别企业的资金短缺压力,实现资金流在供应链成员间的优化配置。这种以业务关系为纽带的资金流动,具有融资成本低、融资速度快等特点,在加强成员企业间的业务关系方面具有重要的作用。当然,这种链内融资模式的资金调配能力和规模有限,当上下游企业同时面临资金缺口时,这种方式就很难达到效果。第二,链外融资。当链内融资不能满足需求时,就必须借助于链外的资金。按照有无实物质押,可以初步分为供应链外部基于物流金融业务的质押融资和基于核心企业资信水平的信用融资两个方面。基于物流金融业务的质押融资主要表现为外部金融机构通过与第三方物流企业实现物权的监管,所开展的保兑仓、融通仓等业务。而链外的信用融资方式则是从供应链整体的角度,充分利用核心企业的低融资成本、高融资效率优势,为供应链中广大的中小企业创造融资便利,也为供应链整体竞争力的提升创造基础。但在物流与供应链金融中,金融机构可以在物流企业的协助管理下充分考虑这些企业上下游关系产生的存货、应收账款和订单来提供相应的融资产品，因而解决了供应链上的资金瓶颈，保证了供应链的畅通。

在供应链金融模式中应收账款融资、保兑仓业务和融通仓业务分别以应收款、预付款和存货为质押物为中小企业融资，处在任何一个供应链节点上的中小企业，都可以根据企业的上下游交易关系、所处的交易期间以及自身的特点，选择合适的融资模式以解决资金短缺问题。

总之，物流金融在实践中有多种运作模式，中国产业调研网发布的 2015 年版中国物流金融市场专题研究分析与发展前景预测报告认为，中国目前的物流金融模式主要有仓单质押模式、保兑仓模式以及融通仓模式。不管采用哪种运作模式，物流金融的本质就是：为减低交易成本和风险，金融机构利用第三方物流企业提供的物流信息和物流监管，依据物流供应链而进行的金融服务。

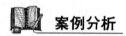

案例分析

商业保理如何支持物流企业发展

2015 年 12 月 28 日，东华科技为拓展经营领域，促进产业链整合，拟出资 1 亿元投资设立全资子公司"安徽东华商业保理有限公司"（暂定名，以工商登记部门核准为准，简称"东华保理"）。

2015 年 12 月 31 日前，本报记者从天津开发区管委会获悉，由中国信达资产管理股份有限公司、一汽资本控股有限公司共同发起设立的信达一汽商业保理有限公司，日前在开发区注册成立。

2016 年 1 月 10 日，为了能够快速有效地建立"物流＋互联网＋金融服务"的中国公路物流新生态，为货主、物流企业、货车司机及相关群体提供全方位、立体化的保理服务，传化物流集团有限公司拟以自有资金 1 亿元投资设立天津传化商业保理有限公司。

为什么近期有如此多的商业保理公司相继注册成立？商业保理对于物流行业的发展会产生哪些促进作用？其优势和特点又是什么？

"相对于金融机构传统主营业务而言，保理业务仍是一个较为冷门一点的业务领域。商业保理作为供应链金融的贸易融资工具，主要为企业提供应收账款受让、收付结算等服务。但近年来，随着市场需求的不断增加和行业政策的不断完善，保理业务形成了良好的发展环境，保持着较快的增长速度，并具有巨大的市场潜力。"金润商业保理（上海）有限公司副经理马春海对记者说。

目前国内物流企业与货主之间存在 3~4 个月的结算账期，由于物流企业的轻资产特性，造成巨大的垫资压力和融资需求，物流行业的保理业务存在很大的发展空间。据统计，约 75％的物流企业有融资需求，因此可测算国内物流行业保理业务约有万亿元市场。

对此,传化股份表示,天津传化商业保理将依托传化公路港平台优势,为物流领域的货主、物流企业、司机等提供一揽子综合性金融服务,围绕物流行业"短、小、频、急"的特征,以物流行业应收账款为核心标的,为中小物流企业提供全方位的小微金融服务,破解中小物流企业融资难、融资成本高的难题,切实有效地助力传化公路物流网络运营系统建设。

(资料来源:杨云飞.现代物流报,第 B3 版,2016-01-15)

7.3.3 第三方物流企业在物流金融业务中的角色和风险分析

在物流金融业务中,第三方物流企业同时作为银行的代理人和客户企业的委托人而存在,一方面利用其对客户企业信息及市场信息充分掌握的优势和仓储管理的经验,协助银行进行资信评估与质物管理;另一方面,作为客户企业的物流业务伙伴,受托管理及运营物流业务。

1. 第三方物流企业扮演的角色

在仓单质押与保兑仓这两种业务模式中,第三方物流企业主要扮演以下几种角色。

1) 信息中介

第三方物流企业介入客户供应链运作,充分掌握客户信息,提供质押品信息,协助信用评估,避免信息不对称所造成的逆向选择和道德风险。由于第三方物流企业介入客户供应链运作,因此可以了解企业的业务对象、业务、销售状况、企业资信、与供应链中核心企业的交易结构以及关系紧密程度等。有了物流企业这个信息中介的协助,金融机构能及时了解中小企业的业务发展状况,并且能够在这些信息的基础上对中小企业的盈利能力和还款能力进行科学判断,给予企业适当规模的信用额度,从而保证资金的安全性和收益性。

仓单质押与保兑仓这两种业务模式中不是所有的商品都适合开展质押业务,一般要求质押商品具有所有权明晰、用途广、易变现、价格稳定、不易过时、便于保存、不易变质等特点。银行在接受库存商品作为质物前,必须掌握大量有关行业发展、交易情况以及产品保管等信息,这就在无形中增加了经营成本。而第三方物流企业往往具有专业性,专门为某一特定行业提供物流服务。目前第三方物流市场按照大行业大体可以划分成汽车物流、家电物流、医药物流、IT 电子物流、会展物流、化工物流等。第三方物流企业对相关行业商品的储存特性、变现能力、价格稳定性都积累了丰富的经验,可充分利用自身的行业优势,为银行在抵、质押物选择上提供有利的参考意见,在扩大银行借贷范围的同时降低金融风险。另外,在银行必须将质物变价出售时,第三方物流企业也可提供价格、渠道等各方面的建议。

2) 质物管理中介

第三方物流企业利用已积累的仓储经营管理经验,代替银行进行有效的质物管理,符合社会分工要求。为了适应中小企业的运作特点,物流金融的质押业务在实践中多采用动态的操作模式。在这种动态平衡中为了加强对存货的监管与控制，需要物流企业进一步完善质物的物流监管服务。这里提出的物流监管概念，是指第三方物流企业受银行委托，对客户质押给银行处于仓储、运输等物流状态的货物进行监管，保证质押物始终处于银行的有效控制之中并满足客户物流需求的服务。通过代理银行监管质押物，并向客户提供仓储、运输、报关、配送等物流服务，努力实现物流服务和监管服务一体化，是物流监管的未来发展方向。

3）信用中介

在仓单质押模式及保兑仓模式中，第三方物流企业充当信用中介。物流企业的存在强化了信用中介功能，建立了客户企业信用评价体系和物流企业信用担保体系。物流企业信用担保使需求企业对第三方物流企业的信任度增强，但对第三方物流企业而言要承担一定的信贷风险，因此在质押物的选择及客户的选择上要慎重。风险与收益总是相伴相随的，该项服务也是增值程度较高的服务，客户愿意为之支付较高的价格。一般而言，充当信用中介的第三方物流企业需要具备较好的资信，并与银行建立良好的信贷关系，第三方物流企业利用自身实力，帮客户获得银行资金融通。具体措施包括：一是利用银行对第三方物流企业的专项授信额度帮客户融资，就物流金融业务的开展与银行进行广泛沟通与合作，争取获得仓单质押业务的专项授信；二是作为客户企业的融资担保方，在获得授信额度有困难的情况下，也可针对单一客户，充当客户企业的融资担保方，帮助客户企业争取银行的贷款。

2. 第三方物流企业开展物流金融业务的条件分析

1）物流信息化程度较高

物流金融服务中，第三方物流企业充当信息中介自然离不开物流信息化。物流信息化包括公共物流信息平台的建设及企业物流信息系统的建设。公共物流信息平台以较低的成本优势对行业资源进行整合，发挥物流行业的整体优势，实现物流企业之间、企业与客户之间的物流信息及功能的共享。而企业的物流信息化建设通过购买物流信息系统软件或者进行企业信息化改造等都是耗时、耗资的巨大工程。当物流企业从传统的仓储物流服务向现代的物流金融服务延伸和拓展时，信息化管理就成了物流企业开展物流金融服务的必要条件和保障。物流信息化的过程也是不断优化管理和改善业务的过程。物流企业应该运用信息化手段，对物流过程、客户运营状况、库存商品市场价值作充分的了解和监控，才可有效地防范物流金融的风险。

2）完善的内部管理体制

对物流企业而言，代理银行管理质押物，应具备严格的业务操作流程，科学合理的责任划分，富有成效的激励机制，尽量降低委托代理风险。针对具体的仓单质押或保兑仓业务，应有专门操作规程，同时规范空白仓单的领用登记制度。领取数量、仓单编号、密码、领取人、领取时间、批准人、发放人等必须按照规定进行登记。空白仓单和仓单专用印鉴一定要指定专人负责,妥善保管,防止丢失。在办理各种出库业务时要根据预留的印鉴,进行验单、验证、验印,还应根据业务要求及时与银行联系,取得银行的确认与许可,必要时还要与货主联系或者确认提货人身份。物流企业内部管理规范,将有效防范由于企业内部管理不善而引发的风险。

3) 良好的资信

第三方物流企业充当信用中介,起再造社会信用的作用,帮助不具备条件直接或独立向银行申请贷款的企业获得银行的信贷支持。物流企业自身要具备良好资信,拥有较强的资金实力,与银行建立较广泛的信贷联系,才可能开展此项业务。比如,名列中国物流企业百强前三甲的中远、中外运、中储都与多家银行建立了物流金融合作关系,帮助其客户获得银行融资,扩大了市场份额。

4) 供应链一体化管理能力

随着物流金融的发展,异地仓单质押、自有仓库质押逐步开展起来,甚至要求质押监管的过程延伸至仓库之外的运输过程。在供产销供应链的各个环节,都可以拓展物流金融业务。为保证信息的完整高效传递,具有供应链一体化管理能力的物流企业颇受青睐。

3. 第三方物流企业开展金融服务应注意的风险

1) 客户资信风险

选择客户要谨慎,要考察其业务能力、业务量及货物来源的合法性(如走私货物有罚没风险);在滚动提取时提好补坏,有坏货风险,以及以次充好的质量风险。

2) 仓单风险

现在系统多以入库单作质押,和仓单的性质相同,但仓单是有价证券,也是物权凭证,因此必须有科学的管理程序,以保证仓单的唯一性与物权凭证性质不受侵害。

3) 质押品种选择风险

要选择价格涨跌幅度不大、质量稳定的品种,如黑色金属、有色金属、大豆等。

4) 提单风险

目前大多由货主和银行开立提货单,要逐步转向仓单提货。由货主与银行共开提货单的,要在合同中注明仓单有无提货功能,同时要有鉴别提货单真伪的措施。

5) 内部操作风险

严防内部人员作案和操作失误。开展物流金融业务,涉及银行、企业、物流企业三方,任何一方内部经营管理不善都可能导致合作失败,造成损失。

第三方物流企业的存在,有效整合了供货企业、客户、银行三方资源,使物流金融真正成为一种四方共赢的物流与金融结合的创新性服务。第三方物流企业在提供基础物流服务(运输、仓储)的同时,应根据不同客户的个性化和多样化需求,不断提高增值服务能力,以提升客户服务水平为宗旨,以增值服务创造更大的物流价值和物流效益。

 **本章小结**

随着我国物流行业的迅猛发展,第三方物流企业根据市场需求逐步开展增值物流服务,特别是物流金融服务,拓展物流业务的同时获得更大的利润。本章首先讨论了第三方物流增值服务的概念、特点和主要内容等;其次探讨了第三方物流增值服务的类型和实施途径;最后从不同角度,探讨了第三方物流金融业务运作的各种模式,分析了第三方物流企业在物流金融业务中的角色,并指出了第三方物流企业开展金融服务注意的风险。

 基本概念

第三方物流增值服务;物流金融;供应链金融;物流保理业务模式;物流银行;融通仓;保兑仓

 复习思考

1. 简述第三方物流增值服务的特点。
2. 提供第三方物流增值服务的企业应具备哪些特征?
3. 简述第三方物流增值服务的主要内容。
4. 简述第三方物流增值服务的实现途径。
5. 简述第三方物流企业发展物流金融服务的意义。
6. 简述授信融资模式的业务流程。
7. 说明仓单质押模式的业务流程。

 案例分析

你所不知道的顺丰供应链金融:互联网+物流+金融

顺丰不只是一家物流企业,还为优质客户采购及销售商品提供融资、仓储、配送的一站式服务,下面带您了解顺丰的另一面——顺丰金融。

一、双拳:分仓备货+仓储融资

2015年3月底,顺丰正式对外宣布,全面开放全国上百个仓库为电商商家提供分仓备货,同时推出顺丰仓储融资服务。优质电商商家如果提前备货至顺丰仓库,不仅可以实现就近发货,还可凭入库的货品拿到贷款。这颇具顺丰特色的新业务一经公布就引起不小的反响,庞大的物流配送网络,密集的仓储服务网点,再加上新兴的金融贷款业务,一条完整的物流服务闭环就此联结。在这根链条上,顺丰的"仓储融资"产品备受关注,不仅因为它的新,还因为它是一款独具物流领域特色的金融产品。

据顺丰金融服务事业群销售部负责人张慧介绍,顺丰的仓储融资服务主要是针对信誉良好的电商商家,将顺丰仓储中的商品作为抵押,从而获得质押贷款。该服务主要用于解决客户商品采购等临时性资金需求,让客户在使用顺丰分仓备货的同时享有可灵活调整的信贷额度,以解燃眉之急,并能灵活地随借随还,最大限度地降低客户资金使用成本。另外,根据企业的资质和抵押的货品情况,顺丰给予的贷款额度为 100 万~3000 万元不等。

"经过 20 多年的快递业务发展,顺丰积累了大量的客户资源,不过在运营过程中,我们发现一些中小企业面临着严重的资金困难问题。所以,顺丰希望为这些客户提供更多样、更深层次的业务支持,融资支持正是我们提供的供应链金融服务中重要的一环。"张慧说。

不过,张慧强调,客户享受到的仓储融资服务是建立在货物存放在顺丰仓里,并由顺丰负责派送的基础上的。目前,顺丰在北京、上海、沈阳、广州、西安、成都、武汉建立了 7 大分发中心,50 个重点城市已布局上百个配送仓库,仓储总面积近百万平方米,配以顺丰数万网点,覆盖全国 2500 个区县,基本建成了覆盖全国的电商仓储配送体系。在此背景下,仓储融资业务也将布局至全国各地,为更多有需要的客户提供更便利、更全面的服务。

二、顺丰实现"服务闭环"的关键拼图

这些年来,顺丰一直在谋求打造一个物流服务领域的完美闭环,随着互联网发展越来越快,并迅速渗透至物流和金融领域,把三者合一是顺丰的必然选择,仓储融资的诞生正好填补了顺丰在物流金融领域的空白。

"三四年前,顺丰就已经开始为客户提供成熟的仓储服务,后来逐渐到占领快递的'最后一公里',再到目前衍生出的从仓储管理到包装配送等链条型服务,这些都是顺应电商发展和 C 端客户需求而产生的。"张慧介绍,在经过一系列前期规划和调研之后,从 2014 年 10 月开始,金融服务事业群的仓储融资产品开始内部测试,2015 年 1 月正式设计完成,3 月上线推出,与分仓备货一起与大众见面。

那么,面对市场上各类已经非常成熟的融资产品,顺丰作为后来者又能用什么方式来吸引并留住客户呢?

"这和近年来电商产业的发展状况有很大关系。"金融服务事业群供应链金融部产品经理张春红说,目前,越来越多的电商企业正逐渐往轻资产的方向和模式转变,部分电商因为依靠互联网销售,无银行认可的固定资产,很难从银行获得贷款,时常会陷入资金困境。而如果有货物在顺丰的仓库中作质押,这类企业就能成功从顺丰贷款,作为提供款项的一方,顺丰也可以相对控制资金的风险。这是顺丰金融和银行等金融机构不同的地方,同时也是更灵活的地方。

其次,作为质押贷款的一个分类产品,顺丰的仓储融资还表现出了它更贴合行业特点的一面。传统的质押贷款是相对静态的,而我们的产品是动态灵活的。在客户使用仓储融资产品期间,我们借助互联网,通过仓储 WMIS 管理系统监测客户每天的货流量和货值,进行动态记录,根据监测到的数据给客户提供变量的、流动性的融资。张慧边介绍边举例,例如,国内某大型电商企业以前把货物交给银行做仓单质押,货物存储在银行指定的仓库中,该电商定期提货,再根据提货时间定期还款,需要一个周期。该电商的货物如果流动性高,每天都有货物进出,原来的管理方式就比较麻烦,成本也很高。现在我们利用系统监控商家的货物流通情况,随时对其授信敞口进行调整,比较灵活。这是其他仓储和金融机构不会去做的。对客户来说,若在银行等地方贷款,需要层层审批、调查,而顺丰就能为他们提供高效便捷的融资;对顺丰来说,我们目前有很大一部分客户是电商,如果把仓储和金融的信息打通了,做到利用数据调整精准的额度,顺丰给客户的授信也就有底气了。

另外,相对于银行,顺丰的仓储融资服务还可选择不同的贷款模式,为轻资产的电商客户带来了更大的优惠。

(1)先款后货:顺丰先放款,客户再进行采购,将采购的产品存到顺丰的仓库内,通过销售回款来偿还贷款。

(2)先货后款:客户先把货物存放在顺丰的仓库,然后顺丰再提供贷款,客户利用销售回款偿还贷款。

三、顺丰供应链金融四大产品

其实,仓储融资只是顺丰金融供应链上的一部分,顺丰的供应链金融产品还有基于应收账款的保理融资,基于客户经营条件与合约的订单融资和基于客户信用的"顺小贷"。四个产品几乎涵盖了目前市场上所有和物流有关的金融服务。针对这些产品的市场发展方向,金融服务事业群销售部负责人张慧一一进行了解读。

1. 仓储融资

目前,顺丰所做的仓储质押业务,全部都可以实现动态质押。因为顺丰仓储方面实现了仓储数据实时在线更新功能,从而使顺丰在仓储质押业务方面实现了动态变动授信额度的功能。与以往在仓单质押过程中需要提供很多数据相比,提供了非常精准的服务基础。

2. 订单融资

这一服务主要是针对与顺丰有深层次合作的客户。具体方式表现为:客户在发起订单时,把订单信息提交到顺丰融资平台,之后的整个订单采购资金付款全权由顺丰代为完成。也就是订单生成之后,包括运输、仓储环节以及最后的交货,顺丰金融全程介入,为客户提供全方位、全流程的供应链金融服务。

目前,顺丰与电商企业合作比较多,而且很多电商企业已经体会到顺丰的综合服务所带来的效益;另外,顺丰在为客户提供供应链金融服务时,会给予客户一些优惠政策,让客户体验到与顺丰合作能够获取更多的价值。

3. "顺小贷"

该产品的主要特点是客户门槛低、操作灵活,是针对与顺丰合作且信誉良好,从事商品销售的实体经销商、电商等客户,在经营中产生的临时性资金需求而提供的 5 万～100 万元的信用贷款服务。顺丰目前在电商、仓储、速运方面均有布局,"顺小贷"旨在根据客户的特点为与顺丰有一定合作基础和合作潜力的客户提供金融信贷支持,不仅提高客户的黏性,还整合了资源,增加了顺丰服务的广度和深度。

4. 保理融资

目前是通过买断顺丰大陆范围内所有供应商的应收账款后,由顺丰采购商直接将货款支付至保理公司账户的贷款业务,具有期限长、门槛低和费用低等特点。该产品后期将延伸至供应链条上所有存在应收应付关系的客户,为其提供现金贷款的金融服务。

(资料来源:姚兰.顺丰通讯,2015-08-14)

结合案例分析问题:

1. 顺丰开展物流金融的特点以及优势是什么?
2. 文中提到了哪些物流融资模式?其业务流程分别是什么?

第8章 第三方物流信息系统的应用与管理

学习要点

1. 理解信息系统、物流系统、物流信息系统的基本概念;
2. 掌握第三方物流信息系统的特征;
3. 掌握第三方物流信息系统的主要功能层次结构及其不同模块设计;
4. 理解第三方物流需要使用的相关技术,如地理信息系统、全球定位信息系统、电子数据交换系统、射频识别技术、条形码技术等。

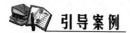

引导案例

恒悦物流公司物流信息系统的功能结构及其经济效果

恒悦物流公司创建于2003年,位于南京龙潭物流园区内,注册资金约200万元,现有员工20余人,配送车辆10多辆,仓库面积约3000平方米。服务内容包括进口、仓储、运输、集装箱配送等,涉及机械设备、食品、化工产品、医药、书刊、电子通信设备等各个领域。公司以南京港龙潭集装箱港区为依托,是以集装箱多式联运为载体,融储运、分拨、配送、增值服务等物流运作为一体的中小型第三方物流企业。

恒悦物流信息系统主要由用户模块和内部模块构成,前者是用户可见的,包括客户服务和物流跟踪两个子系统;后者只有公司的管理人员可见,包括业务、运输调度、仓储、财务、报关五个子系统。恒悦物流公司信息系统的具体功能结构包括信息处理功能、事务处理功能、预测功能、计划功能、控制功能、辅助决策和决策优化功能。

恒悦物流公司的信息管理系统主要由业务支持、物流仓储、物流配送及财务结算这四个模块组合而成,这四个模块也是物流管理系统的核心部分,四个模块虽然单独工作但联系非常密切,当业务订单下达之后,业务部门通知仓储部门进行调货,仓储部完成调货之后,就发送给配送部门进行货物配送,当完成物流业务之后,进行财务结算,结算完成之后,再把结果返回给业务支持部,最终完成整个流程。

恒悦物流信息系统的使用给恒悦物流公司带来了巨大的效益。首先,恒悦物流信息系统为公司的业务提供强有力的信息支持,改善公司内部业务流程和信息交流方式,满足了部门对信息处理和信息共享的需求,打破了恒悦物流公司过去部门间的信息壁垒,达到信息的快速传输,提高了公司的物流作业效率和运作能力。其次,在客户响应方面,客户服务系统能及时地响应客户的各种服务需求,包括客户咨询、客户查询、业务办理、投诉建议等,可以第一时间去应对客户的需求,做到客户第一,为客户提供满意的服务。最后,运输车辆调配能力和货物跟踪能力的提高给公司带来了可观的利润。运输子系统和GPS技术的应用,为恒悦物流公司的运输业务提供了强有力的支持,公司可以实时查询车辆的订车计划和在途信息,系统自动算出最佳车辆调配计划,同时运输子系统使得恒悦物流公司有足够的能力满足客户随时了解货物在途情况的需求,客户只需通过访问呼叫中心和门户网站,就可以随时查询货物在途和库存状态,极大地方便了客户。在提高恒悦物流公司提供个性化服务的能力和增强公司形象的同时,无形中也牢牢地抓住了这些客户。最后,共同配送能力的提高给公司带来了收入的增加。之前由于没有系统的辅助,在配送的时候比较混乱,而新系统的启用,在配送模块中有效地解决了这一问题。订单的汇总处理和先进的流程设计,提高了恒悦物流公司统一协调的能力,充分发挥了信息可视化的优势,提高了公司运输车辆的拼载能力,为配送计划提供了可视化的信息支持,有效地解决了原来公司发展共同配送的难题,实载率的提高和共同配送的发展大大降低了公司的运输成本。

(资料来源:张义东.中小物流企业物流管理系统研究,2010)

8.1 第三方物流信息系统概述

信息系统是第三方物流的中枢神经,起到支持保障作用。它的任务是实时掌握物流供应链的动态,从订单托运到第三方物流公司所控制的一系列环节的协调,再到将货物交到收货人手中,使物流供应链尽量做到透明化。德国著名的第三方物流 Circle 公司物流服务部副总裁 Laird 曾经讲过:一般来说,客户的第一利润来自自身核心业务成本的节省;第二利润是通过物流公司调整供应链为他们节省出来的成本,这种做法被证明非常有效;第三利润则是通过加强信息的流通来加快资金流转速度,这部分利润的获得,物流企业是功不可没的。物流信息系统是第三方物流企业提高竞争力的重要保障。

8.1.1 物流信息及其特征

1. 物流信息的概念

信息是指物资和能量在时间、空间上定性或定量的模拟或其符号的集合。信息通过数据来体现,而数据是信息的载体,但数据要成为信息,需要一定的劳动过程,并赋予人的理解，即赋予数据一定的知识来辅助决策过程。

物流信息是指反映物流各种活动内容的知识、资料、图像、数据文件的总称，主要由物流活动中的商务管理过程和决策管理过程组成。商务管理过程包括接受订单、订单处理、仓库管理、末端配送以及每一环节的异常处理和进行物流内部和外部的业务结算过程，如资金结算并提供报表以及各种统计资料；提供物流质量服务信息，如物流质量监察、用户投诉处理、货件的跟踪查询和客户关系管理等。而物流活动的管理与决策中，如运输工具的选择、运输路线的确定、每次运送批量的确定、在途货物的追踪、仓库的有效利用、最佳库存数量的确定、库存时间的确定、订单管理决策、配送水平的提高等，都需要详细而准确的物流信息，因为物流信息对出入库管理、流通加工、在库管理和配送等物流活动具有支持保障功能。

物流信息不仅包含与物流活动相关的信息，还包含与其他流通活动相关的信息，如商品交易信息和市场信息等。商品交易信息是指与买卖双方的交易过程有关的信息，如销售和购买信息、订货和接受订货信息、发出货款和收到货款信息等；市场信息是指与市场活动有关的信息，如客户的需求信息、竞争者或竞争性商品的信息、促销活动信息、交通通信等基础设施信息等。随着经济发展，信息对物流活动的重要性日益得到重视，目前信息技术的发展促使物流信息的传递媒体和途径发生了很大变革，通过计算机网络传递的信息，包括文字、数据、表格、图形、声音以及内容，都是物流信息的重要组成部分。

2．物流信息的特征

物流信息不仅能起到整合从供应商到最终消费者的整个供应链的作用，而且在应用现代信息技术的基础上还能实现整个供应链活动的效率化。对供应链上的企业而言，物流信息具有以下一些特殊的特征。

1）物流信息来源具有广泛性和多样性

企业物流信息不仅包括企业内部的物流信息，还包括企业之间的物流信息和与物流活动有关的基础运作信息。企业竞争优势的获得需要供应链上各个参与企业之间相互协调合作，协调合作的手段之一就是协作的各个企业之间信息的及时交换和共享。另外，物流活动还往往利用道路、港湾、机场等基础公共设施，为了高效完成物流活动，必须掌握与基础设施有关的信息，如在国际物流过程中必须掌握报关所需信息及港口作业信息等。同时，从宏观角度来看，国民经济计划、财政信贷等情况也是物流信息的来源。

2）物流信息数量具有庞大性和快变性

物流信息随着物流活动以及商品交易活动的展开而发生。多频度小数量的配送方式使库存、运输等物流活动的信息大量增加。零售商应用销售时点系统读取销售时点的商品品种、价格、数量等即时销售信息，并对这些销售信息进行加工整理，通过计算机网络向相关企业传送。另外，为了使库存补充作业合理化，许多企业采用电子订购系统。随着企业间合作倾向的增强和信息技术的发展，物流信息量将会越来越大。同时，多频度小数量的配送、利用POS系统的即时销售使得各种作业活动频繁发生,从而要求物流信息不断更新,而且更新的速度越来越快。

3）物流信息具有多种技术处理性和复杂性

物流信息来源的多样化,造成物流信息不能像其他信息那样,可以直接指导实践活动。它通常需要经过反复的研究和多种技术的处理,才能成为有实用价值的信息。而在大量的多种信息面前,分析其与物流活动的相关程度,再把处理后的信息拿去指导物流活动,也是一个复杂的过程。

4）物流信息具有内外关联性和紧密性

来自于物流过程的各种信息之间存在着十分密切的关系。如采购信息和库存信息之间存在一定的数量关系,订货信息和分拣配货信息、发货信息之间又存在因果关系等。物流信息与商流信息、生产信息等同样存在密切的联系。物流系统的这种联系性特征是研究物流与商流的关系、物流与生产的关系以及物流各系统之间的关系的基础,是建立物流信息系统的基础。

3. 物流信息的分类

信息的分类标准非常多,企业物流信息常常按照来源、不同管理的层次和具体的物流功能进行分类。

1）按照来源不同分类

按照来源可将物流信息分为物流系统内信息和物流系统外信息。物流系统内信息是伴随物流活动而发生的信息,包括订货信息、库存信息、生产指示信息、发货信息、物流管理信息等。一般来说,在企业物流活动中,按照客户的订货要求进行订货处理是物流活动的第一步,订货信息是全部物流活动的基本信息。接着,制造厂将订货信息和现有商品的库存信息进行对照,当商品库存充足时,则根据订货信息将货物移出仓库准备发货;当商品不足时,应先根据生产指示信息安排生产。物流管理部门收集交货完毕的通知、物流成本费用、仓库车辆等物流设施的使用工作效率等信息作为物流管理信息,从而进行物流管理和控制活动。物流系统外信息是在物流活动以外,提供给物流活动使用的信息,包括供货人信息、客户信息、交通运输信息、市场信息、政策信息,还有来自企业内生产、财务等部门与物流有关的信息。

2）根据物流信息的层次性不同分类

按物流信息的层次性可以把物流信息分为战略层信息、战术层信息和作业层信息。战略层信息用于辅助决策分析和制定战略计划。决策分析的信息主要协助管理人员鉴别、评估和比较物流规划战略和策略上的可选方案,如物流网络系统选址规划、供应链企业之间战略联盟关系的建立、成本收益分析等。这些战略计划的制定需要大量地获取外部信息的支持,如在物流信息系统选址中,就需要收集诸如社会、经济、交通、劳动力、资源、税收等各方面的信息。现代物流信息系统规划就是在物流系统外部信息和内部信息结合的基础上实现的,这些信息来源广泛,结构化程度很低,随机性强,且生命周期短,因此在这种情况下,人的作用仍然是最重要的。

战术层信息属于管理控制范畴,包括一些综合性的来自作业层的信息报告,例如,订单、运输、配送、仓储等事务性作业系统,通过对这些事务性数据的汇总和统计处理形成报告,及时反馈运营中存在的问题,并对下一步业务活动的控制起到辅助作用。战术层信息属于半结构化信息,需要大量信息的采集和处理分析过程。

作业层信息主要用于启动和记录物流活动的最基本层次,如记录客户订货情况、安排存货任务、调度物流作业、进行资金支付及单证处理查询等。这一层次的信息是物流活动最基本的信息,是对整个物流活动起到支持作用的信息。这类信息的特点是大多为结构化信息,便于计算机处理、网络快速传递和实现批量处理过程。

3) 按照物流功能分类

(1) 采购信息。采购信息伴随着企业的采购活动产生,由制造商或配送中心向供应商发出。采购单及相应的反馈信息构成采购信息,是基本的物流信息。

(2) 进货信息。它与采购信息关联密切,详细记载到达物品的品种、数量、重量、规格、金额及供应商等情况,进货信息是制定采购计划的重要参考依据。

(3) 库存信息。库存信息,是表示库存商品的数量、结构和状态的信息。库存商品是构成商品供应资源的组成部分,库存信息也是制定采购计划、确定经济订货批量的重要依据。

(4) 订货信息。订货信息是由市场或销售部门得出的,详细反映了市场对所订购商品的品种、规格、数量等的需求。正是订货信息触发了制造企业或物流企业的物流运转过程,没有订货,就没有采购、加工、配送等其他物流环节。

(5) 流通加工信息。流通加工信息是由销售需求得出的,反映商品再加工的情况。

(6) 分拣配货信息。它往往由订货信息汇总而来,用于事前控制分拣配货活动并反映该活动的完成情况,有助于实现准确、高效的配送服务。

(7) 发货信息。发货信息是商品实物流动的信号,标志着配送活动的开始。它反映了物流的形态、方向、规模以及与之相适应的各种运输手段,发货信息与分拣配货信息内容有重叠。

(8) 搬运信息。搬运信息由物料装卸信息和物料搬运信息组成,具体包括货物在存储设备的转进和转出信息及其在设备内的传递信息。其目标是尽可能多地利用空间,使得仓储的运营费用最小化,减少货物的处理时间。

(9) 运输信息。运输信息反映了运输人员、运输车辆及运输路线优化等的详细情况,它常常夹杂在其他信息中,反映物流的具体运动形式。

(10) 物流总控信息和决策信息。物流活动中,控制是必不可少的管理手段。物流作业信息经过汇总、分析、提炼,形成有关物流活动的各种控制和管理信息,用以指导协调物流活动，保证物流的正常高效运作。它进一步把物流管理控制信息进行统计分析，结合大量外部信息，分析客户需求，形成预测决策信息。

4. 物流信息的意义

信息流反映了一个物流的动态运作过程，任何不及时、不准确的信息和作业过程中的延迟都会削弱物流的效率；因此，对于物流管理活动来说，物流信息的采集、存储、使用和传递是整个物流系统的重要组成部分。

物流信息只有传递、交流和使用才能产生价值。物流信息的搜集、传递、整理、分析和应用，是物流信息管理的基本内容。现代物流发展要求对物流作业对象管理即商品管理实现信息化，所用设备必须具有信息处理功能，同时还要有先进的信息管理系统，包括信息的生成、加工及处理，利用快速、准确的信息流来指挥物流系统的各种活动。

物流信息是企业经营管理决策的重要依据。通过对各层次物流信息的获取和分析，管理者就能获得对物流运营过程的了解。相关物流信息掌握得越多，对整个运营状况的了解就越详细、越深入，控制和决策的准确性就越高，实施的效果就越好。

8.1.2 物流信息系统及其作用

1. 物流系统的含义

物流系统是指应用在物流环境中的一个特殊系统，而物流信息系统是为提高系统运行效率而建设的一个人机系统。物流服务的信息化、网络化、智能化已成为衡量一个物流系统是否成熟的标志。所谓信息化，主要表现在物流信息的商品化、物流信息收集的数据库化、物流信息处理的计算机化、物流信息传递的标准化和实时化、物流信息储存的数据化等。所谓网络化，包括两层含义：一是物流计算机通信网络；二是物流资源组织的网络化。当今 Internet 全球网络资源的可用性及网络技术的普及，为现代物流的网络化提供了良好的外部条件；所谓智能化，是指物流服务自动化和信息化的一种高层次应用，主要解决物流供应链过程中的运筹和决策问题，如运输路线的合理选择、库存水平的确定等。

2. 物流信息系统的作用

信息系统是一个人造系统，由计算机硬件、软件平台和数据资源管理平台及人组成，完成组织各项活动中的信息采集、加工处理、存储、传递和使用、维护等功能，目标是实现对组织中的各项活动进行管理决策、控制和调节。物流信息系统是指为了实现物流目的而与物流作业系统同步运行的信息管理系统。物流作业系统的启动往往需要从物流信息系统得到信息，无论多好的物流作业系统，如果不能与信息系统相默契，也难以很好地运行。从物流信息系统的整体角度来看，信息流和物流是同时进行的，关键是两者的内容要一致，信息流必须先行。物流信息系统为物流管理者及其他组织管理人员提供战略、战术及运作决策的支持，以达到组织的战略最优，提高物流运作的效率与效益。由计算机技术的高速度、高精度、大存储容量及其网络信息处理技术的传递快、成本低等特征,结合物流信息的处理过程,总结出使用物流信息系统的意义如下:

1) 实现物流系统的协同化运作

物流系统的协同运作就是整个物流链上各个节点之间的统一协调。物流的目标就是将一系列物流流程连接在一起形成一条整合链。实现这条整合链的流程,就是实现从物流起点的原材料、中间产品、运输、存储、配送等活动到物流终点客户的最佳流动,并始终以客户为中心。只有物流信息系统能够实现这一整合,并且是通过信息流的整合来实现物流的整合,从而实现物流、信息流的合二为一,最终实现降低物流成本的目标。

2) 实现物流的动态快速反应

一般物流信息的生命周期很短,动态性很强。为了顺应这种快速变化的客户需求,提高客户服务水平,物流信息系统从数据的采集、传输、储存、处理到显示和分析都需要即时完成、即时处理。例如,沃尔玛开发设计的连续库存补充系统、越库作业系统等,其货物在信息系统的控制管理下被连续不断地发送到沃尔玛超市的货架上;而根本不入仓库或在配送仓库中,货物从进货到出货不超过24小时或48小时,避免了大量货物花很多宝贵的时间存储在仓库里。这就是要实现在正确的时间、在正确的地点完成正确的事情。

3) 大大提高物流的自动化程度

物流信息来源广泛,种类很多,造成信息采集源点很多,信息量很大,处理也很复杂。如企业内部订单信息、库存信息,企业外部供应商信息、承运商信息等。为了实现物流的整合管理,需要快速采集数据的自动化工具,以及快速进行搬运、递送、分拣、加工处理的自动化工具等。由此,自动数据采集技术、自动分拣技术、自动仓储技术、自动数据存储技术等在物流信息系统中发挥了很大的作用。

4) 便捷物流决策的分析过程

各种渠道收集来的物流信息很复杂,而且大量分散的物流量活动需要很多的协调、监控和决策过程。这就需要对收集的大量数据进行整合、标准化处理,然后进行计算分析。物流信息系统能够使所采集的数据规范化,使所有分散的物流作业流程标准化,并且能够在一个统一的平台上实现数据的汇总和分析,为完成物流管理活动的各项决策提供依据。

3. 物流信息系统的作用

通过物流信息系统,可以把物流活动中的信息进行收集、传递、存储、处理、输出,成为决策的依据,对整个物流活动能起到指挥、协调、支持和保障的作用,具体表现为以下几个方面。

1) 沟通联系

物流系统会涉及很多行业、部门以及企业群体,系统内部正是通过各种指令、计划、文件、数据、报表、凭证、广告、商情等物流信息,建立起各种纵向和横向的联系,沟通供应商、生产商、批发商、零售商、物流服务商和消费者,满足各方面的需要。企业内部通过办公自动化系统、物流作业信息系统、物流管理信息系统搭起沟通各个方面的信息桥梁；而企业外部通过配送规划系统、电子订购系统或电子商务系统便捷地和客户进行沟通，通过外联网或 EDI 系统实现和供应商的交互。可见，计算机网络系统为企业物流信息的沟通联系提供了一条高速路。

2）引导和协调

在物流运作中，物流信息系统随着物资、货币及物流当事人行为活动的发生，采集生成所有物流信息，并经过网络快速把信息反馈到物流供应链上的各个环节，依靠这些物流信息及其反馈来引导物流结构的变动和物流布局的优化，协调物资流动的情况，使供需之间平衡；协调人、财、物等物流资源的配置，促进物流资源的整合和合理使用。

3）管理控制

通过移动通信、计算机信息网络、电子数据交换、全球定位系统等信息技术实现物流活动的电子化，如货物实时跟踪、车辆实时跟踪、库存自动补货等，用信息化代替传统的手工作业，实现物流运行、服务质量和成本等的管理控制。例如，仓储管理系统可以及时掌握动态真实的库存情况，包括库存数量、库存能力、配送能力、在途数量和门店需求、接发货能力、结算状况等信息，便于进行库存管理和订货、发货管理。再比如在配送中心，配送规划系统采集大量物流信息，进行分析预测，合理调配运力，选定发货路线和运输车辆，制定最优发货计划并响应发出的发货指令。目标就是要缩短从接受订货到发货的时间，使接受订货和发货更为省力；配送库存适量化，提高装卸搬运和运输的效率，提高订单处理精度，防止配送出现差错，调整需求和供给，提供信息咨询等。

4）帮助压缩物流管道长度和宽度

为了应付需求波动，在物流供应链的不同节点上通常设置库存，物流管道越长、越宽，就包括越多的中间库存，如零部件、在制品、制成品的库存等，这些库存增加了物流流动的长度和宽度，大大提高了物流成本。通过计算机信息系统，如货物跟踪系统、车辆调度跟踪系统和物流管理系统配合，如果能够实时地掌握物流链上不同节点中的存储信息，增加这条管道的透明度，就可以了解物流中间环节中的过多库存并进行压缩，以缩短物流管道中的不必要环节，提高物流服务水平。

5）辅助决策分析

物流信息是制定决策方案的重要基础和关键依据，物流管理决策过程的本身就是对物流信息进行深加工的过程，是对物流活动的发展变化规律性认识的过程。物流信息系统通过对信息的处理、建模和分析比较，协助物流管理者鉴别、评估并比较物流战略和策略的可选方案，如车辆调度、库存管理、设施选址、资源选择、流程设计以及有关作业比较和安排的成本—收益分析，做出科学的决策。

6）支持战略计划

作为分析决策的延伸，物流战略涉及物流活动的长期发展方向和经营方针的制定。

例如，企业战略联盟的形成、以利润为基础的客户服务分析以及能力和机会的开发和提炼，作为一种更加抽象、松散的决策，是对物流信息进一步提炼和开发的结果。战略计划的制定更多依靠决策者本身的决策风格，但物流信息系统能够快速地提供来自企业内部、外部的各种信息，并能根据要求做出各种显示的图表和比较分析，这对高层决策者进行决策具有很多辅助作用。

7）价值增值

表面上看，物流信息系统本身对物流企业不创造价值，而建设物流信息系统的成本很高，并且建设物流信息系统的过程中还需要对企业管理流程进行梳理和优化，需要对员工进行培训和教育，需要对所有的物流数据进行标准化处理等，其中，如果一个环节没有做到位，失败的风险就很大。因此，物流信息系统的建设投入是很大的。但物流信息系统建设成功后带来的显性价值和隐性价值都具有增长性。应用物流信息系统的时间越长，它体现出来的价值就越大。可见，物流信息系统对物流企业来说具有价值增值的作用。

8.1.3 第三方物流信息系统及其特征

第三方物流企业需要通过物流信息系统将整个物流过程整合起来。第三方物流信息系统是最具代表性的物流信息系统，它具有以下几个特征。

1. 开放性

为了实现物流企业管理的一体化和资源的共享，物流管理信息系统应具备与公司内部其他系统如财务、人事等管理系统相连接的性能。此外，系统不仅要在企业内部实现数据的整合和顺畅流通，还应具备与企业外部供应链各个环节进行数据交换的能力，实现各方面的无缝连接。供应链管理模式对于整个链条上物流服务供需平衡的要求很高，整个系统的开放性对于第三方物流与其他外协物流资源合作伙伴之间的业务协作非常重要，因此第三方物流信息管理系统必须最大限度上防止和杜绝信息孤岛现象的出现，为此就必须综合互联网的开放式和供应链系统的集成化，通过信息共享和交互来实现供应商、外协物流资源和客户的实时业务互动。另外，系统还需要考虑与国际通行的标准接轨，比如目前国际上已推行一系列 EDI 标准，物流系统应具备与这些标准接入的开放性特征。

2. 可扩展性和灵活性

物流信息系统应具备随着需求变化发展而发展的能力。第三方物流的信息管理系统的可扩展性主要体现在两个方面：一是空间上可扩展；二是时间上可扩展。空间上的可扩展性就是系统要能适应物流系统设施在空间上的扩展和位置移动，时间上的可扩展性是指能够随着用户需求、企业组织结构、技术进步、业务变化等的发展而对相关功能模块进行升级改造。在建设物流信息系统时，应充分考虑企业未来的管理及业务发展的需求，以便在原有的系统基础上建立更高层次的管理模块。现在整个社会经济发展特别快,企业的管理及业务的变化也很快,这就要求系统能跟着企业的变革而变革。如物流企业进行了流程再造,采用了新的流程,原先的系统不能适应新的流程了,企业还需要再进行投资,重新对新的流程进行管理信息系统的建设,从而造成资源的极大浪费。这就要求建设物流管理信息系统时应考虑系统的灵活性,必须有能力提供能迎合特定客户需要的数据。

3. 安全性

内联网的建立、互联网的接入使物流企业触角延伸更远、数据更集中,但安全性的问题也随之而来。在系统开发的初期,这个问题往往被人们所忽略。随着系统开发的深入,特别是网上支付的实现、电子单证的使用,安全性成为物流管理信息系统的首要问题。其安全性问题主要包括内部安全性问题和外部安全性问题。内部安全性问题可通过对不同的用户授以不同的权限、设置操作人员进入系统的密码、对操作人员的操作进行记录等方法加以控制。外部安全性问题可通过对数据通信链路进行加密、监听,设置互联网与内联网之间的防火墙等措施来实现。

4. 适用性

第三方物流的信息管理系统应该能够满足供应链上每个节点成员的单元业务分布和整体物流协作的需要,能够为整体性物流决策提供业务信息数据的分析和反馈,并提供管理决策的友好操作界面。对于外部协作物流伙伴要能够提供作业进度信息反馈和物流分配计划制定的操作界面,对于物流客户要提供订单处理、运作安排的查询界面。

5. 协同性

第三方物流信息系统应具备一定的协同能力,包括:与客户的协同,如系统应能与客户的 ERP 系统、库存管理系统实现连接,系统可定期给客户发送各种物流信息,如库存信息、货物到达信息、催款提示等;与企业内部各部门之间的协同,如业务人员可将客户、货物的数据输入系统,并实时提供商务制作发票、报表,财务人员可根据业务人员输入的数据进行记账、控制等处理;与供应链上的其他环节的协同,如第三方物流应与船公司、仓储、铁路、公路等企业通过网络实现信息传播;与社会各部门的协同,即通过网络与银行、海关、税务机关等实现信息即时传输,与银行联网,可以实现网上支付和网上结算,还可查询企业的资金信息,与海关联网,可实现网上报关、保税业务。

6. 动态性

系统反映的数据是动态的,可随着物流的变化而变化,实时地反映货物流的各种状况,支持客户、公司员工等用户的在线动态查询。这需要公司内部与外部数据通信的及时与顺畅。

7. 快速反应

系统应能对用户、客户的在线查询、修改、输入等操作做出快速和及时反应。在市场瞬息万变的今天，企业需要跟上市场的变化才可以在激烈的市场竞争中生存。物流管理信息系统是物流企业的数字神经系统，系统的每一神经元渗入到供应链的每一末梢，每一末梢受到的刺激都能引起系统的快速、适当的反应。

8. 信息的集成性

物流信息的动态性强，信息的价值衰减速度很快。因此，对信息工作的及时性要求很高。在大的系统中，为了确保信息的及时性，信息的收集、传输、加工和处理都要加快速度。信息的管理应高度集成，同样的信息只需一次输入，以实现资源共享，减少重复操作，减少差错。目前大型的关系数据库通过建立数据之间的关联可帮助实现这一点。

9. 支持远程处理

物流过程往往包括的范围广，涉及不同的部门并跨越不同的地区。在网络时代，企业间、企业同客户间的物理距离都将变成鼠标距离。物流关系信息系统应支持远程的业务查询、输入、人机对话等事务处理。

10. 检测、预警、纠错能力

为保证数据的准确性和稳定性，系统应在各模块中设置一些检测小模块，对输入的数据进行检测，以便把一些无效的数据排除在外。如集装箱号在编制时有一定的编码规则，在输入集装箱号时，系统可根据这些规则设置检测模块，提醒并避免操作人员输入错误信息。又如许多公司提单号不允许重复，系统可在操作人员输入重复提单号时发出警示并锁定进一步操作。

小资料 8.1

以智慧物流破行业之痛

随着"中国制造2025"和"一带一路"等战略的实施，我国物流业又迎来一轮发展机遇。然而中国物流业起步晚，目前只能说是物流大国，仍不是物流强国。中国物流之"痛"，很大一部分在公路货运。症结在于行业内部缺少一个公路物流网络运营系统，缺少功能齐备的公路运输枢纽网络、统一且规模化的信息化服务平台、行业信用机制、一致性的物流服务标准以及针对性的物流金融服务。要改变这一现状，一是要将物流信息化，实现"互联网＋物流"；二是着力打造线下公路港及配套体系；三是逐步完善物流金融体系。这样形成线上线下联动，构建一个"智慧物流"的网络体系。

近年来探索"智慧物流"的模式：线上，建立一张覆盖全国、多式联运的高效物流网络体系，形成车辆的全网调度、全网监控，将过去传统的面对面交易改为信息化交易，让物流通过"互联网+"变得"聪明";线下,通过在全国多个城市建立公路港,构筑以个体货运司机、物流企业、货主企业三大公路物流主体为服务对象的服务体系,最终形成中国公路物流网络运营系统。

就像打车软件一样,如今公路货运也有网站和手机APP。货主、物流企业足不出户,就可以发布货运需求信息、调度承运车辆。货运司机出发前就可以拿到返程的货物配载下单,他们的运费担保、账务结算以及吃、住、行、购、娱等系列需求,货车的停靠、维修、加油等都可以通过网站和APP得到一站式解决。每一个发货方、每一辆承运车辆、每一名货运司机都经过实名认证、资质审核;每笔订单信息、卡车司机消费习惯,都会通过大数据积累,构建成一个物流诚信体系。在这样的诚信体系下,货主、物流企业和司机都可以放心、低成本地获取到多种代理及金融服务。

我们希望为物流业乃至社会经济领域注入以"货物信息互联互通、货物要素合理流动"为核心竞争力的新动力。当然,以一个企业的力量,去打造带有公益性、基础性、公共服务性特征的物流网络体系,这样的探索非常艰辛。

未来,借助大数据、云计算在公路物流领域的加速推广应用,并充分利用国家交通运输物流公共信息平台,有望在更大范围内整合各类物流信息资源,实现互联互通和网络化、智能化发展。

(资料来源:江南.人民日报,第10版,2015-07-06)

8.2 第三方物流企业信息系统的功能与模块设计

8.2.1 第三方物流企业信息系统的功能

第三方物流信息系统的主要功能涉及物流中所有的物流管理和作业环节,其具体内容主要如下:

(1)订单管理功能:通过使用通信技术对邮件、电话、传真以及EDI或互联网订单进行修改及维护。

(2)运输配送功能:包括运输单证的生成、车辆调度、制定配送线路、货物签收等环节。

(3)仓储管理功能:包括货物的入库管理、出库管理、在库管理三部分。该功能可以通过对出入库货物数量的计算,准确得出货物结存量,对库存量少于库存下限的商品和接近保质期的商品进行预警显示,还可以根据物流订单信息进行库存的预测管理等,其主要目的在于降低仓库管理成本。

(4)包装管理功能:包括在物流过程中换装、分装、再包装等活动。包装管理还要根据全物流过程的经济效果,具体决定包装材料、强度、尺寸及包装方式。

(5) 装卸管理功能：主要是确定最恰当的装卸方式和装卸机具，力求减少装卸次数。

(6) 流通加工功能：在物流过程中进行辅助的加工活动。

(7) 集中控制功能：提供对物流全过程的监控，并通过对过程数据的统计与分析，得出指导企业运营的依据。

(8) 统计报表功能：它是物流信息系统中最主要的信息输出手段，是企业领导和客户了解业务状况的依据。系统应能提供动态的统计报表，也可以提供多种固定的统计报表。

(9) 查询管理功能：通过信息查询为公司各个部门及客户提供实时的物流营运信息，使客户可以共享物流企业的信息资源，用以控制和支持物流计划工作。

(10) 客户管理功能：收集、分析客户信息，并对客户的业务、信用、投诉实现在线管理。一般由托运人管理、收货人管理和中间承运人管理三部分组成。

(11) 财务管理功能：涉及成本核算、运费计算、银行结算等部分，它的作用是管理物流业务中和费用相关的各种数据，建立物流系统和专业财务系统的数据接口。

(12) 辅助决策功能：收集与物流活动相关的各种信息，执行物流计划，预测动态情报分析，为物流服务决策提供数据依据。

8.2.2　第三方物流企业信息系统的功能层次结构

物流信息系统是把各种物流活动与某个一体化的过程连接在一起的通道，第三方物流企业信息系统应能达到实现对物流供应链全过程的监控，库存最小化管理，有效地支持门到门的物流服务，有效地支持配送、包装、加工等物流增值服务，反映所有非正常业务中的问题，以及将新的管理理念、先进的管理技术与信息系统相结合等具体目标。为实现上述具体目标，第三方物流信息系统的功能结构分为四个层次：数据库管理层、管理控制层、决策分析层和战略管理层，具体如图8-1所示。

1. 数据库管理层

对于第三方物流企业，数据库系统是第三方物流信息系统启动物流活动的最基本层次。第三方物流信息系统每天要产生和处理大量数据，在数据的使用过程中，有的数据使用后仍有价值，特别是经过处理的数据，如需再次使用就需要存储。数据库的功能是将加工后的物流信息以数据库的形式加以存储。

数据库是计算机中用于存储、处理大量数据的软件。所谓数据处理，并不是指文字的编辑或单纯的数字运算，而是包括数据的搜索与筛选等工作。将数据利用数据库存储后，这些数据便不再是死的数据了，而是可以灵活地操作的数据，可以从现存的数据中统计出任何想要的数据。

数据库的核心是数据库管理系统。数据库管理系统（DBMS）是用来建立数据库，使用数据库，提供数据库操作语言，对数据的合法性、安全性等进行管理的软件系统。一个

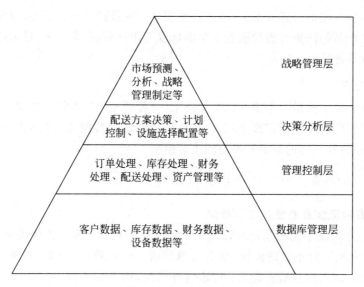

图 8-1　第三方物流信息系统的功能层次

数据库是建立在它的概念模式即全局逻辑结构的基础上的,各用户对数据的存取与控制统一由 DBMS 管理。DBMS 承担着数据库和用户之间的接口作用。用户通过数据库管理系统,可以用子模式对自己的数据库进行管理。例如,创建数据库文件,修改数据库文件,进行查询、更新等。

2. 管理控制层

管理控制主要把精力集中在功能衡量报告上。功能衡量对于提高物流服务水平和资源利用等管理信息反馈来说是必要的。

普通的功能衡量包括财务成本分析、客户服务评价、作业衡量、质量指标等。功能衡量对第三方物流服务是非常重要的,一般客户都希望通过第三方物流服务,能对物流系统作综合分析,提供更多的物流信息与客户共享,客户可以利用这些信息与自身的信息系统集成,为企业决策提供市场及物流信息。某些管理控制的衡量方法,诸如成本有非常明确的定义;有些衡量方法,诸如客户服务则缺乏明确的定义,需要采用一些分析方法建立评价指标。

第三方物流系统是否能够在物流系统运作中随时鉴别出异常情况也是很重要的。有超前活力的物流系统还应该有能力根据预测的需求与预期的入库数预测未来存货短缺情况。

3. 决策分析层

决策分析是指信息系统需要能辅助第三方物流企业决策应用,以协助管理人员鉴别、评估和比较物流战略或策略上的可选方案。与管理控制不同的是,决策分析的主要精力集中在评估未来策略的可选方案上,因此需要相对的零散模块和灵活性,以便于在较广的范围内选择。典型的决策分析功能包括车辆日常工作计划、存货管理、设施选址以及作业比较和成本效益评价。

4. 战略管理层

战略管理层的主要精力集中在信息支持上,一起开发和提炼物流战略,这也是决策分析的延伸。物流信息系统制定战略层次,必须把较低层次数据集合进范围很广的交易计划中,便于评估各种战略的概率和损益的决策模型。

8.2.3 第三方物流企业信息系统的模块设计

1. 第三方物流信息系统的主要模块

根据第三方物流系统的功能可以规划出以下功能模块:客户管理模块,对系统客户信息进行基本管理;订单管理模块,负责订单接收、查询、修改、分类、整理等;仓库管理模块,对货物出入库、库存清查盘点;运输管理模块,负责配货、送货、运输、调度、线路决策和站点决策;另外,还有经营决策模块、账务管理模块以及系统管理模块等。第三方物流信息系统的模块数和功能数并不必要一一对应,它可以根据企业信息系统的实际需要进行相应的选择、变动及修改。比如说,装卸管理便可以放入仓储管理模块和运输管理模块中;同样,每个部分中都可有查询功能。一个功能完善、强大的物流信息系统,还应该建立在简单的物流信息管理之上,加上管理控制、信息决策以及制定战略计划等功能模块。总之,物流企业应该立足于本企业的特点,建立集可靠性、及时性、灵活性、适应性于一身的现代物流信息系统。本章主要列举第三方物流信息系统的主要功能模块的设计,如图 8-2 所示。

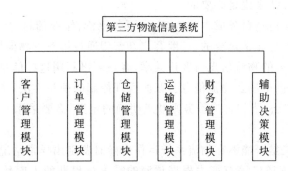

图 8-2 第三方物流信息系统模块划分

1) 客户管理模块

客户管理模块需要具有较强的客户信息管理能力,包括客户信息的搜集、整理和分析等。通过对客户资料的全方位、多层次的管理,使物流企业实现对客户资源的整合,使得客户对产品和服务的选择范围越来越广,选择能力不断提高,同时选择欲望也日益加强,使客户的需求呈现出个性化回归。另外,客户管理模块可以增进物流企业与客户的联系,记录客户提交的电子文件、收款情况和交货情况等,提供相应的客户查询功能,并对客户的投诉以及售后服务进行管理。客户管理功能模块如图 8-3 所示。

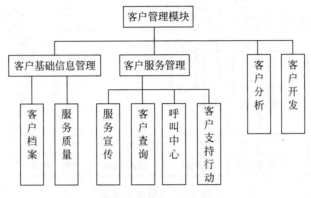

图 8-3　客户管理模块

2) 订单管理模块

第三方物流企业在服务于客户的整个过程中,订单处理既是业务的开始,也是服务质量得以保障的根本,高效的订单管理是整个信息系统高效运作和使客户满意的关键。订单业务的处理演变为各个环节的单证处理,贯穿于整个物流供应链的各个环节,成为一条主线,将各个环节有机地联系在一起。第三方物流企业接到客户订单后,首先,需要检查订单要求是否全部有效,确认订单信息是否完整;其次,提请信用部门审查客户的资信情况;再次,提请会计人员记录有关来往账目;接着,根据货物描述及客户要求,进行服务的合理策划与设计;最后,就货物托运信息与各个分包商联系,委派任务等。订单管理功能模块如图 8-4 所示。

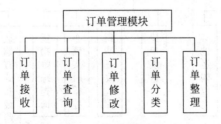

图 8-4　订单管理模块

3) 仓储管理模块

仓储管理模块对库存商品进行全面的管理,包括商品管理、入库管理、出库管理、库存盘点等部分。它帮助企业的仓储管理人员对库存物品的入库、出库、调拨、报损和盘点等操作进行全面的控制和管理,以达到降低库存,减少资金占用,提高客户服务水平,保证物流活动顺利进行的目的。仓储管理模块如图8-5所示。

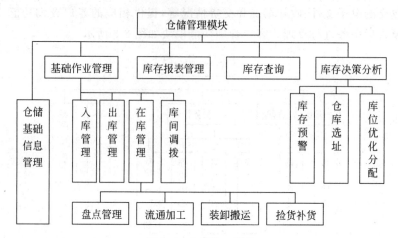

图 8-5　仓储管理模块

4)运输管理模块

运输管理模块主要完成运输方案设计,不同方案比较、选择,运输服务商的选择,建立运输路线选择的模型,运输路线数据的收集,编制运输计划,运输市场运价走势分析,运输调度,运输报表设计,成本分析等。运输管理模块的功能包括运输资源(运输工具、运输方式、人员等)的管理以及运输任务(计划、运输中、完成)的管理以及货物运输跟踪管理等。运输管理模块如图8-6所示。

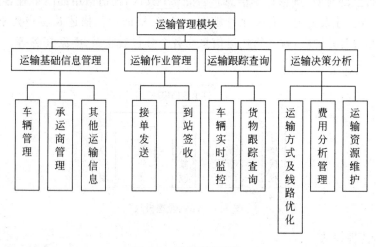

图 8-6　运输管理模块

5）财务管理模块

财务管理模块被用来分析库存增长、生产计划、订单数量等，确定订单的大致情况，以及进行财务处理和统计，提供客户财务结算功能，进行日报、周报、季报、年报的处理，并对企业的收入和成本进行统计分析，为企业的经营决策提供可靠的数据。财务管理模块如图 8-7 所示。

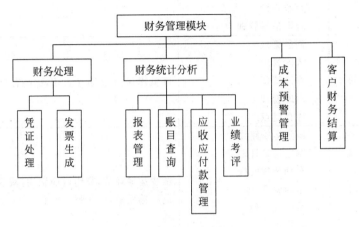

图 8-7　财务管理模块

6）辅助决策模块

辅助决策模块具备一定的数据挖掘能力，如利用 OLAP 技术，进行数据采集和分析，并透过数据反映企业运营存在的问题。该模块能够辅助管理者进行决策，以达到提高物流企业管理水平的目的。

2. 第三方物流信息系统各模块的功能目标

物流信息系统各模块的功能目标就是物流管理的目标，即以最快的速度、最好的服务和最小的成本完成物流任务，满足客户的需求。充分将物流信息设备与物流系统各业务模块相结合，开发基于供应链管理的物流信息系统，使第三方物流企业具有持续发展的动力。第三方物流信息系统各模块的功能目标如表 8-1 所示。

表 8-1　第三方物流信息系统各模块的功能目标

系统名称	主要功能	目标
客户管理模块	客户资料的管理 客户的联系 客户查询功能 客户的投诉管理 售后服务管理	提高客户服务水平

续表

系统名称	主要功能	目标
订单管理模块	订单接收 订单处理 订单确认 订单查询 合同信息管理	提高客户水平,满足客户需求
仓储管理模块	商品管理 入库管理 在库管理 出库管理 库存盘点	降低库存、减少资金占用,提高客户服务水平
运输管理模块	确定运输路线 制定运输计划 车辆装货安排 车辆调度 承运人管理 发货跟踪 运输方式选择	减少运输环节,节约运输费用,减少运输时间,提高运输质量,保证服务水平
财务管理模块	凭证处理 账目查询 报表管理 应收应付款管理 成本预算管理	为企业的经营决策提供可靠的数据,降低总成本
辅助决策模块	收集各种业务信息 信息加工处理及分析 决策 指导各业务活动	使运输合理化,库存适当化,装卸搬运效率化,配送及时,提高作业效率,降低总成本

8.3 第三方物流信息技术的应用

8.3.1 地理信息系统

1. 地理信息系统的定义与组成

地理信息系统(GIS)是在计算机硬件和软件系统的支持下,对整个或部分地球表层空间中有关地理数据进行采集、分析、存储、管理、运用、分析、显示以及描述的系统,它是一种重要的空间信息系统。从外部来看,GIS表现为计算机软硬件系统,而其内涵是计算机程序和地理数据组织而成的地理空间信息模型,是一个逻辑缩小的、高度信息化的地理系统。它将现实世界抽象为相互连接不同特征的层面组合,解决了各种纷繁复杂的难题。

GIS 与一般信息系统的不同,主要体现在所处理的信息类型上。GIS 支持的是地理空间数据,这也就造成了它与一般信息系统在硬件设备、软件环境、数据处理以及管理等方面的主要差别。在硬件设备上,由于外部环境是模拟形式的,而内部数据是数字形式的,所以 GIS 的输入设备要求具有从模型形式到数字形式的转换功能;而且由于地理空间数据大部分需要以图形的形式来显示,所以输出设备对于图形显示的要求较高。在软件环境上主要有 3 部分,即 GIS 软件平台、应用系统和空间数据库,相对于一般信息系统软件环境,对于图形的处理要求较高。在数据处理上,由于主要处理的是地理数据,这些数据同时具有空间和非空间的特性,所以处理和管理上有特定的要求。

2. 地理信息系统的功能

地理信息系统以地理空间数据为基础,采用地理模型分析方法,可以适时地提供多种空间和动态的地理信息,是一种为地理研究和地理决策服务的计算机技术系统。其基本功能是将表格型数据转换为地理图形显示,然后对显示结果进行浏览、操作和分析。具体来说,GIS 具有 5 项基本功能,即数据采集与输入、数据编辑与更新、数据存储与管理、空间数据查询与分析、数据输出与表达。

1) 数据采集与输入

数据采集与输入是指在数据处理系统中将系统外部的原始数据传输给系统内部,并将这些数据从外部格式转换为系统便于处理的内部格式。数据的采集和输入也是建立地理数据库的第一步,是建立地理数据库的基础过程。由于 GIS 可以有多种数据源,如地形数据、地图数据、影像数据、属性数据等,因此需要对不同格式的数据进行格式转换,以保证数据格式的一致性。

2) 数据编辑与更新

数据编辑与更新是指在 GIS 的数据输入过程中,各种输入设备采集到的数据难免会产生或输入一些差错,如使用扫描仪得到的数据,可能会有一些噪声斑块或线条出现。所以一般要求对 GIS 中的空间数据进行编辑和完善,使数据具有一定的意义。这里的数据编辑主要包括图形编辑和属性编辑。图形编辑主要包括拓扑关系建立、图形装饰、图形变换、投影变换、误差校正等功能。而数据更新是反映空间数据动态变化的,就是通过插入、修改、删除等一系列操作来实现用新的数据项或记录替换旧的相对应数据项或记录的过程。数据更新可以满足动态分析需要,也可以对自然现象的发生和发展做出合乎规律的预测和预报。

3) 数据存储与管理

数据的有效组织和管理是 GIS 系统应用成功与否的关键,主要包括空间与非空间数据的存储。目前，在 GIS 中对数据的存储管理主要是通过数据库管理系统来完成的，对于空间数据的管理，是将各种图形或图像信息以严密的逻辑结构存放在空间数据库中；对于非空间数据的管理，一般直接利用商用关系数据库软件进行管理。

4）空间数据查询与分析

空间数据查询与分析是 GIS 最重要的功能，也是 GIS 区别于其他信息系统的本质特征。它主要包括数据操作运算、空间数据查询检索与空间数据综合分析。GIS 有丰富的查询功能，既有属性查询功能也有图形查询功能，还可以实现图形与属性之间的交叉查询，如从数据文件、数据库或存储设备中查找和选取所需的数据；还可以为了满足各种可能的查询条件实现系统内部数据操作，如数据格式转换、矢量数据叠合、栅格数据叠加等操作，以及按一定模式关系进行的各种数据运算，包括算术运算、关系运算、逻辑运算和函数运算等；而为了提高系统评价、管理和决策能力，可以实现空间数据拓扑分析、属性数据分析、空间数据与属性数据的联合分析等。

5）数据输出与表达

GIS 的数据输出与表达是指借助一定的设备和介质，将 GIS 的分析和查询检索结果表示为某种用户需要的可以理解的形式的过程，或者将上述结果传送到其他计算机系统的过程。GIS 通常以人机交互方式来选择显示的对象与形式。对于图形数据，根据要素的信息密集程度，可选择放大或缩小显示，可以输出安全要素地图，或根据用户需要分层输出各种专题图、统计图、图表以及数据等。

3. 地理信息系统在物流分析中的模型

GIS 应用于物流分析，主要就是利用 GIS 这种特有的强大的地理数据处理功能来完善物流分析技术中的"软技术"。这里的"软技术"就是指在物流规划、物流设计、物流评价等过程中采用的物流策略和决策技术等。这里简要介绍车辆路线模型、设施定位模型、网络物流模型和分配集合模型等四种模型。

1）车辆路线模型

车辆路线模型用于解决在一个起点、多个终点的货物运输问题中，如何降低操作费用并保证服务质量的问题，包括决定使用多少车辆、每个车辆经过什么路线的问题。如物流分析中，在"一对多"收发货点之间存在多种可供选择的运输路线的情况下，应该以物料运输的安全性、及时性和低费用为目标，综合考虑、权衡利弊，选择合理的运输方式并确定费用最低的运输路线。例如，一个公司只有一个仓库，而零售店却有 30 个，并分布在各个不同的位置上，每天用卡车把货物从仓库运到零售店，每辆卡车的载重量或者货物尺寸是固定的，同时每个商店所需的货物重量或体积也是固定的。因此，需要多少车辆以及所有车辆要经过的路线就是一个最简单的车辆路线模型。

2）设施定位模型

设施定位模型用来确定仓库、医院、零售商店、配送中心等设施的最佳位置，其目的同样是为了提高服务质量,降低操作费用,以及使利润最大化。

设施定位模型可以用于确定一个或多个设施的位置。在物流系统中,仓库和运输线路共同组成了物流网络,仓库处在网络的节点上,运输线路就是连接各个节点的线路,从这个意义上来说,节点决定着线路。具体地说,在一个具有若干个资源点及若干个需求点的经济区域内,物流资源要通过某一个仓库的汇集中转和分发才能供应各个需求点,因此,根据供求的实际需要并结合经济效益等原则,在既定区域内设立多少仓库,每个仓库的地理位置在什么地方,每个仓库应有多大规模,这些仓库间的物流关系如何等问题,就显得十分重要。而这些问题运用设施定位模型均能很容易得到解决。

3) 网络物流模型

网络物流模型的应用,如:需要把货物从 15 个仓库运到 100 个零售商店,每个商店有固定的需求量,因此需要确定哪个仓库供应哪个零售商,从而使运输代价最小。在考虑线路上的车流密度前提下,怎样把空的货车从所在位置调到货物所在位置,这些属于网络物流模型需要解决的问题。

4) 分配集合模型

分配集合模型可以根据各个要素的相似点把同一层上的所有或部分要素分成几组,用于解决确定服务范围、销售市场范围等问题。在很多物流问题中都涉及分配集合模型。例如,某公司要设立 12 个分销点,要求这些分销点覆盖整个地区,且每个分销点的客户数目大致相等。在某既定经济区域内,考虑各个仓储网点的规模及地理位置等因素,合理划分配送中心的服务范围,确定其供应半径,实现供需平衡,这就是分配集合模型解决的问题。

8.3.2 全球定位系统

GPS(global position system)的全称是全球定位系统,是利用分布在 2 万千米高空的多颗卫星对地面目标的状况进行精确测定,以进行定位、导航的系统。它主要应用于船舶和飞机的导航、对地面目标的精确定时和精密的定位等。GPS 能对静态或动态对象进行动态空间信息的获取,快速、准确、不受天气和时间限制地反馈空间信息。如果在车辆、船舶或其他运输工具设备上配置信标装置,就可以接收卫星发射信号,以置于卫星的监测之下,通过接收装置就可以精确地定位位置。GPS 具有在海、陆、空进行全方位实时三维导航与定位能力。在物流领域可以应用于汽车自定位、跟踪调度,也可用于公路、铁路运输管理和军事物流管理。

GPS 对物流企业进行监控调度的突出特点是能够随时了解车辆的区域分布,将货单信息实时下达,能够提供良好的数据接口,实现与企业的其他信息系统无缝对接。同时,还能够随时为客户提供货物信息,保证货物的安全。并且特别针对区域监控功能进行加强,客户可以设定任意区域,获得该区域内的车辆分布状态,轻松实现货单的区域化派发。

对物流公司而言，GPS 的具体功能如下：

1. 实时监控功能

在任意时刻都可以通过发出指令来查询运输工具所在的地理位置，通过计算机终端实时把车辆的实际位置显示出来。

2. 信息传递功能

GPS 的用户可通过 GSM 的话音功能与驾驶人员进行通话，或使用本系统安装在运输工具上的移动设备的汉字液晶显示终端进行汉字消息收发对话。驾驶人员通过按下相应的服务动作键，将该信息反馈到 GPS。监督员可在网络 GPS 工作站的显示屏上确认其工作的正确性，了解并控制整个运输作业的准确性（发车时间、到货时间、卸货时间、返回时间等）。

3. 动态调度功能

调度人员能在任意时刻通过调度中心发出文字调度指令，并得到确认信息。利用 GPS 车辆调度监控管理系统可以实时查询物流企业内部车辆在各个区域的运行情况并生成报表，企业可以根据生成的数据报表实现对车辆运力的有效管理。此外，还可进行运输工具待命计划管理。操作人员通过在途信息的反馈，在运输工具未返回车队前即做好待命计划，可以提前下达运输任务，减少等待时间，以加快运输工具周转速度。

4. 车辆监控功能

利用 GPS 和电子地图可以在屏幕上实时显示出车辆的位置、车辆运行状态、报警状态等详细信息并随目标移动，使目标始终保持在屏幕上。还可实现多窗口、多车辆、多屏幕同时跟踪，实现对重要车辆和货物运输进行实时跟踪监控，保障了货物运输和车辆的安全。还可以将运输工具的运能信息、维修记录信息、运行状况登记、驾驶人员信息、运输工具的在途信息等多种信息提供给调度部门，辅助其进行决策，以提高重车率，尽量减少空车时间和空车距离，充分利用运输工具的运输能力。

5. 数据存储、分析功能

可以实现路线规划及路线优化。事先规划车辆的运行路线、运行区域，并将该信息记录在数据库中，以备以后查询、分析使用。

6. 服务质量跟踪

在服务中心设立服务器，让有该权限的用户能异地方便地获取车辆的有关信息：运行状况、在途信息、运能信息、位置信息等用户关心的信息。同时，还可对客户索取的位置信息用相对应的地图传送过去，并将运输工具的历史轨迹印在上面，使该信息更加形象化。

8.3.3 EDI 技术

1. 物流 EDI 的概念

电子数据交换(EDI)是信息技术向流通领域渗透的产物。EDI 是应用计算机技术，由商业伙伴们根据事先达成的协议，对经济信息按照一定的标准进行格式化处理，并将这些格式化的数据通过计算机通信网络在他们的计算机系统之间进行交换和自动处理。物流 EDI 是指货主、承运商以及其他相关的组织之间，通过 EDI 系统进行物流数据交换，并以此为基础实施物流作业活动的方法。参与物流 EDI 的组织有货主、承运商、实际运输货物的交通运输企业、协助单位和其他物流相关单位。

EDI 作为企业单位之间传输的商业文件数据，由于采用共同的标准和固定格式，使得数据在传输过程中能够被不同组织的计算机系统识别与处理，完全实现数据从计算机到计算机的自动传输，无须人工介入操作，从而大大提高流通效率，降低物流成本。

2. 物流 EDI 中信息的流通方式

EDI 工作的标准流程主要包括制定订单、发送订单、接收订单、签发回执和接收回执。正是通过这些标准化的信息格式和处理方法，通过 EDI 物流运作各方共同分享信息，减少了重复录入，提高了效率。图 8-8 所示为物流 EDI 的框架结构，是一个由发货商、承运商和收货方构成的物流模型，这个物流模型的实现流程如下：

发货商(如生产厂家)在接到订单后制定货物运送计划，并把运送货物的清单及运送时间安排等信息通过 EDI 发送给承运商和收货商(如零售商)，以便承运商预先制定车辆调配计划和收货商制定货物接收计划。

发货商根据客户订货的要求和货物运送计划下达发货指令，分拣配货，打印出物流条形码的货物标签，并贴在货物包装箱上，同时把运送货物品种、数量、包装等信息通过 EDI 发送给承运商和收货商，依据请示下达车辆调配指令。

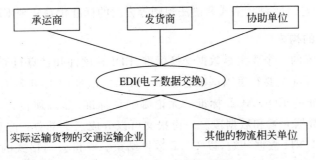

图 8-8 物流 EDI 的框架结构

承运商在向发货商取运货物时,利用车载扫描读数仪读取货物标签的物流条形码,并与先前收到的货物运输数据进行核对,确认运送货物。

承运商在物流中心对货物进行整理、集装,做成送货清单并通过 EDI 向收货商发送发货信息。在货物运送的同时进行货物跟踪管理,并在货物交给收货商之后通过 EDI 向发货商发送完成运送业务信息和运费信息。

收货商在货物到达时,利用扫描读数仪读取货物标签的物品条形码,并与先前收到的货物运输数据进行核对确认,开出收货发票,货物入库。同时,通过 EDI 向物流货物运输方和发货商发送收货确认信息。

3. 物流 EDI 连接方式

运用 EDI,物流领域各贸易伙伴之间的连接方式可以分成两大类:一类是直接连接;另一类是通过第三方网络连接。直接连接的方式也有多种,主要有一对一的直线连接方式、"广播"式直接连接、网络型直接连接和通过票据交换的直接连接。比如,最简单的一对一直接连接方式就是一家物流公司的计算机与客户、货主等的计算机直接连接。这种直接连接的概念包括两个公司计算机之间设立专用线路或通过电话线路、调制解调器的方法。前者投资大,但相对比较安全;后者投资少,但不安全,数据在传输过程中容易被窃取、遗失或受到干扰。

通过第三方网络联结的方式是指各物流公司的计算机不是直接与其他客户的计算机直接连接,而是通过一个或几个中间的通信网络连接。这种连接方式的特点是利用第三网络提供各种服务,如邮箱功能、翻译功能和通信协议的转换功能等,使得各物流公司用自己的格式标准就可以与其他任何客户进行 EDI 通信,而且不受时间表、客户数量、客户所处地理位置的限制。

要实现 EDI 服务的全部功能,必须具备数据通信网络和标准化,并能保证数据的安全性。其中数据通信网络是实现 EDI 的技术基础。保证数据的安全性是实现 EDI 服务的基本条件。标准化是实现 EDI 的关键。由于 EDI 是为了实现计算机之间的自动应答和自动处理,因此,文件结构、格式和语法规则等方面的标准化是实现 EDI 的关键。

4. EDI 系统的构成

构成 EDI 系统的三个要素是数据交换标准、EDI 软硬件和计算机通信网络。目前国际上流行的 EDI 标准主要有美国国家标准 ANSIX12、欧洲的 EDI 及 GTDI 标准以及作为国际性通用标准的 EDIFACT 标准。无论哪一种标准,都必须包含 EDI 标准的三要素,即标准报文、数据元素和数据段。一份报文可以分成三个部分:首部、详细情况和摘要部分。报文以 UNH 数据开始,以 UNT 数据结束。一份公司格式的商业单据必须转换成一份 EDI 标准报文才能进行信息交换。数据元素可分为基本数据元素和复合数据元素。前者是基本信息单元,用于表示某些有特定含义的信息,相当于自然语言中的字。

后者由一组基本数据元素组成,相当于自然语言中的词。数据段是标准报文中的一个信息行,由逻辑相关的数据元素构成,这些数据元素在数据段中有相应的固定形式、定义和顺序。实现 EDI 需要配备相应的硬件和软件。EDI 所需的硬件设备就是计算机设备和通信网络设备。所需软件的功能主要是将用户数据库系统中的信息翻译成 EDI 标准格式,以供传输交换。EDI 软件模块主要有转换软件、翻译软件和通信软件。

8.3.4 射频识别技术

1. 射频识别技术的定义与构成

射频识别技术(radio frequency identification,RFID)是一种基于射频原理实现的非接触式自动识别技术。它以大规模集成电路和无线通信技术为核心,利用相隔一定距离的读写器发射的射频信号及其空间耦合、传输特性,驱动电子标签电路发射其储存的编码信息,通过对编码信息的读取,来识别电子标签代表的物品、人、器具的身份,并且获取它们的相关信息。世界上所有的商品都可以拥有独一无二的电子标签。商品在贴上电子标签以后,可以从生产、销售、配送直到回收的各个过程对其进行跟踪管理。

射频技术是对条形码及扫描技术的补充和发展,它规避了条形码技术的一些局限性,为大量信息的存储、改写和远距离的识别奠定了基础。RFID 系统通常由电子标签、读写器、编程器、天线等几部分组成。

1) 电子标签

在 RFID 系统中,信号发射机为了不同的应用目的,会以不同的形式存在,典型的形式是标签。标签相当于条形码技术中的条形码符号,用来存储需要识别的传输信息。另外,与条形码不同的是,标签必须能够自动或在外力的作用下把存储的信息主动发射出去。标签一般是带有线圈、天线、存储器与控制系统的低电集成电路。

2) 读写器

在 RFID 系统中,信号接收机一般叫读写器。根据支持的标签类型不同与完成的功能不同,读写器的复杂程度是显著不同的。读写器的基本功能就是提供与标签进行数据传输的途径。另外,读写器还提供相当复杂的信号状态控制、奇偶错误校验与更正功能等。标签中除了存储器要传输的信息外,还必须含有一定的附加信息,如错误校验信息等。识别数据信息和附加信息按照一定的结构编制在一起,以特定的顺序向外发送。读写器通过接收到的附加信息来控制数据流的发送。一旦到达读写器的信息被正确地接受和翻译,读写器就通过特定的算法决定是否需要发射机对发送的信号重发一次,或者指导发射器停止发信号,即"命令响应协议"。采用这种协议,即使在很短的时间、很小的空间阅读多个标签,也可以有效地防止"欺骗问题"的产生。

3) 编程器

只有可读可写标签系统才需要编程器,它是向标签写入数据的装置。编程器写入数据一般来说是离线完成的,也就是预先在标签中写入数据,等到开始应用时直接把标签黏附在被标识项目上。也有一些RFID应用系统,写数据是在线完成的,尤其是在生产环境中作为交互式便携数据文件来处理时。

4) 天线

天线是标签与读写器之间传输数据的发射、接收装置。系统功率、天线的形状和相对位置会影响数据的发射和接收,需要专业人员对系统的天线进行设计、安装。

5) 计算机网络系统

在射频识别系统中,计算机网络系统通常用于对数据进行管理。读写器可以通过接口模块与计算机网络系统连接,以实现通信和数据传输功能。

RFID系统的具体工作流程为:RFID阅读器利用天线发射特定频率的无线电载波信号,信号本身就是一种能量,同时包含时序信息;标签进入磁场后,被天线的载波信号使能产生感应电流从而被激活,通过内置天线向阅读器发送包含自身编码信息的反射回波。读写器的信号处理模块接受经过天线收到的从标签发来的调制信号并对其进行解调和解码后,将有效信息传送给中间件进行处理。中间件将冗余信息进行过滤,并添加响应的事件机制等,通过统一接口,将标签信息提供给上层应用软件处理。

2. 射频识别技术的分类

不同的射频识别系统所实现的功能不同。射频识别系统大致可分为四种类型:EAS系统、便携式数据采集系统、物流控制系统和定位系统。

1) EAS系统

EAS(electronic article surveillance,电子物品监视器)是一种设置在要控制物品出入的门口的射频识别技术。这种技术的典型应用场合是商店、图书馆、数据中心等地方,当未被授权的人从这些地方非法取走物品时,EAS系统会发出警告。在应用EAS技术时,首先在物品上贴上EAS标签,当物品被正常购买或者合法移出时,在结算处通过一定的装置使EAS标签失活,物品就可以取走。物品经过装有EAS系统的门口时,EAS装置能自动检测标签的活动性,如果发现活动性标签,EAS系统就会发出警报。EAS技术的应用可以有效防止物品被盗,不管是大件的商品,还是很小的物品。应用EAS技术,物品不用再锁在任何玻璃橱柜里,可以让客户自由地观看、检查,这在自选日益流行的今天有着非常重要的现实意义。

2) 便携式数据采集系统

便携式数据采集系统利用带有RFID读写器的手持式数据采集器来采集RFID标签上的数据。这种系统具有比较大的灵活性,适用于不宜安装固定式RFID系统的应用环境。手持式读写器可以在读取数据的同时,通过射频数据采集方式实时地向计算机网络系统传输数据,也可以暂时将数据存储在读写器中,再批量地向计算机网络系统传输数据。

3)物流控制系统

在物流控制系统中,固定布置的 RFID 读写器分散布置在给定的区域,并且读写器直接与数据管理信息系统相连,电子标签是移动的,一般安放在移动的物体、人上面。当带有电子标签的物体、人通过读写器时,读写器会自动扫描标签上的信息,并把数据信息输入计算机网络系统存储、分析、处理,达到控制物流的目的。

4)定位系统

定位系统通常用于自动化加工系统中的定位,以及对车辆、轮船等进行运行定位。电子标签放置在移动的车辆、轮船上,或者自动化流水线中移动的物料、半成品、成品上,读写器嵌入操作环境的地表下面。电子标签上存储位置识别信息,读写器一般通过无线或者有线的方式连接计算机网络系统。

3. 射频识别技术的优势

与传统条形码识别技术相比,RFID 有以下优势。

(1)快速扫描。条形码识别一次只能对一个条形码进行扫描;RFID 辨识器可同时辨识读取数个 RFID 标签。

(2)体积小型化、形状多样化。RFID 在读取时并不受尺寸大小与形状限制,不需为了读取精确度而配合纸张的固定尺寸和印刷品质。此外,RFID 标签更可往小型化与多样形态发展,以应用于不同产品。

(3)抗污染能力和耐久性。传统条形码的载体是纸张,因此容易受到污染,但 RFID 对水、油和化学药品等物质具有很强抵抗性。此外,由于条形码是附于塑料袋或外包装纸箱上,所以特别容易受到折损;RFID 卷标是将数据存在芯片中,因此可以免受污损。

(4)可重复使用。现今的条形码印刷上去之后就无法更改,RFID 标签则可以重复地新增、修改、删除 RFID 卷标内储存的数据,方便信息的更新。

(5)穿透性和无屏障阅读。在被覆盖的情况下,RFID 能够穿透纸张、木材和塑料等非金属或非透明的材质,并能够进行穿透性通信。而条形码扫描机必须在近距离而且没有物体阻挡的情况下,才可以辨读条形码。

(6)数据的记忆容量大。一维条形码的容量是 50B,二维条形码最大可储存 2~3000 字符;而 RFID 最大的容量则有数兆字节。随着记忆载体的发展,其数据容量也有不断扩大的趋势。

(7)安全性。由于 RFID 承载的是电子式信息,其数据内容可经由密码保护,使其内容不易被伪造及变造。

近年来,RFID 因具有远距离读取、高储存量等特性而备受瞩目。它不仅可以帮助一个企业大幅提高货物、信息管理的效率,还可以让销售企业和制造企业互连,从而更加准确地接收反馈信息,控制需求信息,优化整个供应链。

8.3.5 条码技术

条形码是一组按一定编码规则排列的条、空符号。条形码系统是由条形码符号设计、制作及扫描阅读组成的自动识别系统。条码技术也称条形码技术,是在计算机的应用实践中产生和发展起来的一种自动识别技术,它是为实现对信息的自动扫描而设计的,是一种实现快速、准确而可靠地采集数据的有效手段。条形码技术的优点主要有:

(1) 信息采集速度快。计算机键盘的普通录入速度是每分钟 200 字符,而利用条形码扫描录入信息的速度是键盘录入的 20 倍。

(2) 采集信息量大。利用条形码扫描一次可以采集十几位字符甚至几十 KB 的信息,使录入的信息量成倍增加。

(3) 误码率低,一般不超过百万分之一。

(4) 成本较低,操作简单。

条码按照应用对象不同分为商品条码和物流条码。物流条形码是以物流过程中的商品为对象、以集合包装商品为单位使用的条形码。标准物流条形码由 14 位数字组成,除了第一位数字之外,其余 13 位数字代表的意思与商品条形码相同。物流条形码的第一位数字表示物流识别代码。商品条码的应用对象是向消费者销售的商品,应用领域包括 POS 系统,补货、订货管理,用于单个包装的商品;物流条码的应用对象是物流过程中的商品,应用领域包括运输、仓储、分拣等过程,用于集合包装的商品。

在物流行业中,条码技术提供了一种对物流中的货物进行标识和描述的方法,是物流管理现代化、提高企业管理水平和竞争能力的重要技术手段,是实现计算机管理和电子数据交换不可少的前端采集技术,是实现 POS 系统、电子数据交换技术、电子商务、供应链管理的技术基础。对于物流信息系统开发来说,条形码技术主要包括条形码对象的编码规则、条形码符号设计、条形码输出印刷打印、条形码识别、计算机管理等方面的技术。

本章小结

物流信息系统对于提升第三方物流企业的竞争力具有重要意义。本章首先介绍物流信息系统以及第三方物流信息系统的基本概念及其特征;然后介绍第三方物流信息系统的主要功能,根据第三方物流系统的功能可以规划组成不同功能模块,加强第三方物流运作管理;最后介绍第三方物流信息系统常用的技术(主要有 GIS、GPS、EDI、RFID 和条码技术,以及各种信息技术)的应用情况。

基本概念

物流信息系统;地理信息系统;全球定位系统;EDI;RFID;物流条码

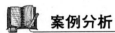

复习思考

1. 物流信息系统的特点有哪些？
2. 说明地理信息系统在物流中的应用价值和发展前景。
3. 说明全球定位系统在物流信息系统中的应用价值和发展前景。
4. 简述物流 EDI 的内涵和应用。
5. 说说 RFID 技术的优势。
6. 条码在物流中得以广泛采用的原因有哪些？

案例分析

山东佳怡物流有限公司的条码技术应用系统

佳怡物流 1999 年创办于山东省省会济南，以公路运输为切入口进入物流业，经过 15 年的发展，佳怡的业务范围从创业时的公路零担运输、货运代理扩展到目前的公路零担运输、公路整车运输、仓储、配送、物流园区、农业物流、行业综合物流、物流金融、物流教育等物流相关产业；目前佳怡集团已在东北、华北、华东、华南、西北、西南共 25 个省级区域设有 1200 多个服务网点，并以此为依托，辐射全国各地，真正实现了货通中国。

在信息化建设方面，运输管理及跟踪查询系统（TMS）、电子仓储系统（WMS）、办公自动化系统（OA）、佳怡物流 GPS 车辆监控系统、客户服务系统、集散仓库电子监控系统、人力资源管理系统、电算化会计系统、电话内网系统等建立完善起来，为佳怡物流的信息化、自动化服务能力提供保障。

为了能够让信息化引领企业的发展，提高工作效率和质量，让信息化成为企业的竞争力，佳怡物流在使用条码技术方面，通过技术引进，带动企业的发展，通过先行解决企业打印条码标签的问题，然后在每一个物流环节使用，让各部门人员接触新的技术，最后全面推行，这样既可以完成信息化升级，又可以逐步改变操作习惯，一步步地提升信息化水平。实现了运单打印、条码标签打印、PDA 开单、PDA 签收、PDA 装车扫描、PDA 盘点扫描、PDA 卸车扫描、PDA 查询、PDA 异常上报等功能。

佳怡物流推行条码技术后，货物的运输质量提升 40%，货物的差错率降低 60%，效率提升 30%，通过条码的应用，提升了业务质量和业务效率；通过信息化水平的提高，降低了人员的数量；通过提升客户的满意度，进而提高了业务量。

（资料来源：中国物流与采购联合会，www.chinawuliu.com.cn/xsyj/201501/23/291912.sltml）

结合案例分析问题：
1. 条码技术在佳怡物流得以采用的原因是什么？
2. 物流信息系统有哪些功能？

第三方物流企业成本管理与控制

学习要点

1. 理解第三方物流企业成本的概念、特点及其物流成本管理的意义;
2. 掌握第三方物流企业的成本构成与分类;
3. 理解第三方物流企业成本产生的机理;
4. 理解物流成本核算的主要方法;
5. 理解第三方物流企业进行成本控制的主要措施。

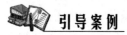

韩松国际物流(天津)公司物流成本管理问题

韩松国际物流(天津)有限公司是隶属于韩国韩松集团的一家第三方物流企业,于2007年在天津成立,主要物流服务有国际物流配送、国际货运代理、通关、物流咨询、仓储、系统开发等。随着公司不断发展扩大,业务量不断攀升、人才不断涌入,截至2014年,韩松集团分别在青岛、深圳、香港、东莞、苏州等地开设分公司并开展物流及仓储等相关业务。韩松中国的物流销售额从开始2010年的1.26亿元到2014年的3亿元,翻了一番还多。通过核算,其第三方物流销售率从2010年的43.9%增长到2014年的58%,提升了14.1%。以三星某生产高新塑料的企业为例,自建厂以来,韩松物流就进驻工厂内,起初主要负责的业务有仓库的设计、原材料进口、产成品的保管、产品运输等。经过五年的发展,如今,韩松物流已经成为该企业不可或缺的一部分,其主要负责从原料的进口报关、运输,到原料到场后的卸货入库;原料由仓库到生产线的搬运、投料,到产品完工后的包装入库;货物从工厂到客户的运输,到对客户的后期维护。为了更快、更准确地完成原料和产品的出入库管理,韩松物流购入了PDA设备,与三星的SERP系统同时使用,对原料和产成品进行条码扫描入库管理,并遵循先进先出原则,控制仓库的长期库存。韩松物流在该企业中所扮演的角色越来越多,已经从单一的物流运输拓展成为综合性的现代化物流企业。但是在物流成本控制方面，内部物流还是存在很多问题。韩松国际物流(天津)有限公司在实际运营中分为国际、国内两部分，这两部分共同涉及的成本按功能来划分，并且按其在物流成本中的占比高低排序，主要包括四类：运输成本、管理成本、仓储作业成本、通关成本。

1. 运输成本

一般采用海运、陆运及空运运输三种方式，选择何种运输方式，对物流成本控制起着至关重要的作用。具体内容如下：

(1) 海运。一般客户为了降低运营成本，在时间允许的情况下，长途运输基本上选择海运，但是由于海路运输时间较长，与其他两种方式比较可控性不强，由于海浪的颠簸而容易导致货物破损，由此产生的再次包装费用增加了运输成本。另外，海运的报关时间较其他两种方式更长，如遇查验，会增加时间成本，进而导致仓储费用增加。最后，海关在提箱方面要求较多，如未达到法定要求，或遇客户暂不需要货物的情况下，会产生高额的滞箱费而增加物流成本。

(2) 陆运。卡车运输是第三方物流服务中最重要的环节之一，汽油价格的不断上涨，无疑是对物流企业的重要考验。在竞争日益激烈的物流市场中，很多中小型公路运输公司因承受不起成本的一再增加，而陆续退出市场。运输成本不仅仅指运输工具的燃料费，还包括运输过程中的其他费用。以遂宁伊连特电子有限公司物流运输为例：工厂因单价、系统或者货物问题，一再推迟出货时间而导致不能在规定时间内到达物流园区报关而产生的删单费、待时费及压车费，这些都属于运输成本，因工厂出货量很大，这样的现象时有发生。

(3) 空运。客户对运输时间要求较紧的情况下，一般会选择空运运输。空运与其他两种运输相比成本极高。首先，其对外包装材料要求高，以避免由飞机遇气流颠簸及倾斜带来的破损，由此增加了空运的包装费用。其次，航空运输对天气状况要求较高，如在遇到恶劣天气情况下，飞机无法如期起飞。为了满足客户生产的需求，韩松物流会调整运输方案，由此提高了运输成本。最后，飞机对承载货物要求较高，凡是纳入危险品范围内的货物，均不可以采取该种方式运输。

2. 管理成本

韩松国际物流(天津)有限公司的管理成本主要是人员管理成本。人员管理成本可以分为固定成本及变动成本。韩松公司对总经理及副总经理按照绩效分配工资，对其他员工实行按月发放固定工资。

3. 仓储作业成本

仓储作业成本包括进出库的装修作业成本、人工操作成本、货物上下架人力资费、制标签费等。一般国内物流涉及该方面成本较多，具体存在如下问题：一是仓库维修成本和固定资产折旧成本居高不下，在仓库作业中，物品的损坏时有发生，尤其是货架脚固定架、叉车登车桥、叉车配件等,这些都是易耗物品;另外,因失误造成的重新采集标签及制标签的情况也时有发生;仓库的维修成本和叉车等固定资产折旧成本也居高不下。二是仓库管理成本不断增加。仓库的管理成本包括仓库人员的工资、奖金、津贴、培训费用等。由于仓库工作环境的特殊性,仓库人员流动性较大,无形中增加了仓库人员的培训费用。另外,由于仓库人员需要配合生产线生产时间安排工作,工作时间不固定,产生的加班费用也增加了仓库的管理成本。三是外部仓库的租赁费用不断增加。在生产型企业中,经常会出现仓库爆仓,需要租用外部仓库的情况,这一情况不仅是由生产计划部门的失误导致,更与韩松物流对工厂仓库最初的设计布局不合理有关,由此产生的外部仓库租赁费用、工厂到外部仓库的运输成本不断增加。四是完成品运输成本,产品在生产完成之后,直到交付使用,这期间的所有环节都交由韩松物流负责,其中运输成本在整个物流成本中占很大部分,因此对运输成本的控制就显得尤为重要。产品运输按照路程远近分为短途运输和长途运输,共同存在车辆放空的问题,由此带来资源的浪费及物流成本的突增。另外,长途运输相比短途运输来讲,会出现更多的意外情况,例如,高速公路堵车、途遇恶劣天气、公路管理局对运输车辆的突击检查等都会产生额外的运输成本。五是存货成本,由于工厂的生产计划不同,库龄时间较长的货物有时会发生变质问题,会产生返工成本及二次检测成本等,从而导致物流成本增加。

4. 通关成本

所谓通关成本,即在海关流转过程中发生的费用。一方面由于某些合作代理行的资质不高,会导致海关查验率增加,进而导致物流成本增加;另一方面,韩松在选择代理行时会根据业务范围进行分配,即无法做到整体业务的整合,因为单项报价会高于整体报价,这无形中就增加了通关成本。

(资料来源:于丽丽.物流成本控制研究,2014)

结合案例分析问题:

1. 韩松国际物流(天津)公司进行成本管理的必要性是什么?
2. 韩松国际物流(天津)公司降低物流成本的措施有哪些?

9.1 第三方物流企业成本管理概述

随着物流市场竞争的加剧,第三方物流企业却普遍存在着资源浪费、成本控制不合理等一系列问题。第三方物流企业只有结合企业自身实际,寻找降低物流成本的方法,才能适应市场发展,不断增强企业的竞争力。降低物流成本可以给企业带来经济效益,提高物流企业的管理水平,把握物流成本的概念及其分类是物流成本管理中的重要部分。

9.1.1 第三方物流企业成本的概念

在物流过程中,为了提供有关服务,要占用和耗费一定的活劳动和物化劳动,这些活劳动和物化劳动的货币表现即为物流成本,也称物流费用。对物流成本可以从宏观角度与微观角度分别认识。

从宏观物流的角度来看,物流成本表现为社会物流总费用,即一定时期内,国民经济各方面用于社会物流活动的各项费用支出。包括:支付给运输、储存、装卸搬运、包装、流通加工、配送、信息处理等各个物流环节的费用;应承担的物品在物流期间发生的损耗;社会物流活动中因资金占用而应承担的利息支出;社会物流活动中发生的管理费用等。

从微观角度而言,根据国标 GB/T 20523—2006《企业物流成本构成与计算》,物流成本是指物流活动中所消耗的物化劳动和活劳动的货币表现,包括物流功能成本和存货相关成本。其中,物流功能成本指在包装、运输、仓储、装卸搬运、流通加工、物流信息和物流管理过程中所发生的物流成本;存货相关成本是指企业在物流活动过程中所发生的与存货有关的资金占用成本、物品损耗成本、保险和税收成本。

企业在采用第三方物流模式后,其中的功能性成本则主要由第三方物流企业来承担。从成本的支付形态来看,主要包括折旧费、人工费、燃料与动力消耗费、路桥费、材料费、保险费、维护费。除了这些显性成本外,第三方物流企业还需承担相关的机会成本和风险成本,如运输工具闲置损失、回程空载损失、过度包装导致的运输和仓储增量成本、事故预防成本、事故发生后人员、货物、设施损失、包装不当和标志标识不清导致错货的损失、装卸搬运不当导致的货物损毁损失等,这类隐性成本的发生在很大程度上取决于第三方物流企业的成本管理和控制水平,因而也属于企业的可控成本范围。

9.1.2 第三方物流企业物流成本的特点

对于非第三方物流企业,其物流成本存在着界定和核算的复杂性。物流活动涉及面广、关联性强,很多成本项目无法准确掌握,统计时难免疏漏。而且我国现行会计核算制度对于物流过程中的费用没有系统、全面地记录和核算,使大部分物流成本得不到揭示,导致企业对物流成本的核算和分析困难,无法对物流成本水平进行正确的认识。以前企业物流的会计核算范围着重于采购物流和销售物流环节,忽视了其他物流环节的核算;从核算内容看,相当一部分企业只把支付给外部运输、仓储企业的费用列入物流成本,而企业内部发生的物流费用,由于常常和企业的生产费用、销售费用、管理费用等混在一起,因而容易被忽视。根据物流冰山效应,非第三方物流企业的物流成本还具有隐含性的特点。在传统上,物流成本的计算总是被分解得支离破碎、难辨虚实。由于物流成本没有被列入企业的财务会计制度,制造企业习惯将物流费用计入产品成本;流通企业则将物流费用包括在商品流通费用中。因此,无论是制造企业还是流通企业,不仅难以按照物流成本的内涵完整地计算出物流成本,而且就连已经被生产或流通领域分割开来的物流成本,也不能单独真实地计算并反映出来。

第三方物流企业成本管理的作用在于通过系统地设计和管理各物流环节,使物流企业更好地满足客户需求,使供应链系统的总成本最优。作为企业的"第三利润源",与一般生产性或流通性企业的成本相比,第三方物流企业的成本呈现出与众不同的特点。物流企业属于典型的服务性行业,其产品形式就是根据客户的需求提供相应的物流服务。物流企业的成本呈现出如下特点。

1. 物流成本的效益背反性

物流成本具有效益背反的特征,即改变系统中任何一个要素,会影响其他要素的改变。效益背反是物流领域中普遍存在的一种现象,是指物流服务的各环节中,某一环节成本的降低可能会导致另一环节的成本增加或利益受损。要使系统中任何一个要素增益,必将对系统中其他要素产生减损的作用,各个物流功能间的物流成本往往存在着此消彼长的现象。第三方物流企业的各项成本之间存在着强烈的效益背反性,同时物流服务成本与物流成本之间也存在效益背反。例如,在运输与仓储两个环节,为了降低运输距离,势必要增设中转仓库,从而增加了仓储保管成本。这就要求第三方物流企业在进行成本控制的时候,不能仅着眼于单个环节成本降低,而要从物流服务链的整体出发,追求全局成本的最优。

2. 物流成本的系统性

物流成本产生于企业从事运输、储存、装卸、搬运、包装、流通加工与信息处理等活动过程中所耗费的资源。虽然在传统上物流成本分布于企业的各个职能部门,但从物流活动整体性观点来看,企业的物流成本系统实际是由采购、生产、销售等子系统共同构成。由于存在效益背反现象,强调单个功能子系统成本的降低,并不一定能保证系统运行总成本的降低,因此对物流成本的管理必须着眼于整体系统成本的最优化。物流活动各环节中所消耗的资源,不仅取决于该环节服务的效率,还取决于整条物流服务链的组织与管理水平,具有明显的系统性特征。

3. 物流成本中营运间接费用占比大

物流企业的营运间接费用涉及的种类多、项目范围大,其在营运成本中所占的比例也相当大,这是由物流服务产品的无形性决定的。营运间接费用是物流企业在营运成本中,除去直接人工成本和直接材料成本后其他所有成本的统称。在第三方物流企业为客户提供物流服务时,其营运间接费用主要包括:运输车辆的运营费、维护费、折旧费、仓库和设备的折旧费、装卸搬运费、物业管理和相关信息系统的开发维护等所有费用。物流服务的无形性是指某项物流服务链的购买者在购买前无法直接感觉到该项服务的存在,物流服务的无形性使物流企业的成本费用主要表现为营运间接费用,直接费用较少,尤其是直接材料,很多物流服务合同几乎不需要花费直接材料。

物流服务产品的特性决定了第三方物流企业成本的特性,物流服务的瞬时性决定了物流企业的生产过程就是它的销售过程,没有生产成本和销售成本之分;物流服务的多样性,决定了第三方物流企业各服务合同之间的成本水平呈现出较大的差异。物流企业成本受到货物种类、数量、运输地点、货物存放时间以及配送效率等多方面因素的影响,呈现出较大的复杂性和多样性。

9.1.3 第三方物流成本管理的意义

物流管理是对原材料、半成品、产成品等物料在企业内外流动的全过程进行的计划、组织、协调和控制,使各项物流活动实现最佳协调与配合,以降低物流成本,提高物流服务质量,满足客户需求。第三方物流企业的物流成本管理是指其在履行客户物流业务合同或订单的过程中所发生的应归属于某一业务合同或订单所有耗费的计划、协调与控制过程,即指第三方物流企业在经营物流业务的过程中所发生的耗费的管理,包括物流运营成本和物流管理成本的计划、协调与控制过程。

作为一种先进的管理理念,现代物流成本管理的着眼点不仅要考虑物流本身的效率,而且还应综合考虑提高服务、削减商品库存以及与其他企业相比取得竞争优势等各种因素,甚至从物品流通的整个过程来考虑物流成本的效率和效益。只有从企业的整个系统和战略的高度来看待物流成本管理,才可能真正意义上降低整体物流成本。物流成本管理对第三方物流企业的重要意义表现如下:

1. 有利于企业的绩效考核,切实有效地巩固企业责任制

加强第三方物流企业的物流成本管理,为企业发展建立相适应的物流成本控制责任制度,按照不同的物流功能把企业划分为多个责任单位,同时明确这些责任单位的职能与责任,对他们的工作进行有效的业绩考核,督促企业成员各尽其责、积极发展,有效地配合企业的物流成本管理并组织生产。

2. 有利于资源的优化配置

第三方物流企业的物流活动贯穿了企业运行的全部过程,因此企业的物流活动必然会占用企业大量人力、物力和财力,进行良好的企业物流成本管理,能够对企业的资源进行优化配置,通过科学、合理、节约运用企业资源,为企业控制成本、增加利润。

3. 有利于增加企业经济效益

物流企业的发展离不开物流业务活动,物流活动的稳定性推进,是企业稳健运营的重要条件。在其他条件不变的情况下,降低物流成本就意味着扩大企业的利润空间,提高利润水平。

4. 有利于增强企业竞争优势

随着经济全球化的积极发展,我国的物流市场竞争日益激烈,第三方物流企业受经营压力等多方面因素的影响,控制企业的物流成本,进而有效地降低企业的产品成本,是物流企业提高竞争力的重要路径。物流成本的降低,首先意味着增强了企业在产品价格方面的竞争优势,企业可以利用相对低的价格在市场上出售自己的产品,从而提高产品的市场竞争力,扩大销售,并以此为企业带来更多的利润。其次可以增强时间和质量上的竞争力,企业可以通过物流成本管理,改善物流流程,削减不必要的物流环节,减少低效率的作业,提高响应速度和服务质量,减少企业流动资金的占用,加快资金周转速度。

5. 有利于提高企业物流管理水平

加强物流成本管理可以改进企业的物流管理水平,企业物流管理水平的高低直接影响着物流消耗的大小。因此,企业要降低物流成本水平,就必须不断改进物流管理的方法及技能。

第三方物流企业通过对物流成本的有效把握,利用物流要素之间的效益背反关系,科学、合理地组织物流活动,加强对物流活动过程中费用支出的有效控制,降低物流活动中的各种消耗,最终达到在保证一定物流服务水平的前提下降低物流总成本,以提高企业和社会经济效益。

9.2 第三方物流企业成本的构成及生成机理

随着第三方物流企业应用高科技的速度不断加快以及模仿能力的普遍提高,对成本进行有效控制已成为竞争的焦点。在激烈的竞争中获得竞争优势的一个强有力的策略就是获取成本优势。但要进行正确的成本决策,精确的成本信息是关键,因此必须把握第三方物流企业的成本构成形态及其生成机理。

9.2.1 第三方物流企业物流成本构成

物流成本指的是产品在进行物流活动过程中,如包装、运输等所需要的人力以及物力资源,这些资源不仅仅包括原始资源,还包括所消耗的成本、保险和税收等成本。基于物流成本分类的不同角度可以划分为不同的物流成本构成,如按照成本的营运特性可以分为营运成本和非营运成本。根据我国标准 GB/T 20523—2006,分别按项目构成、成本范围、支付形态等三种标准对企业物流成本进行分类。

1. 按项目构成分类

企业物流成本项目构成包括物流功能成本和存货相关成本两项。

物流功能成本又分为物流运作成本、物流信息成本和物流管理成本等。物流运作成本具体包括运输成本、仓储成本、包装成本、装卸搬运成本和流通加工成本等五项。存货相关成本又分为流动资金占用成本、物品损耗成本以及存货保险和税收成本等三项,具体如表 9-1 所示。由于流动资金占用成本、物品损耗成本、保险和税收成本不属于独立的功能成本,所以一般也将其并入运输成本、装卸搬运成本和库存成本等功能成本之中。此外,与货物储存有关的成本不仅包括仓库的运营成本,还包括与货物保管相关的资金占用成本、货物的风险成本等,所以应将"仓储成本"改为"库存成本"。

表 9-1 企业物流成本项目构成表

成本项目			内容说明
物流功能成本	物流运作成本	运输成本	一定时期内,企业为完成货物运输业务而发生的全部费用,包括从事货物运输业务的人员费用、车辆(包括其他运输工具)的燃料费、折旧费、维修保养费、租赁费、养路费、过路费、年检费、事故损失费、相关税金等
		仓储成本	一定时期内,企业为完成货物储存业务而发生的全部费用,包括仓储业务人员费用,仓储设施的折旧费、维修保养费、水电费、燃料与动力消耗等
		包装成本	一定时期内,企业为完成货物包装业务而发生的全部费用,包括包装业务人员费用、包装材料消耗、包装设施折旧费、维修保养费,包装技术设计、实施费用以及包装标记的设计、印刷等辅助费用
		装卸搬运成本	一定时期内,企业为完成装卸搬运业务而发生的全部费用,包括装卸搬运业务人员费用、装卸搬运设施折旧费、维修保养费、燃料与动力消耗等
		流通加工成本	一定时期内,企业为完成货物流通加工业务而发生的全部费用,包括流通加工业务人员费用、流通加工材料消耗、加工设施折旧费、维修保养费、燃料与动力消耗费等
	物流信息成本		一定时期内,企业为采集、传输、处理物流信息而发生的全部费用,指与订货处理、储存管理、客户服务有关的费用,具体包括物流信息人员费用,软硬件折旧费、维护保养费、通信费等
	物流管理成本		一定时期内,企业物流管理部门及物流作业现场所发生的管理费用,具体包括管理人员费用、差旅费、办公费、会议费等
存货相关成本	流动资金占用成本		一定时期内,企业在物流活动过程中负债融资所发生的利息支出(显性成本)和占用内部资金所发生的机会成本(隐性成本)
	物品损耗成本		一定时期内,企业在物流活动过程中所发生的物品跌价、损耗、毁损、盘亏等损失
	保险和税收成本		一定时期内,企业支付的与存货相关的财产保险费以及因购进和销售物品应交纳的税金支出

(资料来源:国家标准《企业物流成本构成与计算》)

2. 按照物流成本范围或物流流程进行分类

按此种方法主要分为供应物流成本、生产物流成本、销售物流成本、回收物流成本和废弃物物流成本。但是这种分类方法不属于第三方物流企业的成本分类方法,而是针对制造型企业的物流成本分类。供应物流成本是指企业为生产产品购买各种原材料、燃料、外购件等所发生的运输、装卸、搬运等成本;生产物流成本,又称企业内物流,是指企业在生产产品时,由于材料、半成品、产成品的位置转移而发生的搬运、配送、发料、收料、包装等方面的成本;销售物流成本是指企业为实现商品价值,从确定销售对象开始,直到商品送交客户为止的物流过程中所消耗的费用,包括包装、商品出库、运输、配送等方面的费用;回收物流成本是指材料、容器等由销售对象回收到本企业的过程中发生的物流费用;废弃物物流成本是指因废品、不合格产品的物流所形成的物流成本。有时也会发生退货而产生退货物流成本,退货物流成本是指产品销售后因退货、换货所引起的物流成本。

3. 按支付形态划分

按此种方法可以分为委托物流成本和内部物流成本。委托物流成本是指将物流业务委托给物流业者时向企业外部支付的费用,这部分数据可以直接从企业的财务报表中获取,企业内部物流成本的支付形态具体包括材料费、人工费、维护费、一般经费和特别经费。材料费包括包装材料、消耗性工具、器具备件、燃料费用等。计算的方法主要是根据材料的出入库记录,抽出这一期间与物流有关的材料消耗量,乘以单价。不过这样做的时候,还要考虑如何完善以出入库记录为物流重点进行计算的方法。人工费指物流管理和物流专业技术人员的工资、奖金及福利费等人工费用支出。计算的方法主要是企业为物流工作人员实际发出的工资、补贴、奖金等总额加上公司人均花费,乘以物流从业人员数,得出合计金额。维持费指修缮费、租借费、保险费、税金等与固定资产的使用和维护有关的费用。这些费用能直接算出的,就直接计算;不能直接计算的,以建筑面积和设备金额为标准进行计算。一般经费相当于财务会计中的普通管理费。不能直接掌握的部分,可按人均花费计算。特别经费包括折旧费和利息。折旧费可以按照折旧的年限,用定额法进行计算,利息的计算取物流资产金额年利的 10%。

企业物流成本的具体构成如图 9-1 所示。按物流支付形态划分物流成本是为了满足物流成本核算的需要,按功能和流程对物流成本进行分类的目的在于加强对物流成本的控制,因为物流实务中不同的物流功能、不同的物流流程是由不同的物流主体来执行,这种分类有助于明确各主体的成本责任。对供应链中的核心企业来说,由于它承担着整个供应链物流的组织和控制职能,因此供应链物流成本也是其责任成本之一。所以,核心企业的物流成本可以分为三个层次,即物流功能成本、物流流程成本、供应链物流成本,它们分别由企业的不同物流责任中心来承担。

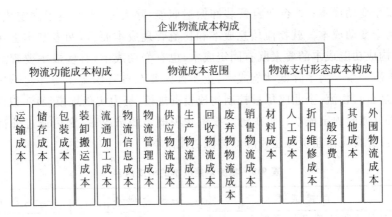

图 9-1　企业物流成本分类

9.2.2　第三方物流成本项目的生成机理

对物流成本分类的目的是便于对物流成本的管理和控制，由于各层次物流成本所涵盖的范围不同，其构成内容和发生机理也随之各不相同。

1. 物流功能成本的生成机理

第三方物流企业的物流可分为运输、库存、包装、装卸搬运、流通加工、物流信息和物流管理等功能活动，各功能成本的构成内容各不相同，因而与产品生产过程中的材料成本和人工成本相比，物流功能成本具有更为复杂的生成机理。表 9-2 界定了六项功能成本中能够用货币可靠计量的有关要素。从表 9-2 可以看出，功能成本基本上都包括直接成本、机会成本和风险成本等三类，但构成各功能成本的具体内容不尽相同，驱动各项成本要素的动因也各不相同。对运输成本而言，如果企业将运输职能全部外包，企业承担的运输成本包括对外支付的运费、外包运输的风险成本和货物的资金占用成本；而如果企业自营运输职能，则需承担人工费、折旧费、车船税、保险费、事故预防成本等固定成本，以及与运输量相关的燃料费、过路费、运输设备闲置的机会成本、发生交通事故的风险成本等变动成本。货物的资金占用成本与运输时间、货物占用的资金量等因素相关。就库存成本来说，如果企业外包仓储职能，库存成本包括对外支付的仓储费、货物的资金占用成本、与货物有关的风险成本；而如果企业自营仓储职能，则除了货物的资金占用成本、与货物有关的风险成本外，还包括仓储的人工、水电、折旧、维修等固定成本，以及仓储设施闲置的机会成本。缺货成本与货物的资金占用成本、货物的风险成本等都属于变动成本，但它们之间是此消彼长的关系。就包装成本而言，包装一般发生于生产和销售环节，除包装的人工、折旧等属于固定成本外，其他成本要素属于变动成本，包装不足的风险成本与过度包装的机会成本呈反向关系。就装卸搬运成本而言，若企业将装卸搬运职能外包，则装卸搬运成本属于变动成本;若企业自营装卸搬运职能,除人工、折旧属于固定成本外,其他成本要素属于变动成本。就物流信息成本和物流管理成本而言,两者基本上属于固定成本。可见,构成功能成本的要素既有固定成本,也有变动成本,有些成本要素之间还是此消彼长的矛盾关系。为了降低功能成本,企业首先要在自营物流还是外包物流之间做出决策,如果是自营物流,企业应尽量控制物流投资规模,努力实现规模经济,以降低单位物流作业量所分摊的固定成本;而在物流投资规模既定的情况下,则可通过外销剩余物流能力、减少自身物流作业量等途径降低物流功能成本。

表 9-2 物流功能成本的构成内容

功能成本	直接成本	机会成本	风险成本
运输成本	外付运费、人工成本、燃料成本、过路费、运输工具折旧和修理成本、车船税、保险费	运输工具闲置损失、回程空载损失、货物的资金占用成本	事故预防成本,事故发生后人员、货物、设施损失
库存成本	外付仓储费、人工成本、水电成本、仓储设施折旧和维修成本、货物保险成本	仓储设备闲置损失、货物的资金占用成本	货物报废、毁损、丢失、贬值损失、缺货成本
包装成本	人工成本、包装设备折旧和维修成本、包装材料成本、包装标志标识的印制和粘贴成本	过度包装导致的运输和仓储增量成本	包装不当导致的货物损坏,标志标识不清导致错货的损失
装卸搬运成本	外付装卸搬运费、人工成本、燃料和动力成本、装卸搬运设备折旧和维修成本	装卸搬运设备闲置损失、货物的资金占用成本	装卸搬运不当导致的货物损毁损失
物流信息成本	人工成本、物流信息设备折旧和维修成本、软件使用成本、通信成本		
物流管理成本	人工成本、管理设备折旧和维修成本、水电成本		

2. 物流流程成本的生成机理

一项物流任务往往需要经过装卸搬运、运输、库存等物流作业才能完成,一系列相互关联的物流作业构成了物流流程。物流流程成本是流程内各物流作业的成本的总和。由于功能成本之间存在背反性,所以物流流程成本不是各功能成本的简单叠加,而是它们的有机组合。物流流程成本控制的目标不是一项或几项功能成本最低,而是整个流程成本总额最低。显然,从物流流程角度进行成本控制能够克服单项功能成本控制中顾此失彼的弊端,取得更全面的成本控制效果。流程成本控制的基本途径在于优化物流流程,即通过集成物流功能降低物流作业总量、以高效物流作业代替低效物流作业等方式实现物流流程成本的最低化。

3. 供应链物流成本的生成机理

电子商务时代，商品交易所必不可少的信息流、商流、资金流等都能通过网络快速、廉价地实现转移，唯有物流不仅速度慢而且代价高。这不仅说明物流是阻碍商品交易的瓶颈，也说明企业之间物流合作的空间巨大。供应链物流是指连接上下游企业的物流流程，它是跨越企业边界的更大范围的物流流程，供应链物流成本则是这种跨企业物流流程的成本。影响供应链物流成本的因素，除了构成该流程的各项功能成本之外，最主要的就是企业之间的交易成本。按照制度经济学的原理，基于不同产权基础的各企业在物流合作过程中不可避免地存在相关信息的收集成本、合作利益分割的谈判成本、合作风险的预防成本等交易成本。这些成本是影响企业之间进行物流合作的关键因素：如果交易成本太高，不能抵消物流合作所带来的成本节约，则供应链物流无法实现优化；反之，供应链物流能得到优化，供应链物流总成本才得以降低。因此，供应链物流成本控制，一方面能在更大范围内优化物流流程，取得更好的成本控制效果；另一方面，需要协调好各方的利益，保护参与方物流合作的积极性。

当今企业之间的竞争越来越激烈，物流成本控制成为企业获取竞争优势的重要领域，建立行之有效的物流成本控制系统具有非常重要的理论价值和现实意义。首先，物流成本是会计研究物流成本控制问题的基础性概念，除了财务会计范围内的成本要素之外，还应该将机会成本、风险成本、时间成本，甚至环境成本等成本要素纳入到物流成本概念之中，以体现其影响因素众多、与外界联系广泛的特点，更好地为企业的预测和决策服务。其次，对物流成本进行分类是物流成本控制的前提，也是物流成本核算的前提。根据物流成本责任范围的大小将物流成本划分为物流功能成本、物流流程成本和供应链物流成本等三个层次，该划分为物流成本控制的研究奠定了基础。第三，不同层次的物流成本具有不同的生成机理，各项物流功能成本主要受物流投资规模所产生的固定成本和物流业务量所导致的变动成本等因素的影响；物流流程成本不是其下各项功能成本的简单之和，而是它们综合作用的结果；供应链物流成本既受各项功能成本的影响，也受企业之间交易成本的影响。因此，在控制物流成本时，既要通过夯实物流作业基础降低各项物流功能成本，更需要通过优化物流流程降低流程成本，通过协调供应链关系降低供应链物流成本。

9.3 第三方物流企业的成本核算方法

随着市场对第三方物流的需求日益增加，第三方物流企业不仅可获得更广阔的发展空间，同时也必须面对更激烈的竞争环境。客户在选择物流企业时，价格已成为首要的考虑因素。因此，第三方物流企业要想在竞争环境中保持长久的优势必须强化物流成本管理，而强化管理的关键在于实现物流成本的准确核算。物流成本核算的前提是选择适合企业需要的成本核算方法,目前关于物流成本核算的方法很多,这里只简单介绍任务成本法、作业成本法、M-A模型法、时间驱动作业成本法以及基于作业与时间相结合的物流成本核算法等五种方法。

9.3.1 任务成本法

任务成本的概念建立在 Christopher 最早提出的"物流任务方法"的基础上。此前,企业对物流成本进行测算主要采用物流总成本计算法,没有考虑物流系统各环节的具体运作过程。马丁·克里斯托(Martin Christopher)在1971年首先提出了任务成本的思想,试图将总成本的方法应用到物流成本管理中去计划项目预算系统(planning program budgeting system,PPBS)是该时期提出的一个新概念。它改变了传统的横向的以部门为单位的成本和收入结构,代之以纵向的以功能为单位的成本结构。作为对PPBS的一个思维拓展,任务成本法应运而生。

Barrett 建立了一个框架体系来进行任务成本的实际应用,他认为这个框架体系的目标是给企业提供一个物流过程的分析工具。物流系统内包含着多个相互关联的物流系统,它们间相互作用可以提供不同水平的客户服务并获得收入。任务成本方既能从总成本角度来强调物流系统内各个子系统之间的相关性,又能从系统的角度来提供对应于不同客户服务水平所得收入的成本信息。任务成本的优势在于对物流成本的追踪是以任务为单位而不是以各个部门为单位。这就是说任务成本最关心的是整个物流系统的输出,并确定与这些输出相关的成本。Christopher 在1998年将"任务"定义为在特定产品市场环境下物流系统所要达到的一系列客户服务目标,任务可以是客户类型、细分市场和分销渠道等。一个任务本质上跨越了传统的业务职能部门。

9.3.2 作业成本法

1. 作业成本法的起源

作业成本法(activity-based costing),又译为作业成本计算法,简称ABC,它是将间接成本更准确地分配到作业、产品、客户、服务以及其他成本计算对象的一种成本计算方法,体现的是一种精细化和多元化的成本计算和管理思想。ABC法源于科勒(Kohler)的作业会计思想。科勒教授在1952年编著的《会计师词典》中,首次提出了作业、作业账户、作业会计等概念。科勒的作业会计思想,主要来自于对20世纪30年代的水力发电活动的思考。在水力发电生产过程中,直接人工和直接材料成本都很低廉,而间接费用所占的比重相对很高,这就从根本上冲击了传统的会计成本核算方法——按照工时比例分配间接费用的方法。其原因是,传统的成本计算方法预先假定了一个前提,即:直接成本在总成本中所占的比重很高。其后,斯托布斯(G. T. Staubus)发展了ABC理论。斯托布斯是另一位早期研究作业成本法的学者,他分别在1954年的《收益的会计概念》、1971年的《作业成本计算和投入产出会计》和1988年的《服务与决策的作业成本计算——决策有用框架中的成本会计》等著作中提出了一系列的作业成本观念。

2. 作业成本法的基本原理

作业成本法理论认为，企业提供产品或劳务的过程是由一系列作业构成的，每完成一项作业要消耗一定的资源，这些作业是资源（人、财、物、信息）耗费的原因。作业成本计算法把资源的消耗和作业联系起来，进而把作业和产品或劳务联系起来，反映了资源消耗与成本对象之间的因果关系，体现了成本形成的动态过程。作业成本法的基本思想是：产品消耗作业，作业消耗资源。作业成本法通过对作业进行动态的追踪反映，计量各作业和成本对象的成本，评价作业业绩和企业资源的利用情况。其理论基础是：生产导致作业的发生，作业消耗资源并导致成本的发生，产品消耗作业。因此，作业成本法下成本计算程序就是把各种资源库成本分配给各作业，再将各作业成本库的成本分配给最终产品或劳务。在作业成本法下，企业各种活动作业消耗企业资源，而企业的产品则消耗各种活动作业。

具体来说，作业成本法的基本原理主要就是指资源被作业所耗用，而作业又被产品所耗用这个理念，即先把作业看成是成本计算对象，将作业所涉及的各种资源与产生的费用支出进行有效的计算与计量处理，从而获得作业各个环节的成本情况，了解企业物流盈利能力与成本之间的相互关系，明确企业的成本并最终形成产品的成本。详细的内容表现如图9-2所示。

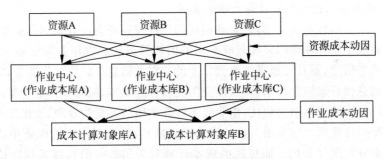

图9-2 作业成本法的基本原理

3. 作业成本法的核算程序

作业成本法核算就是指依据作业成本法的原理进行核算，即按照资源动因给各个不同的物流作业分配各种资源成本，然后按照作业动因给产成品分配各个不同作业中心的成本的过程。具体步骤如下：

(1) 确认资源费用的组成。企业物流活动的资源费用主要有以下几种：固定资产费用（如车辆、仓库及设备的折旧）、直接材料、直接人工、间接费用（如车辆保险费、机器的租赁费)、生产维持成本(如订单负责人员工资等)及用于企业正常运作的其他成本(如财务费用、管理费用等)。

(2) 确认作业,建立作业中心。作业主要是指为了达到某个既定的目的,在一个组织内部消耗资源的过程。作业贯穿产品的整个过程,在这个过程中,可以把每个环节、每个程序都看作是一种作业。企业应分析物流操作流程,以确认每个作业的进程和各个作业之间活动的运行过程,对性质或者工序相同的作业进行合理整合,建立作业中心。

(3) 选择成本动因,明确成本动因系数。①选择成本动因。成本动因是指引起成本发生的要素,通常用作业过程中消耗的资源量来衡量。②明确成本动因系数。成本动因系数里面包含资源动因系数和作业动因系数。资源动因系数是作业消耗资源的比率;同理,作业动因系数是成本核算对象消耗作业的比率。

(4) 把成本归集到作业中心。就是把所有作业中心的资源耗费加到一起,这样就形成作业中心的作业成本库。因此,可知作业总成本就是各作业消耗的资源总费用之和与资源动因系数的乘积。

(5) 把作业中心的成本分配到成本核算对象(产品)上。根据作业动因系数,进行成本动因率的计算,完成后把作业中心成本分配到产成品上。成本动因率=作业中心成本/各作业动因系数之和。

(6) 计算各项物流作业的总成本。物流作业的总成本包括了某项物流作业消耗的直接人工、直接材料费用和作业中心分配到产品的间接费用。

4. 作业成本法与传统成本计算方法的差异

作业成本法是以作业为基础,把企业消耗的资源按资源动因分配到作业中,以及把作业收集的作业成本按作业动因分配到成本对象的核算方法。以作业为中心,不仅能提供相对准确的成本信息,而且还能提供改善作业的非财务信息。以作业为纽带,能把成本信息和非财务信息很好地结合起来,即以作业为基础分配成本,同时以作业为基础进行成本分析和管理。与传统成本制度相比,作业成本计算采用的是更为合理、更接近产品真实成本的方法分配间接费用。它采用多种标准分配间接费用,是对不同的作业中心采用不同的作业动因来分配间接费用。而传统的成本计算只采用单一的标准进行制造费用的分配,而这单一的标准往往是企业根据以往的经验或者同行业的经验而确定的,因而无法正确反映不同产品生产中不同技术因素对费用发生的不同影响。作业成本法将直接费用和间接费用都视为产品消耗作业所付出的代价同等对待。对直接费用的确认和分配,与传统成本计算方法并无差别;对间接费用的分配则依据作业成本动因,采用多样化的分配标准,从而使成本的可归属性大大提高。因此,从制造费用的分配准确性来说,作业成本法计算的成本信息比较客观、真实、准确。从成本管理的角度讲,作业成本管理把着眼点放在成本发生的前因后果上,通过对所有作业活动进行跟踪动态反映,可以更好地发挥决策、计划和控制作用,以促进作业管理的不断提高。

5. 作业成本法的优点

1) 能更加准确地反映企业成本信息状况

传统的成本核算方法只能提供产品最终的成本信息,计算相对较为笼统,当成本中制造费用所占的比例较大时,成本信息会存在较大的偏差。作业成本法以企业生产的全过程为基础,在一定程度上拓宽了企业的成本计算范围,不仅能为企业提供准确的成本信息,还提供了对成本控制与相关决策有价值的资料。同时,作业成本法对企业的各项经济活动进行追踪反映,可为企业提供更加全面的成本信息。

2) 帮助企业进行合理的资源配置,提高产品竞争力

在运用作业成本法的过程中,资源的消耗和生产的流程都能得到很好的体现,这样有助于优化作业链与价值链,确定最佳的产品种类与数量的组合。作业成本法的实施有助于企业消除浪费现象,从而合理地配置资源,创造更多的价值。同时,作业成本法的施行,在一定的程度上满足了企业应对市场竞争的需要,使其在合理配置有限资源的同时,不断改进工艺与价值链的构成,提高自身的市场竞争力。

3) 有效改善企业的战略决策

作业成本法的实施使得企业不再将成本简单地划分为固定成本与变动成本,而是以作业为依据,并对价值链进行动态分析,真实地反映成本信息,这样有助于企业进行更好的成本控制与决策,制定更加适合的发展战略,以满足客户、市场及各方面的需求,灵活应对市场变化,使企业得以更好地发展。

4) 便于企业绩效考核

作业成本法的实施,使企业能有更合理的成本分配基础,这样有助于企业区分责任,减少在成本方面的主观性。作业成本法以各项作业为责任控制中心,使得成本的各项分配更加精细,便于企业在成本方面的管理控制。通过各层面的成本信息,明确企业的增值作业与非增值作业、高效作业与低效作业,评价企业各作业中心与其相关人员的责任履行情况。

5) 可满足当今社会的经济需求

随着当今资本国际化进程的加快和信息化迅猛发展,市场需要多样化以及个性化的商品生产,同样生产过程的信息化与复杂化也是不可改变的事实。作业成本法以作业为成本分配对象,对各项制造费用进行合理的分配,为企业提供准确的成本信息,通过分析作业,不断改进作业方式,合理配置资源,实现低成本的发展目标。

9.3.3 M-A 模型法

该方法是把任务成本与作业成本方法结合在一起进行物流成本测算,任务成本理论能够提供一个全面的物流成本管理框架,而作业成本(ABC)提供评定和测算这些作业和相关成本的具体工具,两者的结合产生理想的效果。在物流成本管理中将作业成本和任

务成本相结合研究是更富有成效的。任务成本法和作业成本法的逻辑思路是一致的,都是以过程为导向,用成本来追溯特定的活动或任务成本。M-A 模型法将任务成本法与作业成本法结合在一起进行物流成本核算,建立物流成本核算 M-A 模型,界定了物流成本的涵盖范围,明确了物流成本数据的信息来源,描述了 M-A 模型的理论框架,把物流成本的测算过程分为两个阶段:根据任务成本法确定成本目标,再由作业成本法分析物流活动及相关资源,并对企业物流活动中各个成本要素向各个环节的分配途径做出了清楚、直观的描述。但未能对模型进行实证分析或仿真,在描述成本涵盖范围时没有针对不同的企业进行分类处理。另外,该方法也没能考虑时间成本及一般管理费用的分配等。

9.3.4 时间驱动作业成本法

时间驱动作业成本法(time-driven activity-based costing,TDABC)通常可定义为:通过使用包含多个动因的时间方程,全面反映企业复杂交易过程的一种简捷的成本核算方法。其核算程序简洁,省去了 ABC 中分配资源费用至作业的步骤,通过测定单位作业耗时将确定资源动因和作业动因的过程融合在一起,直接将资源成本分配给成本对象。TDABC 的创新之处在于作业时间的确定,根据特定事件的特点估算作业耗时。TDABC 不像 ABC 那样一个作业只设一个作业动因,而是以时间作为成本动因来度量耗费的资源。同时,TDABC 在没有增加作业数量的基础上,可通过多个时间动因来模拟任何复杂作业。TDABC 的一个重要因素为时间方程,布鲁格曼指出了描述执行一个作业或者向一位客户提供服务等所耗费时间的等式,即为时间方程。该时间方程可描述为

$$T = \beta_0 + \beta_1 X_1 + \beta_2 X_2 + \beta_3 X_3 + \cdots + \beta_p X_p$$

式中,T——单位作业消耗时间;

β_0——作业所耗费的固定时间;

$\beta_1, \cdots, \beta_p$——时间动因的耗时;

$X_1, \cdots, X_p$——时间动因;

p——时间动因的数量。

根据 TDABC 的基本概念,Kaplan 和 Anderson 将 TDABC 的核算模型描述为

$$C_0 = \sum_{j=1}^{m} \frac{C}{t\alpha} T_j N_j$$

式中,C——部门所耗费资源的总成本;

m——某部门作业项数;

t——部门总工作时间;

α——工作时间有效利用率;

T_j——j 作业的单位作业耗时,可用时间方程表示;

N_j——j 作业的数量。

9.3.5 基于作业与时间相结合的物流成本核算法

基于作业和时间相结合的企业物流成本核算法将企业物流总成本分为作业成本和时间成本,作业成本是消耗有形资源的成本,如包装、装卸、仓储、运输、流通加工等;时间成本则是占用时间资源而引发的成本,主要是作业之间的衔接、系统规划的合理性、信息的顺畅度等造成的物流流程流转时间的变化,从而引起资金利息、贬值、过时等与时间相关联的成本。与其他物流成本核算方法不同,该方法是从整个物流活动的角度核算物流成本,注重流程之间的衔接,提高运作效率。同时该方法特别引进时间维度;物流流程时间的长短,不仅影响物流自身的效率,更影响到物流成本的大小。

9.4 第三方物流企业成本的控制

第三方物流的发展是生产企业为了应对经济全球化的环境和日益激烈的市场竞争的产物。切实有效地降低物流成本的措施与途径是削减物流冰山效应,提高企业竞争力的动力源泉。

9.4.1 第三方物流企业成本控制的超循环理论与实践

1. 超循环理论的起源

超循环理论(hyper cycle theory)是德国科学家曼弗雷德·艾根于1971年创立的一种关于生命起源的自组织理论,它是从生物进化演变机理中研究得出的具有一定普遍适应性的生物进化理论。该理论认为在化学进化与生物进化之间必然有一个分子自组织阶段,完成从非生命向生命物质转化的质的飞跃。在该阶段,只有通过复合超循环形式才有可能产生蛋白质和核酸的相互合作,促使生命信息的起源和进化。

超循环理论认为,物质之间的相互作用、因果转化构成循环。一般而言,按照从低级到高级的顺序,循环可分为反应循环、催化循环和超循环三种形式。超循环就是由多个反应循环相互结合构成的复杂反应循环。在超循环组织中,每个复制单元既能指导自己的复制,又对下一个中间物的产生提供催化支持。超循环能使组织的结合更加紧密,组织和结构具有更大的丰富性和多样性,使系统能量得以会聚,并被系统多次利用、充分利用,提高体系的非线性特征,促使系统进化。对于企业系统来说,无论是内部的生产经营活动,还是本身为适应社会环境而进行的组织、结构变化都是一种超循环进化行为。

2. 基于作业成本法的超循环控制宏观实践

影响成本控制的主要因素有资金、价格和技术。成本控制是一项复杂的工程,其中有各种各样的要素,并且相互之间有各种联系。管理者需要更加清楚地理解这几方面因素与成本控制之间是如何相互影响的。当外部环境不稳定时,资金因素、定价因素、技术因素会对成本控制产生相应的影响。

第三方物流企业成本控制是由企业追求更大的利润空间目的所推动,并借助于资金、价格和技术等因素的支持。外部环境是推动成本控制发展的一个重要因素,当外部环境不稳定时,企业能否动态地适应外界环境的变化是反映其成本控制学习能力的重要指标。资金状况能够决定成本控制的质量和数量。定价策略是成本控制的推动力,能促进成本控制的快速和健康发展,创造出适宜和积极发展的企业氛围,提供良好的软环境。在成本控制中,企业决策者起了非常重要的甚至是决定性的作用。同时,学习制度的建设和完善对于企业成本控制的发展也非常重要。

3. 基于作业成本法的超循环控制微观实践

物流企业成本控制的客体包括作业、服务和合约,相应的成本控制可以分为单个作业成本控制、单项服务成本控制与合约成本控制三个层次,其中物流企业与客户签订的一份合约中包含了多项物流服务,而一项物流服务又包含了多个物流作业。合约成本控制和作业成本控制之间的关系归结以下几个方面:一是合约成本控制是通过作业成本控制来实现的;二是合约成本控制不是作业成本控制的简单加和,有益于企业成本降低或核心竞争力发展的作业成本控制才算是合约成本控制的一部分;三是合约成本控制是超越作业成本控制的,有作业成本控制所不能及的内容和影响;四是从一定程度上看,合约成本控制和作业成本控制是相互影响、相互制约的;五是合约成本控制比作业成本控制的过程更复杂。

作业成本的横向控制主要包括制定作业成本控制标准、计算实际作业成本及差异、作业成本控制绩效评价等步骤。第三方物流企业可以利用作业成本差异计算所提供的成本信息,寻找改善作业和业务流程的机会,促进企业整体价值链的优化,进而不断提高企业的市场竞争力优势。作业成本的纵向控制实质上是物流过程的优化管理。物流过程是一个创造时间性和空间性价值的经济活动过程,因此必须保证物流作业各个环节的合理化和物流整个过程的迅速与通畅。作业成本的纵向控制主要包括物流作业分析、分析重点物流作业、物流作业链重构、优化作业等步骤。

两种控制方式的结合正是作业成本控制的反应循环模型,此种结合不仅存在于作业成本控制,同时也存在于服务以及合约成本控制中,是整个成本控制的主要手段。由于超循环是一个各部分之间的相互作用、因果转化构成的循环,因此宏观模型表示的是超循环模型作为一个整体与外界的能量交换,而微观模型表示的是一个具体的循环模板,既是反应循环也是催化循环,各部分之间相互作用,这种模式能够弥补作业成本法的两个重要的不足。首先,作业成本法没有直接表示出资源要素之间的相互关系,即投入和产出之间的相互关系。而超循环中各种循环的相似性以及迭代性使其能够逐步将资源细分至每项作业,并根据其学习能力进行最优的资源配置并最终反映在产出中。其次,作业成本法没有直接反映资源库之间的相互关系。超循环模型的一个主要原理即是各部分之间的相互作用,这其中自然也包含了资源库,并且由于第三方物流企业的特点,其资源库相对于一般生产企业要少,更容易反映出它们之间的关系。同时,由于物流各个环节存在的效益背反特性,超循环模型也可以根据其自身的学习功能进行逐步寻优,最终实现最优的资源配置。

小资料 9.1

根据中国物流联合会提供的统计资料显示,目前,我国工业制成品的物流成本已占到总成本的50%以上;而蔬菜、水果等农副产品的物流成本更是占到了销售价格的60%以上。2008—2012年,我国社会物流总费用的复合增长率达到了24.77%,远高于同期GDP的增加水平。2012年,物流总费用为9.4万亿元,占GDP的比重约为18%;而在欧美等西方国家,这一比率仅为10%左右。20世纪90年代以来,现代第三方物流作为一个新兴的产业形态,得到了高速发展和广泛运用。根据美国田纳西州立大学的一份研究报告,美国大多数企业在采用第三方物流模式之后,作业成本可降低62%。而目前在我国,企业采用第三方物流服务以后,成本也只能降低28%,这与我国第三方物流企业的发展现状和成本控制水平是密切相关的。由此可见,加大第三方物流企业的成本控制,是提升第三方物流企业核心竞争力的关键。

(资料来源:张旺峰.第三方物流企业成本控制问题研究.财政监督,2014年第35期)

9.4.2 第三方物流企业成本控制的途径

由于实际物流情况的复杂性和多变性,降低物流成本的方法、策略和措施多种多样。常用的降低第三方物流企业成本的途径有如下几种。

1. 优化与重构第三方物流企业的作业链

物流作业成本控制是根据作业成本核算系统所提供的信息,通过成本差异分析和绩效评价等手段,提高增值作业的效率,最大程度地消除非增值作业,优化作业链。从控制方式上看,又可分为横向控制和纵向控制。横向控制中最重要的一环就是进行控制绩效的评价,它是第三方物流企业不断完善和提高成本管理水平的关键。作业成本纵向控制的过程实质上就是对通过对物流作业的价值分析,优化与重构整个物流作业链的过程。

从价值创造的角度来看,物流作业还分为增值作业与非增值作业。增值作业是指能增加客户价值的作业,如运输作业、配送作业等;非增值作业是指不能增加客户价值的作业,如存储、搬运、装卸等作业。对于不同类型的作业可以分别采取不同的方式来降低成本,例如,减少增值作业所耗用的时间和资源,改进或消除非增值作业,实现多种作业之间的资源共享等。从本质上讲,非增值作业是对资源的一种浪费,要消除非增值作业,最根本的方法是重构或优化整条物流作业链。

作业链重构是一种顶层设计行为,需要对各项作业之间的相互关系进行全面的梳理、分析,从而设计出最优的路径和方案。它是对物流成本的一种事前控制,并从根本上决定着整条物流作业链的成本和效率,因而是整个成本控制系统的关键与核心。第三方物流企业的作业成本控制流程如图 9-3 所示。作业链重构需要详细进行物流作业的分析,在保证企业正常运营的情况下最大程度上消除非增值物流作业,从而间接提升增值作业的效率;通过技术革新或者人才引进和建立行之有效的绩效模型,以减少具体物流作业环节中的资源耗费;提高物流企业的信息化标准,最大程度上实现物流作业的共享,使物流企业的作业成本从企业制度层面上开始降低;合理利用作业成本法对成本计算所得结果,依照具体的、详细的量化分析来制定物流企业的资源使用计划。

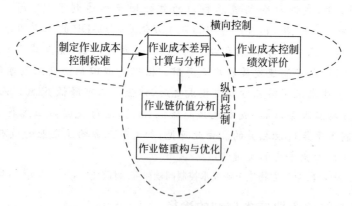

图 9-3 第三方物流企业作业成本控制流程

2. 建立物流成本核算体系

建立物流成本核算管理体系的目的就是为了准确计算企业物流成本。第一,建立统一的物流成本核算标准,明确物流成本核算范围,包括物流活动成本的组成。第二,设立专用的物流会计科目。增添物流成本总账,其下分设客户服务成本、运输成本、仓储成本、库存持有成本及其他物流成本等明细账,进行独立的归集及核算,提高物流成本核算的准确性。第三,采用正确的物流成本核算方法。例如,依照作业成本计算法,物流成本分为直接费用和间接费用。对于直接费用,可设计专门的物流成本计算单,分配特定产品或服务的人工费用、材料费用以及折旧费用等;对于间接费用,则可以采用作业成本法,依据物流系统中填写的各项作业的成本分配来计算其间接费用。作业成本核算法的分配如图 9-4 所示。最后,掌握单笔成本数据。确认成本项目之后,需要准确地掌握单笔成本数据。只有确定了详细的单项成本数据,才可以将其用于成本的分析计算。如果物流成本项目划分得很清晰、准确,不应该与其他成本有交叉或者是相互包含。成本项目一旦确定,就可以根据成本项目的实际消耗来确定成本。

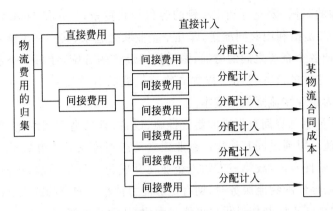

图 9-4 第三方物流企业成本 ABC 分配

3. 建立和完善第三方物流企业信息化系统

大数据时代,数据挖掘和信息高效沟通已经成为提升企业核心竞争力的重要一环。结合目前最为科学的信息化管理系统来对企业进行信息化管理,实现对企业成本的有效管控,能够有效增强物流企业对于企业信息的整体管理水平,使得物流企业各个环节之间的信息传递更加快速、及时、有效、准确,使企业内部的各种信息资源能够实现共享。先进的物流管理信息系统的应用在很大程度上就是对企业的成本运作进行有效的监控,对于发生成本风险的因素进行有效的参数监测和预警,并根据经常发生的问题制定出有针对性的成本控制方案。

第三方物流企业信息化可以从以下几个方面着手:一是企业应该大力建设区域物流公共信息平台,并且构建物流信息网络,实现物流信息的有效传递和共享;二是企业应该开发、完善物流信息管理系统,以及进行系统运作的后续维修工作;三是企业应该定期地进行信息化评估,检查企业信息化是否达到预期目标,及时发现并解决信息化建设中出现的问题,保证第三方物流信息化的顺利进行。第三方物流企业信息化不但可提高企业的服务水平,降低运营成本,而且企业之间通过网络传递信息,可缩短传递时间,信息处理可以自动完成,大幅度缩短供需双方的业务处理时间,缩短订货周期,减少库存;同时,也可减少订货周期中的不确定性,企业之间可进行合理的运输安排,降低物流总成本。

4. 通过合作协同与联盟,形成规模经济

我国物流业一直面临着"一快一高"的发展现状,物流行业发展迅速,但其整体成本偏高的现状是物流企业面临的巨大挑战。市场环境急剧变化及竞争的日益加剧要求企业反应更加迅速,决策效率低下的企业会由于复杂的决策过程延误甚至丧失机会。因此,第三方物流企业之间可以采取合并策略,降低物流成本。合并策略一是指方法上的合并,即企

业安排车辆运输的时候,要充分利用车辆的容积与载重量,尽量做到满载,让每一辆车都能够物尽其用;二是指利用共同配送,即几个企业联合起来,共同利用整套的物流设施配送物品,相互协调各个企业之间的时间,做好物流设施的分配,让每个企业都能从这种合并策略中受益。这样的合并策略可以提高物流设施的有效使用率,避免了资源的浪费;相对来说,也就为企业物流降低了成本。

第三方物流企业自身拥有先进的物流设施、设备,具备高度系统化、集成化和信息化的管理体系,它还可以通过同其他物流企业建立动态物流联盟等方式进一步扩展自身的物流硬件资源和软件资源,故第三方物流企业在开展包括订货采购、运输、储存、包装、流通加工、配送等综合性的物流服务时,拥有足够能力把在不同产品或服务的整个生产加工与供应过程中的相同工序制作过程尽可能最大化,从而获取范围经济效益。

我国物流企业现阶段的特点是企业的规模较小,但是数量较多,是典型的原子型市场结构,整体实力都较差,缺乏市场竞争力。为了解决这个问题,一些较大型的物流企业应该利用自己的优势资源对较小的物流企业进行整合,这不仅能够使得物流企业的综合能力增强,实现优势互补,还能在一定程度上实现整个物流企业成本的降低。

本章小结

本章主要介绍了第三方物流企业物流成本的内涵、特点、成本构成、成本核算与成本控制等内容,并强调加强物流成本管理对提升企业竞争力的重要作用。首先分析了第三方物流企业的成本的特点、构成及产生的机理,并介绍了一些物流成本的核算方法;然后介绍了第三方物流企业成本控制的超循环理论与实践问题;最后提出了成本控制的途径,给出第三方物流企业降低物流成本的一些具体建议。

基本概念

第三方物流企业的物流成本;任务成本法;作业成本法;M-A 模型法;时间驱动作业成本法;基于作业和时间相结合的企业物流成本核算法;超循环理论;物流作业成本控制

复习思考

1. 第三方物流企业成本核算的方法有哪些?
2. 简述作业成本法的基本原理。
3. 第三方物流企业为什么要对物流成本构成进行划分?
4. 第三方物流企业进行成本控制的途径有哪些?

案例分析

天水物流公司 TDABC 物流成本核算体系

1. 天水物流公司简况

天水物流公司是成立于 2005 年的一家典型的第三方物流企业，从事的业务范围包括干线运输、货物仓储、区域配送等服务。公司坐落于河北省唐山市曹妃甸经济开发区，在天津及秦皇岛开设办事处。公司拥有员工 50 人，货车 5 辆，叉车、传送带、堆高机等装卸设备共 10 部，1000 平方米的仓库 2 个，同时公司租用仓库 3 个。天水物流公司拥有高素质的专业员工、迅捷的信息网络和完善的管理制度，在几年的拼搏中积累了丰富的物流服务经验，实现了为客户提供高效、周到的一体化服务。目前，天水物流公司完成了甲、乙两家客户委托的物流服务。甲客户企业是一家外地罐头厂，其物流服务合同中规定产品生产完工后由罐头厂运至天水物流公司仓库，由后者提供仓储服务并为超市和便利店配送产品。乙客户企业是一家皮鞋厂，其物流服务合同中规定皮鞋生产完工后由皮鞋厂运送至天水物流公司仓库，由后者提供仓储服务并向市内专卖店完成配送。

2. TDABC 的适用性分析

天水物流公司约在两年前开始采用 ABC 进行物流成本的核算。但应用过程中遇到了以下问题：一是 ABC 核算模型的构建和维护通常基于访谈和问卷的形式，需要反复向员工调查和收集大量的数据信息，企业要承担高昂的成本和投入大量的时间。所以，ABC 核算模型创建之后，企业很少对其进行维护和更新，导致作业动因失效及产品、客户成本核算不准确等事件不断出现。二是为适应公司个性化生产的要求，ABC 核算模型不得不随时变换模型中作业项目的数量，存储和处理数据的能力要求则相应呈非线性增长，从而进一步加剧了模型的复杂程度。公司不得已采用"假设处理所有类型的订单及业务时所需要耗费的资源（时间）都一样"的处理方式，为每项作业只设定一个作业动因，这种将问题简化的主观性处理方式，很难反映出业务类型对物流成本差异的影响。三是 ABC 核算模型需要通过访谈和调查了解员工在各项物流作业上的时间耗费，但几乎没有员工记录他们的闲暇时间，员工所报告的作业时间之和多是 100%，这意味着成本动因均需假设资源是满负荷运转，但事实上这种情况很少见。因此，ABC 核算模型无法反映企业资源的利用情况，不能为管理决策提供有效指导。

针对以上问题，天水物流公司管理层迫切希望采用一种先进科学的成本核算方法对物流成本进行管理，以达到明确掌握每一个物流服务合同的物流成本、为客户运输方式选择提供决策依据的目的。公司决定采用 TDABC 主要出于以下几方面考虑：第一，TDABC 以时间作为主要成本动因，模型建立过程简单，通过事先将资源成本直接分配到成本对象，省略了 ABC 中将资源成本分配到作业这一步骤。面对物流企业内外多变的物流运作环境，TDABC 能够更容易地更新模式以适应变化，当部门增加了若干项物流作业时，公司管理层不需要与员工重新做面谈调查，只需要对新增作业的每单位作业耗时做出估测即可。第二，TDABC 通过时间方程能够更精确地计算出每项物流作业的耗时，揭示不同合同中订单的类型和作业的特点是如何影响物流作业的时间，从而进一步影响物流成本数据的。第三，在采用 TDABC 核算物流成本时，以资源的实际产能为基础计算产能成本率。科学地计算实际产能的方法是用理论产能减去员工休息或机器停工的实际工作时间。

　　TDABC 除了具有以上方法本身的优势以外，更能为企业管理水平的提高做出重要贡献。这主要体现在：其一，TDABC 揭示了实际产能的利用情况及闲置产能成本，可以帮助第三方物流企业明确其闲置产能，为企业重新进行资源的优化配置提供管理依据。物流产业是高度竞争且客户需求不断变化和升级的产品，为满足客户的不同需求，企业往往需要不断地对现有资源进行重新整理来提高竞争力，TDABC 的使用有助于在这一过程中监督资源的配置效率，降低企业的生产和管理成本。其二，天水物流公司经过分析认为，采用 TDABC 有助于提高企业生产和管理的标准化水平。TDABC 将作业成本法中的资源动因和作业动因进行整合，用时间作为统一的度量工具计算成本动因率，直接把资源成本分配给成本对象，完全跳过了复杂且易错的将资源成本分配到作业的第一阶段。而作业成本法是通过问卷调查的方法确定各项活动的耗时，采用时间比例进行资源成本至作业的分配，其核算过程具有很大主观性。其三，TDABC 相对传统方法更能适应不断变化的市场环境和作业流程，提高企业生产和管理的柔性。当面对复杂的运营环境时，采用 ABC 的企业不得不将业务流程的各个变化都作为一项特定的作业来处理，即将一项复杂的作业分解成多个简单的子作业进行处理，这样就导致了处理作业数量庞大、操作困难等问题。而 TDABC 通过时间方程展示出某一作业所包含的所有可能子作业，同时为每个子作业设置一个时间动因；同时这些子作业随着订单或客户的特点而变化。因此，TDABC 通过确定时间方程中可能的子作业形成不同的操作方法，这种灵活性是面对复杂运营环境的必要条件。

　　3. TDABC 物流成本核算体系设计

　　首先，明确物流成本核算要素。物流成本核算要素可理解为物流成本核算对象、物流成本核算期间或物流成本核算范围。由于物流服务合同是一种具有明确性和可辨认性的特殊产品，因此能够代替无形的物流服务作为天水物流公司的物流成本核算对象；天水物流公司采用公历月份作为物流成本核算期间，如果运营周期长于会计期间的物流服务合同，则依照建筑施工行业的做法采用完工百分比来确定当期的物流成本；对于物流成本核算范围的确定，天水物流公司严格划分物流成本与其他费用的界限。结合案例背景的分析，公司将物流成本核算对象定义为公司同甲、乙企业签订的物流服务合同；物流成本核算期间为 2011 年 6 月（整个会计期间的一个月内）；物流成本核算范围为物流服务合同所耗费的营运间接费用。

其次，确定物流部门子作业。天水物流公司履行物流服务合同涉及三个物流部门，即订单处理部门、仓储部门、运输部门，完成甲、乙物流服务合同这三个物流部门执行的子作业。

(资料来源：刘海潮.第三方物流企业 TDABC 物流成本核算体系.管理案例研究与评论.王磊，2012-06)

结合案例分析问题：
1. 天水物流公司选择 TDABC 方法进行成本核算的原因是什么？
2. 基于 TDABC 方法说明天水物流公司成本核算的过程及其效果。

第三方物流与供应链管理

 学习要点

1. 掌握供应链、供应链管理的定义;
2. 理解工商企业将其供应链管理交给第三方物流供应商运作的原因;
3. 掌握供应链物流管理系统设计的策略及步骤;
4. 理解第三方物流企业实施供应链管理的途径。

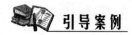 引导案例

协诺利用第三方物流解决供应链难题

供应链是一个由原材料供应商、制造商、分销商、零售商等在内的多方商家共同构成的供应网络,这个网络有效地结合了供应、制造、分销、配送、运输等服务。据美国供应链顾问委员会的分析资料表明,在供应链管理中订货管理和物流管理分别占供应链管理成本的40%和30%,这意味着在订货和物流环节仍存在很大的节约空间。协诺物流(深圳)有限公司通过与客户共同构建一体化的供应链,向客户提供全面的供应链管理服务,使客户将精力集中于核心竞争力上,而其他的事则交给协诺公司代为处理。

协诺公司通过第三方提供的供应链管理服务,给供应链带来的效率主要表现在以下几个方面:保证货物的及时抵达,如协诺公司的服务保证货物从配送中心经过通关最后到供货商指定的仓库或客户手中只要一天时间;加速资金流转,从供货商的客户收货到供货商货款到账只需5天左右;货物从供货商到客户手中的整个流程在短时间内完成,大大缩短了采购提前期。

通过高效供应链服务,使制造商和供应商得到了明显的好处。对厂商来说,实现人民币现金采购,大幅度降低了流动资金占用及运作成本,保证了高价值元器件的及时供应,使厂商对物料的采购期从数月缩短为一周左右。加快供应链网络的信息流动,使信息数据具有实用性和可靠性。例如,供货商通过信息平台可以查寻具体价格、订单处理情况、

交货情况以及付款情况等，有效规避了因预测误差、市场波动、国际市场供应形势异常变化等原因带来的采购风险。

（资料来源：物流天下，http://www.56885.net/news/2007316/15712.html，2007-3-16）

结合案例分析：

1. 什么是供应链？
2. 客户为什么要将物流业务外包给协诺？
3. 协诺物流作为一个第三方物流公司，给供应链带来了哪些好处？
4. 物流外包给协诺后，对制造商和供应商有什么好处？

10.1 第三方物流与供应链管理概述

10.1.1 供应链和供应链管理的概念

英国著名的供应链专家 Martin Christopher 曾经说过，"21 世纪的竞争不是企业和企业之间的竞争，而是供应链与供应链之间的竞争"，"市场上将只有供应链而没有企业"。从这些话中，我们可以看出供应链对于企业来说是很重要的，任何一个企业只有从供应链管理的角度来考虑企业的整个生产经营活动，才有可能取得竞争的主动权，进一步提升企业竞争力。同样，第三方物流企业也应该从供应链管理的角度来考虑问题，这样才能在竞争中取胜。

1. 供应链的概念

复杂的社会系统是由众多相互关联的子系统构成，其中由供应商、制造商、经销商和用户构成的系统，完成物质从原料、产品到商品的转化功能。事实上，社会系统中已经存在着一个由供应商到用户的供应链。

早期的观点认为，供应链仅仅是制造企业中的一个内部过程，它是指将采购的原材料和零部件通过生产的转换和销售，传递到用户的一个过程，即把供应链概念局限于企业内部操作，只注重企业的自身利益目标。后来企业为了适应飞速发展的社会和激烈竞争的环境，逐渐注意到了企业经营的外部环境和与本企业相关的供应者、销售者甚至用户，并开始与之建立起相互协作的战略伙伴关系。在这一过程中，总是有一个企业充当发起者，成为供应链中的核心。因此可以说，供应链是围绕着核心企业建立起来的，核心企业与供应商、供应商与供应商，乃至一切前向企业的关系，以及核心企业与用户、用户的用户及一切后向企业的关系，所形成的链网结构。链网中每个节点都是独立的个体，通过对信息流、物流、资金流的控制，从采购原材料开始，制成中间产品以及最终产品，最后由销售网络把产品送到消费者手中，将供应商、制造商、分销商、零售商直到最终用户连成一个整体的功能网链结构模式（如图 10-1 所示）。

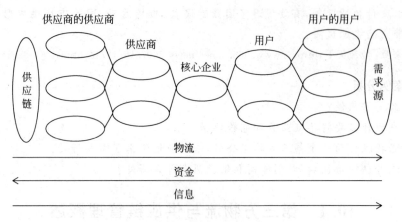

图 10-1　供应链的网链结构模式

2. 供应链管理

供应链管理实际上是一种新的管理思想。它强调核心企业与上下游企业建立战略合作伙伴关系,委托这些企业完成一部分业务工作,自己集中精力和各种资源通过技术程序重新设计,做好本企业能创造特殊价值的、长期控制的、比竞争对手更擅长的关键性业务工作。这样可以极大地提高企业的竞争力和经济效益。基于这一思想,供应链管理应当是围绕着核心企业,供应链中其他企业与核心企业共同合作并参与共同管理的一种模式。核心企业要把供应链作为一个不可分割的整体,打破存在于采购、生产、分销和销售之间的障碍,做到供应链的统一和协调。供应链管理主要涉及四个主要领域:供应(supply)、生产计划(schedule plan)、物流(logistics)和需求(demand)。内容主要包括:供应链的组织结构设计,包括供应商、制造商、经销商、用户的选择、信息网络的设计、协调管理与控制,需求预测、计划与管理,生产计划、生产作业计划和跟踪控制、库存管理,供应商、采购管理与制造管理,分销(渠道)管理,用户管理与服务物流管理,资金流管理,信息流管理等。

供应链管理是以同步化、集成化生产计划为指导,以各种技术为支持,尤其以互联网/局域网为依托,围绕供应、生产作业、物流(主要指制造过程)、客户需求来实施的。供应链管理主要包括计划、合作、控制从供应商到用户的物料(零部件和成品等)和信息。供应链管理的目标在于提高用户服务水平和降低总的交易成本,并且寻求两个目标之间的平衡。

3. 供应链管理与物流管理的关系

供应链管理与物流管理既有联系又有区别。供应链管理的核心是供应链的物流管理,物流贯穿于整个供应链,它连接供应链的各个企业,是企业间相互合作的纽带。从生产性企业来讲,供应链管理包含了物流管理,物流管理只是其中的货物移动、存储的管理。从理论上看,供应链管理是包含了供应商、生产商、销售商、物流商在内的所有经济活动,而物流管理只是货物运输和存储,与货物物理距离上移动有关的经济活动。供应链的范围更为广泛,它涵盖了物流、资金流、信息流,物流管理只是供应链管理的一个环节。供应链管理包含了供应商与销售商在内的整个经济链条的管理,甚至包括生产计划的制定与匹配。供应链管理比物流管理涉及的内容更复杂、范围更广、层次更高。

从第三方物流企业来看,所有的业务都是物流管理,供应链管理只是其中的一个物流项目,这个项目包含了从头到尾的整个物流服务,既是一个适合客户生产和销售的整个物流解决方案,也包含很多增值服务。第三方物流贯穿整个供应链,连接供应链中的各个节点企业,是企业间相互合作的纽带,第三方物流企业也与供应链中企业的命运息息相关。

10.1.2 基于供应链的第三方物流管理概述

1. 第三方物流在供应链中的重要作用

由于供应链涵盖了从原料供应商到最终消费者的整个过程,它是一个非常复杂和庞大的网络。随着全球化步伐的迈进,在客户需求个性化、多样化的变化趋势加剧,以及产品生命周期缩短的背景下,尽管企业不断改进流程管理,打造核心竞争力,实现快速响应,但是,理论和实践都证明,要维持企业的核心竞争力,不可能也不必要完成整条价值链的全部流程。第三方物流的出现正是制造商基于这样的认识,将其核心竞争力集中于制造、研发和市场,而将自身全部或者部分的采购物流、生产物流和销售物流交给专业的物流提供商管理,旨在降低成本、提高效率,以更快的速度响应客户需求。从欧美国家发展第三方物流的经验来看,第三方物流有利于企业发展自己的核心竞争力,以便获取更多的投资回报率,也有利于企业供应链成本的降低,所以第三方物流又被称为"第三方供应链管理"。由此可以看出,第三方物流在供应链中担当着重要角色,因此,第三方物流在供应链管理过程中起着十分重要的作用,具体表现如下:

1) 有利于降低整个供应链的物流成本

由于第三方物流企业拥有专业化经营的优势,可以实现物流业务规模经营,从而减少了供应链节点企业自营物流需要投入的大量投资和员工薪酬的支出,解放了仓库和车队方面的资金占用,加速了资金周转。同时,第三方物流企业可通过与客户企业共享的信息资源,实现联合调运,打破各个供应商、各个客户群之间的界限,可以大大提高运输效率并减少运输费用,从而减少整个供应链物流运营的成本。

2) 有利于改进供应链节点企业的服务水平,提升企业形象

引入第三方物流后使企业能够快速地响应顾客的需求,加快订单处理,缩短从订货到交货的时间,提高顾客的满意度。产品的售后服务、送货上门、退货处理、废品回收等也可以由第三方物流企业完成,保证企业为顾客提供稳定可靠的高水平服务,树立自己的品牌形象。

3) 有利于提高供应链节点企业的竞争力

随着外部市场环境的变化，企业的生产经营活动已变得越来越复杂，企业内部的物流系统有可能无法满足其所有的物流服务需求，在许多情况下，它们的顾客所需要的物流服务往往要求具有特别的专业知识和技能。工商企业通过利用第三方物流，除核心业务活动之外可以不参与其他物流活动，能集中资源和精力用于核心活动，更好地发挥企业的优势和核心竞争力。

4) 有利于帮助供应链节点企业降低风险

工商企业自营物流要面临投资的风险和存货的风险，如果使用第三方物流，那么企业既可以避免盲目投资，又可将资金用于更适当的用途，从而规避投资风险。另一方面，为了及时对顾客订货做出反应，防止缺货和快速交货，企业必须提高库存量，存货不仅占用了企业大量资金还有贬值的风险。第三方物流企业的专业化配送加快了存货的流动速度，减少了企业的库存量，从而减少企业的库存风险。

5) 有利于提高供应链企业的资本运作效率

随着外部市场环境的变化，企业所面临的将是客户需求和购买行为的全新变化，企业之间的竞争将更加激烈。引入第三方物流后使企业能够贯彻准时(JIT)和有效的客户响应(ECR)要求，加快订单处理，缩短从订货到交货的时间，提高顾客的满意度。同时还可以通过集中进货、集中库存、集中分拣配货以及加工，将多批次、小批量的产品定时、定点、定路线地送到用户手中，减少了物流环节，降低了库存，有效地防止了资金占压，从而提高了供应链企业的运作效率和经济效益，保证企业为顾客提供稳定、可靠的高水平服务。

6) 有利于供应链上的企业开拓新市场

随着供应链全球化的发展，成功的第三方物流公司也将走向全球化，拓展国外业务显得越来越重要，因为它们的客户正在持续开发国外市场的销售和采购渠道。目前许多第三方物流企业，尤其是经营跨国业务的第三方物流企业在国内外都有良好的运输和分销网络，希望拓展国际市场或其他地区市场以寻求发展的供应链的企业可以借助物流网络进入新的市场，而不用再投入大量的资本。

2. 利用供应链思想提升第三方物流服务水平

第三方物流对供应链的发展起着至关重要的作用，而利用供应链的思想可以提升第三方物流服务水平，从而更好地为供应链服务。供应链管理的思想精华就是追求效率和整个系统的有效性。供应链管理不仅在降低成本方面卓有成效，而且对客户需求能够快速响应。如今，客户对整条供应链的期望指标是反应速度、成本、质量和柔性的综合能力，这也就是第三方物流需求者所要求的第三方物流服务标准。利用供应链的思想提升第三方物流服务水平有以下两种途径：

1) 明确客户服务导向

只有第三方物流企业提供的服务对客户是有价值的，客户才会把业务交给它们，才会与它们保持长期的合作关系。目前的市场是客户驱动的市场,起作用的是客户与企业交流过程中感知的价值,客户感知的价值是客户购买这家企业而不是那家企业产品或服务的根本原因。因此,在目前物流服务市场上,出现了一种矛盾的现象:一方面,许多物流企业拿不到订单,这里有物流企业服务理念和服务水平的问题,也有客户本身理念的问题,尽管物流不是它们的核心竞争力,也不愿意将其外包;另一方面,有着先进理念的物流用户却找不到理想的物流企业,因为它们需要物流企业提供一体化的解决物流服务的方案,提供快速、优质的物流服务,而我们的许多物流企业做不到。

2)发展合作联盟

供应链管理需要集成物流提供商,但和制造企业集中核心能力一样,第三方物流企业不可能完全利用自有资源实现所有物流功能,它也需要采用业务外包或虚拟经营方式,即联合外部组织利用现代技术和经济关系提供客户所需的全部或部分物流服务的运作模式。第三方物流供应商可以通过购并和战略联盟,与其他经营者结成物流联盟,采取长期联合与合作的方针,从整体最优的系统观点出发,为整条供应链提供一站式的服务,内容包括物流战略、物流系统规划设计、物流运营管理等。从长期的发展来看,第三方物流经营者只有以高水平的集成物流服务和供应链资源整合能力,才能够巩固第三方物流的地位,只拥有资源而不具有整合能力的经营者只可能成为资源整合的对象。

3. 建立以第三方物流企业为核心的供应链管理模式的必要性

当供应链中某一成员的节点企业在整个供应链中占据主导地位,对其他成员具有很强的辐射能力和吸引能力时,通常称该企业为核心企业或主导企业。在供应链管理中,核心企业必须成为在动态保持合作机制中起主导作用的力量。供应链核心企业是供应链的链主,是供应链的物流中心、信息中心和资金周转中心,在供应链竞争中,核心企业承担供应链组织者和管理者的职能。建立以第三方物流企业为核心的供应链管理模式,与现有的供应链管理模式相比,其最大的优势在于第三方物流企业的服务特性以及它作为供应链组织者的优势。这种组织者的优势一方面是基于信息的高度共享,以第三方物流为核心的供应链管理模式的信息系统覆盖整个供应链,这样便于清楚地观察整个供应链的各个环节的物流、资金流和信息流,也就能更好地协调整个供应链,进而降低供应链成本,缩短各个环节的延迟时间,并消除信息扭曲的放大效应;另一方面,由于第三方物流企业在信息整合和信息技术运用上拥有相当的优势,因此第三方物流企业应重视这种整合基础,并将供应链透明化,使供应链各成员信息在供应链中公开。第三方物流企业在供应链管理中的优势地位表现如下:

1)第三方物流企业服务个性化特征

第三方物流企业可以根据不同物流消费者在业务流程、产品特征、顾客需求特征方面的不同要求,提供针对性强的个性化物流服务和增值服务,这种作用就决定了其在供应链中的关键性地位。

2) 第三方物流企业具有供应链成本管理优势

第三方物流企业借助其物流计划、适时运送手段,及通过共同配送和减少或消除返程空车率等措施来享受规模经济和距离经济等带来的成本优势,并最大限度减少库存,从而在供应链各企业中建立起成本优势。

3) 第三方物流企业具有信息系统管理优势

供应链的核心必然承担供应链集成的职能,要承担集成职能则必须借助于各种先进的信息技术和手段。而通过从第三方物流企业的信息系统获取信息,可以极大地降低供应商、制造商、零售商在物流系统建设中的投入。

4) 第三方物流企业具有作为供应链组织者的优势

当第三方物流参与到供应链中后,供应链上的各节点企业就能把时间和精力放在自己的核心业务上,从而提高了供应链管理的效率。第三方物流是供应链中的纽带,它将整个供应链中的其他企业看作是自己的合作伙伴及顾客。当第三方物流成为供应链的组织者时,供应链的运动发生改变,各供应链节点企业可直接与第三方物流进行信息交换,由第三方物流完成信息流、资金流和物流的传递。这样第三方物流将在供应链中起主要作用。

10.2 供应链物流管理特点与系统设计

目前供应链物流管理包括以供应链核心产品或者核心业务为中心两种物流管理模式。前者主要是指以核心产品的制造、分销和原材料供应为体系而组织起来的供应链的物流管理,例如,汽车制造、分销和原材料的供应链物流管理,就是以汽车产品为中心的物流管理体系。后者主要是指以核心物流业务为体系而组织起来的供应链的物流管理,例如,第三方物流、配送、仓储、运输等物流业务的供应链物流管理。这两类供应链的物流管理模式既有相同点,又有区别。

10.2.1 供应链物流管理的特点

对供应链中一切活动的优化要以整体最优为目标,供应链物流管理区别于一般物流管理的特点有:

(1) 供应链物流是一种系统物流,而且是一种大系统物流。这个系统涉及供应链这个大系统的各个企业,而且这些企业是不同类型、不同层次的企业,有上游的原材料供应企业,下游的分销企业和核心企业等。这些企业既互相区别,又互相联系,共同构成一个供应链系统。这个大系统物流包括企业之间的物流,但是也可能包括企业内部物流,直接和企业生产系统相连。

(2) 供应链物流是以核心企业为核心的物流,是要站在核心企业的立场上,以为核心企业服务的观点来统一组织整个供应链的物流活动,要紧密地配合核心企业运作,满足核心企业的需要。

(3) 供应链物流管理应当在更广泛的范围内进行资源配置,包括充分利用供应链各个企业的各种资源,这样可以实现供应链物流更加优化。

(4) 供应链的企业之间区别于一般企业的特点,就是它们之间是一种相互信任、相互支持、共生共荣、利益相关的紧密伙伴关系。可以在组织物流活动时充分利用这种有利条件,组织更有效的物流活动。

(5) 供应链本身具有信息共享的特点,供应链企业之间通常都建立起计算机信息网络,相互之间进行信息传输,实现销售信息、库存信息等信息资源共享。组织物流活动时可以充分利用这个有利条件,在物流信息化、效率化上有较强的支持作用。

10.2.2 供应链物流管理系统设计

物流管理作为现代供应链管理思想的起源,同时也是供应链管理的一个重要组成部分。供应链是由供应商、制造商、分销商、零售商,以及最终用户组成。那么,到底哪些企业是供应链的成员?其各自在供应链中扮演着什么样的角色?这就是供应链物流管理系统设计需要解决的问题。如果供应链中有第三方物流企业参与,还要为供应链选择合适的第三方物流企业。

1. 供应链物流管理系统设计的原则

为保证设计的供应链能够充分发挥作用,并达到预期甚至更高的目标,在供应链物流管理系统设计中应该遵循以下几条原则。

1) 系统性原则

供应链作为一个由多个企业组成的系统,目标是实现整条供应链的利润最优或者成本最低。只有实现了这个目标,才有可能达到供应链中所有的企业共赢,这样才能充分发挥各个企业的积极性。当然,在供应链物流管理系统设计中,要考虑如何进行成本分摊和利益分配等具体的问题,不能以损害某一方面的利益而增加自己的利益,必须兼顾各个方面的利益。从供应链系统出发采取全程的供应链物流管理模式,可以缩短供应商到客户的"时间距离",缩短从客户需求提出到满足客户需求的响应周期,减少缓冲库存成本,节约物流费用,降低物流成本。所以供应链物流管理系统设计的系统性原则就是从系统优化角度来达到一种集成性的供应链物流管理控制,实现供应链价值增值。

2) 战略性原则

供应链将供应商、制造商、分销商直到最终用户连接成一个整体,达到对彼此间物流业务流程的无缝连接,必须从供应链全局的角度来规划和设计供应链物流管理系统,使供应链的所有环节都向着同一个目标运转,而且必须考虑供应链的长远发展。第三方物流企业可以为企业供应链设计提供咨询,也可以受核心企业的委托为其直接设计供应链或对其供应链进行回顾和研究,为其提出改进的建议。第三方物流企业需从战略角度出发选择合适的供应商伙伴,建立利益共享的战略联盟,使得交易各方通过相互协调合作,实现以低成本向消费者提供更高价值物流服务的目标,在此基础上实现双方的利益最大化。

3) 动态性原则

供应链建成之后不可能一成不变,随着市场环境的变化,以及各节点企业技术、能力、内部组织和其他因素等的变化,供应链上各节点企业需要调整、增加或剔除。例如,随着供应链的运转,某个节点可能比较薄弱或者与供应链上的其他节点的运作不够协调,那么就需要调整这个节点;又如,对于生命周期较短的产品,随着市场和客户需求情况的改变,企业的产品计划可能会经常发生改变,进而导致供应链结构的巨大调整。另外,企业常常不止参与一个供应链,并且在不同的供应链中担当不同的角色,供应链中某个企业角色的变化必然会带来供应链的波动甚至构建上的变化。这些都要求在设计供应链物流管理系统时,具有一定的自适应和自修补能力,能够随着市场环境的变化而自我调整、自我优化。

4) 集优原则

供应链的各个节点的选择应遵循"强-强"联合的原则,每个企业只集中精力致力于各自核心的业务过程,最后供应链中的各个企业联合起来,才能生产出最能满足客户需求的产品。例如,沃尔玛与宝洁公司实行供应商管理库存(VMI)策略,从而提高了供应链的效率,降低了供应链的成本,增加了供应链的利润。第三方物流企业作为专业的物流公司,负责供应链中物流业务的运作,最清楚供应链中物流的运作现状,同时供应链核心企业将物流业务外包给了第三方物流企业,它对供应链中物流情况只有依靠第三方物流企业来提供。所以第三方物流企业能够对供应链中的物流运作绩效做出恰当的评价,并提出改进措施。

5) 协调性原则

供应链业绩的好坏取决于供应链合作伙伴关系是否和谐。不和谐的供应链,必然会给竞争对手以可乘之机,并导致竞争场上的惨败。另外,协调性还包括供应链系统与周围环境之间的协调。处于供应链中游的第三方物流企业应当发挥其物流衔接的功能,在对其物流运作实现信息化操作的基础上,建立可与供应链上下游各节点进行数据交互与传递的数据平台,通过信息技术和信息系统的支持,与供应链上的业务伙伴和下游顾客及时地共享物流供需信息,协调供应链物流管理各个环节,从而整合供应链上的各方物流资源。

6) 创新性原则

用供应链管理思想实施对供应链物流活动的组织、计划、协调与控制。作为一种共生型物流管理模式,供应链物流管理强调供应链成员组织不再孤立地优化自身的物流活动,而是通过协作、协调与协同,提高供应链物流的整体效率。产品在从供应商到最终消费者的过程中肯定存在一个最低成本,而要达到这个最低成本还存在很大的空间。因此,在供应链物流管理系统设计中应具有创新思维，集思广益、大胆开拓和创新，为供应链管理新格局打下基础。

7) 客户中心原则

供应链中第三方物流的基本作业流程为：第三方物流企业接受客户的配送请求后，进行有关的订单审核、分类等处理，并根据订单安排货物进出库，拟订配送计划，力求按照客户需求将货物准确、及时地从市场供应方送达市场需求方。只有让客户满意，供应链才有存在的可能，才能实现供应链的价值最大化。供应链的设计应当自始至终强调以客户为中心的供应链设计理念，包括新产品的开发与设计、原材料的采购以及产品的制造、运送、仓储、销售等不同的活动，以及这些过程中涉及的不同成员。供应链物流管理是从整个供应链的角度出发，寻求供应链物流成本与客户服务之间的均衡。

2. 基于产品的供应链设计的策略

第三方物流企业可以为企业供应链设计提供咨询，也可以受企业的委托为其直接设计供应链提出改进的建议。供应链非常复杂，要对其进行设计和评估并非易事，应考虑供应链的所有环节，尤其要注意各环节连接处的合理性和有效性；供应链的有效性应该以提前期的最小化为标准；供应链的设计应该以最低成本为目的。供应链的设计策略有多种，有基于产品的供应链设计策略、基于成本的供应链设计策略、以信息为中心的供应链设计策略和基于多代理的集成供应链设计思想与方法等，基于产品的供应链设计策略的思想是由费舍尔(Fther)提出的。这种策略指出，供应链设计首先要明白用户对企业产品的需求是什么，产品寿命周期、需求预测、产品多样性、提前期和服务的市场标准等都是影响供应链设计的重要问题。

1) 产品类型

一般来说，产品分为两类：功能性产品和革新性产品。功能性产品是指低边际利润、需求稳定的产品，一般具有较长的生命周期，日常用品属于这一类；革新性产品是指高边际利润、需求不稳定的产品，这种产品的生命周期一般比较短。

2) 基于产品的供应链设计策略

根据供应链的功能模式，可以把供应链分为物理有效性供应链和市场反应性供应链。物理有效性供应链的目标是实现成本最低；市场反应性供应链的目标是尽可能快地对市场需求做出反应。不同的产品适合设计不同的供应链。

从表10-1中可以看出：有效性供应链流程适合于功能性产品，反应性供应链流程适合于革新性产品，产品与设计的供应链的类型必须相匹配，否则就会产生问题。当然，这种匹配是相对的，某些功能性产品在开始的时候可能适合于设计反应性供应链，但是随着时间的推移，产品可能变成了功能性产品，因此，就应该设计有效性供应链。基于产品的供应链设计策略是最主要的一种供应链设计策略；关于其他的供应链设计策略，这里不再一一讨论。

表 10-1　供应链设计与产品类型策略矩阵

类　　型	功能性产品	革新性产品
有效性供应链	匹配	不匹配
反应性供应链	不匹配	匹配

3. 供应链物流管理系统设计的步骤

基于产品的供应链设计的步骤可以归纳于图 10-2 中。

(1) 分析市场竞争环境。分析市场竞争环境就是要分析目前市场上需要什么产品、需求量有多大，哪些产品需要开发供应链、哪些产品不需要开发供应链；需要开发供应链的产品是功能性产品还是革新性产品，从而决定设计什么类型的供应链。如果开发功能性产品，则要进行竞争对手分析，包括了解谁是竞争对手，对手的实力如何，对手能做什么、正在做什么和将要做什么，以及本产品未来可能的市场占有率等；如果开发革新性产品，则要注重分析客户需求偏好。

(2) 总结、分析企业现状。主要分析企业供需管理的现状，分析、找到、总结企业产品管理存在的问题。如果企业已经参与供应链管理，则分析供应链的现状。着重于研究供应链开发的方向，以及影响供应链设计的阻力等因素。如果对一个企业来说，它加入某个供应链比不加入该供应链更糟糕，或者加入另一条供应链比在现有供应链中能够获得更大的收益，那么，该供应链的现状是令人不满意的。

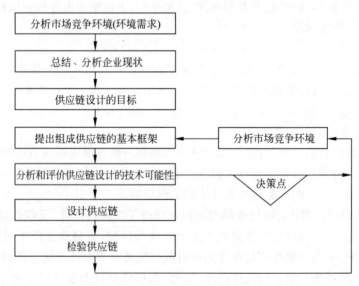

图 10-2　供应链设计的步骤模型图

(3) 根据基于产品的供应链设计策略提出供应链设计的目标。供应链设计好了之后，应该有一定时期的稳定性，在这个时期内，应该有一个预期目标。供应链的主要目标有进入新市场、开发新产品、降低成本、提高市场占有率等。各供应链成员都应该向着自己的预期目标而制定策略、方针和计划等。

(4) 分析供应链的组成，提出组成供应链的基本框架。供应链由供应商、制造商、分销商和零售商等多个企业组成，还要有第三方物流企业的参与，而且一条供应链可能有多个供应商、多个制造商等。那么，该供应链中应该选哪个或哪几个企业作为供应商、制造商、分销商或者零售商，选择哪家第三方物流企业为本供应链上的企业实施专业化的物流服务？选择的标准是什么？对此，应根据一定的评价体系，选择组成供应链的所有企业。

(5) 分析和评价供应链设计的技术可能性。在可行性分析的基础上，结合本企业的实际情况为开发供应链提出技术选择建议和支持。如果认为方案可行，则可进行下面的设计；如果不可行，就要重新进行设计。

(6) 设计供应链。包括供应链的成员组成，原材料来源于哪个企业，产成品由哪个企业生产，分销配送任务的实施企业和销售企业分别是哪个或哪些；还包括信息系统和物流系统的设计，等等。

(7) 检验供应链。供应链设计完成以后，应通过一定的方法、技术进行测试检验或试运行；如不行，返回第四步重新进行设计；如果没有什么问题，就可实施供应链管理了。

以上各步骤(包括新旧供应链的比较和决策点)的实施，都会用到相应的信息工具和技术，信息技术的发展为供应链的设计打下了良好的基础。另外，在供应链设计过程中的每一步，都要不断地与现有的供应链进行比较，通过这种反馈，保证供应链设计的先进性、前瞻性和经济性。

10.3 第三方物流企业实施供应链管理的途径

从物流管理发展的历史来观察，其经历了五个阶段：物流功能个别管理阶段，物流功能系统化管理阶段，物流管理领域扩大化阶段，企业内物流一体化管理阶段，供应链物流管理阶段。可见供应链管理是物流管理发展过程中顺应企业管理的需要而产生的一种新的管理模式，是物流管理进入了更高级的阶段，从作业功能的整合到渠道关系的整合，使物流从战术的层次提升到战略高度，是传统物流管理的逻辑延伸。供应链管理能够给企业带来巨大的好处，比如 HP、IBM、DELL 等在供应链管理实践中取得的显著成绩。越来越多的企业包括第三方物流企业开始实施供应链管理。要实现供应链管理，有很多种途径，而且要多种途径结合起来才能取得成功，下面简单介绍几种。

10.3.1 快速反应

1. 快速反应出现的背景

快速反应(QR)是美国纺织与服装行业发展起来的一种供应链管理策略,最初是为了对抗进口商品。20 世纪六七十年代,美国的杂货行业面临着国外进口商品的竞争。80 年代初,美国国产鞋、玩具及家电市场占有率下降到 20%,国外进口服装占据美国市场的 40%。面对这种情况,企业在 70 年代和 80 年代采取的主要对策是寻找法律保护,加大现代化设备投资。但是效果并不是特别好,保护主义措施无法保护美国服装制造业的领先地位。

1985 年以后,为了增强服装行业的竞争力,Kurt Salmon 协会对服装行业的供应链进行了分析,结果发现,尽管系统的各个部分具有高效率,但整个系统的效率却很低。调查进一步发现,服装行业供应链的长度是影响高效运作的主要因素。从原材料到消费者购买,总时间为 66 周,时间周期长、费用大。此外,对需求的预测很不准确,产供销的不匹配造成的经济损失非常大,整个服装供应链系统的总损失每年可达 25 亿美元,其中 2/3 的损失源于服装的降价处理以及商品缺货。该项研究结果导致了 QR 策略的诞生、应用和发展。

日本是继美国之后大力发展 QR 计划的国家之一。在美国实施 QR 计划后,日本一部分产地和自治体也开始热心开展 QR 研究,同时,许多纤维、衣料品工厂和机械厂也努力进行 QR 的应用。

有趣的是,美国和日本实施 QR 的初衷都是对付进口纺织服装的威胁,抑制国内产地的"空洞化"趋势。但实际上并没有达到这一目的。而是随着经济全球化和国际互联网的发展,加之国内高居不下的劳动力成本,加剧了两国纺织服装制造业向发展中国家的转移。

2. QR 的含义

QR 是快速反应(quick response)的缩写,是指物流企业面对多品种、小批量的买方市场,不是储备了"产品",而是准备了各种"要素",在用户提出要求时,能以最快速度抽取"要素",及时"组装",提供所需服务或产品。它的实质是指为了获得基于时间上的竞争优势,必须开发敏感快捷的系统。QR 的目标是对客户的需求做出快速反应。QR 的对象寿命相对较短,如新款式服装。从 QR 的概念可以看出,为了实现快速反应,供应链上从原材料供应商到零售商之间具有交易关系的企业间作为伙伴需要相互信任,并进行充分的信息交流,使畅销商品能及时供应而快速生产、销售给最终的消费者。为了实现这一目标,各阶段的企业有必要开发快速且灵活的生产、物流技术和设备,而且要充分发挥这些技术、设备在交货期和成本方面的效果,使企业之间的信息交换能快速准确地传递以及实现信息交换的标准化。通过快捷的交通运输以及科学的物流事前管理和事中管理来实现快捷的物流。在供应链管理中,快捷的物流是供应链的基本要求,是保证高效的供应链的基础。

3. QR 的实施步骤

QR 的实施分为四个步骤:

(1) 对所有的商品单元条码化,即对消费单元采用 EAN/UPC 条码标识,对商品贸易单元采用 ITF-14 条码,对物流单元采用 UCC/EAN-128 条码;然后利用 EDI 传输订购单文档和发票文档。

(2) 增加内部业务处理功能,采用 EDI 传输更多的文档,如发货通知、收货通知等。

(3) 与贸易伙伴密切合作,采用更高级的策略,如联合补库系统等,以对客户的需求做出迅速的反应。在这个阶段,每个企业必须把自己当成集成供应链系统的一个组成部分,以保证整个供应链的整体效益。

(4) 零售商利用电子支付手段向供货商支付货款,同时零售商只把 ASN 资料与商品销售资料进行比较,就可迅速了解商品库存的信息。

QR 的实现需要有现代化信息处理技术的支持,包括:条码技术、电子订货系统(EOS)、POS 系统、EDI 技术、电子资金转账(EFT)、供应商管理库存(VMI)和连续补货程序(CRP)等。

4. QR 的预期效益

成功实施 QR 策略,所产生的效果将十分明显。以美国为例,服装行业实施 QR 策略后,销售额增加了 30%~50%;商品周转率提高了 30%~90%;消费需求预测误差减少了 50%。实施 QR 系统,之所以能产生这样的效果,其原因如下:

(1) 整个供应链的生产流通周期大大缩短。通过实施 QR 策略,建立起供应链上下游企业之间垂直型的合作机制,最大的效果是压缩了整个供应链的运作时间,一般可以压缩 30%~50%。

(2) 提高了市场需求预测的精度。受气温高低和时尚流行的变化,消费需求本身有很大的不确定性,导致需求预测有很大的不确定性。只有一点可以肯定,距离销售季节开始的时间越近,则会越接近现实的需求,销售商对市场的判断和预测就会相对越精确。由于实施 QR 后,供应链生产流通周期缩短了,所以需求预测误差会大大降低。根据有名的需求预测精度漏斗原理,若供应链生产流通周期为 40 周,则需求预测误差可达 42%左右;如果供应链生产流通周期为 30 周,则需求预测误差可达 18%左右;如果供应链生产流通周期为 20 周,则需求预测误差可达 12%左右。

(3) 增加销售额和提高商品周转率。实施 QR 后,由于能够精确确定销售商品,保证畅销品的品种齐全与连续供应，避免销售机会损失，因而能够扩大和增加销售；由于畅销产品的快速流转，商品适销，加快了商品流转。

10.3.2　有效客户反应

1. 有效客户反应出现的背景

消费者有效反应（efficient consumer response，ECR）是一种新型的商品流通模式，也可直译为有效客户反应。早在 1992 年，ECR 流通模式首创于美国食品与超市行业。由于受新型零售业发展的冲击，为了克服自身业务流程陈旧、物流效率低下和信息流通不畅的现象，由美国食品营销协会成立了一个特别工作小组，负责研究所存在的问题和对策，由 KSA 公司执行具体作业。研究成果以对消费者需求有效反应为目标，提出了行业需要改进的四大领域，即商品导入、连续补货、店铺配置和促销，以及一整套技术方法，这称为 ECR 流通模式。

20 世纪 90 年代以来，ECR 流通模式在欧洲、美国、日本等国家和中国台湾地区得到了广泛的推广，涉及食品、超市、服装行业和一般消费品零售行业。实践证明，实施 ECR 流通模式所能获得的经济效益十分明显。据统计，欧洲推广 ECR 流通模式，直接效益每年节省费用达 270 亿美元，平均零售成本降低了 5%～7%。

2. ECR 的含义及构成要素

有效客户反应是一种观念，不是一种新技术，是在食品杂货分销系统中，以满足客户要求和降低与消除分销商与供应商体系中不必要的成本和费用为原则，能及时做出准确反应，使提供的物品供应或服务流程最佳化的一种供应链管理策略。ECR 以信任和合作为理念，通过引进最新的供应链管理运作和创造消费者价值理念，推广供应链管理新技术与成功的供应链管理经验和零售业的精细化管理技术，协调制定并推广相应的标准，力图在满足消费者需求和优化供应链两个方面同时取得突破。

ECR 的最终目标是建立一个具有高效反应能力和以客户需求为基础的系统，使零售商和供应商以业务伙伴方式合作，提高整个食品杂货供应链的效率，而不是单个环节的效率，从而大大降低整个供应链体系的运作成本、库存和物资储备，同时为客户提供更好的服务。

ECR 概念的提出者认为 ECR 是个活动过程，这个过程主要由贯穿供应链各方的四个核心过程组成。因此，ECR 的战略主要集中在以下四个领域：有效新商品开发与市场投入（efficient new product introductions）、有效促销活动（efficient promotions）、有效店铺空间安排（efficient store assortment）和有效商品补充（efficient replenishment）。它们被称为 ECR 的四大要素，具体内容见表 10-2。

表 10-2　ECR 四大要素的内容

要　素	内　容
有效新商品开发与市场投入	最有效地开发新产品,进行产品的生产计划,以降低成本
有效促销活动	提高仓储、运输、管理和生产效率,减少预先购买、供应商库存及仓储费用,使贸易和促销的整个系统效率最高
有效店铺空间安排	通过第二次包装(如为满足不同的订单需求,将一个运输包装中的产品进行不同的包装,并赋予不同的包装标识)等手段,提高货物的分销效率,使库存和商品空间的使用率最优化
有效商品补充	包括电子数据交换(EDI)以需求为导向的自动连续补充和计算机辅助订货,使补充系统的时间和成本最优化

3. ECR 的实施原则

要实施 ECR,应该遵循以下五个原则:

(1) 以较少的成本,不断致力于向食品杂货供应链客户提供产品性能更优、质量更好、花色品种更多、现货服务更好以及更加便利的服务。

(2) ECR 必须有相关的商业巨头的带动。该商业巨头决心通过互利的经营联盟来代替传统的输赢关系,达到获利之目的。

(3) 必须利用准确、适时的信息以支持有效的市场、生产及物流决策。这些信息将以 EDI 的方式在贸易伙伴间自由流动,在企业内部将通过计算机系统得到最充分、最高效的利用。

(4) 产品必须以最大的增值过程进行流通,以保证在适当的时候可以得到适当的产品。

(5) 必须采用共同、一致的工作业绩考核和奖励机制,它着眼于系统整体的效益(即通过减少开支、降低库存以及更好的资产利用来创造更高的价值),明确地确定可能的收益(例如,增加收入和利润)并且公平地分配这些收益。

4. 实施 ECR 的必要技术手段

ECR 系统要求即时配送(JIT)和顺畅流动(flow-through distribution)。实现这一要求的方法有连续库存补充计划、自动订货、预先发货通知、厂家管理库存、交叉配送、店铺直送等。

(1) 连续库存补充计划(continuous replenishment program,CRP)利用及时准确的 POS 数据确定销售出去的商品数量,根据零售商或批发商的库存信息和预先规定的库存补充程序确定发货补充数量和发送时间。以小批量多频度方式进行连续配送,补充零售店铺的库存,提高库存周转率,缩短交纳周期。

(2) 自动订货(computer assisted ordering,CAO)是基于库存和需要信息利用计算机进行自动订货的系统。

(3) 预先发货通知(advanced shipping notice,ASN)是生产厂家或者批发商在发货时利用电子通信网络提前向零售商传送货物的明细清单。这样零售商事前可以做好货物进货准备工作,同时可以省去货物数据的输入作业,使商品检验作业效率化。

(4) 厂家管理库存(VMI)是生产厂家等上游企业对零售商等下游企业库存进行管理和控制。具体地说,生产厂家基于零售商的销售、库存等信息,判断零售商的库存是否需要补充。如果需要补充的话,自动地向本企业的物流中心发出发货指令,补充零售商的库存。VMI 方法包括了 POS、CAO、ASN 和 CRP 等技术。在采用 VMI 的情况下,虽然零售商的商品库存决策主导权由作为供应商的生产厂家把握,但是,在店铺的空间安排、商品货架布置等店铺空间管理决策方面仍由零售商主导。

(5) 交叉配送(cross-docking)是在零售商的流通中心,把来自各个供应商的货物按发送店铺迅速进行分拣装车,向各个店铺发货。在交叉配送的情况下,流通中心仅是一个具有分拣装运功能的中心,有利于交纳周期的缩短、减少库存、提高库存周转率,从而节约成本。

(6) 店铺直送(direct store delivery,DSD)方式是指商品不经过流通配送中心,直接由生产厂家运送到店铺的运送方式。采用店铺直送方式可以保持商品的新鲜度,减少商品运输破损和缩短交纳时间。

10.3.3 企业资源计划

1. 企业资源计划的发展历程

企业资源计划(enterprise resource planning,ERP)经历了以下几个发展阶段:

(1) 20 世纪 40 年代的库存控制。为解决库存控制的问题,人们提出了订货点法(order point),当时计算机系统还没有出现。

(2) 20 世纪 60 年代的时段式 MRP(time phased material requirements planning)。它也称基本 MRP,随着计算机系统的发展,短时间内对大量数据的复杂运算成为可能,人们为解决订货点法的缺陷,提出了 MRP(物料需求计划)理论。

(3) 20 世纪 70 年代的闭环 MRP(closed loop MRP)。随着人们认识的加深及计算机系统的进一步普及,MRP 的理论范畴也得到了发展,为解决采购、库存、生产、销售的管理,发展了生产能力需求计划、车间作业计划以及采购作业计划理论。

(4) 20 世纪 80 年代发展起来的 MRPⅡ。随着计算机网络技术的发展,企业内部信息得到充分共享,MRP 的各子系统也得到了统一,形成了一个集采购、库存、生产、销售、财务、工程技术等为一体的子系统,发展了 MRPⅡ理论。

(5) 20 世纪 90 年代演进为 ERP 系统。随着市场竞争的进一步加剧,企业竞争空间与范围的进一步扩大,80 年代的 MRPⅡ主要面向企业内部资源全面计划管理的思想逐步发展为 90 年代怎样有效利用和管理整体资源的管理思想,ERP 随之产生。

2. ERP 的功能模块

ERP 是将企业所有资源进行集成管理,简单地说是将企业的三大流——物流、资金流和信息流进行全面一体化管理的管理信息系统。它的功能模块不同于以往的 MRP 或 MRPII 的模块,它不仅可用于生产企业的管理,而且在许多其他类型的企业如一些非生产、公益事业单位也可导入 ERP 系统进行资源计划和管理。

由于不同的 ERP 软件系统的设计思路和方法不同,所以各个 ERP 软件系统的功能模块的功能有所不同,但基本原理是相同的。一般说来,ERP 软件系统包括以下功能模块：预测、订单管理、销售分析、采购管理、仓库管理、库存控制、资产维护、运输管理、主生产计划(MPS)、产品数据管理(PDM)、物料需求计划(MRP)、能力需求计划(CRP)、分销需求计划(DRP)、车间控制(SFC)、质量管理、产品配置管理、流程作业管理、重复制造、总账(GL)、应收账(AR)、应付账(AP)、现金、管理成本、多币制、人力资源管理等。随着新的管理思想的不断出现及信息技术发展水平的提高,必然带来 ERP 软件系统管理内容的扩展,功能模块的增多。但从基本原理的角度上看,ERP 软件系统应基本包括基础数据管理、生产计划、生产管理、供销管理、财务与成本管理五方面的内容。

3. ERP 的效益

ERP 所能带来的巨大效益确实对很多企业具有相当大的诱惑力。据美国生产与库存控制学会(APICS)统计,使用一个 ERP 系统,平均可以为企业带来如下经济效益：

(1) 库存下降 30%～50%。这是人们说得最多的效益,因为它可使一般用户的库存投资减少到原来的 $\frac{1}{14} \sim \frac{1}{15}$,库存周转率提高 50%。

(2) 延期交货减少 80%。当库存减少并稳定的时候,用户服务的水平提高了,使用 ERP/MRP II 企业的准时交货率平均提高 55%,误期率平均降低 35%,这就使销售部门的信誉大大提高了。

(3) 采购提前期缩短 50%。采购人员有了及时准确的生产计划信息,就能集中精力进行价值分析、货源选择、研究谈判策略,了解生产问题,缩短采购时间和节省采购费用。

(4) 停工待料减少 8%。由于零件需求的透明度提高,计划的改进,能够做到及时与准确,零件也能以更合理的速度准时到达,因此,生产线上的停工待料现象将会大大减少。

(5) 制造成本降低 12%。由于库存费用下降、劳动力的节约、采购费用节省等一系列人、财、物的效应,必然会引起生产成本的降低。

(6) 管理水平提高,管理人员减少 10%,生产能力提高 10%～15%。

10.3.4 共同配送

共同配送是一种战略运作层次上的共享,也称集中协作配送。它是指为提高物流效率,对某一地区的用户进行配送时,由许多个配送企业联合在一起进行的配送。它是在配送中心的统一计划、统一调度下展开的。

1. 共同配送的运作形式

共同配送的实质是相同或不同类型的企业联合,其目的在于相互调剂使用各自的仓储运输设施,最大限度地提高配送设施的使用效率。共同配送的运作,是在配送中心的统一计划、统一调度下展开的。主要有两种运作形式:

(1) 由一个配送企业对多家用户进行配送。即由一个配送企业综合某一地区内多个用户的要求,统筹安排配送时间、次数、路线和货物数量,全面进行配送。

(2) 仅在送货环节上将多家用户待运送的货物混载于同一辆车上,然后按照用户的要求分别将货物运送到各个接货点,或者运到多家用户联合设立的配送货物接收点上。这种配送有利于节省运力和提高运输车辆的货物满载率。

2. 采用共同配送的原因

共同配送可以降低物流成本,提高物流效率,提高物流服务水平;能够减少配送成本,使参与各方的企业获益,使整个社会获得明显的经济效益。表现在以下方面:

(1) 从货主的角度来看,共同配送可以降低配送成本。由于共同配送是多个货主企业共享一个第三方物流服务企业的设施和设备,由多个货主共同分担配送成本,从而降低了成本。另外,由多个不同货主的零散运输通过整合可以变成成本更低的整车运输,从而使得运输费用大幅度降低。共同配送还可以降低每个货主的日常费用支出,降低新产品上市时的初始投资的风险。

(2) 从第三方物流服务商的角度来看,共同配送同样可以降低他们的成本,从而间接地为其客户带来费用的节省。世界著名的第三方物流企业 Exel 的副总裁托马斯认为:他们之所以能够降低自己的成本,是因为将人工、设备和设施费用分摊到了很多共享的客户身上。这些零散客户共享所带来的生意就像大客户所带来的生意量一样大,使得第三方物流企业可以发挥物流的规模效益,从而节约成本,这些成本的节约又反过来可以使物流企业实施更加优惠的低价政策。

共同配送是一种集约化的配送模式,在整个供应链系统中,上游企业、下游用户和配送经营者之间不再是一种单纯的竞争关系,配送方案设计者要充分考虑上下游企业的利益,才能保持共同配送的长期进行和合理运作,其制胜点在于基于长期合作关系的企业之间的相互合作和信任,是一种利益共享、风险共担的模式。因此,企业要更好地实现共同配送,就应努力实现在供应链体系中建立新型合作伙伴关系。

本章小结

无论是物流行业领域还是制造企业领域,人们对第三方物流与供应链之间的关系理解依然存在着比较严重的误区。通过本章的学习能深刻地理解二者之间的关系,并明确第三方物流企业应如何利用供应链思想管理物流业务,从而提高第三方物流企业的服务水平。本章首先介绍了物流管理与供应链管理的基本理论；其次在此基础上，分析了供应链物流管理系统设计的原则、策略和步骤；最后对第三方物流企业实施供应链管理系统的实现途径做了探讨。

基本概念

供应链；供应链管理；QR；ECR；ERP；共同配送

复习思考

1. 简述第三方物流在供应链中的重要作用。
2. 简述基于产品的供应链设计策略。
3. 简述供应链物流管理的特点。
4. 说明建立以第三方物流企业为核心的供应链管理模式的必要性。
5. 供应链物流管理系统构建的原则是什么？有哪些步骤？
6. 简述 QR 的实施步骤。
7. 简述 ECR 的四大要素及内容。
8. 说明 ERP 的发展历程及 ERP 的主要功能模块。
9. 共同配送有哪两种运作形式？

案例分析

通用与福特：全球业务外包与供应链扩展

1. 通用汽车公司：运输业务外包

通用汽车公司通过采用业务外包策略，把零部件的运输和物流业务外包给理斯维物流公司。理斯维公司负责通用汽车公司的零部件到 31 个北美组装厂的运输工作，通用汽车公司则集中力量于核心业务上，即轿车和卡车制造。通用汽车与理斯维公司的这种外包合作关系始于 1991 年，为通用公司节约了大约 10％的运输成本，缩短了 18％的运输时间，裁减了一些不必要的物流职能部门，减少了整条供应链上的库存，并在供应链运作中保持了高效的反应能力。

理斯维在 Cleverland 设有一个分销中心，处理交叉复杂的运输路线，通过利用电子技术排列它与各通用汽车公司的北美工厂的路线，这样可以动态地跟踪装运情况，并且根据实际需求实现 JIT 的运输配送方式。理斯维的卫星系统可以保证运输路线组合的柔性化。如果一个供应商的装运落后于计划，理斯维可以迅速地调整运输路线的组合。理斯维采用的"精细可视路线"技术保证了通用汽车公司的生产线上的低库存水平。

2. 福特汽车公司：配置全球资源的策略

福特汽车公司目前大约有60%的成本用在采购原材料和零部件上。在福特汽车公司的全球资源配置中，它主要在加拿大、日本、墨西哥、德国、巴西和其他一些国家进行原材料和零部件的采购。福特汽车公司的全球范围的采购已经有很长的历史了，从20世纪70年代开始，福特公司着重于评价全球范围内的供应商，以获得一流的质量、最低的成本和最先进的技术提供者。最近几年，福特汽车公司致力于将这种策略扩展成为集成化的采购战略，它的目标是建立一个适于全球制造的汽车生产环境，零部件的设计、制造、采购以及组装都是在全球范围内进行的。为此，福特汽车公司建立了一个"日报交货"系统应用于它的17个分厂。该系统可以反映各厂每天生产原材料大致的需求量。

尽管福特汽车公司不要求它位于世界各地的供应商在美国开设仓库，但是能否从当地仓库实现JIT供货仍然是福特汽车公司评价选择供应商的关键标准。这也是全球资源配置成功与否以及效率高低的关键所在。福特汽车公司与供应商保持紧密合作，并在适当的时候为供应商提供一定的技术培训，这与不同地区以及公司的不同需求有关。一般而言，发达地区的供应商需要的技术支持比不发达地区供应商的少。不少国外供应商都与福特汽车公司在工程、合作设计等方面保持着良好的合作关系，因此，对于很多关键部件，福特汽车公司都有当地供应商相关职员提供的有力技术支持。与全球供应商之间的技术交流困难也因此而得到缓和。

福特汽车公司要求其供应商在生产计划变化的时候能迅速反应。对于大多数零部件的供应商而言，国际供应商比国内供应商更缺乏柔性。福特汽车公司最近也尽量保证生产计划的稳定性，短期计划调整的频率也比以前更低。

企业与供应商之间联系时，企业是用户；而企业与用户之间联系时，企业则处于供应商的地位，从而在与上下游企业之间的合作中形成扩展企业。在实际供应链运作中，扩展企业处于供应商与用户组成的网络链中，而不仅仅是线性的价值链中，这可以从供应链的模型中直观地看出。从概念上来说，扩展企业在大小和复杂程度上不存在技术上的限制。扩展企业之间的激励和自我约束机制可以解决和处理各类复杂的问题。软件工具的开发也为扩展企业的运行提供了有力支持。

如果一个企业与扩展企业建立了按扩展企业模式运作的合作协议，虽然企业受到合同中有关条款的约束，但并不影响它与不在此供应链中的其他企业之间的合作。

（资料来源：程一飞.供应链管理[M].人民交通出版社,2005-08）

结合案例分析问题：
1. 通用汽车与理斯维公司之间是什么关系？
2. 福特汽车公司在供应链管理中是如何配置全球资源的？
3. 通用汽车公司与福特汽车公司供应链物流管理的特点有何不同？
4. 说说汽车物流供应链应该如何设计。

参 考 文 献

[1] 刘浩华,李振福.物流战略管理[M].北京:中国物资出版社,2010.
[2] 侯云先,吕建军.物流与供应链管理[M].北京:机械工业出版社,2011.
[3] 张颖,刘淑静,闫晓萍.第三方物流[M].上海:上海交通大学出版社,2008.
[4] 高举红,王谦.物流系统规划与设计[M].北京:清华大学出版社,2010.
[5] 刘胜春,李严锋.第三方物流[M].大连:东北财经大学出版社,2014.
[6] 魏农建.物流营销与客户关系管理[M].上海:上海财经大学出版社,2005.
[7] 陈雅萍,朱国俊,刘娜.第三方物流[M].2版.北京:清华大学出版社,2013.
[8] 夏春玉.物流与供应链管理[M].大连:东北财经大学出版社,2010.
[9] 李育蔚.物流精细化管理全案[M].北京:人民邮电出版社,2013.
[10] 张旭辉,孙晖.物流项目管理[M].北京:北京大学出版社,2013.
[11] 董国庆.第三方物流企业共同配送模式优缺点分析[J].现代商贸工业,2012(20).
[12] 吕建中.外包——企业获得竞争优势的手段[J].北京工商大学学报,2012(06).
[13] 周爱国.物流客户拓展实务[M].北京:中国物资出版社,2010.
[14] 蒋长兵,王珊珊.企业物流战略规划与运营[M].北京:中国物资出版社,2009.
[15] 李向文.现代物流发展战略[M].北京:清华大学出版社,北京交通大学出版社,2010.
[16] 郝聚民.第三方物流[M].成都:四川人民出版社,2002.
[17] 刘北林.供应链管理与第三方物流策划[M].北京:中国物资出版社,2006.
[18] 李锦飞,钱芝网.第三方物流运营实务[M].北京:中国时代经济出版社,2007.
[19] 林慧丹.第三方物流[M].上海:上海交通大学出版社,2008.
[20] 张海花.第三方物流[M].北京:中国轻工业出版社,2006.
[21] 施学良.第三方物流综合运营[M].北京:北京大学出版社,2012.
[22] 许菱,李彦青.我国第三方物流企业成本管理探析[J].物流科技,2011(04).
[23] 翁心刚.对第三方物流(3PL)特征及术语使用上的几点思考[J].中国流通经济,2013(12).
[24] 鄢章华.供应链金融的运作模式及特点分析[J].黑龙江科技信息,2013(01).
[25] 柯东,张潜,章志翔,张浩.供应链金融模式及风险控制的案例分析[J].中央民族大学学报(自然科学版),2013(22).
[26] 王婷睿,兰庆高.供应链金融与供应链资金流优化的国内外研究综述[J].商业时代,2013(06).
[27] 张旺峰.第三方物流企业成本控制问题研究[J].财政监督,2014(35).
[28] 陈建校.论客户需求导向的物流企业市场定位策略[J].企业经济,2009(08).
[29] 崔异,施路.第三方物流企业成本控制超循环模型研究[J].中国物流与采购,2011(05).
[30] 刘海潮,王磊.第三方物流企业TDABC物流成本核算体系[J].管理案例研究与评论,2012(06).
[31] 徐瑜青,王瑞娟,杨露静.第三方物流企业成本计算及案例[J].工业工程与管理,2010(04).
[32] 陈正林.企业物流成本生成机理及其控制途径[J].会计研究,2011(2):66-72.
[33] 于丽丽.物流成本控制研究[D].长春:吉林大学,2014.

[34] 周兴建,张庆年.物流价值链的产生及构成机理研究[J].中国流通经济,2010(03).
[35] 吴建华.现代成本管理方法在企业物流成本管理中的应用[D].成都:西南财经大学,2005.
[36] 冯霞.我国第三方物流企业代收货款业务发展探析[J].科技创业月刊,2008(01).
[37] 王慧.基于供应链的第三方物流信息管理系统规划设计[J].物流技术,2013(03).
[38] 宋爱苹,李晓亮.第三方物流企业目标市场选择[J].物流研究,2010(16).
[39] 赵芹.我国第三方物流企业供应链金融服务的风险管理研究[D].青岛:中国海洋大学,2010.
[40] 朱青.日立环球香港物流中心的服务增值再造研究[D].兰州:兰州大学,2013.
[41] 毛云龙.基于第三方物流增值业务模式的仓单质押风险控制研究[D].北京:北京交通大学,2013.
[42] 王均.第三方物流运输管理系统的分析与设计[D].济南:山东大学,2013.
[43] 孔芹.基于规模经济的第三方物流配送优化研究[D].北京:北京交通大学,2013.
[44] 张旺峰.第三方物流企业成本控制问题研究[J].财政监督,2014(12):12-15.
[45] 刘晓燕.物流企业的成本核算方法研究[D].上海:上海交通大学,2008.
[46] 薛晓琳,徐青,张营.物流企业成本管理研究[J].物流技术,2016(02):16-19.
[47] 彭雪梅.时间驱动作业成本法在第三方物流企业中的应用[D].开封:河南大学,2015.
[48] 刘生华.物流企业成本高企成因及应对策略[J].中国流通经济,2012(07):38-42.
[49] 郭燕平.基于作业成本法的物流企业成本控制探讨[D].南昌:江西财经大学,2011.
[50] 徐晓飒.基于超循环模型的第三方物流企业成本控制分析[J].物流技术,2014(08):287-290.
[51] 聂熙文.基于TDABC第三方物流企业的物流成本管理问题研究[D].沈阳:沈阳工业大学,2015.
[52] 张义东.中小物流企业物流管理系统研究[D].南京:南京农业大学,2010.
[53] 赵礼强,李一波,徐家旺.第三方物流服务监控与绩效评价[J].工业技术经济,2004,3(2):66-67.
[54] 赵宁,王天春.物流企业客户服务[M].北京:中国物资出版社,2006.
[55] 杨穗萍.物流客户服务[M].北京:机械工业出版社,2007.
[56] 常莉.物流企业客户服务[M].北京:中国财政经济出版社,2007.
[57] 张莉.物流创新与增值服务及二者关系探讨[J].物流技术,2009(10).
[58] 袁开福,张恒恒.物流企业增值服务发展模式分析[J].对外经贸实务,2014(12).
[59] 方智勇,江锐.我国物流企业增值服务类型存在问题及对策分析[J].物流技术,2015(09).
[60] 杨晓楼.物流公司推广增值服务探析——以新邦物流公司为例[J].商场现代化,2013(07).
[61] 郑雪清.试论第三方物流企业仓储增值服务[J].福建商业高等专科学校学报,2012(01).
[62] 王佳丽.第三方物流企业开展增值服务类型及途径分析[J].中国市场,2010(15).
[63] 宋丹,许恒勤.对第三方物流企业发展增值服务竞争战略的SWOT分析[J].森林工程,2009(02).
[64] 吴小梅.物流金融——第三方物流企业的增值服务[J].物流工程与管理,2009(09).
[65] 王登清.第三方物流企业增值服务创新[J].福建教育学院学报,2009(04).
[66] 周德苏,唐志英,张海涛.对第三方物流企业发展增值服务的分析[J].商场现代化,2007(22).
[67] 周永明.论物流增值服务的含义及实施途径[J].改革与战略,2007(23):106-107.
[68] 朱传福.正视增值服务中的企业机会[J].市场周刊,2007(3):14-15.
[69] 徐丹,等.对第三方物流企业发展增值服务竞争战略分析[J].森林工程,2009(25):96.

[70] 张秀娥,等.现代物流企业创新机制研究[J].经济纵横,2007(07):76-77.
[71] 张夏恒.网络购物的物流增值服务[J].中国流通经济,2014(09).
[72] 尤建新,劳水琴.涉及第三方物流服务质量的供应链协调[J].同济大学学报(自然科学版),2012(09).
[73] 张铁宝.第三方物流的运作风险和应对策略[J].物流工程与管理,2012(10).
[74] 利少波.供应链一体化的第三方物流增值服务需求研究[J].物流工程与管理,2011(01).
[75] 史杨焱.第三方物流的增值服务[J].铁路采购与物流,2011(03).
[76] 周兵.第三方物流增值服务的构建对策研究[J].现代商业,2009(06).
[77] 靳荣利.基于供应链一体化的第三方物流增值服务模式实践的研究[J].物流科技,2009(06).
[78] 宋扬.第三方物流模式与运作[M].北京:中国物资出版社,2006.
[79] 万媛媛.我国物流金融发展现状及其模式选择研究[J].价值工程,2012(02).
[80] 陈荣,李苇,陶亮.物流金融业务合作框架构建[J].商业时代,2008.
[81] 李亚琦,姚冠新,魏秀敏.供应链协同管理下的第三方物流发展策略研究[J].江苏商论,2007.
[82] 李佳静.第三方物流企业在供应链管理环境下的发展策略[J].中国科技财富,2010.
[83] 陈菊红,杨益华.供应链环境下第三方物流关系的动态治理策略——基于三边关系的视角[J].中国流通经济,2009.
[84] 刘雨颉.供应链环境下的第三方物流服务研究[J].江苏商论,2009.
[85] 杨东.供应链管理下第三方物流实施VMI的策略研究[D].武汉:武汉理工大学,2007.
[86] 袁开福,高阳.我国第三方物流企业仓单质押的盈利机理及增值业务分析.[J].2007,12:124-126.
[87] 段余君.浅谈宁波企业供应链管理的现状及发展对策[J].中国新技术新产品,2008(08):24.
[88] 邵瑞庆.关于物流企业成本核算方法的比较与选择[J].经济与管理研究,2006(08):90-94.
[89] 徐小函.物流成本核算方法研究[D].大连:大连交通大学,2008.
[90] 朱晓琴.第三方物流金融服务模式及风险控制[J].商业时代,2014(17).
[91] 郭峰.浅析物流金融业务的基本运作模式[J].财税金融,2011(01).
[92] (美)迈克尔·波特.竞争战略[M].陈小悦,译.北京:华夏出版社,2005.
[93] 代湘荣.第三方物流RDC运作模式中基于SOP的服务创新[J].物流工程与管理,2010,32(196):14-16.
[94] 董千里.物流运作管理[M].北京:北京大学出版社,2015.
[95] 丁希祥.物流金融业务可行性分析[J].中小企业管理与科技,2014.12.
[96] 申明江.物流与供应链金融创新——一个多方共赢的业务模式.世界经理人论坛,http://www.ceconlinebbs.com2014.10.1.
[97] 方伟磊.浅析我国物流金融业务运作模式及盈利模式[J].物流管理与工程,2016(03):14-16.
[98] 陈红升.第三方物流增值服务研究[D].武汉:华中科技大学,2003.
[99] 齐二石,高举红.物流工程[M].北京:清华大学出版社,2009.
[100] 林丽华,刘占峰.物流工程[M].北京:北京大学出版社,2009.
[101] 周行."让我们战胜满足感"——海尔物流运作经验[J].中国商贸,2000(8):56-58.
[102] 牛鱼龙.现代化的物流管理信息系统[J].市场周刊:新物流,2008(4):36-37.
[103] 秦丽."链主"宝供:从被动到主动[J].商业价值,2011(04).

[104] 代湘荣.第三方物流RDC运作模式中基于SOP的服务创新[J].物流工程与管理,2010,32(10).
[105] 高能斌.第三方物流企业金融服务风险管理[J].中国物流与采购,2008(03).
[106] 张义东.中小物流企业物流管理系统研究[D].南京:南京农业大学,2010.
[107] 于丽丽.物流成本控制研究[D].长春:吉林大学 2014.
[108] 张旺峰.第三方物流企业成本控制问题研究[J].财政监督,2014(35).
[109] 程一飞.供应链管理[M].北京:人民交通出版社,2005.
[110] 张明,周鹏.第三方物流和自营物流的比较分析[J].沿海企业与科技,2006(02).
[111] 邹跃.论精益物流系统[J].中国流通经济,2001(05).
[112] 姚兰.物流供应链案例顺丰金融看点[J].顺丰通讯,2015(08).
[113] 聂家林,万玉龙.基于供应链管理的第三方物流服务[J].产业与科技论坛,2011,10(11):195-196.
[114] 朱洁梅.宝供物流企业集团的发展战略[J].现代商贸工业,2008(07).